나의 문화유산답사기
7

나의 문화유산답사기

7

돌하르방 어디 감수광

유홍준 지음

창비

책을 펴내며

'제주허씨'를 위한 '제주학' 안내서

1

『나의 문화유산답사기』를 처음 구상할 때만 해도 제주도를 한 권의 책으로 펴낼 생각은 전혀 없었다. 미술사를 중심으로 한 문화유산 답사기라면 아마도 서너 편으로 족할 것이라 생각했다. 그러나 답사기를 위해 제주도에 자주 드나들고 관련 자료를 찾아보면서 나도 모르는 사이 제주도의 매력에 점점 깊이 빠져들어갔다.

애초에 제주도가 나를 부른 것은 미술사를 공부하는 현장답사였다. 돌하르방이라는 제주도 예술의 명작과 추사 김정희 유배지 그리고 고산리 신석기 유적지, 불탑사의 고려시대 오층석탑, 회천의 다섯 석인상, 국립제주박물관의 유물들 정도였다. 이형상의 『탐라순력도』도 회화사적 입장에서만 관심이 많았다.

그러다 제주의 자연을 그린 강요배의 그림을 평하기 위해 그 현장을 확인하면서 제주의 자연에 매료되고 말았다. 다랑쉬오름에 처음 올랐을 때의 그 벅찬 감동을 어떻게 다 표현할 수 있을까.

그가 4·3사건을 주제로 그린 「동백꽃 지다」로 그 섬에 사는 사람들의 아픔을 새삼 알게 되었고, 현기영의 소설들은 그 역사적 상처의 심연을 들여다보게 했다. 문무병의 제주의 굿과 무속에 대한 연구를 통해 제주인의 애환과 삶이 지닌 무게를 느끼게 되었고 김순이의 해녀와 제주여성사 연구는 삼다도 여인네들의 강인한 생활력이 어떻게 형성되었는지를 가르쳐주었다. 그리고 김상철은 제주인의 일상과 일생을 기회 있을 때마다 내게 얘기해주었다. 제주도에 이런 선후배, 벗들이 있었기에 나는 제주를 족집게과외 하듯 배울 수 있었다. 와흘 본향당에 내 가슴에 품었던 소지를 걸면서 나는 미술사를 벗어나 제주의 모든 것을 만나기 시작했다.

그리고 문화재청장이 되면서 제주도와 더 가까워졌다. 문화재청은 천연기념물도 관리하는데 제주엔 천연기념물이 40가지도 더 된다. 산천단 곰솔, 돈내코의 제주한란 자생지, 천지연폭포의 담팔수 자생지, 용암동굴, 제주마, 무태장어 서식지…… 문섬과 마라도는 섬 전체가 천연기념물이다. 비자림도 문화재청 관리다. 제주도를 유네스코 세계자연유산으로 등재시키는 작업을 하면서는 나는 제주명예도민까지 되었다. 나의 제주도 답사기에 자연 지질과 나무 이야기가 많이 나오는 것은 이때의 경험 덕분이다. 그리고 나는 워낙에 나무를 좋아하기도 한다. 청장을 그만둔 후에도 제주 추사관 건립을 추진하여 지금도 명예관장을 맡고 있다. 그렇게 나는 반(半) 제주인이 되어갔다.

2

나의 제주도 답사기가 기존의 답사기 여섯 권과는 달리 '제주허씨'를 위한 '제주학' 안내서가 된 데에는 두 번의 계기가 있었다.

한 번은 출가한 여제자의 푸념이었다. 시집간 우리 제자애들은 시댁 식구들을 모시고 학생 때 간 코스를 그대로 안내해 높은 점수를 딴다며 곧잘 자랑을 한다. 그런데 제주도 답사만은 그렇게 되지 않았던 모양이다. 제주도를 일반관광으로 다녀왔는데 유명한 관광지만 돌아다니고 제주의 참모습은 하나도 못 본 것 같아 짜증스러웠다면서 이렇게 물었다.

"선생님, 우리 4학년 때 갔던 제주도 답사 코스를 다시 찾아가려면 어떻게 해야 돼요? 다음엔 저도 시어머니 모시고 렌터카로 다니려고 해요. 제주도 답사기는 저 같은 사람을 고려해서 써주세요. 아마 많은 사람들이 그런 걸 원할 거예요."

나는 우리 학생들과 제주도를 답사했을 때를 생각해보았다. 학생들이 유적지보다도 좋아했던 것은 차창 밖 풍경이었다. 납읍, 명월의 중산간지대를 지날 때면 밭담이 아름답다고 했고, 구좌의 초지를 달릴 때는 오름의 능선이 환상적이라고 했으며, 종달리 해안도로를 따라갈 때는 비취빛 바다에 넋을 잃곤 했다. 그리고 거문오름에 올라갔을 때는 우리나라에도 이런 원시림이 있느냐고 흥분했다.

자동차를 빌려서 사랑하는 마음, 신비로운 마음으로 제주의 속살에 다가가고 싶어하는 육지인을 위한 제주도 답사기. 나는 그런 콘셉트로 제주도편을 쓰기로 마음먹었다. 우리나라 렌터카 자동차번호에는 '허'자가 붙어 있으니 '제주허씨'를 위한 제주도 안내서라고나 할까?

나의 제주도 답사기를 '제주학' 안내서로 방향을 틀게 만든 결정적 계기는 나비박사 석주명이 '제주학'을 선구적으로 외친 것에 크게 공감하면서였다. 바로 그것이었다. 제주는 자연, 역사, 민속, 언어, 미술 등이 하나로 어우러져 있을 때 그 가치가 드러난다. 제주학의 입장이 아니면 제주도 답사기는 지나가는 객이 쓰는 겉핥기에 불과하다는 생각이 들었다.

또한, 이즈미 세이이찌(泉靖一)가 30년에 걸쳐 써낸 『제주도』라는 저서는 내게 큰 감동이었다. 그의 학자적 자세에 존경을 보내지 않을 수 없었고, 인류학적 사고의 총체적 시각이 갖는 인식의 힘이 무엇인지를 말해주는 듯했다.

제주도는 바람, 돌, 여자가 많아 삼다도(三多島)라 하고 도둑, 거지, 대문이 없다고 해서 삼무(三無)를 말하고 있다. 여기에 더해 제주에는 삼보(三寶)가 따로 있다. 그것은 자연, 민속, 언어이다. 이 세 가지를 모르면 제주도를 안다고 할 수 없고, 이 세 가지를 쓰지 않으면 그것은 제주도 답사기일 수 없다.

이에 나는 내 전공을 넘어 제주도를 사랑하는 한 사람이 지난 세월 여기서 보고 느끼고 배운 바를 기술하여 동시대인들에게 내가 새롭게 본 제주도를 그대로 전해주는 방식으로 쓰기로 한 것이다. 그것은 '제주도 관광'이 아니라 '제주학'일 수밖에 없었다.

이리하여 제주의 동서남북을 모두 15편으로 구성하여 마침내 제주도 답사기를 한 권의 책으로 펴내게 되었다. 아직도 언급하지 않은 지역이 많지만 여기서 마치고자 한다.

제주에는 나라에서 관리하는 수목원, 휴양림도 많고 개인이 조성한 아름다운 식물원도 많다. 그것은 제주의 큰 자산이자 매력이어서 나는 제주에 갈 때마다 한 곳 이상 방문하며 맘껏 자연과 대화하며 즐기고 있지만 내가 이를 소개할 수 있는 자연과학 지식이 있는 것은 아니어서 답사기에서는 다루지 않았다. 비자림도 마찬가지다. 그리고 영등할망을 맞이하는 칠머리당굿만은 꼭 소개하고 싶었지만 한 차례 구경한 것만으로는 감당하기 어려워 쓰지 못했다. 이 분야 전공자의 저서를 참고해주기 바란다.

해군기지 건설로 논란이 되고 있는 강정마을 구럼비바위는 답사기로 소개할 곳은 아니어서 따로 언급하지 않았지만 제주는 더이상 인간의 간섭을 받아서는 안 된다는 것이 평소 나의 지론임은 밝혀둔다.

그리고 당연히 소개했을 만한 유명한 곳을 언급하지 않은 것은 둘 중 한 가지 이유 때문이다. 하나는 너무 유명해서 굳이 내가 답사기에 쓸 이유를 느끼지 않은 곳이고, 또 하나는 거기에 가봤자 실망하거나 기분 나쁜 일을 당할 것 같은 곳이다. 그것은 독자들이 스스로 가려주기를 바란다.

3

제주도 답사기를 쓰는 동안 내가 마음속으로 고마움을 잊지 않은 분들이 있다. 우선 지난 30년간 나에게 제주도를 성심으로 가르쳐준 벗들로, 그들은 이 책의 본문 속에 자주 등장한다.

답사기의 내용이 문화유산에 국한되지 않는 바람에 내 지식의 정확성을 담보할 수 없어, 식물은 경북대 박상진 명예교수, 지질은 경상대 기근도 교수, 역사는 건국대 김기덕 교수, 제주마는 오운용 농업연구관, 제주 마을과 도로는 제주도청 박용범 학예사와 제주 출신 제자인 황시권님의 감수와 교열을 받았다. 얼마나 고마운지 모른다.

또 하나는 제주올레의 선구자들이다. 이들은 우리나라 여행과 관광 행태를 단숨에 바꾸어놓은 장한 문화운동가들이다. 제주올레가 이미 자리잡았기에 나는 그 부분은 전적으로 거기에 맡기고 오직 '제주허씨'들을 위한 답사기를 쓸 수 있었다.

그리고 정말로 존경하는 마음으로 감사드리고 싶은 것은 헌신적이고 열정적인 '제주학' 연구자들이다. 김종철의 『오름나그네』가 없었다면 나는 오름의 가치를 몰랐을 것이다. 현용준의 제주 무속과 신화, 김영돈의 제주 해녀, 고창석 김일우 김동전의 제주 역사, 현평효 고재환 강영봉의 제주어, 조영배 좌혜경의 민요, 현승환의 설화, 박용후 오창명의 제주 지명, 손인석의 용암동굴, 홍순만 오문복 김익수 강문규 박경훈 주강현 이영권 등의 제주학 연구와 저서들이 없었다면 나는 이 책을 쓸 수 없었을 것이다. 아니 제주를 알지 못했을 것이다. 사단법인 제주학회의 젊은 연구원들께도 존경과 감사를 드린다.

이 책의 출간과 함께 내게 바람이 있다면 나의 독자들도 제주의 가치를 새롭게 발견하고 내가 왜 답사기에 '제주학'을 역설하고 있는지 공감하여 우리 모두가 이를 격려하고 지원하고 동참하는 것이다.

"'제주허씨'들이여! 지도를 펴고 내비를 찍고 맘껏 제주의 가로수길, 해안도로 바닷가 길, 중산간도로 산길 들길을 달려보십시오. 아마 당신들도 저절로 제주를 죽기살기로 좋아하는 '사생(死生)팬'이 되고 말 겁니다."

2012년 9월
유홍준

나의 문화유산답사기 7

차례

책을 펴내며
'제주허씨'를 위한 '제주학' 안내서 4

제주답사 일번지 1 — 와흘 본향당
본향당 팽나무에 나부끼는 하얀 소망들 13
제주도 / 제주의 가로수 / 산천단 / 와흘 본향당 /
소지의 내력 / 회천 석인상

제주답사 일번지 2 — 조천 너븐숭이
외면한다고 잊혀질 수 없는 일 49
조천 연북정 / 조천연대 / 큰물, 즈근돈지 / 너븐숭이 /
제주 4·3사건의 전말 / 「순이삼촌」 문학비

제주답사 일번지 3 — 다랑쉬오름
설문대할망의 장대한 대지예술 75
제주의 자연 / 다랑쉬오름 / 용눈이오름 / 김영갑 갤러리 /
아부오름 / 『오름나그네』

제주답사 일번지 4 — 용천동굴
이보다 더 아름다운 용암동굴은 없다 111
유네스코 세계자연유산 / 성산일출봉 / 용암동굴 /
당처물동굴 / 거문오름 / 용천동굴

제주답사 일번지 5 — 하도리 해녀 불턱
숨비소리 아련한 빈 바다에 노을이 내리네 137
제주해녀항일기념탑 / 해녀박물관 / 세화리 갯것할망당 /
대상군 이야기 / 하도리 해녀 불턱 / 종달리 돈지할망당

한라산 윗세오름 등반기 — 영실
진달랩니까, 철쭉입니까 167
한라산 / 임백호 『남명소승』 / 오백장군봉 / 영실 / 팔도 아줌마 /
구상나무 / 윗세오름 / 겐테 박사 / 정지용의 「백록담」

탐라국 순례 1 — 삼성혈
전설은 유물을 만나 현실로 돌아온다 199
삼성혈 / 돌하르방 / 삼사석 / 일도 이도 삼도 /
삼양동 선사유적지 / 삼양동 검은 모래

탐라국 순례 2 — 관덕정
탐라국에서 제주도로 넘어가면서 225
탐라국에서 제주군으로 / 불탑사 오층석탑 / 고려왕조의 이미지 /
항파두리 항몽유적지 / 제주목 관아 / 관덕정 / 관덕정 돌하르방

탐라국 순례 3 — 오현단
제주의 삼보(三寶)와 영주십경(瀛州十景) 255
무근성 / 오현단 / 귤림서원 / 향현사 / 제주성터 / 『탐라순력도』 /
사라봉 / 만덕할머니 / 김만덕 기념탑 / 한라수목원 / 제주어

제주의 서남쪽 1 — 하멜상선전시관
불로초를 찾아 오고, 태풍에 실려 오고 285
명월성 / 명월리 팽나무 군락 / 백난아 「찔레꽃」 / 산방산 /
하멜상선전시관 / 『하멜 보고서』 / 서복전시관

제주의 서남쪽 2 — 송악산
아, 다녀가셨군요 311
무태장어 / 용머리해안 / 형제섬 / 사계리 사람 발자국 화석 /
일본군 진지동굴 / 송악산 / 알뜨르 비행장 / 백조일손지묘 / 「빈 산」

제주의 서남쪽 3 — 대정 추사 유배지
세한도를 그릴 거나, 수선화를 노래할 거나 335
유배지로 가는 길 / 위리안치 / 아내에게 보낸 편지 /
찾아오는 제자들 / 「세한도」 / 추사의 귤중옥 / 수선화를 노래하며 / 방송

제주의 서남쪽 4 — 모슬포
모슬포 모진 바람은 지금도 여전하고 365
제주 추사관 / 대정읍성 / 삼의사비 / 대정향교 / 인성리 방사탑 /
육군 제1훈련소 / 강병대 교회 / 모슬포

가시리에서 돈내코까지 1 — 조랑말박물관
순종을 지키고 고향을 지키련다 397
천연기념물 347호 제주마 / 제주마 방목장 / 사려니 숲길 /
교래리 토종닭 / 가시리마을 / 조랑말박물관

가시리에서 돈내코까지 2 — 제주학의 선구자들
잊어서는 안 될 그분들을 기리며 429
헌마공신 김만일 / 재일동포 공덕비 / 위미 동백나무 울타리 /
감귤박물관 / 이중섭 미술관 / 이즈미 세이이찌 / 돈내코 / 석주명 흉상

지명 찾아보기 463

본향당 팽나무에 나부끼는 하얀 소망들

제주도 / 제주의 가로수 / 산천단 / 와흘 본향당 / 소지의 내력 /
회천 석인상

제주답사 일번지, 조천·구좌

　미술사학과의 현장답사란 의과대학의 임상실험, 공과대학의 실험실습과 같은 성격을 갖는다. 그래서 학기마다 2박 3일로 답사를 실시한다. 전국을 여덟 개의 문화권으로 나누어 4년간 여덟 번 답사를 하면 학생들은 중요한 유적지 대강을 가보게 된다. 그중 한 번은 제주도다.
　지난번 봄 제주도로 답사를 떠나게 되자 학생들이 나에게 답사 코스를 상의해왔다.

　"선생님이 남도답사 일번지로 꼽은 곳이 강진·해남이죠?"
　"그렇지! 그래서?"
　"그러면 제주답사 일번지는 어디예요?"

뜻밖의 질문이었다. 내가 제주도를 다닐 때마다 내 머릿속에 담긴 것은 그저 제주도의 동서남북 어디였지 육지처럼 어느 시, 어느 군을 의식한 것은 아니었다. 어디일까? 애월, 한림, 한경, 대정, 안덕, 남원, 성산, 표선, 조천, 구좌… 나는 눈을 감고 제주도 읍면을 한바퀴 그려보며 한참을 생각하다가 정답을 찾아낸 양 자세를 고쳐앉고 큰 소리로 대답했다.

"조천, 구좌!"

학생들은 당연히 이게 무슨 소린지 몰랐다. 조천(朝天), 구좌(舊左)는 제주도 동북쪽 모서리에 있는 읍이다. 세월이 많이 흘러 오늘날에 와서는 알아채기 힘든 행정구역 이름이 되었지만 조천과 구좌라는 이름을 갖게 된 데에는 명확한 내력이 있다.

제주도의 행정구역은 수없이 변했다. 현재는 제주시와 서귀포시 둘로 나뉘어 있지만, 얼마 전까지만 해도 남제주군과 북제주군이 따로 있었다. 조선시대에는 섬 동쪽을 좌면(左面), 서쪽을 우면(右面)이라 하였는데 1895년 제주도가 부(府)가 되면서 좌면은 신좌면(新左面)과 구좌면(舊左面)으로 나뉘었다(18세기 후반이라는 설도 있음). 그러다 1935년 제주도의 행정명칭을 개정할 때 신좌면은 조천면으로 바뀌고 구좌면은 그대로 두었다. 신좌가 없는 상태에서 구좌만 남은 것이다. 지금은 읍으로 승격되어 조천읍, 구좌읍이 되었다.

제주 자연과 인문의 속살들

조천과 구좌는 오래된 옛 고을이어서 조천 읍내엔 항구, 조천진, 연북정, 비석거리, 번듯한 기와집 마을이 있고, 중산간지대엔 와흘리, 선흘리의 본향당 신당이 신령스럽다. 교래리엔 자연휴양림도 있다. 특히나 구좌엔 김녕리, 평대리, 송당리, 세화리, 하도리, 종달리 등 이름도 아름다운 동네 열두 개가 있고 중골, 연등물, 검은흘, 솔락개, 굴막개, 섯동네 등 제주 토속을 그대로 느끼게 하는 60여 곳의 묵은 동네가 있다.

구좌는 한라산 북사면의 저지대로 넓은 초지가 바다 쪽으로 길게 뻗어 있다. 제법 넓고 비탈진 들판의 긴 밭담 속에서 당근·양파·마늘이 철 따라 푸른빛을 발하고 송당목장이 있는 송당리 일대는 마지막 테우리(牧童)들이 여전히 소와 말을 키우고 있다. 천연기념물로 지정된 비자림(榧子林)도 구좌에 있다.

하도리에는 지금도 제주 해녀의 10분의 1이 변함없이 물질을 하고 있고, 갯가 곳곳엔 해녀들의 쉼터인 불턱과 세화리 갯것할망당, 종달리 돈지할망당 같은 해안가 신당이 옛날 그 모습으로 성스러움을 간직하고 있다. 이처럼 구좌에는 제주의 농업, 목축업, 어업이 과거 그대로 이어져오고 있어 제주인의 건강하면서도 애틋한 삶을 속살까지 만질 수 있다.

구좌는 기생화산(寄生火山)인 오름의 왕국이다. 오름의 여왕이라 불리는 다랑쉬오름, 굽이치며 돌아가는 능선이 감미로운 용눈이오름도 여기 있다. 만장굴, 김녕사굴, 용천동굴이 있는 제주도 용암동굴의 종가이기도 하다. 문주란 자생지로 유명한 토끼섬도 구좌에 있다. 게다가 1만 8천 신들의 고향인 송당 본향당도 여기에 있으니 구좌는 제주 자연과 인문의 원단이 모여 있는 곳이라 해도 지나친 말이 아니다.

읍소재지 세화리에서 하도리 거쳐 종달리에 이르는 해안도로는 멀리 성산일출봉이 바다를 배경으로 펼쳐져 있어 제주도 일주도로 중에서도 가장 아름다운 풍광을 보여주는 환상의 드라이브 코스다. 조천과 구좌는 어느 면으로 보나 당당히 '제주답사 일번지'로 삼을 만하다.

| 한라산 | 제주도 동북쪽 구좌의 오름들과 함께 보이는 한라산 모습이다. 남서쪽에서 본 한라산의 느릿하고 조용한 표정과 달리 대단히 묵직하고 장중한 인상을 준다.

 이리하여 우리의 제주답사는 제주공항에 내려 먼저 한라산 산천단에 가서 산신께 안녕을 빌고, 와흘 본향당에 가서 제주에 왔음을 신고하고, 조천 연북정에 가서 바다를 바라보며 점심식사를 하고 묵은 동네 구석구석을 돌아본 다음, 다랑쉬오름과 용눈이오름에 올라 제주 자연의 신비함과 아름다움을 만끽하고 하도리 해녀박물관과 해녀 불턱, 해녀 신당을 답사한 뒤 숙소로 돌아오는 것으로 첫날 일정을 짰다.

제주도 예찬

 김포공항에 도착하니 일찍 온 학생들이 삼삼오오 짝지어 내는 왁자지

껄한 웃음소리로 로비가 들썩였다. 답사는 기본적으로 여행인지라 학생들은 출발부터 들뜬 기분으로 조금씩 자세가 흐트러지기 마련이다. 하물며 비행기 타고 제주도에 가는데 오죽하겠는가.

나는 공항 로비 한쪽으로 학생들을 불러모았다. 인원 점검도 하고 비행기표를 끊어올 동안 제주의 자연·인문·역사·지리에 대한 기본사항을 이야기해주며 학생들이 들떠 있는 것을 가볍게 추스르기 위함이었다.

"제주도를 처음 가보는 사람 손들어봐요."

손을 드는 학생이 거의 없었다. 요즘은 고등학교 수학여행 때 제주도에 많이 가고 또 가족과 여름휴가로 다녀온 학생도 적지 않았다. 나는 답사일정표를 펴게 하고 또 물었다.

"오늘 우리가 가는 산천단, 와흘 본향당, 연북정, 다랑쉬오름, 용눈이오름, 해녀 불턱, 종달리 돈지할망당 중 한 곳이라도 가본 적이 있는 사람?"

아무도 손을 들지 않고 내 얼굴만 바라보며 이 생소한 지명이 뭐 하는 곳인가 궁금해한다. 이쯤 되면 수업 분위기가 잡힌다. 나는 본격적으로 강의에 들어가는 질문을 던졌다.

"제주도의 넓이가 얼마나 되는지 아는 사람? 서울보다 넓은가 좁은가? 한반도에 비해 얼마만 한 크기인가?"

이때 한 학생이 호기있게 대답했다.

"1,848.85제곱킬로미터입니다."

소수점 이하까지 말하는 것을 보아 그 녀석은 틀림없이 그새 스마트폰으로 검색한 것이다. 요즘엔 '그놈의' 스마트폰 때문에 수업하는 데 지장이 많다. 수업 중에 "선생님 국보 79호가 아니라 78호인데요"라며 내가 대충 말한 것을 바로잡아주는 일이 비일비재하다. 선생의 권위가 곧잘 무너진다. 그래도 나는 학생들에게 아날로그적 사고의 위대함을 과시해본다.

| **제주도의 위성사진** | 제주섬은 타원형으로 대략 남북이 31킬로미터, 동서가 73킬로미터, 해안선 둘레가 약 200킬로미터, 전체 면적이 약 6억 평(1천8백 평방킬로미터)이다. 타원형이기 때문에 평면도 아름다워 보인다.

"고맙다, 가르쳐줘서. 그러나 그런 수치로 얼마나 넓은지 감이 오지 않지. 서울의 약 세 배 넓이죠. 평수로 대략 6억 평입니다. 서울이 2억 평이고, 남한 전체가 300억 평이랍니다. 제주 인구가 약 58만 명이니 사람이 살기에 넉넉한 편이죠.

길이로 따지면 남북 약 31킬로미터, 동서 약 73킬로미터, 섬 둘레는 약 200킬로미터로 해안선을 따라 나 있는 도로는 258킬로미터쯤 됩니다. 드라이브를 하고 다니는 관광지로 보아도 적당한 크기죠.

제주도는 한라산으로 이루어진 화산섬입니다. 높이 1,950미터의 한라산이 넓게 퍼진 것이 곧 제주섬이 되었죠. 원래는 육지와 붙어 있었지만 마지막 빙하가 물러가고 해수면이 올라오면서 신석기시대로 들어가기 직전인 1만 5천 년 전에 한반도와 분리되었답니다. 생각보다 얼마 안 된 일이죠."

이쯤 되면 정확한 수치보다 대략의 기억과 비교가 훨씬 현실감있게 다가온다는 것에 학생들은 동의하게 된다. 이렇게 되면 나는 선생의 권위로 이야기를 이어갈 수 있게 된다.

"우리나라에 제주도가 있다는 것은 자연이 내린 축복입니다. 우리 영토가 한반도에 국한되어 있고 제주도가 없다면 그 허전함과 서운함을 무엇으로 메울 수 있겠습니까?

육지인에게 제주도가 매력적이 된 것은, 인문적으로는 같은 한국인이면서도 제주인만의 독특한 생활문화를 간직하고 있고, 자연적으로는 난대성식물이 자생하고 있어 육지에서 보기 힘든 늘푸른나무들이 숲을 이루고 있다는 점입니다. 인문으로 보나 자연으로 보나 비슷하면서도 다른 것이 가득하여 그것이 친숙하면서도 신기하게 다가옵니다. 낯설지만 그것이 내 것의 또다른 모습 같기 때문에, 말하자면 '낯설어서 더 좋은' 곳이라는 말입니다.

무엇보다도 제주는 온대와 난대가 교차하는 지점이어서 따뜻한 남국이면서 한편으론 온대성 사계절이 분명해 겨울엔 눈이 내린다는 매력이 있습니다. 지구상에 이처럼 눈이 내리는 난대는 아주 드물답니다. 그래서 외국인들도 찬미하고 열광하는 것이죠."

제주는 정녕 그런 곳이다. 그리고 별것 아닌 것 같아도 이런 기본적이면서도 개론적인 공간 개념을 머릿속에 담고 가야 제주도 어딜 가도 전체의 모습을 잃지 않고 즐길 수 있는 것이다.

| 비행기에서 본 제주 | 제주행 비행기 창가에 앉아 있을 때 맑은 날이면 해안가로 밀려드는 파도, 오름의 능선들, 밭담과 방풍림으로 구획된 들판 등 제주섬의 낱낱 표정들이 한눈에 들어온다.

비행기에서 본 제주

 제주행 비행기를 탈 때면 나는 창가 쪽 자리를 선호한다. 하늘에서 보는 제주도의 풍광을 만끽하기 위해서다.

 "저희 비행기는 잠시 후 제주국제공항에 착륙하겠습니다. 안전벨트를 다시 매어주십시오."

 기내방송이 나오면 나는 창가에 바짝 붙어 제주섬이 나타나기를 기다린다. 비행기 왼쪽 좌석이면 한라산이 먼저 나타나고 오른쪽이면 쪽빛 바다와 맞닿아 둥글게 돌아가는 해안선이 시야에 펼쳐진다.
 이윽고 비행기가 제주섬 상공으로 들어오면 왼쪽 창밖으로는 오름의

| **제주시내에서 본 한라산** | 제주공항에 내리면 바로 보이는 한라산의 모습이다. 제주에 도착하자마자 한라산의 이런 환한 모습을 볼 수 있는 이는 복을 받은 분이라고 할 정도로 구름과 안개에 덮여 있을 때가 많다. 사진 오희삼.

산비탈에 수놓듯이 줄지어 있는 산담이 아름답고 오른쪽 창밖으로는 삼나무 방풍림 속에 짙은 초록빛으로 자란 밭작물들이 싱그러워 보인다. 비행기가 선회하여 활주로로 들어설 때는 오른쪽과 왼쪽의 풍광이 교체되면서 제주의 들과 산이 섞바뀌어 모두 볼 수 있게 된다. 올 때마다 보는 전형적인 제주의 풍광이지만 그것이 철 따라 다르고 날씨 따라 다르기 때문에 언제나 신천지에 오는 것 같은 설렘을 느끼게 된다.

구실잣밤나무, 담팔수 가로수

제주공항에 도착해 공항청사를 빠져나오면서 나는 버릇처럼 한라산 쪽을 바라보았다. 아까 비행기에서는 분명하게 보였던 한라산 백록담 봉우리가 구름에 가려 있다. 그것이 제주 날씨의 변화무쌍함이다. 제주사람들이 말하기를 공항에 도착해서 곧바로 한라산 줄기를 통으로 볼 수 있는 사람은 복받은 사람이거나 착한 사람이라고 할 정도로 그것을 만나기가 쉽지 않다. 날씨 운이 따라야 한다는 얘기인데, 아마도 오후가 되면, 늦어도 내일이면 한라산을 볼 수 있을 것이라 믿고 학생들과 버스에 올랐다.

버스가 공항을 벗어나자 길고 널찍한 찻길 옆으로 잎사귀마다 윤기를 발하는 가로수가 연이어 펼쳐진다. 나는 마이크를 잡고 창밖의 가로수를 보라고 했다.

"얼마나 싱그러운 푸른빛을 발하고 있습니까? 육지에서는 볼 수 없는 나무지요. 시내로 들어가는 이 길가의 가로수는 구실잣밤나무랍니다."

구실잣밤나무는 나뭇가지가 위로 넓게 퍼지면서 높이 15미터 정도까지 자라기 때문에 크기 자체가 가로수로 제격인데다 윤기나는 제법 긴 잎들이 사철 무성하여 아주 넉넉한 인상을 준다. 나무줄기는 껍질이 검회색을 띠면서 단련된 근육처럼 야무진 느낌을 준다.

열매는 고소한 잣과 밤 맛이 함께 나는데, 크기가 아주 작고 많이 달리지 않아 맛보기가 쉽지 않다. 본래 잣밤나무는 열매가 잣만 한 크기의 밤이 달려 생긴 이름이다. '구실'자가 더 붙은 것은 비슷하다는 뜻인데, 사실상 잣밤나무와 구별하기 힘들다고 한다.

그런데 금년(2012) 봄에 가보니 이 구실잣밤나무 가로수가 모두 담팔수로 바뀌었다. 웬일인가 알아보았더니 구실잣밤나무는 기본이 밤나무류인지라 늦봄이면 길게 늘어지는 꽃에서 끈적끈적한 짙은 향을 뿜어내는데 그 꽃향기가 퀴퀴하고 끈적거려 바꾸었다는 것이다.

담팔수(膽八樹)는 분명 제주의 상징적 나무의 하나로 아름답기 그지없는 게 사실이다. 담팔수는 상록교목으로 키가 약 20미터까지 자란다. 역시 가로수로 제격이다. 광택이 나는 짙은 초록색 잎은 어긋나지만 멀리서 보면 여덟 잎, 열 잎이 모여 나 있는 것처럼 보인다. 그런데 그 잎의 한두 장이 붉게 물들면서 떨어진다. 그래서 반짝이는 잎 사이로 물든 잎이 하나둘 보이니 이것이 마치 꽃처럼도 보이고 사철 푸르면서 또 사철 단풍이 드는 나무처럼도 보인다. 여름이면 연한 황색 꽃이 피고 가을이면 올리브처럼 생긴 검고 자주색 열매가 열린다. 담팔수는 제주도가 북방한계선이라 육지부에선 자라지 못하고 특히 서귀포와 섶섬, 문섬에 장하게 자생하고 있다. 천지연 서쪽 언덕 급경사지에 다섯 그루가 자생하여 높이 9미터를 이루며 물가를 향해 퍼져 있는데, 천연기념물 제163호 '제주 천지연 담팔수 자생지'로 지정되었다.

그러나 담팔수가 아름다워 바꾼 것이 아니라 구실잣밤나무의 향기 때문에 바꾸었다면 이는 고약한 얘기다. 그러면 육지에 있는 밤나무는 어쩌란 말인가? 한여름이면 오래도록 환상적인 꽃을 피우는 협죽도, 일명 유도화를 독성이 있다고 해서 제거하고 있단다. 제주의 아이덴티티를 위해 절대로 일어나서는 안 될 일이 벌어지고 있으니 안타깝기 그지없다. 평소에 나는 제주엔 구실잣밤나무 가로수, 서귀포엔 담팔수 가로수가 아름답다고 느끼며 그렇게 설명하곤 했는데 이제는 그럴 수 없게 되었고, 구실잣밤나무 가로수를 보고 싶으면 아라동 제주여고 앞길로 가보라고 말할 수밖에 없게 되었다.

제주의 공원과 정원에는 종려나무를 비롯해 아열대성 외래종을 많이

| 아름다운 제주의 가로수 | 1. 담팔수 가로수(제주 공항로) 2. 구실잣밤나무 가로수(제주여고 가는 길) 3. 삼나무 가로수(비자림로 사려니 숲길 가는 길) 4. 야자나무 가로수(일주도로 남원 부근) 5. 길가의 수국꽃(해안도로 종달리 부근) 6. 벚나무 가로수(한라수목원 가는 길)

심어놓았다. 그러나 하와이나 사모아 섬에서 장대하게 자라는 나무들이 제주에서는 억지로 겨우겨우 자라 대빗자루 몽둥이처럼 길게 올라간 것을 보면 감동은커녕 측은지심이 일어날 때가 많다.

진짜 제주도에서 우리의 눈과 마음을 기쁘게 해주는 것은 자생종 나무들이다. 구실잣밤나무, 담팔수, 먼나무, 동백나무, 후박나무, 녹나무, 협죽도 같은 늘푸른나무들이다. 자생나무로 이루어진 가로수들은 한껏 우리의 눈과 마음을 기쁘게 해준다.

제주시내의 구실잣밤나무 가로수길, 서귀포의 담팔수 가로수길, 대정 제주 추사관 언저리의 먼나무 가로수길, 사려니 숲길 가는 길의 삼나무 가로수길, 남원 일주도로의 야자나무 가로수길, 종달리 해안도로의 수국 꽃길은 그 자체가 일품이어서 차 타고 지나가는 것만으로도 눈과 마음이 황홀해진다.

한라산 산천단

우리 답사의 첫 유적지는 한라산 산천단(山川壇)이었다. 한라산 산신께 제사드리는 산천단에 가서 답사의 안전을 빌고 가는 것이 순서에도 맞고, 또 제주도에 온 예의라는 마음도 든다. 산천단은 제주시 아라동 제주대학교 뒤편 소산봉(소산오름) 기슭에 있다.

여기는 제주시에서 한라산 동쪽 자락을 타고 서귀포로 넘어가는 1131번 도로, 속칭 5·16도로 초입으로 건너편엔 산악 통제를 위한 검문소가 있다. 이 길을 계속 따라가면 성판악 너머 돈내코로 이어지니 한라산 들머리에 산신제를 올리던 제단을 마련한 것이다.

본래 제주인들은 탐라국 시절부터 해마다 정월이면 백록담까지 올라가 산신제를 올렸다. 고려 고종 40년(1253)에는 아예 나라가 주관하는 제

| 산천단 전경 | 정초에 한라산 산신제를 지내는 제단이다. 성종 때 이약동 목사가 백성의 편의를 위해 설치한 것으로 천연기념물로 지정된 해묵은 곰솔 여덟 그루가 이 제단의 연륜을 말해준다.

례(祭禮)로 발전했고 이후 조선왕조에 들어서도 제주목사는 이 제례를 게을리하지 않았다. 그런데 한겨울에 백록담까지 올라가자면 날이 춥고 길이 험해 그때마다 제물을 지고 올라가는 사람들이 얼어죽거나 부상당하곤 했다.

조선 성종 1년(1470)에 부임한 제주목사 이약동(李約東, 1416~93)은 이런 사실을 알고 지금의 위치에 제단을 만들고 여기서 산신제를 지내게 했다. 제의를 형식이 아니라 정성으로 바꾼 대단히 혁신적인 조치였던 것이다. 이것이 산천단의 유래다.

『증보탐라지(增補耽羅誌)』를 보면 산천단에는 한라산신묘(漢拏山神

廟)라는 사당과 가뭄 등 재해를 막기 위해 제를 올리는 포신묘(脯神廟)라는 사당이 따로 있었고 주변엔 소림사(少林寺)라는 절과 소림과원(少林果園)이라는 과수원이 있어 제법 장한 규모를 갖추었다고 한다. 그러나 지금은 이 모두 사라지고 제주도 현무암을 짜맞춘 아주 소박한 제단과 이약동 목사가 건립한 작은 비석만이 남아 있을 뿐이다.

그러나 산천단 주위에는 제단을 처음 만들 당시에 심었을 수령 500년이 넘는 곰솔 여덟 그루가 이 산천단의 역사와 함께 엄숙하고도 성스러운 분위기를 보여준다. 소나무의 사촌쯤 되는 곰솔은 주로 바닷가에 자라기 때문에 해송(海松)으로도 불리고, 줄기 껍질이 소나무보다 검다고 해서 흑송(黑松)이라고도 한다. 곰솔은 생명력이 아주 강하기 때문에 제단을 만들 당시 사람들은 모진 비바람과 싸우면서 살아가는 제주인의 기상을 나타낼 수 있는 곰솔을 조경목으로 심었을 터인데 오늘날에 와서는 아예 산천단의 상징목이 되어 이렇게 빈 제단을 지키고 있다.

천연기념물 제160호로 지정된 여덟 그루 곰솔의 평균 높이는 30미터, 평균 둘레는 4.5미터다. 맨 안쪽에 있는 곰솔은 가슴높이 둘레가 6.9미터로 가장 굵으며, 바로 옆의 곰솔은 높이 37미터로 우리나라 소나무 종류 중에서 가장 키가 크다고 한다. 나이를 먹은 다른 곳의 곰솔은 대체로 많은 가지를 내어 원뿔모양으로 자라는 데 비해 이곳 곰솔은 가지를 별로 달지 않고 늘씬하게 쭉쭉 뻗은 것이, 처음 심을 때 촘촘히 심어 자람 경쟁을 시킨 탓이라고 한다. 입구의 곰솔은 하늘로 솟아오르기가 힘에 부쳐서인지 아래부터 양갈래로 갈라져 비스듬히 몸을 구부리고 있다. 기나긴 세월을 살아온 나무살이와 함께 신령스러움을 그렇게 보여준다.

산천단 주변에는 자생한 팽나무, 예덕나무, 멀구슬나무, 쥐똥나무, 산뽕나무들이 이 해묵은 곰솔들을 호위하듯 감싸고 더욱 성스러운 제의적 공간을 만들어주고 있으니 유적지에서 건물 못지않게 중요한 것이 조경임을 다시 한번 알겠다.

그런데 얼마 전, 여기에 참으로 기막힌 일이 벌어졌다. 천연기념물 곰솔을 벼락으로부터 보호한다고 곰솔보다 더 높이 피뢰침 철기둥을 세워놓은 것이다. 이게 잘한 일인가, 못한 일인가? 나는 식물학자 박상진 교수께 여쭈어본 적이 있다.

"피뢰침을 꼭 저렇게 세워야 하나요?"
"아니죠. 저 산비탈 위쪽에 있는 나무에 설치하면 표도 안 나고 기능도 훨씬 뛰어납니다."

그런데 왜 이렇게 설치했을까? 아마도 이렇게 해야 피뢰침 탑을 세웠다는 표가 나기 때문이 아니었을까. 그렇다. 세상에 어려운 것이 표 안 나게 일하는 것이다. 산천단에는 오래된 작은 비석이 곳곳에 있어 이 제단의 연륜을 받쳐주었는데 근래에 '목사 이약동 선생 한라산 신단 기적비'라는 표나게 큰 신식 비가 세워졌고 제법 큰 화장실도 만들어져 예스러움을 많이 잃었다. 그 뜻과 편리함을 모르는 바 아니지만 고즈넉한 분위기에 어울리지 않는 것이 안타깝기만 하다. 이미 세운 걸 어쩔 수 없다면 산천단 조경의 슬기를 배워 비석 뒤쪽과 화장실 앞쪽에 키 작은 나무들을 심어 적당히 가려주면 한결 나을 것 같다.

청백리 이약동 목사

산천단을 만들어 백성들의 고통을 덜어준 이약동 목사는 『연려실기술(燃藜室記述)』에 '성종조의 명신'으로 올라 있는 청백리였다. 그는 제주 목사 시절 조정에 건의하여 세금을 감면받도록 했고 휘하 고을 수령들이 사냥할 때 임시거처를 지어 민폐 끼치는 일이 없도록 했다. 이약동 목사는 제주를 떠날 때 여기서 쓰던 모든 물건을 두고 말채찍 하나 가져가지 않은 것으로 유명하다.『연려실기술』에서는 이렇게 전한다.

> 공이 제주목사로 있으면서 사냥할 때 쓰던 채찍 하나가 있었는데, 임기가 차서 돌아올 때 그 채찍조차 벽 위에 걸어두었다. 후에 섬사람들이 보배처럼 간수하여 매양 목사가 부임하면 채찍을 내어놓았다. 세월이 오래되자 좀먹어 부서지니 화공(畫工)을 시켜 그 채찍의 형상을 그려 걸어놓았다.

이 이야기는 다른 버전도 있다. 이약동 목사가 배를 타고 제주를 떠나 얼마쯤 갔을 때 문득 오른손에 말채찍을 들고 있다는 것을 알고는 급히 뱃머리를 돌려 포구 옆 바위에 걸어놓고 다시 떠나자 제주사람들은 이약동 목사의 청렴함과 선정(善政)을 기리고자 바위에 채찍을 걸어두었다고 한다. 오래되어 말채찍이 썩자 그 자리에 채찍 모양을 새긴 다음 '괘편암(掛鞭岩)'이라 불렀다고 한다. 어느 경우든 그가 공물(公物)에 손대지 않은 청렴한 분이었다는 칭송이다.

이약동 목사는 제주도를 떠난 뒤에도 제주인에 대한 사랑과 배려를 아끼지 않았다.『조선왕조실록』성종 8년(1477) 윤2월 2일자를 보면 대사간으로 있으면서 임금께 제주의 목마(牧馬)를 직접 건의하기도 했다.

> 대사간 이약동이 아뢰기를, "신이 일찍이 제주목사가 되었는데 세 고을(제주, 정의, 대정)의 수령들이 모두 사마(私馬)를 갖지 못하기 때문에 백성에게서 가져다 타므로 백성들이 심히 고통스럽게 여깁니다. 그리고 이 섬에서 기르는 말이 비록 많아도 좋은 것이 없는 것은, 들에

서 놓아기르며 길들이지 않기 때문이니, 청컨대 금후로는 목사와 수령으로 하여금 국마(國馬)를 취하여 조련하여 길러서 타게 하고, 잘 길들인 좋은 것은 국용(國用)에 이바지하게 하면, 아래로는 민폐가 없고, 국가에도 또한 보탬이 있을 것입니다" 하였는데, 한명회가 말하기를, "이약동의 말이 옳습니다" 하니, 임금이 말하기를, "좋다" 하였다.

이약동의 본관은 벽진(碧珍), 자는 춘보(春甫), 호는 노촌(老村), 시호는 평정(平靖)이다. 문종 1년(1451) 문과에 급제하고 성종 1년에 제주목사가 되었으며, 나중엔 대사헌이 되어 천추사(千秋使)로 명나라에 다녀왔다. 이후 전라도관찰사, 이조참판 등을 거쳐 지중추부사에 이르렀고 만년에는 금산(金山) 하로촌(賀老村)에 물러와 살면서 호를 노촌으로 삼았다. 점필재(佔畢齋) 김종직(金宗直)과 고향이 같아 가까이 지내 금산의 경렴서원에 점필재와 함께 제향되었고, 훗날 제주도에서는 영혜사(永惠祠)라는 사당을 짓고 위패를 모셨다. 그는 진실로 제주를 사랑한, 우리가 알고 있는 최초의 육지인이었다. 이후에도 제주를 진실로 사랑하는 육지인, 외국인들이 끊임없이 나오게 된다.

중산간마을로 가는 길

산천단에서 한라산 산신께 제주도에 왔음을 고한 우리의 다음 행선지는 와흘 본향당(本鄕堂)이다. 본향당이란 제주 마을마다 있는 신당(神堂)이다. 본향당은 현재 300곳이나 남아 있는데 그중 와흘 본향당은 송당 본향당, 수산 본향당, 세미 하로산당, 월평 다라쿳당과 함께 제주도민속자료로 지정된 다섯 개의 대표적인 마을 신당 중 하나다.

신당 답사는 제주도를 이해하고 제주의 속살을 느낄 수 있는 제주답

| 밭담이 있는 들판 | 중산간지대의 들판엔 밭담이 조각보처럼 이어져 있다. 바람이 통하도록 숭숭 뚫려 있어 태풍 루사에 드라마 「올인」세트는 날아갔어도 밭담은 하나도 무너진 것이 없다고 한다.

사의 기본이다. 제주는 1만 8천의 신이 살고 있는 제신(諸神)의 고향이다. 제주도 산에는 산신당(山神堂), 바다에는 해신당(海神堂), 마을에는 본향당이 있다. 2008~9년에 시행한 '제주 신당 조사'에 따르면 모두 554곳으로 추산되었다.

산천단에서 와흘리로 가는 일주도로는 전형적인 제주도 중산간도로다. 한라산으로 이루어진 제주도는 바닷가에서 해발 100미터까지를 해안마을, 400미터 이상을 산간마을, 그 사이를 중산간마을이라고 한다.

중산간마을은 제주에서 농토가 비교적 발달되어 유서 깊은 마을이 많고 길도 잘 닦여 있다. 산비탈을 가로질러 난 길을 따라가다보면 길가에 방풍림으로 바투 심긴 삼나무가 길게 도열하여 우리를 맞아준다.

가로세로로 구획지은 밭담들이 지형에 따라 구불구불 겹겹이 연이어

뻗어가며 철 따라 감자며 양파며 마늘이 싱그러운 초록을 발하고 있다. 밭담의 검은빛과 채소의 초록빛이 묘하게 어울리는 모습은 육지에선 볼 수 없는 보색이 된다. 제주의 화가 강요배가 검은색과 초록색을 대비시킨 매력적인 풍경화들을 잘 그린 것은 이런 제주 농촌의 사실적 풍경에 바탕을 둔 덕분이었다.

버스 안이 이상할 정도로 조용하여 뒤를 보니 학생들은 밖을 내다보는 것 자체가 큰 볼거리인 양 차창에서 떨어질 줄 모르고 있었다. 그러던 중 누군가가 조용히 감상을 말한 것이 내 귀에 들렸다.

"야, 진짜 한적하다. 생각 밖으로 자동차도 적어 길이 훤하다."

이 점은 관광지로서 제주의 큰 장점이다. 제주도는 몇군데 관광지를 제외하고는 여간해선 차든 사람이든 붐비지 않는다. 제주 인구는 약 58만명이다. 여기에 관광객을 더한 숫자가 유동인구가 된다. 매일 제주의 텔레비전 뉴스 끝에는 '오늘의 입도(入道)인원'을 자막으로 내보내는데 하루 몇만 명 정도다.

비행기와 여객선이 만석이면 더이상 들어올 수 없으니 자동으로 출입이 통제되는 셈이다. 연간 약 1천만 명 들어와 평균 3일을 묵어간다고 해도 하루 제주에 머무는 숫자는 10만 명 이상이 될 수 없다. 그래서 유동인구가 많아야 70만 명이니 서울의 세 배 크기면서 사람 수는 20분의 1밖에 안 되는 것이다. 그것은 보통 장점이 아니다. 더욱이 우리가 찾아가는 제주답사 일번지는 관광지의 부산스러움이 전혀 없으니 한적하기 이를 데 없는 곳이다.

팽나무 신목의 와흘 본향당

와흘 본향당은 중산간 일주도로(1136번)와 남조로(1118번)가 만나는 네거리 바로 못 미쳐 있다.

와흘 본향당은 수령 약 400년, 높이 13미터, 둘레 4미터의 거대한 팽나무 신목(神木) 두 그루로 이루어진 신당이다. 신당 주위에는 돌담이 둘러 있는데 팽나무의 우람한 나뭇가지가 담장 밖까지 길게 뻗어 있고 형형색색의 옷감과 색동옷이 바람에 나부끼고 있다. 밖에서만 보아도 영기(靈氣)가 넘쳐난다.

돌담 주위로는 동백이 빼곡히 심겼다. 동백은 겨울을 이겨내는 강한 나무이면서 청순한 꽃송이를 피워내는 여린 모습도 보여주어 삼승할망이라 불리는 산신(産神) 할머니의 상징목이기 때문이다.

길가로 둘러진 돌담을 돌아 당 안으로 들어가면 팽나무 그루터기 아래에 반원형의 제단이 있고 비석엔 '백조 십일도령 본향 신위'라는 한글로 새겨진 위패가 있다. 그리고 한쪽으로 아무렇게나 생긴 현무암을 소담하게 두르고 반듯하게 다듬은 낮은 제단이 있다. 그런데 언제 가보아도 반듯하게 만든 제단은 비어 있고 조촐한 현무암 제단엔 굵은 촛대들이 줄지어 있어 사람들이 오히려 여기에서 소원을 많이 빌고 있음을 말해준다. 거기엔 사연이 있다.

제주의 모든 신당에는 그 내력을 말해주는 '본풀이'가 있다. 와흘 본향당 입구에는 본풀이를 새긴 비석이 있다. 제주의 신을 보면 토착신, 외부에서 문명을 갖고 온 신, 힘으로 눌러앉은 신 등이 여러 형태로 연결되어 있다.

제주 신당의 원조는 송당 본향당으로 송당 본향신인 금백주의 아들 18명과 딸 28명이 각지로 흩어져 당을 만들게 되었다고 한다. 와흘 본향당은 송당 본향당의 열한번째 아들인 백조 도령이 이곳 서정승 댁 딸과

| 와흘 본향당 전경 | 본향당은 영혼의 주민센터 같은 곳으로 와흘리 본향당에는 신령스럽게 자란 두 그루의 팽나무가 신목으로 모셔져 있다.

혼인하여 처신(妻神)으로 삼은 신당이다. 그런데 서정승 딸이 임신 중 입덧을 하여 돼지고기가 먹고 싶어 돼지털을 그슬어 냄새를 맡았건만 백조 도령은 부정 탔다면서 함께 상을 받을 수 없다고 저만치 물러나 있으라 했단다. 그래서 신단을 이렇게 별거 중인 모습으로 따로 모신 것이라고 한다.

이 이야기는 연하의 남자인, 송당에서 온 백조 도령이 와흘 토박이인 서정승 딸로부터 신단의 주도권을 잡기 위해 취한 조치임을 암시하는 것이다. 그러나 제주에선 항상 남신보다 여신을 더 귀하게 모신다. 백조 도령 신단은 중앙에 있어도 주민들이 바친 제물이 보이지 않고, 서정승 딸의 신단엔 양초가 줄지어 있으며 그쪽 팽나무 가지엔 색동천과 소지(素紙)라는 흰 종이들이 주렁주렁 달려 있다.

신당 안은 팽나무 신목 두 그루가 만든 짙은 그늘 때문에 아주 어둡고 음습하다. 고개를 들어 위를 바라보면 팽나무의 구불구불한 여러 줄기들이 하늘을 향해 호소하듯 큰 몸짓으로 용틀임하며 치솟아 있다. 귀기로 범벅이 된 본향당 안의 신령스러움은 거의 소름이 돋을 정도다. 심약한 학생들은 두 손으로 머리를 감싸고 한껏 웅크린 채 곁눈으로 살핀다. 나는 재미있어하며 물었다.

"왜, 귀신 나올 것 같으냐?"
"네, 꼭 「해리 포터」 무대 같아요."
"저는 「센과 치히로의 행방불명」(일본 만화영화)의 한 장면 같아 보여요."

아뿔싸! 내가 이런 중생(衆生)들에게 한국미술사를 가르치고 있다니. 하긴 난들 그 애들 시절에 무엇이 달랐겠는가? 이런 것은 다 미신이니 타파의 대상이라는 교육을 받고 자랐고, 실제로 와보면 민속이니 무속이니 하는 말로 학술적으로 치장하지만 온통 황당한 설화 아니면 귀신 나올 소리고 나뭇가지마다 너절하게 걸어놓은 것이 너무 어지럽다고만 생각했다. 그 깊은 뜻을 헤아려볼 생각을 하게 된 것은 훨씬 나이 들어서의 일이다.

순이삼춘의 본향당 이야기

 내게 제주 신당의 진정한 의미를 가르쳐준 이는 두 사람의 제주인이다. 한 분은 제주 민속을 연구하고 자랑하는 문무병 형이고, 또 한 분은 제주 여성사를 연구하는 김순이 시인이다.
 그분들이 짙은 제주어로 들려주는 제주 신당의 이야기는 감동 그 자체다. 요즘 문무병 형은 몸이 안 좋은지라 지난번 우리 학생들을 데리고 갔을 때는 김순이 시인에게 도움을 요청했다.

 "순이삼춘, 와흘 본향당에 와줄 수 있어요?"

 나는 김순이 시인을 '순이삼춘'이라고 부른다. 제주도에선 형님·누님·아주머니·아저씨·할머니·할아버지 같은 호칭은 엄격하게 자신의 진짜 살붙이에게만 쓰고 남을 부를 때는 모두 삼춘(삼촌)이라고 한다. 현기영 소설 「순이삼촌」의 주인공은 순이의 삼촌이 아니고 순이라는 이름을 가진 아주머니를 말한다. 김순이 시인은 언제나 그랬듯이 흔쾌히 내 청에 응해 우리 학생들에게 제주어로 조곤조곤 얘기를 풀어갔다.

 "본향당이란 제주사람들, 특히 제주 여인네들 영혼의 동사무소, 요즘 말로 하면 주민센터예요. 제주 여인네들은 자기 삶에서 일어난 모든 것을 본향당에 와서 신고한답니다. 아기를 낳았다, 시어머니가 돌아가셨다, 사고가 났다, 돈을 벌었다, 농사를 망쳤다, 육지에 갔다 왔다, 자동차를 샀다, 우리 애 이번에 수능시험 본다, 우리 남편 바람난 것 같다, 이런 모든 것을 신고하고 고해바칩니다.
 제주 신의 중요한 특징은 신과 독대(獨對)한다는 점입니다. 제주의 신을 할망(할머니)이라고 해요. 할머니에게는 모든 것을 다 들어주는 자애로움이 있잖아요. 어머니만 해도 다소 엄격한 데가 있죠. 여성은 소문 내지 않고 자기 얘기와 고민을 들어줄 사람을 필요로 하는 심리가 있거든요. 답을 몰라서가 아니죠. 그런 하소연을 함으로써 마음의 응어리를 푸는 겁니다.

　모진 자연과 싸우며 살아가는 제주인들에겐 이런 할망이 절대적으로 필요했던 것이죠. 심신의 카운슬링 상대로 할망을 모시는 것이라고 생각하면 됩니다."

　순이삼춘의 얘기가 이렇게 시작되자 학생들은 그 귀신 나올 것만 같던 본향당이 달리 보이기 시작하여 아주 인간적인 곳으로 느껴지고, 굳세게 자란 신목은 영험스럽게 다가오는 듯했던 모양이다. 성미 급한 학생이 질문을 한다.

"아무 때나 와서 빌어도 되나요?"
"아니죠. 와흘 본향당은 일뤠당(이렛당)이어서 7일, 17일, 27일 새벽에만 만날 수 있어요. 다른 본향당 중에는 여드렛당도 있어요. 또 피부병을 잘 고쳐주는 일뤠당이 따로 있어요.
　이렛날 새벽에 빌러 왔는데 앞사람이 먼저 할망하고 독대하고 있으면 밖에서 그 독대가 끝날 때까지 기다렸다 그 사람이 나온 다음에야 들어갑니다. 독대하고 나온 이에게는 절대로 말을 걸어선 안 됩니다. 이건 철칙입니다.
　각 마을 본향당에는 1년에 많게는 네 번의 당굿이 열립니다. 와흘 본향당에서는 1월 14일의 신년과세굿과 7월 14일 백중의 마불림제 두 번만 열리고 있어요. 하지만 그것은 연중행사일 뿐이고 와흘리 사람들의 일상 속에 아직도 간직하고 있는 신당의 의미는 아주 다른 것이죠."

학생들은 점점 더 순이삼춘의 얘기에 빨려들어갔다. 익살맞은 남학생이 질문을 던졌다.

"카운슬링비는 얼마나 돼요?"
"자기 능력껏 내면 돼요. 없으면 안 내도 되지만 있는 사람이 조금만 내면 할망이 받아들이지도 않고 화를 냅니다. 가장 없는 사람은 양초 한 개만 가져와도 됩니다. 이건 필수예요. 그다음으로 있는 사람은 술 한 병, 그다음엔 과일을 가져와요. 그리고 더 정성을 드리는 사람은 지전(紙錢)을 한 타래 만들어 나뭇가지에 겁니다. 저쪽 끝에 있는 학생, 그 흰 종이를 들어봐요. 엽전을 꿴 모양으로 구멍이 뚫려 있죠? 그리고 넉넉한 사람은 할망이 해 입을 물색천을 걸어둡니다."

순이삼춘의 얘기가 여기에 이르자 학생들은 "아! 나뭇가지에 걸린 색동천들에 그런 사연이 있구나" 하면서 고개를 이리저리 돌려본다. 그러다 한 학생이 질문을 겸해 소리쳤다.

"저기엔 색동 치마저고리가 있네요."
"맞았어요. 좀 잘사는 사람은 옷 한 벌쯤은 바쳐야 하지 않겠어요? 제주 관광버스회사 사장님 정도라면 옷 한 벌은 해와야지 양초만 바치면 할망이 괘씸하게 생각할 겁니다."
"왜 꼭 옷인가요?"
"여자들은 옷을 좋아하잖아요. 옷로비 사건 같은 것이 괜히 생겼겠어요?"

| 와흘 본향당 팽나무와 그 위에 걸려 있는 소지와 물색천 | 본향당 할망에게 소원을 빌 때 흰 종이를 가슴에 품고 말한 다음 신목에 걸어둔다. 이를 소지라고 한다.

 나도 이 점을 무척 궁금하게 생각해왔다. 할망이 입지도 않을 색동옷을 왜 요구하는 것일까? 그렇게 함으로써 그 사람에게, 또는 마을에 무슨 이득이 돌아가는 것일까? 신은 절대로 욕심을 부리는 분이 아니다. 거기에는 반드시 어떤 숨은 뜻이 들어 있을 것이다. 그것이 무엇일까? 나는 이 답사기가 끝나갈 무렵 남원의 '재일동포 공덕비'를 이야기하면서 이 문제를 다시 생각해보게 될 것이다.

팽나무에 걸린 흰 종이의 내력

이쯤에서 순이삼춘은 가방 속에서 무엇인가를 찾더니 한지(韓紙) 한 뭉치를 꺼내들고 학생들에게 내보이며 설명을 이어간다.

"이 흰 백지를 여기서는 소지라고 해요. 아무것도 쓰여 있지 않은 하얀 한지죠. 본향당에서 소원을 빌 때 이 소지를 가슴에 대고 한 시간이고 두 시간이고 빌고서 저 나뭇가지에 걸어두는 거예요. 그렇게 하면 그 모든 사연이 소지에 찍혀 할망이 다 읽어본다고 해요."

이 순간 우리 학생들은 탄성을 지르며 팽나무 가지에 나부끼는 소지들을 바라보고 있었다. 그것은 같은 소지라도 의식 뒤에 태우는 소지(燒紙)와는 다른 것이었다.

'소원을 새긴 백지!'

사연이 많은 사람은 소지를 몇십 장 겹쳐서 가슴에 대고 빈다고 한다. 이런 높은 차원의 발원 형식이 세상천지 어디에 있을까 보냐. 본래는 글 모르는 할머니들을 위해 생겨난 의식이었다고 하는데 어떤 글을 써넣은 것보다 진한 감동을 주지 않는가!

일본의 사찰에 가면 소원을 써서 절 마당에 걸어놓는 강까께(願掛け)가 있고, 이스라엘 '통곡의 벽'에선 소원을 적어 돌 틈에 끼워넣는다고 하는데 우리 제주도에선 백지에 소원을 전사(轉寫)해서 걸어놓는 것이다. 팽나무 신목에 흰 소지가 나부끼는 와흘 본향당은 제주인의 전통과 정체성을 웅변해주는 살아 있는 민속인 것이다.

그러나 걱정이 없는 것은 아니다. 2005년 5월에는 강풍에 신목 가지가 부러져 외과수술을 한 차례 받은 바 있고, 2009년 1월엔 누군가의 방화였는지 본향당에 불이 나 한동안 신당 출입을 금했고 아직도 신목들은 그때 입은 화상이 완치되지 않았다. 굳게 닫힌 신당은 죽은 신당이지 살아 있는 신당일 수 없다. 모름지기 와흘 본향당의 문은 누구나 들어올 수 있게 열려 있어야 한다. 그래야 제주도다.

중늙은이들의 와흘 본향당 퍼포먼스

본향당에 나부끼는 흰 소지에 그런 깊은 내력이 있음을 알게 되면서 나는 이것이 제주 문화관광의 중요한 콘텐츠가 될 수 있다고 생각했다. 제주에 도착한 관광객들에게 소지 한 묶음씩을 나눠준 뒤 가슴에 품고 있다가 어느 신당에 걸게 한다면 얼마나 재미있어하고 즐거운 추억이 될까. 마치 하와이에 도착하면 꽃목걸이를 걸어주어 남국에 온 기분을 살려주는 것 같은 효과가 있지 않을까.

2009년 9월 제주도에서 열린 제3회 세계델픽대회의 조직위원장에 위촉되었을 때 나는 이 대회에 참가하는 각국의 문화예술 경연자 2천 명에게 모두 소지를 나누어주고 제주시 신산공원에 있는 해묵은 팽나무를 지정하여 여기에 걸게 하는 것을 개폐막식 행사의 하나로 생각하고 있었다. 그러나 일이 잘되지 않으려니까 중도에 조직위원장에서 물러나지 않을 수 없었고 이 이벤트도 실현되지 않았다.

그래도 한 번은 해보고 싶은 미련이 있었는데 마침 내 형님뻘 되는 '중늙은이 답사회'인 무무회(無無會)가 제주도 답사를 안내해달라고 해서 와흘 본향당으로 향했다. 내가 해안마을, 산간마을보다 중산간마을이 제주도 인문의 핵심이라고 설명하자『할아버지가 꼭 보여주고 싶은 서양

명화 101』(마로니에북스 2012)의 저자로 내 자형의 친구인 김필규형님이 말을 가로챘다.

"유교수가 우리들을 중늙은이라고 한 것이 놀리는 것이 아니라 칭찬이었군요. 그것 보라고, 세상사도 우리 같은 중늙은이가 버텨줘야 잘 돌아간다구."

내가 버스에서 무무회 회원들에게 소지를 나누어주고 본향당 이야기를 해주자 모두들 소지를 가슴에 품고 재미있게 들었다. 와흘 본향당에 도착했을 때 회원들은 다투어 가슴에 품었던 소지를 꺼내 팽나무에 묶었다. 그것은 즐거운 퍼포먼스였다. 신당을 돌아나오는데 필규형이 곁에 있던 여성회원과 주고받는 말이 역시 중늙은이들다웠다.

"난 우리 마누라가 소지를 품고 무슨 소리를 했을까 되게 궁금하네."
"난 효험이 없을 것 같아요. 사연이 너무 길어 끝도 맺지 못했는데 버스가 도착해버려 얘기가 끊어졌어요."
"아, 그래서 소지를 두 뭉치 달라고 했군요. 하여튼 여자들은 하고픈 말이 많아. 하하하."

와흘 본향당에서 한 차례 소지 이벤트를 마친 무무회 중늙은이들은 즐거운 기분으로 버스에 올라 다음 행선지인 다랑쉬오름을 향해 중산간 길을 계속 달려갔다.
그러나 우리 학생들에겐 중늙은이 답사회원들과 함께했던 소지 이벤트를 하지 않았다. 그것은 살 날이 구만리 같은 젊은 학생들은 살 날이 산 날보다 적게 남은 중늙은이와 같을 수 없기 때문이었다. 소지를 두 뭉치 달라고 하는 유머는 인생을 살 만큼 산 자만이 가질 수 있는 허허로움이 있기에 가능했던 것이리라.

회천 세미마을 석인상

우리의 답사가 제주의 신당, 또는 제주의 민속을 주제로 한다면 와흘 본향당 다음에는 와흘리 옆동네인 회천동(回泉洞)으로 가서 와흘 본향당과 함께 2005년 '제주도 민속자료 제9호'로 지정된 다섯 개 신당 중 하나인 세미 하로산당을 답사하는 것이 정코스라고 할 수 있다. 그러나 미술사, 또는 일반인의 답사로 초장부터 신당만 들르게 되면 무속이라는 이름으로 미신만 조장하는 것처럼 비칠 수도 있어서 자제했던 것이다.

그리고 세상사 모든 것이 그렇듯이 알고 보면 다 뜻있고 재미있지만 처음 접할 때는 낯설어서 일단은 거리를 두고 받아들이게 되는 법인데 제주 무속은 아주 내용이 다양하고 용어도 낯설어서 선뜻 이해되지도 않는다.

회천동의 세미 하로산당도 그렇다. 사실 내가 여기를 처음 찾은 이유는 다섯 곳의 신당 중 하나이기 때문이기도 하지만 이 알 듯 모를 듯한 이름에 이끌린 것이었다. 책으로는 도저히 이해되지 않던 것이 여기 와서 보니 수수께끼가 풀리듯 속시원히 다 알 수 있었다.

오창명의 『제주도 마을이름의 종합적 연구』(제주대출판부 2007)에 의하면 세미는 동네 이름으로 옛날 이 동네에는 샘에서 흘러나오는 물이 있어 '세미므을'(동회천) 'ᄀᆞᆫ세미므을'(서회천)이라고 불렸는데 이를 한자로 옮기면서 세미(細味)라고 발음을 따기도 했고, 천미(泉味)라고 뜻과 발음을 모두 따서 표기하기도 했다. 그런데 일제가 5만분의 1 지도를 만들면서 이 동네의 들판 넓은 'ᄃᆞ르세미므을'을 '야생동(野生洞)'이라고 표기하고, 물이 돌아가는 '도래세미무을'을 '회천동'이라고 하더니 1914년 일제가 전국 행정체제를 개편 정리할 때 회천동이라고 함으로써 본래 있던 세미동은 옛 이름이 되고 오늘날 회천동으로 불리고 있다. 그나마 이제는 인구가 줄어 행정구역상 봉개동에 흡수되었으니 이 이름의 운명은 알 수가 없게 되었다.

하로산은 한라산이라는 뜻으로 하로산당의 산신을 '하로산또'라고도 부른다. 여기에는 한라산에서 사냥하며 살아갔던 수렵시대의 흔적이 고스란히 담겨 있으니 마을의 설촌(設村) 역사가 만만치 않음을 알 수 있다.

세미 하로산당은 쉽게 말해서 세미마을(동회천)의 본향당이다. '세미 하로산또'는 와흘 본향당과 마찬가지로 송당 본향신 금백주의 18명 아들 중 하나가 좌정한 것이라고 하며 혹은 여덟번째, 혹은 열두번째 아들이라고도 한다. 당은 해묵은 팽나무를 신목으로 삼고, 대나무밭에 의지한 제단이 있을 뿐이다. 찾아가자면 당 안내문이 있는 입구에서 과수원 쪽으로 100미터 정도 깊숙이 들어가야 한다.

그 내력을 모르고 답사객이 세미 하로산당에 간다는 것은 아무런 의미가 없다. 와흘 본향당처럼 영기가 넘쳐흐르는 것도 아니다. 그럼에도 내가 회천동에 갔어야 했다고 말하는 것은 여기에는 예부터 전해 내려오는 '회천 석인상'(제주시 유형문화재 제3호)이 있기 때문이다.

지금은 화천사(華泉寺)라는 새 절 뒤쪽에 있어 혹은 '화천사 오석불'이라고 쓰인 책도 있는데 이는 주객이 전도된 것이다. 예부터 여성 중심인 제주에서 남성들이 따로 지내는 동제를 포제(酺祭)라 하는데 세미마을 포제를 지내던 이 자리를 언젠가 불교가 차지해버리고 석상은 돌미륵으로 둔갑해버린 것이다. 그리고 조선시대에 유교적 제의가 국가적으로 행해지면서 이 석상에 '석불열위지신(石佛列位之神)'이라고 새겨놓았으니 제주 민속에는 유교의 흔적이 또 그렇게 들어가게 된 것이다. 그러

| 회천 세미마을 석인상 | 회천 화천사 뒤뜰에 있어 혹은 화천사 오석불로도 불리지만 정확히는 세미마을 다섯 석인상이라고 해야 맞다. 불상이 아니라 인체 조각으로 만들어진 민중의 표정이다.

거나 말거나 지금도 마을에서는 해마다 새해 첫 정일(丁日)에 육류를 쓰지 않는 제를 지내고 있다고 한다.

팽나무 대여섯 그루 아래 모셔진 이 다섯 석상을 보면 그야말로 서민적이고 해학적이고 무속적이고 제주도적인 모습에 절로 웃음이 나면서 깊은 정을 느끼게 된다. 불상을 보거나 돌하르방을 볼 때는 전혀 느낄 수 없는 인간적 체취이다. 삼다도의 그 많은 돌 중에서 인체를 닮은 것, 얼굴을 닮은 것 다섯 개를 골라 거기에 이목구비만 슬쩍 가했을 뿐인데 누구도 석상 아니라고 할 수 없는 인간미가 넘친다. 조형적으로 세련되었다는 얘기가 아니다. 세련되기는커녕 조형이라는 개념도 없이 민초들이 자신들의 정서에 맞는 돌을 주워다 세워놓았을 뿐인데 우리는 거기에서 말할 수 없는 친숙감을 느끼니 이것이 민속의 힘이고 아름다움이라고 할 만한 것이다.

| 석인상의 유머 넘치는 표정 | 세미마을 석인상은 얼굴 모습과 표정이 제각기 다르면서 미소를 짓게 하는 유머가 들어 있다. 서민상을 담아낸 것으로 민화를 보는 듯한 친숙감이 느껴진다.

 제주도 답사에서 돌아와 학생들과 얘기하는 도중에 사실 '회천 석인상'이라는 아주 별격의 옛 석인상이 있었다며 사진을 보여주자 학생들은 제각기 다른 재미있는 모습들을 보면서 만면에 웃음을 띠며 즐거워했다. 그리고 이런 곳을 데리고 가지 않은 선생이 원망스럽고 너무도 억울하다는 표정이었다.
 생각해보자니 제주의 유서 깊은 중산간마을인 세미마을은 오래도록 많은 상처를 입었다. 마을 이름은 회천동으로 둔갑했고, 포제를 지내던 신당의 석인상은 화천사 오석불이라고 불리고 몸에는 유교식 위패가 새겨졌다. 거기다 4·3사건 때 이 마을들은 전소되고 많은 희생자를 내어 그 슬픔을 이기지 못하여 세워놓은 '4·3희생자 위령비'가 길가에 쓸쓸히 서 있다.
 언젠가 회천 석인상을 보고 돌아나오는데 샘이 보여 옳다구나 하고 내려가 보았더니 역시 세미마을의 유래를 전해주는 바로 그 샘이라는 표석이 있었다. 그러나 샘에서는 이 마을 이름을 낳을 정도의 그런 신비로움이 보이진 않았다. 세월은 이미 그렇게 많이 흘러가버렸다.

외면한다고 잊혀질 수 없는 일

조천 연북정 / 조천연대 / 큰물, 조근돈지 / 너븐숭이 /
제주 4·3사건의 전말 / 「순이삼촌」 문학비

제주의 옛 관문, 조천

산천단에서 한라산 산신께 빌고, 와흘 본향당에서 제주에 왔음을 신고한 뒤 우리는 조천읍(朝天邑)으로 향했다. 와흘리에서 곧장 바다 쪽으로 내려가면 이내 조천이다.

조천은 제주시 화북(禾北)과 함께 제주의 오래된 항구로, 육지로 연결되는 관문이었다. 제주로 부임하는 관리, 귀양살이 오는 유배객, 육지를 오가는 장삿배 모두 이 두 항구로 들어왔고 이곳에서 떠났다. 때문에 조천은 일찍부터 고을이 형성되었고 진지가 제법 잘 축조되었다.

조천진(朝天鎭)은 제주에 있던 9개의 진지 중 하나로 고려 공민왕 23년(1374)에 조천관(朝天館)을 세웠다는 것이 가장 오랜 기록이다. 아마도 왜구가 창궐하여 이들이 쳐들어올 때를 대비해 쌓은 것으로 보인다.

그리고 조선 선조 23년(1590)에 성을 크게 중수해 둘레 428척, 높이 9척, 성문이 하나 있는 석성을 쌓고 초루와 객사, 군기고, 포사 등을 두었다고 한다. 임진왜란이 일어나기 전이지만 16세기 후반엔 남해안에 왜변(倭變)이 자주 일어났는데 그때 성을 크게 보완했던 것으로 보인다.

성에 배치된 인원도 대대적으로 보강하여 진지의 대장 아래 상비군 약 100명과 예비군 100명을 두었고 전용배가 한 척 있었다고 한다. 이때 성 위에 망루를 짓고 쌍벽정(雙碧亭)이라고 했는데 선조 32년(1599)에 성윤문(成允文) 목사가 다시 건물을 수리하고는 정자 이름을 연북정이라고 바꾸었다.

오늘날 조천진의 성벽은 일부만 남아 있지만 동남쪽 정면은 높이 14자의 반듯한 축대이고 북쪽은 타원형의 성곽으로 둘러싸여 있어 그 옛날의 장했던 모습을 어렴풋이나마 짐작해볼 수 있다. 모양으로 보나 크기로 보나 둥그렇게 둘러진 옹성(甕城)이었음을 알 수 있다.

연북정이 간직한 옛날

연북정 정자 건물은 정면 3칸, 측면 2칸에 앞뒤 좌우로 퇴(退)가 딸린 일곱 량 집이다. 일곱 량이란 서까래를 받치고 있는 도리가 일곱 개 있다는 뜻으로 세 량, 다섯 량이 아니라 일곱 량이나 되는 큰 집이라는 뜻이다. 기둥의 배열과 가구의 연결방식이 모두 제주도 주택과 비슷하며 지붕은 합각지붕으로 물매가 아주 낮다. 바람이 세기 때문에 육지의 정자처럼 기둥을 높이 올리지 못하는 제약이 있었기 때문이다. 그래서 연북정은 시원스런 멋이 아니라 야무진 집이라는 인상을 준다.

모든 정자는 건물 자체보다 거기서 내다보는 전망이 더 중요하고, 더 아름답다. 연북정에 오르면 조천항이 멀리 내다보인다. 연북정 너머 펼

| 조천진과 연북정 | 연북정은 조천진의 망루로 진지 아래서 올려다볼 때 제법 의젓해 보인다. 삼다도 바람이 강해 지붕이 육지의 그것처럼 활짝 날개를 펴지 못하고 낮게 내려앉았다.

쳐지는 먼바다에서 파도가 넘실넘실 춤을 추듯 포구로 밀려들어오다가 바위섬에 부딪칠 때는 '처얼썩!' 소리를 내며 하얀 포말을 일으키며 부서진다. 그러고는 해안에 다다라서는 언제 그랬느냐는 듯 가만히 뒷걸음으로 물러나며 자취를 감춘다. 열지어 들어오는 한 무리 파도가 밀려가는 끝까지 눈길을 주면서 몇번 일렁이나 헤아려보기도 하고, 낮은 바위를 거뜬히 타고 넘는지 숨죽여 기다려보기도 한다.

연북정 정자에 앉아 검은 바위를 넘나들며 부서지는 파도의 흰 포말을 망연히 바라보고 있노라면 내 몸과 마음이 홀연히 가벼워진다. 이상(李箱)의 표현대로 '정신이 은화(銀貨)처럼 맑아진다.' 그것이 연북정에 오르는 맛이다.

그러나 유감스럽게도 연북정에서 바라보는 조천항의 모습은 남국의

| **연북정 정면** | 연북은 북쪽을 사모한다는 뜻으로 임금에 대한 존경의 뜻을 담고 있다.

아름다운 항구와는 거리가 멀다. 본래 조천에는 두 포구가 있었다고 한다. 작은 포구는 '알개'이고 큰 포구는 개발머리와 대섬 사이의 후미진 곳에 있던 '개낭개'로 '큰물성창'이라고도 불렸다. 현재의 조천항 가장 바깥쪽 방파제가 개발머리에 의지해 있는 것이고 그 안이 개낭개였다는데 도저히 옛 모습을 그려볼 수 없다.

북쪽을 사모하는 마음

일제강점기인 1935년에 자연포구를 항만으로 개발한다며 방파제를 쌓기 시작한 것이 오늘날의 조천항인데 그 시설이며 구조가 빈약하여 눈길을 자꾸 피하게 만든다. 이제 제주의 관문은 제주 신항으로 옮겨갔으니 여기에 다시 바닷길이 열릴 리 만무하여 조천항이니 조천진이니 하는 것은 단어조차 생소해지고 오직 연북정만이 그 옛날을 간직하고 있는 것이다.

연북정은 그 이름 때문에 우리에게 무언가 사무치는 마음을 일으킨다. 오매불망 북쪽을 사랑하는 마음이 얼마나 컸으면 망북(望北)도 아니고 연북(戀北)이라고 했을까?

그래서 연북정을 해설하는 글마다 유배객들이 여기에 와서 북쪽을 바라보며 해배(解配)될 날을 기다렸다는 애절한 이야기가 제법 그럴듯하게 그려져 있다. 그러나 그건 사실이 아니다. 그럴 수 없는 일이다. 귀양살이 온 죄인인 주제에 유배객이 어떻게 군사시설인 진지 위 망루에 올라 북쪽을 바라보았겠는가.

연북은 그런 좁은 뜻이 아니다. 이 고을 이름이 조천인 것, 망루가 연북정인 것, 또 제주목 관아에 망경루(望京樓)가 있는 것 등은 모두 다 조선시대의 중앙정부에 대한 충성, 임금의 존재와 권위에 대한 존경을 뜻한다. 조천이란 하늘(天), 또는 천자(天子)에게 조회(朝會)한다는 뜻이고, 망경루는 서울(京)을 바라본다는 뜻이며, 연북에서 북(北)이란 임금을 상징하기 때문에 '임금을 사모한다'는 뜻으로 통한다. 조선시대는 왕을 중심으로 한 정치사회구조였음을 말해주는 거의 보통명사에 가까운 이름들이다.

조선시대에 연북정을 찾아와 간절한 마음으로 북쪽을 바라본 사람은 아마도 제주목사, 제주판관, 정의현감, 대정현감 등 육지로 불려가기만을 기다리던 관리들이었을 것이다. 그리고 오늘날도 사무치는 마음으로 연북정에 오르는 사람은 제주를 떠나고 싶은 사람, 혹 육지에서 나를 불러주지 않을까 간절히 기다리는 사람, 이를테면 제주도에 파견나온 공무원과 기업체 관리들일 것이다.

유배객이 자신의 유배지 한쪽에 정자를 짓고 연북정이라고 이름짓거나 집 가까이 바위 언덕을 망경대라고 했던 예는 여럿 있다. 사적으로는 얼마든지 그럴 수 있다. 신영복 선생은 『감옥으로부터의 사색』에서 아버님께 보낸 편지에 연북정에 대한 역설을 이렇게 말했다.

　유배지에서 다산 정약용이 쓴 글을 읽었습니다. 조선시대를 통틀어 대부분의 유배자들이 배소에서 망경대나 연북정 따위를 지어 임금에 대한 변함없는 충성과 연모를 표시했음에 비하여 다산은 그런 정자를 짓지도 않았거니와 조정이 다시 자기를 불러줄 것을 기대하지도 않았습니다. 그는 해배만을 기다리는 삶의 피동성과 그 피동성이 결과하는 무서운 노쇠를 일찍부터 경계하였습니다.

　신영복 선생은 그런 마음으로 20년간 감옥살이를 했고 그랬기에 오늘날 존경받는 지식인상이 된 것이리라.

정호승 시인의 연북정

　연북정의 말뜻과 정확한 유래를 따지는 것은 나 같은 '학삐리'들이 하는 이야기이고 북쪽을 사모할 일 없는 사람은 오직 뜨겁게 사모하는 마음, 절절히 기다리는 마음만 애틋하게 살아난다. 시인의 상상력 속에서 이 단어가 주는 의미는 더욱 애절해진다. 기다림, 헤어짐, 그리움을 탁월하게 노래하는 정호승 시인은 연북정 세 글자를 보고는 이렇게 노래했다.

　　기다림에 지친 사람들은 다 여기로 오라
　　내 책상다리를 하고 꼿꼿이 허리를 펴고 앉아
　　가끔은 소맷자락 긴 손을 이마에 대고
　　하마 그대 오시는가 북녘 하늘 바다만 바라보나니

오늘은 새벽부터 야윈 통통배 한 척 지나가노라
(…)
기다리면 님께서 부르신다기에
기다리면 님께서 바다 위로 걸어오신다기에
연북정 지붕 끝에 고요히 앉은
아침 이슬이 되어 그대를 기다리나니
그대의 사랑도 일생에 한 번쯤은 아침 이슬처럼
아름다운 순간을 갖게 되기를
기다림 없는 사랑이 어디 있느냐

─「연북정(戀北亭)」

조천연대를 바라보며

지난번 우리 학생들과 제주도를 답사할 때 코스에 변경이 생겼다. 미술사학과의 현장답사니만큼 유적지를 좀더 보여주자는 이태호 교수의 의견을 존중하여 조천에서 멀지 않은 삼양동 청동기시대 유적지(사적 제416호)와 제주도에 유일하게 남아 있는 고려시대 오층석탑(보물 제1187호)이 있는 불탑사(佛塔寺)를 답사하기로 했다. 그러자면 조천읍내를 둘러볼 시간을 가질 수 없었다. 그러나 어쩌겠는가. 우리의 답사는 공부가 우선인 것을.

나는 학생들을 연북정 누마루에 모아놓고 이런 사정을 말한 다음 우리가 갈 제주시와 반대방향을 가리키며 멀리 보이는 조천연대(煙臺)를 설명해주었다.

"연대란 비상시에 연기를 피워 각지로 전달하는 곳으로 제주에는 25

| **조천연대** | 연대는 옛 통신시설로 연기를 피워 위급상황을 알렸다. 때문에 제주의 연대는 사방이 잘 조망되는 곳에 설치하여 여기에 오르면 전망이 넓고 시원하다. 조천연대는 그 구조가 다른 연대보다 높고 튼실하다.

개 봉수대와 38개 연대가 있었다고 합니다. 통신이 발달하기 전 위급한 상황을 알리는 시설로 산에는 봉수대, 해안변에는 연대가 있었던 것입니다. 현재 제주에는 25곳에 연대가 남아 있습니다. 연대의 지킴이는 낮에는 연기로 밤에는 불빛으로 상황을 전달했습니다. 그러나 날씨가 흐린 날 상황이 일어나면 지킴이는 냅다 달리기를 할 수밖에 없었다고 합니다.

조천연대는 제주의 여느 연대와 마찬가지로 전망이 좋은 비탈에 제주 화산석으로 바람막이 벽을 네모반듯하게 높직이 쌓았습니다. 연대는 정자 못지않게 앉은 자리가 중요했겠지요. 전망 좋은 곳에 높직이 자리잡고 있어야 제 기능을 할 수 있으니까요. 그래서 연대에서 바라보는 풍광은 그 지역의 제1경관이 됩니다. 제주답사 중 연대를 만나면 나는 무조건 거기부터 올랐습니다. 별도연대, 애월연대 모두 그렇습니다.

특히 조천연대는 해안도로 바로 곁, 북쪽으로 바다를 내다보며 위치해 있어 조천항을 널리 조망할 수 있고 새로 복원한 것이지만 건축적으로도 사다리꼴로 잘생겼습니다. 아래쪽에서 연대를 바라보면 각이 지게 이를 맞추어 쌓은 연대의 축조물이 거룩해 보이는 조형미가 있습니다. 연대로 오르는 돌계단이 아주 멋스럽고 위엄도 있고요. 마치 설치미술을 보는 듯해 한 차례 감상거리가 됩니다."

연대가 이런 건축적 조형미와 생활사적 의의와 아름다운 전망을 갖고 있다고 힘주어 말한 것은 금방 교육적인 효과로 나타났다. 연대가 무시할 수 없는 유적이라고 각인된 학생들은 제주답사 중 연대만 나타나면 섭지코지에선 협자연대, 하멜표류지에선 산방연대까지 죽어라고 오르내렸다.

조천읍내 표정

연북정을 떠나 제주시 삼양동 선사유적지로 향하는 버스 안에서 나는 마이크를 잡고 지나쳐가는 조천읍내를 중계방송하듯 설명해주었다. 버스가 연북정을 떠나자마자 창밖으로 제법 큰 공공시설 같은 건물이 하나 나타났다.

"저 건물은 공동목욕탕이랍니다. 지하수가 솟아서 차고 맑은 물이 항상 가득해요. 이쪽에 지붕이 있는 큰 목욕탕은 여탕이라 탕 입구에 가면 '큰물(여탕)'이라는 팻말이 붙어 있어요. 제주의 집에 대문이 없듯이 이 목욕탕에도 역시 문이 없고 개방되어 있어서 일전에 한번 살짝 안을 들여다보았더니 지붕과 기둥 사이가 뚫려 있는 천연의 목욕탕이더군요. 지붕이 있어서 노천탕이라고는 할 수 없지만 자연탕이라고는 할 수 있겠

| 조근돈지 | 마을 공동목욕탕 중 남탕은 지붕이 없는 노천탕으로 조근(작은)돈지라고 한다.

죠. 제주도에서만 가능한 것이죠. 남탕은 저쪽 약간 떨어진 곳에 있는데 아주 작아요. 지붕도 없고, 입구엔 '조근돈지(남탕)'이라는 팻말이 붙어 있답니다. 역시 제주에선 모든 것이 여성 우위인가 봅니다."

그사이 버스가 읍내로 들어서는 바람에 '조천리 원담'이라는 인공 고기잡이 시설이 있다는 것은 설명도 못했다. 원담은 밀물과 썰물의 차를 이용하여 고기를 잡는 장치인데 둥글게 쌓았다고 해서 원담, 돌을 쌓았다고 해서 적담이라고도 불렸다. 멸치, 한치, 낙지, 벵에돔, 우럭 등 많은 어종이 원담에 갇히면 썰물 때 동네 사람들이 모여서 공동으로 고기를 잡았다고 한다. 부두시설이 생기면서 고기는 더이상 들어오지 않고 원담은 제주인의 옛 삶을 보여주는 민속자료로 남아 나 같은 답사객이나 들여다보는 곳이 되었다.

　버스가 읍내를 지나자니 조천은 여느 읍소재지와는 달리 집들이 번듯하고 기와집도 눈에 들어온다. 나는 놓칠세라 다시 설명을 시작했다.

　"옛날 조천은 서울로 치면 인천 제물포에 해당하는 곳이라 마을의 연륜이 오래되었고 제주도에서는 보기 힘든 오래된 기와집들도 남아 있어요. 지금 여기는 조천리이고 저 위가 신촌리인데 신촌리에는 제주도 문화재로 지정된 '제주도의 와가(瓦家, 조규창 생가)'가 있답니다. 지붕이 기와라는 것을 빼면 전형적인 제주도의 가옥구조로, 기둥 없이 돌벽으로 이루어졌고 바람이 세기 때문에 기와가 아주 크고 무거우며, 처마 끝과 용마루 주변은 강회 땜질을 해서 육지 기와집과는 전혀 다른 모습이랍니다. 우리가 본 연북정 정자도 지붕이 낮았잖아요."

　실제로 조천리 마을길을 느긋이 거니는 것은 답사의 즐거운 한때가 된다. 거닐다보면 낮은 돌담 너머로 집집마다 자기 표정을 갖고 있는 것이 아주 정겹게 다가온다. 어느 집 담 밑에는 잘 자란 하귤이 탐스러운 열매를 주렁주렁 매달고 있고, 어느 집 돌담에는 선인장이 줄지어 피어나고 있다. 담쟁이덩굴 우거진 돌담 오솔길, 한 사람 정도 지나면 딱 좋을 좁은 오솔길, 길에서 집 안으로 연결해주는 돌담 올레길, 그렇게 걷다보면 조천의 연륜을 말해주는 비석거리도 만나게 된다. 묵은 동네의 정겨움을 물씬 풍겨주는 이 길은 제주올레 제19코스이다. 나는 조천 이야기를 이어갔다.

　"조천은 제주에서 가장 먼저 개명하여 3·1운동 당시 제주도에서 맨 처음 독립만세의 함성이 터져나온 곳입니다. 이를 기념한 조천리 만세동산이 조천연대 못미쳐 있습니다. 3·1운동 뒤에는 주민들이 합심하여 조천 야학당을 세웠답니다. 4·3사건 때 유격대장이었던 이덕구(李德九)는 바로 이곳 조천읍 신촌리 출신으로 일본 유학 중 학병으로 입대해서 관동군 장교로 종전을 맞아 귀향한 뒤 조천중학원 교사로 있다가 4·3사건을 맞았다고 합니다."

나의 이야기가 4·3사건으로 흐르면서 바야흐로 현기영의 소설 「순이 삼촌」으로 넘어가려고 하는데 갑자기 학생들이 목이 빠져라 창밖을 내다보는 것이었다. 어느새 버스가 신촌초등학교 삼거리에 다다랐고 온 동네가 보리빵 마을이라고 해도 될 정도로 보리빵집이 즐비하여 군침을 흘리며 내다보고 있는 것이었다. 그중 원조 보리빵집은 덕인당이다.

신촌리 덕인당 보리빵

조천 신촌리 덕인당은 3대째 이어가는 보리빵집으로, 제주사람들에게 보리빵은 대구 보천당 아이스케키, 부산 석빙고 팥아이스케키만큼이나 귀에 익고 정겨운 향토 특산품이다. 제주도 통보리로 만들어서 심심하면서도 물리지 않아 서양식 제빵점의 그것과는 전혀 다른 전통의 맛이 있기 때문에 사실 나도 조천에 오면 연북정 못지않게 이 보리빵이 먼저 생각날 정도다. 이것은 감귤초콜릿보다 더 진한 제주의 맛이다. 우리가 차창 밖으로 조천 밭담에서 본 파랗게 자란 보리는 바로 이 보리빵을 위해 계약 재배한 것들이다.

이 덕인당 보리빵이 진화해서 요즘은 팥앙금이 든 것과 들지 않은 것으로 나뉘고, 쑥빵과 흑미빵까지 나와 선택의 폭이 넓어졌다. 젊은이들은 역시 달콤한 것을 좋아하여 쑥빵과 팥앙금보리빵을 선호하고 중늙은

| **덕인당 보리빵집** | 신촌리 신촌초등학교 앞에는 보리빵집이 즐비한데 그중 원조는 덕인당이다.

이들은 생보리빵을 맛보다도 추억으로 먹는다.

빵값은 주먹만 한 보리빵 하나에 500원이다(2012년 7월 기준). 요즘은 택배도 된단다(064-783-6153). 진작 알았으면 우리 학생들에게 이 향토맛을 선사했을 텐데.

덕인당은 당일 만든 보리빵이 떨어지면 즉시 가게문을 닫는다고 한다. 이것은 정성이기도 하지만 인기의 비결이기도 하다. 서광다원 오설록의 녹차아이스크림이 인기가 높아 여름날이면 줄서서 기다리는 것이 삼십분은 기본이 된 것도 당일 그 자리에서 만든 것만 팔고 동나면 더이상 판매하지 않는 데 그 비결이 있다고 했다. 만약 팔고 남으면 그 양이 얼마든 아낌없이 다 버리고 이튿날 다시 만든다고 한다. 일류 음식점의 반찬이 맛있는 것도 당일 그 자리에서 나물을 무쳐주고 밥도 해놓은 게 아니라 바로 해서 주기 때문이다. 이 원칙이 무너지면 곧 일류가 이류로 된다.

오래전 미술애호가인 청관재 조재진(曺在震) 님과 답사하면서 지방의 어느 호텔에서 아침식사를 하는데 어저께 내린 남은 커피를 데워주는 것이었다. 조사장은 즉시 지배인을 불러 "호텔의 아침 커피는 그 집 얼굴입니다. 다시 내려오십시오"라고 정중하게 꾸짖고는 내게 한 말이 있다.

"문화는 소비자가 만듭니다. 소비자의 입이 까다로워야 좋은 음식이 나오고, 소비자의 안목이 높아야 상품도 작품도 질이 향상됩니다."

제주도와 4·3사건

우리 학생들과 답사했을 때는 일정이 맞지 않아 들르지 못했지만, 조천 답사라면 마땅히 북촌 너븐숭이에 가야 한다. 너븐숭이는 널찍한 돌밭이라는 뜻이다. 조천에서 김녕으로 가는 일주도로를 따라가다보면 함덕 지나자마자 도로변에 '너븐숭이 4·3기념관'이라는 커다란 입간판이 서 있는 것을 볼 수 있다. 여기는 4·3때 1949년 1월 17일, 북촌리 주민 400여 명을 남녀노소 가리지 않고 학살한 '북촌리 사건'의 현장으로 위령탑과 기념관이 있다. 그리고 여기가 바로 현기영의 소설 「순이삼촌」의 무대여서 큰길 안쪽에 '순이삼촌 문학비'가 세워져 있다.

제주를 답사하자면 어디를 가나 4·3과 만나게 된다. 다랑쉬오름에 가서도, 모슬포에 가서도, 돈내코에 가서도, 관덕정에 가서도, 회천 석인상에 가서도, 한라산 영실에 가서도……

이 비극적인 사실을 모르고는 제주도와 제주인들을 이해할 수 없다. 임진왜란, 3·1운동은 그때 사셨던 분들이 다 돌아가셔서 역사적 거리를 갖고 말할 수 있지만 4·3사건은 목격자, 희생자 가족, 그로 인한 이후의 억울한 고통들이 여전히 그대로 남아 있어 지나간 역사 이야기일 수가 없다.

우리는 있는 그대로 사건을 세상에 알려 영혼과 유가족을 위로하고,

그간 왜곡되어 알려졌던 사실을 바로잡아 가해자든 피해자든 역사의 굴레로부터 자유로워져야 한다. '진실과 화해를 위한 과거사' 정리가 그래서 필요했던 것이다.

제주 4·3사건은 2000년 1월 12일 제주 4·3특별법이 제정 공포되면서 비로소 정부 차원의 진상조사가 착수되었고 2003년 10월 31일에는 노무현 대통령이 공식적으로 제주도민에게 사과하고 덧없이 죽은 영혼들이 폭도가 아니라 양민이었음을 확인했다. 2008년 3월에는 제주시 봉개동 한라산 기슭에 제주4·3평화공원이 조성되었다.

| 북촌리 4·3 위령비 | 4·3 당시 북촌리 주민 학살사건으로 희생된 400여 명의 영혼을 위로하기 위해 세운 위령비이다. 비 뒤쪽에 희생자 이름들이 적혀 있다.

제주인들은 이로써 4·3이 끝나기를 바랐다. 그러나 아직도 해결되지 않은 문제가 남아 있고, 이따금씩 빨갱이들을 토벌한 사건이었다며 학살행위에 정당성을 부여하는 발언이 나오기도 하고 또 속으로 그렇게 믿고 있는 사람도 적지 않다.

어떤 분은 4·3민주항쟁이라고 부르지만 분명한 것은 350명의 남로당 무장대를 토벌하기 위해 3만 명(현재 확인된 희생자만 약 2만 명)의 민간인이 희생된 비극적인 킬링 필드, 킬링 아일랜드 사건이었다는 것이다.

이 사건을 처음 다룬 작품이 현기영의 「순이삼촌」이다. 이 소설은 1949년 북촌리 주민 400여 명이 학살당한 사건 때 기적적으로 살아난

'순이삼촌'이 후유증에 시달리다 끝내는 비극적으로 자살하고 마는 이야기다.

30여 년 전 어느 겨울밤, 별안간 군인들이 들이닥쳐 마을 사람들을 끌어내더니 군경과 공무원 가족들을 나머지 사람들과 분리하기 시작했다. 마을엔 삽시간에 무서운 불길이 타오르고 동요하는 마을 사람들을 군인들은 차례차례 집단총살했다. 순이삼촌은 학살을 당하기 전에 기절하는 바람에 기적적으로 살아났지만, 기가 막히게도 두 아이를 잃고 말았다. 순이삼촌은 그 너븐숭이 옴팡밭에서 사람의 뼈와 탄피 등을 골라내며 30년을 과부로 살았지만 충격과 후유증을 극복하지 못하고 이상행동을 보이다가 결국 자살을 한다.

1978년 『창작과비평』에 발표된 이 소설이 한국문학사, 한국현대사에 끼친 영향은 엄청난 것이었다. 눈물 없이는 읽을 수 없는 이 소설은 사실상 제주 4·3사건 진상규명의 첫 기폭제가 되었다. 그러나 현기영 선생은 「순이삼촌」을 발표한 뒤 군사정권의 정보기관에 끌려가 갖은 고문을 받았고 그 후유증으로 지금도 한쪽 귀가 들리지 않는다.

제주 4·3사건의 진행과정

제주 4·3사건은 1948년 4월 3일 남로당 제주도당 무장대가 12개 경찰지서를 공격하는 무장봉기에서 촉발되었다. 그들이 무장봉기를 하게 된 결정적 계기는 관덕정 광장에서 열린 1947년 3·1절 기념식 때 경찰이 시위군중에게 발포해 주민 6명이 사망한 사건이었다. 3월 10일 경찰 발포에 항의한 총파업이 있었다. 제주도 직장의 95퍼센트 이상이 참여한 유례없는 민·관 합동 총파업이었다.

이 사태를 중히 여긴 미군정청 하지(J.R. Hodge) 중장은 조사단을 제주에 파견하여 3·10총파업은 경찰 발포에 대한 도민의 반감과 이를 증폭시킨 남로당의 선동 때문이라고 분석했다. 그러나 사후처리는 '경찰의 발포'보다 '남로당의 선동'에 비중을 두었고, 남로당원 색출작업을 강력하게 추진했다.

도지사를 비롯한 군정 수뇌부들이 전원 외지인들로 교체됐고, 응원경찰과 서북청년단원 등이 대거 제주에 내려가 파업 주모자 검거작전을 전개했다. 검속 한 달 만에 500여 명이 체포됐고, 4·3사건 발발 직전까지 1년 동안 2,500명이 구금됐다. 테러와 고문도 잇따랐다. 제주도민들의 육지인에 대한 반감은 이때부터 심해졌다.

1948년 3월에는 일선 지서에서 잇따라 세 건의 고문치사 사건이 발생했다. 제주도는 금세 폭발할 것 같은 상황으로 변해갔다. 이때 남로당 제주도당은 조직 노출로 위기상황을 맞고 있었다. 수세에 몰린 남로당 제주도당 신진세력들은 무장투쟁을 결정했다. 조직을 수호하고, 곧 있을 5·10단독선거에 반대하는 것을 투쟁목표로 했다.

1948년 4월 3일 새벽 2시, 350명의 무장대가 12개 파출소와 우익단체인 서북청년단, 대동청년단의 집을 공격하는 무장봉기를 일으켰다. 미군정청은 초기에 1,700명의 경찰력과 500명의 서북청년단을 증파하여 사태를 막고자 했다. 그러나 사태가 수습되지 않자 군대를 투입시켜 모슬포 주둔 제9연대에 진압작전 출동명령을 내렸다.

9연대장 김익렬 중령은 '먼저 선무해보고 안 되면 토벌하겠다'는 원칙을 세우고 무장대 측 대표 김달삼과 '4·28협상'을 통해 평화적인 사태해결에 합의했다. 그러나 이에 불만을 품은 서북청년단이 5월 1일 '오라리 방화사건'을 일으켜 협상이 깨지고 말았다.

미군정청은 9연대장을 교체하고 11연대를 추가로 파견해 5·10선거를 성공적으로 치르려고 했다. 그러나 5월 10일 총선거에서 전국 200개

선거구 중 제주도 2개 선거구만 투표수 과반 미달로 무효처리되었다. 그러자 미군정청은 브라운 대령을 제주지구 최고사령관으로 임명하여 강도 높은 진압작전을 전개하며 6월 23일 재선거를 실시하려고 시도했다. 그러나 실패했다.

이후 제주사태는 한때 소강국면을 맞았다. 무장대는 김달삼 등 남로당 지도부가 '해주대회'에 참가하면서 조직 재편의 과정을 겪었다. 이후 김달삼은 제주로 돌아오지 않았고 무장대 총책은 이덕구가 맡은 것으로 알려졌다. 군경토벌대는 8월 15일 정부 수립 과정을 거치면서 느슨한 진압작전을 전개했다. 그러나 대한민국 단독정부가 수립되고, 북쪽에 또다른 정권이 세워짐에 따라 이제 제주사태는 단순한 지역문제를 뛰어넘어 정권의 정통성에 대한 도전으로 인식되었다.

이승만정부는 10월 11일 제주도경비사령부를 설치하고 본토의 군병력을 제주에 증파했다. 그런데 이때 제주에 파견하려던 여수의 14연대가 제주도 양민학살에 동원될 수 없다며 출동을 거부하는 이른바 '여순반란사건'이 일어남으로써 사태는 걷잡을 수 없는 소용돌이에 휘말리게 되었다.

새로 임명된 9연대 송요찬 연대장은 해안선으로부터 5킬로미터 이상 들어간 중산간지대를 통행하는 자는 폭도배로 간주해 총살하겠다는 포고문을 발표했다. 이때부터 중산간마을을 초토화하는 대대적인 강경 진압작전이 전개되었다. 이와 관련해 미군 정보보고서는 "9연대는 중산간지대에 위치한 마을의 모든 주민들이 명백히 게릴라부대에 도움과 편의를 제공하고 있다는 가정 아래 마을 주민에 대한 '대량학살계획'을 채택했다"고 적고 있다.

11월 17일, 제주도에 계엄령이 선포되었다. 계엄령 하에서 중산간마을 주민들이 많은 피해를 입었다. 해안마을로 피해온 주민들까지도 무장대에 협조했다는 이유로 죽임을 당했다. 그 결과 목숨을 부지하기 위해 입산하는 피난민이 더욱 늘었고, 이들은 추운 겨울을 한라산 속에서 숨어 다니다 잡히면 사살되거나 형무소로 보내졌다. 심지어 '도피자 가족'으로 분류되면 그 부모와 형제자매를 대신 죽이는 '대살(代殺)'이 자행됐다.

12월말 진압부대가 9연대에서 2연대로 교체됐지만, 강경 진압은 계속되었다. 재판 절차도 없이 주민들이 집단으로 사살되었다. 순이삼촌의 '북촌리 사건'도 조천에 주둔하고 있던 2연대에 의해 자행되었다.

1949년 3월 제주도지구 전투사령부가 설치되면서 진압·선무 병용작전이 전개되었다. 신임 유재흥 사령관은 한라산에 피신해 있던 사람들이 귀순하면 모두 용서하겠다는 사면정책을 발표했다. 이때 많은 주민들이 하산했다.

1949년 5월 10일 재선거가 성공리에 치러졌다. 그리고 6월 무장대 총책 이덕구가 사살됨으로써 무장대는 사실상 궤멸되었다. 이덕구는 경찰서 앞 관덕정 광장의 전봇대에 효수되었다. 그의 주머니에는 숟가락이 꽂혀 있었다. 이것은 현기영의 소설 『지상에 숟가락 하나』의 주제가 되었다.

4·3사건은 여기서 일단락되었다. 이 사건으로 희생된 사람은 약 2만 내지 3만 명, 당시 제주도민의 10분의 1이었다.

그러나 4·3은 여기서 그치지 않고 1950년 한국전쟁이 발발하면서 또다시 비극적인 사태를 일으켰다. 입산자 가족 등이 대거 예비검속되어 죽임을 당했다. 사계리 '백조일손지묘'의 희생자들도 이때 학살된 것이었다. 전국 각지 형무소에 수감되었던 4·3사건 관련자들도 즉결처분되었다. 이때 3천여 명이 죽임을 당했고 유족들은 아직도 그 시신을 대부분 찾지 못하고 있다.

한라산 금족(禁足)지역이 전면개방되면서 제주 4·3사건이 완전히 가라앉은 것은 1954년 9월 21일이었다. 이로써 1947년 3·1절 발포사건과 1948년 4·3남로당 신진세력의 무장봉기로 촉발되었던 제주 4·3사건은 7년 7개월 만에 막을 내리게 된 것이다.

4·3 유적지 위령탑 유감

너븐숭이 4·3 유적지에는 위령탑과 기념관이 있다. 그러나 제주의 수많은 위령탑과 기념관에는 문제가 많다. 비극적인 사건으로 덧없이 희생된 영혼을 위로하기 위한 것이면서 하나같이 허위허식으로 세워져 4·3사건의 진정성을 오히려 해치고 있다. 아픔의 유적지는 아픔의 유적지다워야 하는데, 이른바 폴(pole), '그놈의 뽈대'를 세워놓은 충혼탑처럼 되어 있다. 참으로 안타깝고 미안한 이야기들이다.

나는 2009년 노무현 전 대통령이 서거하고 난 후, 그의 묘역에 설치할 아주작은비석건립위원회 위원장이 되어 세계 각국의 기념비를 연구해볼 기회를 가졌다. 전쟁과 희생을 기린 유적지와 기념비는 세계 어느 나라에나 있다. 그중 현대건축사에서 명작으로 꼽히는 것을 보면 우리 식의 '뽈대'는 거의 없다. 독일 하르부르크(Harburg) 모뉴먼트는 요헨 게르츠(Jochen Gerz)가 설계한 것으로, 12미터의 사각기둥을 세워놓은 뒤 거기에 유대인학살 때의 기억과 추모를 사람들이 새기게 한 다음 해마다 2미터씩 땅으로 묻어 6년 뒤에는 완전히 땅속으로 집어넣었다. 과거사를 극복하는 기억의 낙서였다.

베를린 홀로코스트 모뉴먼트는 아이젠만(Peter Eisenman)의 작품으로, 무덤 모양의 콘크리트 박스 300개로 지형을 만들었다. 워싱턴에 있는 베트남전쟁 기념 모뉴먼트는 마야 린(Maya Linn)이 설계한 것으로, 땅속으로 꺼져들어가는 벽을 세우고 그 벽에 죽은 병사들의 이름을

| 뽈대 | 1. 제주해녀항일운동기념탑 2. 조천 만세동산 3. 세화리 충혼탑 4. 사라봉 의병항쟁기념탑

| 세계의 유명 모뉴먼트 | 1~4. 독일 하르부르크의 모뉴먼트 5~6. 워싱턴의 베트남전쟁 기념 모뉴먼트 7~8. 베를린의 홀로코스트 모뉴먼트

새겨 그 앞에 서 있는 사람이 그 이름과 벽에 비치게 하였다.

수없이 많은 희생을 치른 우리나라에, 수없이 많은 위령탑을 세웠으면서 이런 건축적 사고와 진정성을 보여준 것이 하나도 없다는 것은 후손들에게 낯부끄러운 일이다.

2008년에 개관한 제주4·3평화공원 설계공모 때, 영화「말하는 건축가」(2012)의 정기용 등 여러 좋은 건축가들이 응모했다. 그때 뜻있는 건축가들은 광주 5·18묘역, 부마항쟁기념관, 거창양민학살 추모관 등 그간의 추모관에 모두 현충원 충혼탑 비슷한 위령탑을 경쟁적으로 높게 세우는 것은 절대로 맞지 않다고 생각하여 상투적인 위령탑 대신 지하로 길을 내고 평지를 고르면서 엄숙하게 디자인했다. 내가 알기로는 세 편의 응모작이 그랬다.

그런데 이들의 작품은 '뽈대'를 세우지 않았다고 해서 모두 예심에서 탈락했다. 예심에서 떨어진 정기용은 그때의 심정을 내게 이렇게 말했다.

"나뿐만 아니라 땅속으로 집어넣어 지상과 연결시킨 작품은 죄 떨어뜨렸어. 그것도 예심에서. 저놈의 뽈대가 우리나라 기념관에서 언제나 없어지려나."

"뽈대가 없으면 떨어질 줄 알면서 왜 안 세우고 응모했어?"

"외국의 전쟁기념관들은 하나같이 건축적 명작으로 남았는데 우리나라의 기념관, 추모공원은 천편일률적으로 뽈대를 앞세운 허황된 기념탑으로 되어 있으니 후세들이 뭐라고 흉볼지 뻔하잖아. 그때 건축가들은 다 뭐 했냐고 질타할 거야. 나도 뽈대 없으면 떨어질 줄 알고 있었어. 하지만 이것이 잘못된 것이라고 항변한 건축가도 있었다는 증거라도 남기고 싶었던 거야. 마치 국회의원이 내가 반대했다는 사실을 속기록에 남겨달라고 요구하는 것 같은 심정으로."

| 너븐숭이 애기무덤 | 4·3 때 400여 명의 주민이 희생된 북촌리 양민학살로 덧없이 죽은 어린아이들의 무덤이다.

순이삼촌 문학비에서

너븐숭이에서 진짜 우리의 가슴을 미어지게 하는 추모의 염을 일으키는 것은 길가에 있는 애기무덤들이다. 관도 쓰지 않은 무덤인지라 대야만 한 크기로 동그랗게 현무암을 둘러놓은 것이 전부인 애기무덤 여남은 개가 옹기종기 모여 있다. 그 애처롭고 슬픈 풍경을 나는 다 표현하지 못한다. 무덤가에는 시민단체들이 연합하여 세운 작은 까만 대리석 비석이 놓여 있다. 거기에는 이렇게 쓰여 있다.

"평화와 상생(相生)의 꽃으로 피어나소서. 4·3희생자들의 넋을 기리며 남겨진 유가족들에게도 깊은 형제적 연대감과 평화를 기원하나이다."

조촐할지언정 위로하고 추모하는 마음이 진실되어 가슴이 뭉클해진

| 「순이삼촌」 문학비 | 너븐숭이는 현기영의 소설 「순이삼촌」의 무대여서 문학비가 세워졌다. 소설의 한 대목씩 쓰여 있는 장대석들이 무리지어 뒹굴고 있어 학살의 현장을 연상케 한다.

다. 누가 이 애기무덤과 비석을 보면서 4·3을 불온분자의 폭동이라고 할 수 있겠는가. 유적지의 진정성이란 이런 것이다. 그래도 더러는 애기무덤을 보면서 "아이들까지도 죽였단 말인가?"라고 적이 놀라고 의심이 가는 분도 있을 것같다. 그러나 정말 당시는 그랬고, 그보다 더 이해하기 힘든 사실도 있다. 제주의 화가 강요배가 4·3사건을 주제로 한 「동백꽃 지다」 연작을 전시할 때 얘기다. 요배 그림을 좋아한 그의 팬 한 분은 그의 이름까지 멋있다고 생각해서 "선생님은 이름도 예술적이에요. 아버님이 멋있는 분이었나 봐요"라고 친근하게 말하자 요배는 멋쩍은 듯 아무 말 하지 않고 빙긋이 웃기만 했다.

그때 요배는 모르는 사람이라 말해주지 않았지만 그의 이름에는 4·3사건의 아픔이 그대로 배어 있다. 4·3사건의 양민학살 당시 지금 제주공항인 정뜨르에 토벌대가 수백 명의 주민들을 모아놓고 호명할 때 "김철

수"라고 불러 동명을 가진 세 명이 나오면 누군지 가려내지 않고 모두 처형했다는 것이다. 그때 요배 아버지는 내 아들 이름은 절대로 동명이 나오지 않는 독특한 이름으로 지을 것이라고 마음먹어 요배의 형은 강거배, 요배는 강요배가 된 것이다. 제주인에게 4·3의 상처는 그렇게 깊고 오래 지속되었던 것이다.

너븐숭이 애기무덤 곁으로 큰길 안쪽에는 '순이삼촌 문학비'가 세워져 있다. '순이삼촌'이라고 새긴 기둥이 하나 서 있고 그 주위에는 「순이삼촌」 소설의 문장들이 새겨진 수십 개의 장대석이 널부러져 있다. 마치 북촌리 학살 때 시신들이 쓰러져 있던 모습을 연상케 한다. 비석을 향해 가는 동안 소설의 구절들을 스치듯 읽게 되니 자연히 고개가 땅을 향하여 추모하는 자세가 된다. 제주도에서 본 가장 진정성이 살아 있는 기념 설치물이었다. 그중 한 대목을 읽어보니 이렇게 쓰여 있었다.

"순이삼촌네 그 옴팡진 돌짝밭에는 끝까지 찾아가지 않은 시체가 둘 있었는데 큰아버지의 손을 빌려 치운 다음에야 고구마를 갈았다. 그해 고구마 농사는 풍작이었다. 송장거름을 먹은 고구마는 목침 덩어리만큼 큼직큼직했다."

지금도 사람들은 행여 무슨 오해라도 살까봐 4·3을 쉬쉬하기도 한다. 그러나 이제 우리는 4·3사건을 당당히 얘기해야 한다. 그것은 외면한다고 잊혀질 수 있는 일이 절대 아니다. 조천에 왔으면 마땅히 너븐숭이를 들러야 진정한 답사객이라 할 수 있는 것이다.

설문대할망의 장대한 대지예술

제주의 자연 / 다랑쉬오름 / 용눈이오름 / 김영갑 갤러리 /
아부오름 / 『오름나그네』

강요배의 「제주의 자연」 전

지금이라고 내가 제주를 안다고 말할 수 있으랴마는 이렇게나마 제주 이야기를 들려주게 된 계기는 18년 전(1994) 학고재에서 열린 강요배의 「제주의 자연」 전 덕분이다. 강요배는 1980년대 민중미술에서 독특한 위치에 있었다. 그는 '현실과 발언'의 멤버로 민중미술운동의 한가운데에 섰지만 언제나 민중미술을 이념이나 논리로 접근하지 않고 오직 현실을 직시하는 리얼리스트로서 운동에 동참했다. 혹자는 이를 강요배의 한계라고 지적했지만 나는 이야말로 어떤 환경에서도 그의 작가적 개성을 확보해주는 튼실한 자세라고 지지했다.

강요배는 생래적으로 거짓말을 할 줄 모른다. 그것은 그림에서도 마찬가지였다. 한번은 그가 호박꽃을 10호 크기로 그렸는데 얼마나 순박

| 강요배 「호박꽃」 | 탐스럽고 싱싱하게 피어난 호박꽃을 클로즈업한 이 그림에는 농촌에서만 볼 수 있는 풋풋한 서정과 순정이 흠뻑 배어 있다.

하게 그렸는지 나는 그림을 사서 연구실에 걸고 싶었다. 그러나 이미 팔렸다는 것이다. 그래서 학고재 사장에게 또 한 점 그려오면 내가 살 테니 부탁해놓으라고 했다. 내가 직접 말하면 그냥 달라는 뜻이 될 것 같아 화랑을 통해 말을 건넨 것이었다. 그런데 그해 겨울이 다 가도록 통 소식이 없어서 다시 학고재로 찾아가 강요배의 호박꽃 그림이 어떻게 되었느냐고 물었더니 학고재 사장이 재촉했다가 혼만 났다는 것이다. 뭐라고 혼내더냐고 물으니 이렇게 말하더라는 것이다.

"이 사람아! 호박꽃이 펴야 그리지. 겨울에 호박꽃이 펴?"

 결국 나는 요배의 「호박꽃」을 구하지 못했다. 이런 강요배이다.
 1990년대에 들어서면서 문민정부 등장과 함께 민주화운동에는 큰 변화가 일어났고 민중미술도 한 고비를 넘어 저마다 새로운 길을 모색할 때 그는 고향인 제주로 낙향했다. 그런 지 2년 남짓 지난 1994년의 어느 날 과묵하기 그지없는 요배가 전화를 걸어왔다.

 "제주에 한번 와주지 않으시렵니까? 오랜만에 고향으로 와 제주의 자연을 그려봤거든요."

 나는 미술평론가로서 직업적인 호기심이 일어났다. 요배가 제주를 그렸다면 여느 풍경화가와는 다를 게 분명했다. 오로지 그의 작품을 보려고 제주로 갔다.
 제주시 외도동 월대(月臺) 가까이 있는 그의 화실을 들어선 순간 나는 아주 신선한 감동을 받았다. 「흰 바다」 「팽나무」 「마파람」 「황무지」 「산국이 있는 가을 밭」 「콩밭」 「수선화」 「엉겅퀴 언덕」 「다랑쉬오름」… 그가 그린 제주의 자연은 이제까지 내가 보아온 제주, 내 머릿속에 있던 제주의 이미지와 너무도 달랐다. 당연히 있으리라 기대했던 한라산 전경은 단 한 폭도 없었다.
 형식 자체도 여느 풍경화가들의 그것과 달랐다. 대상은 묵직하고 필치는 느릿하고 색채는 야성적인 갈색과 검은색이 주조를 이루었다. 초록의 들판 그림에서도 검은색은 빠지지 않았고, 흰 파도의 포말도 검은 돌 위로 넘어왔다. 요배의 검은색은 제주 땅의 기본을 이루는 화산암이었다.

「흰 바다」에서는 남쪽 먼바다로부터 마파람이 불어오면서 크게 뒤채는 파도가 넘실댄다. 「팽나무」에서는 맵찬 칼바람에 살점이 깎여 검은 뼈 가지로 버티는 제주 팽나무의 생명력이 살아 있다. 넋을 잃고 작품 하나씩 감상하고 있는데 요배가 팸플릿에 실을 「작가의 변」을 건넸다. 그것은 그림보다 강렬한 이미지를 갖고 있었다.

바람이 구름을 휩쓸어 「황무지」를 후려친다. 새벽 공기 속 「호박꽃」이 싱싱한 여름, 한낮엔 속으로 붉게 타는 황금빛 「보리밭」 들판 가득 흐드러지고, 땡볕에 무르익은 「노랑참외」의 단내가 들길에 썩어 넘실거릴 때 「먼바다」는 쪽빛이다. 능선 고운 「오름」 잔디가 금빛으로 옷 갈이하고 맑은 바람 속에 작은 「산꽃」들이 하늘댄다.

그것은 육지인의 눈에는 포착되지 않고 제주에 뿌리내리고 사는 자만이 보여줄 수 있는 제주의 표정들이었고 거기에 사는 제주인의 체취였다. 그것은 제주의 '풍광'이 아니라 제주의 '자연'이었다. 역시 그는 리얼리스트였다. 제주는 내게 새롭게 다가왔고 나는 그의 그림을 통해 제주를 다시 배우기 시작했다.

오름의 왕국으로 가는 길

강요배의 작품 중에는 「다랑쉬오름」이라는 아주 이색적인 그림이 있었다. 아름다운 능선의 동산 하나가 시커먼 돌무더기와 누런 흙덩이가 뒤엉킨 황무지 들판 너머로 마치 거대한 신라 고분처럼 거룩하게 솟아 있는 그림이다. 거의 이국적이라는 느낌이 들었다.

| **강요배 「산꽃」** | 다랑쉬오름의 한 자락을 그린 이 그림에는 살짝 걸쳐 있는 구름이 가볍게 지나가는 바람을 느끼게 해주면서 화면 상에 가벼운 움직임이 일어난다.

"이건 어딜 그린 건가?"

"다랑쉬오름이죠."

"신비감을 주려고 대단히 애썼구먼."

"신비하고말고요. 그런데 오름 능선에 올라갔을 때 느끼는 신비감은 다 담아내지 못했어요. 여기 올라가봤습니까?"

"아니."

"가보면 상상을 초월하는 풍광이 나옵니다. 능선에 올라선 순간 '뻥!' 하고 뚫린 분화구가 하늘을 향해 열려 있습니다. 그건 가보기 전에는 설명이 안 됩니다."

이 대목에서 요배의 목청은 한 옥타브 올라갔다. 그리고 요배는 오름에 올라가본 일이 없는 사람은 제주 풍광의 아름다움을 말할 수 없고, 오름을 모르는 사람은 제주인의 삶을 알지 못한다고 힘주어 말했다. 요배는 남에게 절대로 강요하는 법이 없는 성격인지라 그가 이처럼 강하게 나오는 경우는 강한 확신이 있을 때만 있는 일이다.

"오름은 제주의 빼놓을 수 없는 표정이자 제주인의 삶이 녹아 있는 곳이라!"

나는 당장 다랑쉬오름을 가보고 싶었다. 그것을 보지 않고 어떻게 그의 그림에 평을 쓸 수 있겠는가. 그리하여 그의 화실에서 하룻밤을 지내고 이튿날 아침, 일단 제주시내로 가서 민예총의 김상철에게 전화를 걸어 답사팀을 꾸려 다랑쉬오름에 가자고 했다. 이런 일은 상철이에게 부탁하면 차질 없이, 아니 150퍼센트 해낸다. 여지없이 상철이는 자동차 가진 사람을 꼬드겨서 우리 팀에 끌어넣었다.

다랑쉬오름은 구좌읍 세화리와 송당리에 걸쳐 있다. 천연기념물로 지정된 제주의 빼놓을 수 없는 명소 비자림의 동남쪽 1킬로미터 지점이다. 제주시내에서 가자면 번영로(97번 도로)와 비자림로, 중산간동로를 거쳐가거나 산천단을 지나 일단 5·16도로(1131번 도로)로 들어섰다가 산굼부리를 거쳐가는 1112번 도로로 갈 수도 있다. 제주시내에서 37킬로미터 거리로, 탐방로 입구 주차장까지 45분 정도 걸린다. 어느 길로 가야 할까? 단정적으로 말하기를 잘하는 상철이는 무조건 후자로 가야 한다고 했다.

"육지 촌사람에게 오름을 알려줄 요량이라면 윗길로 갑시다. 산굼부리도 보고 아부오름, 용눈이오름도 보여주어야 오름이 뭔지 설명이 될

게 아닙니까? 그나저나 형님은 여태껏 오름에 올라본 일이 없단 말입니까? 그러면서 어떻게 요배가 그린 「제주의 자연」 평론을 쓸 생각을 했답니까? 그동안 제주에 와서 뭘 보고 다녔습니까?"

상철이는 제주 자랑을 가슴에 담고 마냥 나를 놀리듯 말했다. 사실 나는 그때까지만 해도 제주에 많이 가보지 못했다. 요새야 너나없이 제주를 육지와 매한가지로 드나들지만 한동안은 신혼여행으로나 갈 수 있는 곳이었다. 그나마 1970년대에 제주 신혼여행은 상위 20퍼센트의 부유층만이 누리는 호사였다. 그때는 비행기를 탄다는 것 자체가 부의 상징이었다.

1975년에 결혼한 나는 신혼여행을 제주도로 못 가고 허허벌판에 세워진 유성온천 만년장 호텔(지금의 리베라 호텔)로 갔다. 그래도 온양온천으로 가는 층보다는 멀리 간 셈이다. 1980년대에 나는 미술평론가라는 명함을 가졌지만 사실상 백수인 주제에 일없이 제주를 갈 형편이 안 되었다. 그러니까 강요배의 「제주의 자연」 전 이전에는 생초보이고 맹탕이었던 셈이다. 그러니 어떻게 오름을 알 수 있었겠는가?

제주섬의 상징, 오름

'오름'이란 산봉우리, 또는 독립된 산을 일컫는 제주어로 한라산 자락에만 자그마치 300곳이 넘는다. 혹자는 330곳, 혹자는 360곳이라고 한다. 오름은 화산섬인 제주도의 생성과정에서 일어난 기생화산이다. 흰죽을 끓일 때 여기저기서 부글부글거리는 현상을 연상하면 된다.

오름은 기생화산이기 때문에 지상에서 쳐다본 모습은 봉긋하지만 정상에 이르면 분화구가 둥글게 파여 있다. 이를 제주어로 '굼부리'라고 한다. 다랑쉬오름, 아부오름은 둥근 자배기를 엎어놓은 듯하다. 용눈이오름은 기생화산 서너 개가 겹쳐서 터지는 바람에 어깨를 맞대듯 붙어 있어 능선이 굽이치는 곡선을 이룬다. 거문오름은 굼부리가 겹쳐지면서 둥근 원이 아니라 쌍곡선을 이루며 말발굽 모양이 되었다. 어떤 오름은 서너 개의 굼부리가 삼태기 모양으로 드러나 있기도 한다. 그래서 오름은 저마다의 표정이 다르다.

제주섬 어디를 가나 오름이 없는 곳이 없다. 한 섬이 갖는 기생화산의 수로는 세계에서 으뜸이라고 한다. 오름은 자생식물의 보고(寶庫)며, 지하수 형성지대다. 중산간지대의 오름은 촌락 형성의 모태가 되기도 했고, 말을 돌보는 테우리들의 생활터전이기도 하다. 제주인들은 태어나면서부터 오름을 보고 자랐고, 거기에 의지해 삶을 꾸렸고, 오름 자락 한쪽에 산담을 쌓고 떠나간 이의 뼈를 묻었다. 오름이 없는 제주도를 제주인들은 상상조차 할 수 없다.

전설에 따르면 제주의 거신(巨神) 설문대할망이 치마로 흙을 나르면서 한 줌씩 새어나온 게 오뚝오뚝한 오름이 되었고, 그중 너무 도드라진 오름을 주먹으로 툭 쳐서 누른 게 굼부리라고 한다. 오름은 그렇게 신성시되어 숱한 설화를 피워냈고 신비로운 오름에는 많은 제(祭) 터가 남아 있다. 오름은 제주 사람과 신들의 고향이다.

상상할 수 없는 풍광, 다랑쉬오름

관광지로도 유명한 교래의 산굼부리는 그 자체는 오름인데 제주의 오름 중 굼부리가 가장 크기 때문에 산굼부리라는 이름을 갖고 있다. 산굼부리를 지나 송당목장의 언덕길을 내려서면서 차창 밖으로 경사진 들판에 있는 오름의 능선들이 눈에 들어오기 시작했다.

| 다랑쉬오름 | 마을에서 바라본 다랑쉬오름은 오름의 여왕이라는 별칭을 얻을 정도로 그 형체미가 대단히 아름답다.

　상철이는 창밖을 가리키며 왼쪽은 샘이오름, 오른쪽은 동거문오름, 앞에 보이는 건 당오름 하고 친절한 교사인 양 나에게 오름의 이름을 알려주는데 가까이서, 멀리서, 그리고 겹겹이 펼쳐지는 오름의 능선들은 그 이름만큼이나 신비롭고 아름답고 정겹게 다가왔다.
　제주의 동북쪽 구좌읍 세화리 송당리 일대는 크고 작은 무수한 오름들이 저마다의 맵시를 자랑하며 드넓은 들판과 황무지에 오뚝하여 오름의 섬 제주에서도 오름이 가장 많고 아름다운 '오름의 왕국'이라고 했다. 그중에서도 다랑쉬오름은 '오름의 여왕'이라고 불린다.
　멀리서 드러난 다랑쉬오름은 자태가 정말로 우아하고 빼어났다. 바릿대를 엎어놓은 형상이지만 대지에 퍼져 내린 모습을 『오름나그네』의 김종철은 "비단 치마에 몸을 감싼 여인처럼 우아한 몸맵시가 가을하늘에 말쑥하다"고 표현했다.

  산마루는 가벼운 곡선을 그리지만 오름의 능선은 대칭을 이루어 정연한 균제미(均齊美)를 보여준다. 능선은 매끈한 풀밭으로 덮여 있어 결이 아주 곱고, 아랫자락에서는 아무렇게나 자란 나무들이 다랑쉬오름을 공손히 감싸준다.

  다랑쉬라는 이름의 유래에는 여러 설이 있으나 다랑쉬오름 남쪽에 있던 마을에서 보면 북사면을 차지하고 앉아 된바람을 막아주는 오름의 분화구가 마치 달처럼 둥글어 보인다 하여 붙여졌다는 설이 가장 정겹다. 그래서 다랑쉬오름은 한자로 월랑봉(月郎峰)이라고 표기한다. 표고는 해발 382.4미터지만 주변의 지형과 비교한 산 자체의 높이인 비고(比高)는 227미터며, 밑지름이 1,013미터에 오름 전체의 둘레는 3,391미터에 이른다.

  내가 처음 다랑쉬오름에 갈 때만 해도 오름이 일반에 알려지지 않아 탐방로가 따로 없었다. 분화구 정상에 이르는 가파른 경사면을 지그재그로 올라가야 했다. 그러다 패러글라이딩의 적지(適地)로 알려지고 활공장(滑空場)이 생기면서 북쪽으로 오르는 길이 생겼고 지금은 오름 오르기가 일반화되면서 자동차의 접근이 쉬운 동쪽에 넓은 주차장과 함께 타이어매트를 깐 탐방로가 개설됐다. 탐방로 입구에서 정상까지는 600미터 내외여서 늦은 걸음이라도 이삼십 분이면 오를 수 있다.

  오름 아랫자락에는 삼나무와 편백나무 조림지가 있어 제법 무성하다 싶지만 숲길을 벗어나면 이내 천연의 풀밭이 나오면서 시야가 갑자기 탁 트이고 사방이 멀리 조망된다. 경사면을 따라 불어오는 그 유명한 제주의 바람이 흐르는 땀을 씻어주어 한여름이라도 더운 줄 모른다. 발길을 옮길 때마다, 한 굽이를 돌 때마다 시야는 점점 넓어지면서 가슴까지 시원하게 열린다.

| 아끈다랑쉬오름 | 다랑쉬오름을 오르다보면 계속 내려다보게 되는 아끈다랑쉬오름이 아주 귀엽기만 한데 마침내는 낮은 굼부리까지 전체 모습을 보여주게 된다.

귀여운 아끈다랑쉬오름

 동쪽으로 난 탐방로를 따라 오르다보면 다랑쉬오름과 닮은 작은 오름 하나가 눈에 들어온다. 오름의 형태도 그렇고 굼부리가 파인 모습이 다랑쉬오름과 무척 닮은지라 '아끈다랑쉬'라는 이름을 얻었다. '아끈'은 버금간다는 말로 '새끼다랑쉬'라는 뜻이다. 실제로 멀리서 보면 마치 모자(母子)가 다정하게 앉아 있는 듯하다.

 아끈다랑쉬는 아래서 볼 때는 그저 낮고 펑퍼짐한 모습이어서 눈에 잘 띄지 않는다. 그러나 다랑쉬오름을 오르면서 내려다보면 작고 귀여운 굼부리를 점차 보여주기 시작하여 마침내는 낮게 파인 펀치볼처럼 어여쁜 전모를 드러낸다.

 내가 처음 다랑쉬오름에 오를 때는 봄이 한창이어서 각시붓꽃·할미

| **다랑쉬오름과 아끈다랑쉬오름** | 다랑쉬오름 곁에는 아끈(작은)다랑쉬오름이 있어 마치 모자가 앉아 있는 모습으로 보인다. 특히 용눈이오름에서 바라볼 때 더욱 그렇게 느껴진다.

꽃·층층이꽃이 곳곳에서 웃음을 보내듯 피어 있었다. 발걸음을 내디딜 때는 이 꽃 저 꽃을 미소로 맞이했고, 한 모롱이 돌아 숨을 고를 때는 아끈이를 내려다보며 이제는 굼부리가 얼마만큼 보이는가 눈으로 크기를 재며 올랐다. 그러다 아끈다랑쉬가 통으로 그 몸체를 드러낼 때는 어미 소가 길게 앉아 풀 뜯는 송아지를 지켜보듯 망연히 거기서 눈길을 놓지 않았다.

그리고 그해 늦가을, 다랑쉬오름이 못내 그리워 다시 찾아와 바로 그 자리에 길게 앉아 아끈다랑쉬를 내려다보는데 갑자기 조랑말 여남은 마리가 줄지어 능선자락을 넘어갔다. 영화의 한 장면 같았다. 문득 현기영의 소설 「마지막 테우리」의 한 장면이 떠올랐다.

한철이 끝나버린 목장은 바야흐로 초겨울 특유의 눈부신 빛이 일렁거리고 있었다. 스러져가는 생명이 마지막으로 발산하는 아름다움, 눈부신 금빛의 들판과 오름들, 서리 깔린 듯 하얀 억새꽃 무리들, 구름이 그림자를 던지며 지나갈 때마다 마치 마지막 숨을 몰아쉬듯 밝았다 어두웠다 하고 있었다. 노인은 바로 아래 소 두 마리가 외롭게 풀을 뜯고 있는 분화구 한가운데로 눈길을 돌렸다. 하늬바람이 덜 미치고 샘물통 근처라 초록빛이 조금 남아 있었다.

잊어버릴 뻔했다. 일없이 오름에 오르는 답사객은 봄꽃의 아름다움, 가을 억새의 감상을 말하며 낭만 한 자락을 꺼내들지만 오름의 주인은 조랑말과 테우리들이었다. 요배가 다랑쉬오름을 그리면서 고운 빛깔이 아니라 무거운 빛깔을 사용한 까닭은 제주인의 삶 속에 있는 오름의 무게감이 그렇게 묵직했기 때문이었나보다.

다랑쉬오름의 굼부리에서

비록 이삼십 분 거리지만 가파른 경사면을 타고 오르는 등산인지라 다리 힘이 풀린다. 그러나 아무리 힘들다고 엄살을 부리던 사람도 능선이 눈에 들어오면 언제 그랬느냐는 듯 잰걸음으로 달려간다. 마치 눈깔사탕을 끝까지 빨아먹지 못하고 마지막엔 우두둑 깨물어버리는 심리와 흡사하다.

그리하여 오름 정상에 오른 순간, 깊이 115미터의 거대한 분화구가 발아래로 펼쳐진다. 사람들은 너나없이 넋을 잃고 장승처럼 꼿꼿이 서서 굼부리를 내려다보며 자신의 눈을 의심한다. 깔때기 모양의 분화구는 바깥 둘레가 1.5킬로미터다. 깊이는 한라산 백록담과 똑같다고 한다. 세상

| 다랑쉬오름 분화구 | 오름의 산마루에 도달하는 순간 뻥 뚫린 굼부리가 발 아래로 깊이 펼쳐진다. 아래쪽에서 볼 때는 전혀 예상치 못했던 장면이 전개되어 절로 탄성을 자아내게 된다.

에 이럴 수가 있단 말인가? 굼부리 굼부리 하더니 이것이 굼부리의 진면목이던가? 신비감을 넘어선 놀라움이며 감히 탄성조차 내뱉을 수 없다. 입안 쪽으로 메어지는 침묵의 탄성이 있을 뿐이다.

지금은 출입을 제한하지만 10여 년 전 화가 임옥상, 건축가 승효상과 함께 왔을 때 옥상이는 예의 호기심을 이기지 못해 나를 끌고 굼부리 아래까지 줄달음질쳐 내려갔다. 바닥에 이르러 우리는 큰 대(大)자로 누워버렸다. 원반처럼 둘린 분화구 끝 선을 따라 가을 하늘이 코발트빛 물감을 쏟아부은 듯했다. 옥상이가 가볍게 감탄을 말한다.

"지금 우리가 보고 있는 저 하늘의 넓이가 몇평이나 될까요?"
"천오백만 평이라던데."

"형님은 그러니까 '구라' 소리를 듣는 거예요. 하늘은 무한대인데 무슨 근거로 일천, 이천만 평도 아니고 천오백만 평이라는 겁니까?"

"구라가 아니라 정말이라구. 지난번에 관리소 아저씨한테 들은 거야. 나는 거짓말 같은 사실을 말했지, 거짓말 보탠 구라를 핀 적이 없어요. 올라가서 관리소 아저씨 있으면 물어보라고."

우리는 등을 털고 일어나 다시 굼부리를 빠져나와 산마루에 올랐다. 내려갈 때는 순식간이었지만 올라오자니 넓적다리가 부러지는 것만 같았다. 올라오자마자 옥상이는 관리소에 있는 아저씨 쪽으로 달려가 내가 시키는 대로 물어보더니 웃음을 가득 머금고 보고하듯 말했다.

"틀렸습니다, 형님. 천오백오십만 평이랍니다. 아저씨가 재봤대요."

일망무제의 구좌 들판

우리는 분화구를 한바퀴 돌기로 했다. 오름은 사방 경치가 한눈에 들어오는 게 큰 매력이라더니 다랑쉬오름 정상에서는 북서쪽으로 비자림과 돗오름이, 남동쪽으로 용눈이오름과 중산간의 풍력발전소가 훤히 보인다. 그리고 멀리 제주의 북쪽과 동쪽 해안까지 아스라이 눈에 들어오기도 한다.

어느 쪽으로 돌든 상관은 없지만 오르막이 가파르지 않은 시계방향, 즉 남쪽으로 도는 게 좋다. 정상부 탐방로를 따라 십여 분 가면 점점이 펼쳐지는 오름의 모습이 장관 중 장관이다. 누군가 말하기를 카메라 셔터만 누르면 그것이 곧 작품이 된다고 했다. 그 오름군들을 조망할 수 있는 쉼터에 나 같은 육지인을 위해 재작년에 안내판이 하나 세워졌다.

| **다랑쉬오름에서 바라본 용눈이오름** | 다랑쉬오름 정상에 올라서면 사방이 널리 조망된다. 특히 용눈이오름 쪽을 바라보면 우리나라에서는 보기 힘든 거친 황무지가 펼쳐져 색다른 서정이 일어난다.

다랑쉬오름의 경관

(…) 지미봉, 은월봉, 말미오름, 성산일출봉, 소머리오름, 용눈이오름, 손지봉, 동거미오름, 백약이오름, 좌보미오름, 높은오름, 돌오름, 둔지봉, 묘산봉, 알밤오름, 체오름, 안돌오름, 밧돌오름 등이 파노라마로 펼쳐지고, 세화, 종달, 하도, 성산 등의 마을이 바다와 함께 어우러져 한 폭의 그림을 연출한다.

나는 철 따라 다랑쉬오름에 예닐곱 번 올랐다. 다만 오름을 예찬하는 사람들이 가장 아름답다고 하는 눈 덮인 다랑쉬오름의 모습을 본 적이 없었으니 나는 아직 다랑쉬를 찬미하기에 이르다. 그 대신 2008년 늦겨울에 왔다가 맞은 모진 돌풍은 영원히 잊을 수 없는 아주 각별한 추억으로 남았다.

 중늙은이 답사회인 무무회 회원들을 다랑쉬오름으로 안내하게 되었는데 마침 그날은 서울에서 떠날 때부터 강풍 때문에 비행기 이륙이 계속 취소되다가 용케도 우리가 예약한 11시 비행기부터 이륙이 가능해졌다. 우리는 행운에 쾌재를 부르며 제주에 오게 되었다.

 우리가 다랑쉬오름에 오를 때만 해도 바람은 서늘한 정도였다. 그러나 정상에 올라설 무렵부터 돌풍이 몰아치는데 몸을 가눌 수가 없었다. 우리는 약속이나 한 듯이 모두 길게 누워버렸다. 유일하게 바람막이를 해주는 것은 키 작은 관목들뿐이었다. 중늙은이 여성회원들은 서넛이 팔짱을 끼고 무게를 보태 바람을 견디고 있었다. 그러면서도 얼굴에는 미소와 웃음을 가득 띠고 "삼다도 바람, 바람 하더니 이게 삼다도의 바람이구나"를 노래하듯 외치고 있었다.

 나중에 숙소에서 9시 뉴스를 보니 그날 서울에선 우리 비행기 이후 한 편만 더 이륙했고 오후 비행기는 모두 취소됐으며 제주시내에서는 강풍으로 전신주가 쓰러졌다는 보도가 나왔다.

 바람이 한풀 꺾이자 일행들은 등성이에 앉아 저 깊은 굼부리 아래를 내려다보며 자연의 신비감에 잠시 도취했다가 오름 능선 한바퀴 도는 것은 엄두도 못 내고 또다시 삼다도 바람이 몰아칠까 도망치듯 하산했다. 죽다 살아난 기분이었지만 중늙은이들 모두가 제주의 바람과 오름을 동시에 경험했다며 지금도 그때의 추억을 즐겁게 회상하곤 한다.

타고난 관상수, 소사나무

 오름은 제주 자연식생의 보고라고도 한다. 제주도에서는 다랑쉬오름의 식생을 설명하는 다음과 같은 안내판을 세워놓았다.

| **소사나무** | 소사나무는 강인한 느낌을 주는 줄기 때문에 분재하는 분들이 사랑한다. 그러나 다랑쉬오름처럼 바람 많은 바닷가에 피어날 때 더욱 천연의 제 모습을 자랑한다.

다랑쉬오름에는 목본류와 초본류 250여 종이 분포하고 있다. 오름 사면은 전체적으로 삼나무, 편백나무로 조림되어 있으며 곰솔, 비목 등이 자연식생하고 있다. 오름 서, 북사면은 삼나무, 편백나무 숲이 울창하다. 방화로를 따라 왕벚나무, 비자나무가 식재되어 있고 곰솔, 비목, 검노린재, 국수나무 등과 잡목이 우거져 있으며 정상에는 키가 작은 곰솔, 소사나무 등이 식생하고 있다. 탐방로와 정상 주변에는 초본류가 철 따라 아름다운 꽃들을 피운다. 초본류로는 새끼노루귀, 각시붓꽃, 세복수초, 할미꽃, 산자고, 골등골나물, 층층이꽃, 솔체, 절굿대, 바디나물, 산비장이, 엉겅퀴, 섬잔대, 한라꽃향유, 한라돌쩌귀, 야고 등이 자생하고 있다.

이 많은 나무와 꽃을 나는 다는 모르겠고 다랑쉬오름의 남동쪽 경사면에 소사나무가 관목림을 형성하고 있어 이것이 철 따라 보여주는 모습은 오름 못지않은 볼거리고 기쁨이라는 사실만은 잘 알고 있다. 삼다도 강풍 때 우리의 바람막이가 되어준 관목이 소사나무였다.

소사나무는 자작나무과의 낙엽 소교목으로 분재하는 사람들이 대단히 사랑하는 나무다. 소사나무는 키가 크지 않아 아주 아담하다. 잎은 달걀 모양이고 잎자루에 잔털이 있는데 5월에 꽃이 피고 10월에 열매를 맺는다. 한국, 일본, 중국 등지에 분포하지만 우리나라가 원산지 격이어서 'Korean hornbeam'이라고 한다.

그 소사나무가 오름의 비탈에서 정원사의 가위가 아니라 제주의 바람을 맞으며 야무지면서도 단정하게 무리지어 자라니 얼마나 예쁘고 얼마나 장관인지 보지 않아도 알 만하지 않은가. 국립수목원 이유미 연구관의 「우리 풀 우리 나무」(『주간한국』 2010. 6)에서는 소사나무가 이렇게 설명되어 있다.

소사나무는 녹음이 멋진 나무의 하나이다. 대부분의 소사나무들은 바람이 가장 많이 들고 나는 바닷가 산언덕 즈음에 무리지어 숲을 이루어 특별한 풍광을 자아낸다. 굵어도 아주 크지 않고, 적절히 자연의 선이라고 말해도 좋을 만큼의 이리저리 부드럽게 굽은 줄기 하며, 운치있게 흰빛 도는 수피가 점차 짙어가는 초록의 잎새와 아주 멋지게 어울린다. 그 숲을 바라보는 시선의 끝머리에 넘실대는 바다라도 보이면 더욱 근사하다.

잃어버린 마을, 다랑쉬

다랑쉬오름은 신비로움과 아름다움에 비해 전해지는 이야기가 적다.

효자 홍달한의 애기 정도인데 그는 정의현 고성리 사람으로 효성이 지극했을 뿐만 아니라 1720년 숙종과 1724년 경종이 승하한 국상 때마다 초하룻날과 보름에 다랑쉬오름에 제단을 마련하고는 망곡(望哭)하면서 북쪽을 향해 재배(再拜)했다고 한다. 이러한 사실이 조정에 알려져 그의 집안에 정려(旌閭)가 내려져 지금도 성산읍 고성리에서 수산리로 가는 길에 효자비가 세워져 있고 그 지명을 '효자문거리'라고 한단다.

다랑쉬오름에 오다보면 짓다 만 괴이하게 생긴 집들이 줄지어 있다. 커다란 축구공처럼 생긴 것이 마치 우주탐사선 같다. 펜션을 짓다가 부도가 나는 바람에 뼈대만 남긴 건물이다. 허가해준 당국도 당국이려니와 건물 디자인을 이처럼 티나게 한 발상이 안쓰러워 눈살을 찌푸리며 얼른 시선을 돌리게 된다.

반면에 탐방로 주차장에서 멀지 않은 곳에 해묵은 팽나무 한 그루가 서 있어 그리로 발길을 돌린다. 제주에서 연륜 있는 팽나무는 육지 촌락의 느티나무처럼 마을의 정자나무 구실을 한다. 여기는 잃어버린 북제주군 구좌읍 다랑쉬마을 터다. 1948년 11월, 4·3사건 때 이 마을은 전소되었고 다시는 사람이 살지 않게 되었다. 지금도 팽나무를 중심으로 하여 집터가 여러 군데 남아 있고 집터 주변에는 대나무들이 무더기로 자라 당시 민가가 어디에 있었는지를 짐작하게 해준다. 4·3의 자취는 제주 어디를 가나 피할 수 없이 그렇게 따라다닌다.

다랑쉬마을 주민들은 밭벼·피·메밀·조 등을 일구거나 우마(牛馬)를 키우며 살았다. 4·3사건으로 소개령이 내려져 폐촌 될 무렵 이곳에는 10여 채의 가옥에 40여 명의 주민이 살았으나 인명 피해는 없었다고 했다. 그러나 1992년 3월, 팽나무에서 동남쪽으로 약 300미터 지점에 위치한 다랑쉬굴에서 11구의 시신이 발굴되면서 4·3의 아픔을 다시 한번 새겨주었다. 당시 시신 중에는 아이 1명과 여성 3명도 포함되어 있었다. 증언에 따르면 이들은 참화를 피해 숨어다니던 부근 해안마을 사람들로 1948년 12월 18일 희생되었다. 지금도 그들이 사용했던 솥·항아리·사발 등 생활도구는 굴 속에 그대로 남아 있다.

2001년 4월 3일, 제주도지사는 '제주 4·3사건 진상규명 및 희생자 명예회복 실무위원회 위원장' 이름으로 이때의 안타까운 사정을 알리는 빗돌 하나를 팽나무 아래에 세워놓았다. 그것이 덧없이 간 영혼들에게 위안이 되었으면 하는 마음이 일어난다.

제주 산담과 동자석

오름이 제주인의 뼈를 묻는 곳이라고 하듯이 다랑쉬오름 탐방로 주차장 주변에는 유난히 산담이 많다. 오며가며 오름 비탈에 사다리꼴로 무덤을 감싼 산담을 보면 대지의 설치미술처럼 다가온다. 산담이 있음으로 해서 오름에서 더욱 제주인의 체취가 느껴지는데 그 산담의 생김새를 가까이에서 살필 수 있는 곳도 이곳만 한 데가 없다.

산담은 네모난 것 같지만 자세히 보면 사다리꼴로 위쪽이 짧고 아래쪽이 길다. 그래서 조형상 긴장감이 일어난다. 산담 안에는 둥근 봉분이 위쪽에 자리잡고 있어서 아래쪽이 넓다. 바로 그 자리에 그 유명한 동자석(童子石)이 쌍으로 무덤을 지키게 하는 것이 제주인들의 아름다운 풍습이었다.

그러나 이제 동자석이 남아 있는 무덤은 하나도 없다. 제주도 동자석이란 동자석은 모두 골동품점으로 팔려나가 육지건 제주도건 웬만한 정원에 없는 곳이 없다. 국립제주박물관 정원에 있는 것을 보면 제주도 동자석은 그렇게 심플하면서 멋질 수가 없다. 브랑쿠시(C. Brancusi)의 작품은 저리 가랄 정도다. 제주도 현무암으로 만든 것이 대부분이지만

| 제주의 산담 | 제주의 무덤은 산담을 두른 다음 봉분 앞에는 동자석과 망주석을 양 옆에 세우는 것이 하나의 정형이었다. 산담은 삼다도의 또 하나의 상징적 표정이다. 그러나 동자석들이 정원석으로 팔려나가는 바람에 제자리를 지키고 있는 것이 아주 드물다.

개중에는 대리석으로 만든 것도 있다.

제주도 동자석으로 유명했던 곳은 제주시내 목석원이었다. 1970, 80년대 신혼여행 온 사람들의 필수 관광 코스였다. 현무암으로 꾸민 갑돌이와 갑순이의 스토리텔링도 재미있었다. 이 목석원은 지금은 없어지고 교래에 돌문화공원이라는 어마어마한 시설로 바뀌었다. 제주사람들은 이것을 두고 잘했느니 못했느니 지금도 말이 많은데 매사엔 거기에 맞는 규모라는 것이 있는 법이니 나는 목석원 시절이 더 좋았다고 생각하는 편이다.

내가 직업적인 취미로 산담의 생김새와 동자석이 있던 자취를 요리조리 살피고 있자니 상철이는 볼 것도 없는데 오래도록 살피고 있는 모양이 더 신기해 보였는지 내게로 다가와 한마디 알려준다.

| **제주박물관 동자석들** | 제주 산담을 지키고 있던 동자석들은 단순화시킨 형체미에 정면관이 소박한 아름다움을 보여준다. 이제 거의 다 제자리를 떠나 박물관 야외조각장이나 개인 정원에서 사랑받는 조각품이 되었다.

"산담에서 뭘 찍고 있습니까? 이것도 문화재입니까? 산담을 제대로 보려면 음력 8월 초하루를 전후해서 와야 합니다. 그때가 되면 벌초꾼들의 행렬이 무덤과 어우러져서 장관을 이룹니다. 제주인에게 오름이 왜 가슴속에 있는가는 그때 진하게 다가올 것입니다."

내가 그 날짜에 맞추어 여기에 오는 것은 거의 불가능하다. 그러나 다랑쉬오름에 달 뜨는 모습만은 꼭 한 번 보고 싶다. 오죽해서 다랑쉬라 했을까? 그러나 그것도 쉬운 일이 아니다. 이생진 시인은 다랑쉬오름에 뜨는 달을 보려고 송당마을 민박집에서 일 주일 동안 묵었다고 한다. 그러고 쓴 그의 「다랑쉬오름」의 한 대목은 아주 간결하면서도 찡하다.

    간밤에 창문을 두들기던 달

| **용눈이오름** | 침묵의 사진작가 김영갑은 평생 자신의 카메라를 제주의 풍광에 고정시켰다. 그중 그가 가장 사랑했고, 가장 잘 표현한 사진은 용눈이오름이었다. 사진 김영갑.

날 밝으니 다랑쉬로 바뀌었네
내가 거기에 무엇을 놓고 왔기에
날이면 날마다 가고 싶은가

환상적인 능선의 용눈이오름

다랑쉬오름에서 내려온 뒤 요배와 상철이는 나를 용눈이오름으로 데려갔다. 용눈이오름은 다랑쉬오름 바로 곁에 있다. 불과 1킬로미터 거리

다. 남북으로 비스듬히 길게 누운 끝자락 하나가 다랑쉬굴의 입구다.

　용눈이오름은 기생화산이 터질 때 여러 개가 포개져 능선과 굼부리가 부챗살 모양을 이루며 네다섯 가닥으로 흘러내리면서 굽이치는 곡선으로 넓게 퍼져 있다. 어디서 어디까지가 오름인지 모를 정도로 낮은 능선으로 연이어져 있다. 한 굽이를 넘어서면 축구장만 한 평퍼짐한 굼부리가 나오고 또 한 굽이를 넘으면 농구장만 한 아담한 굼부리가 나온다. 능선은 굼틀거리면서 혹은 왕릉처럼 보이고 혹은 긴 고갯마루를 질러가는 기분을 준다. 처음 용눈이오름에 왔을 때 나는 천둥벌거숭이로 뛰어다니

며 내 인생에 이처럼 행복하게 달려본 적이 있었던가 쾌재에 쾌재를 불렀었다.

 능선을 한바퀴 돌고 나면 큰 굼부리가 하나, 작은 굼부리가 셋 있어 어미가 세쌍둥이를 보듬고 있다는 인상을 주기도 한다. 용눈이오름엔 여러 개의 알오름이 있다. 알오름은 오름 속에서 생긴 새끼오름이다. 남서쪽 경사면에는 주발뚜껑처럼 오목하게 파인 아주 예쁜 알오름이 있는데 둘레가 150미터 정도 되는 작은 크기로 잔디밭이 에워싸고 있다. 또 북동쪽에 있는 알오름은 위가 뾰족하게 도드라져 아주 귀엽다. 그 기이하고도 변화무쌍한 경관 때문에 용눈이오름이라는 이름을 얻었다.

 용눈이오름은 오름 전체가 잔디로 덮인 잔디밭 오름이다. 그 보드라운 촉감과 아름다운 곡선 때문에 사람의 눈을 여간 홀리는 것이 아니다. 용눈이오름 잔디밭엔 미나리아재비도 많고 할미꽃도 많다. 그 미나리아재비와 할미꽃이 보드라운 잔디밭에 지천으로 피어났을 때를 상상해보라. 화가라는 인간은 형태와 색감과 질감에 대단히 민감한 동물이다. 화가 임옥상이 드디어 참지 못하고 내게 감상을 말한다.

 "용눈이오름을 보니까 요배가 그림을 잘 그리는 게 아니라는 것을 알았슈. 대상 자체가 이렇게 아름다운데 그것뿐이 못 그렸단 말유. 저 굽이치는 곡선의 형태미를 봐유. 저 모노톤으로 깔린 색감을 봐유. 저렇게 보드라운 잔디밭 질감을 봐유. 요배가 저만큼 그렸단 말유? 이건 요배도 문제지만 평론가도 문제가 많은 거유."

 "그러면 뭐라고 평해야 잘했다 소리를 들었을까?"

 "그걸 내가 아나유. 모름지기 용눈이오름은 대자연이 빚어낸 한 폭의

| 용눈이오름 | 세 개의 분화구가 겹치면서 이루어낸 아름다운 곡선미는 환상적인 아름다움을 연출해준다. 용눈이오름의 굽이치며 뻗어가는 능선의 곡선미는 간혹 여체의 아름다움에 비유되곤 한다.

누드화다. 이렇게 해야 말이 되는 거 아니겠슈."

　이 환상적인 용눈이오름은 훗날 두모악 갤러리의 사진작가 고(故) 김영갑 선생이 정말로 아름답게 사진에 담아냈다. 사시사철 조석으로 변하는 용눈이오름의 아름다움을 그의 사진 이상으로 담아낸 것을 아직껏 보지 못했다.

김영갑 갤러리 두모악

　용눈이오름에서 불과 이십 분 거리에 있는 '김영갑 갤러리 두모악'은 고 김영갑(金永甲, 1957~2005) 선생만큼이나 소중한 제주의 자산이다. 두모악(혹은 두무악)은 한라산의 별칭으로 백록담 봉우리에 나무가 없는 모양에서 나온 이름이다. 지독히도 제주도를 사랑했고, 끔찍이도 자신의 작업에 충실했던 한 사진작가의 처절한 인생이 낳은 우리들의 갤러리다.

　김영갑은 1957년 부여에서 태어나 학력은 부여 홍산중학교를 졸업하고 한양공업고등학교를 졸업했다는 것만 알려져 있다. 그는 제주에 반하고 사진에 미쳐 1982년부터 3년 동안 카메라 하나 달랑 메고 서울과 제주를 오가며 사진작업을 하던 끝에 1985년에는 아예 제주에 정착하여 타계하기 직전까지 20년간 온 섬을 누비며 제주도의 자연을 소재로 20만여 장의 사진작품을 남겼다.

　밥값으로 필름을 사고 냉수로 허기를 달래며 오직 제주의 자연을 필름에 담으면서 생전에 전시회에 누구를 초대하거나 사진을 팔 생각도 하지 않고 철저한 야인으로 살았다. 작곡가 김희갑, 작사자 양인자 부부가 비나 피하라고 사준 르망 자동차가 다 찌그러지도록 제주 곳곳을 누비고 다녔다.

| 김영갑 갤러리 두모악 전경 | 한 사진작가의 혼이 담긴 제주의 풍광 사진들은 사후에도 그의 이름을 딴 갤러리에 보존되었고 그곳은 제주에서 가장 사랑받는 미술관의 하나가 되었다.

　1985년부터 해마다 서울과 제주에서 사진전을 열었는데 그중 태반이 '제주의 오름'이라는 주제였다. 2004년에 펴낸 『그 섬에 내가 있었네』라는 에세이집에서 김영갑은 "대자연의 신비와 경외감을 통해 신명과 아름다움을 얻는다"고 할 정도로 제주의 자연을 사랑했다. 그의 사진을 본 사람은 제주의 신비로운 아름다움을 새삼 깨닫곤 했다. 특히 그는 제주의 바람을 잘 찍어냈다.

　그러던 그가 1999년 친구들 앞에서 카메라가 무겁다, 가끔 손이 떨린다고 하더니 생전 들어보지도 못한 루게릭병이란 진단을 받았다. 그러면서도 "3년 더 살면 잘 사는 거래"라며 사진을 계속 찍었다. 2002년에는 폐교된 삼달초등학교 분교를 임대하여 개조한 뒤 '김영갑 갤러리 두모악'을 개관했다. 타계하기 직전인 2005년 서울 프레스센터에서 주인공 없이 열린 전시는 「내가 본 이어도 1—용눈이오름」이었다. 그리고 그는

2005년 5월 29일 세상을 떠났고 유골은 갤러리 앞마당 감나무 아래에 뿌려졌다.

현재 김영갑 갤러리 두모악에는 그가 찍은 20만여 장의 사진작품이 소장되어 있다. 2007년에 김영갑 갤러리 두모악 운영위원회가 발족되어 꾸준히 기획전이 열리고 있는데 최근에 열린 전시는 「용눈이오름, 바람에 실려 보낸 이야기들」(2011. 6. 20~2012. 1. 31)이었다.

원형경기장 같은 아부오름

중늙은이 답사회와 다랑쉬오름에 올랐을 때는 필규형이 내게 다가와 특별한 청이 하나 있다고 했다.

"유교수, 다랑쉬오름, 진짜 최고야. 나는 제주도를 몇십 년 드나들었어도 오름이라는 말도 첨 알았고, 이렇게 멋있는 줄 미처 몰랐어. 세계에 이런 곳이 있다는 얘기도 들어보지 못했고."
"그런데 무슨 청이 있다는 거예요?"
"이봐요, 세상사에는 덤이라는 것이 있잖아. 아직 시간이 좀 남았는데 오름 하나 더 가볍게 보고 갈 곳이 없을까? 요담에 언제 또 유교수가 우릴 데리고 다니겠어. 단, 산에 오르는 거면 안 되고."

하기야 그랬다. 자형 친구분이니까 함께했고 또 그러니까 이런 부탁을 하는 것이지. 나는 필규형의 청에 딱 들어맞는 오름 하나가 가까이 있는 것을 알아 흔쾌히 그쪽으로 안내했다. 아부오름이다.

영화 「이재수의 난」 촬영 장소가 되면서 지금은 많은 사람에게 알려진 아부오름은 송당마을 남쪽 건영목장 안에 있다. 자료를 보면 해발 300미

| 아부오름 | 아부오름은 신비롭게도 원형경기장처럼 타원형을 이루고 있다. 높은 데서 아부오름의 굼부리 전체를 내려다볼 수 있기 때문에 제주 오름의 또다른 멋을 만끽하게 해준다.

터라고 되어 있지만 지표에서의 높이는 불과 10여 미터밖에 안 되는 비스듬한 언덕이다.

아부오름은 '앞오름'이란 말이 변해서 생겨난 이름이라고 한다. 송당마을의 본향당을 모신 당오름 정남 1.5킬로미터 지점이어서 마을 앞쪽(남쪽)에 있는 오름이라는 뜻이 된다. 아부오름의 한자 이름은 '아부악(亞父岳, 阿父岳)'인데 이는 아부를 차음한 것이련만 아버지 다음으로 존경

한다는 의미가 있다고 주장하는 사람도 있다. 내력이 그렇다 해도 나는 아부오름이라는 알 듯 모를 듯한 이름이 있어 더욱 신비로운 오름으로 가슴에 새기게 된다.

길도 없는 목장의 한편으로 말똥 소똥을 비켜가며 비스듬한 능선을 한 십 분만 걸으면 다랑쉬오름의 정상에 올랐을 때와는 또다른 신비로운 장면에 눈이 휘둥그레진다. 아니 두 눈을 의심할 정도로 상상 밖의 경관이 압도한다.

함지박 모양으로 생긴 넓은 분화구가 통째로 드러난다. 이건 오름 전체가 분화구라고 해도 과언이 아니다. 그것도 비스듬한 기울기여서 마치 이딸리아 씨에나의 깜뽀(campo) 광장을 보는 것만 같았다. 게다가 분화구 안쪽은 삼나무가 둥글게 울타리처럼 둘려 있다. 분화구의 바깥 둘레는 1,400미터고 바닥 둘레가 500미터나 된다. 분화구의 깊이가 84미터라는데 경사면이 너무도 느슨하여 그런 깊이는 느껴지지 않고 천연으로 이루어진 로마 원형경기장 같다고나 할까? 중늙은이 답사객들은 입을 다물지 못하고 감탄을 발한다. 필규형은 회원들에게 자기 덕에 이런 황홀한 오름을 하나 더 보았다고 생색을 낸다. 그리고 내게 물었다.

"제주의 오름 전체를 소개한 책이 있어요? 아마 없을 거야. 아직 우리나라가 거기까진 가지 못했을걸."

"아뇨. 있어요. 김종철이라는 제주도 산사나이가 쓴 『오름나그네』라는 책이 3권까지 있어요."

"관에서 만든 건 없지? 그것 봐. 우리나라는 민(民)이 관(官)보다 뛰어나다니까."

| 오름의 물결 | 구좌는 오름의 왕국이라는 별칭을 갖고 있다. 오름의 능선에 짙은 안개가 끼거나 노을이 짙게 내릴 때면 거의 환상적인 동화의 세계로 이끌어준다. 사진 오희삼.

『오름나그네』 김종철 선생

다랑쉬오름, 용눈이오름, 아부오름뿐만 아니라 어느 오름이건 오름에 한번 올라본 이는 제주를 다시 보며 제주를 사모하고 사랑하게 된다. 오름에 빠지면 거기에 몸을 던지고 싶어진다. 결국 그렇게 오름에 미쳐 살다 육신을 오름에 묻은 분이 있다.『오름나그네』(높은오름 1995)의 저자인 고(故) 김종철(金鍾喆, 1927~95) 선생이다.

한라산과 오름을 끔찍이 아끼고 사랑했던 김종철 선생은 제주의 덕망 높은 산악인이자 언론인이었다. 당신은 환갑 나이의 고령에 들어서면서 330여 오름을 일일이 답사하며 각 오름의 이름과 생태와 그 속에 담긴 사연들을 정리해나갔다. 1990년부터『제민일보』에 매주 연재한 '오름나그네'는 5년간 계속되었다. 1995년 1월, 당신은 암에 걸려 투병하면서 연

| 김종철의 『오름나그네』 | 제주 산악인 고 김종철 선생은 제주 330여 개의 오름을 모두 올라 그 지질, 식생, 전설, 이름의 유래를 밝힌 최초의 오름 보고서를 '오름나그네'라는 이름으로 펴내고 세상을 떠났다.

재 원고를 정리해 『오름나그네』라는 세 권의 책을 펴냈다. 그리고 책이 나온 지 20일 만에 눈을 감았다.

『오름나그네』는 산업화 과정을 겪으면서 오랫동안 잊고 지냈던 오름의 기억을 일깨웠고, 오름을 보는 인식을 완전히 바꿔놓았다. 제주 자연의 보석이지만 지천으로 깔려 있어 귀한 줄 몰랐던 오름의 가치를 선생이 일깨워준 것이다. 골프장에 깔 흙으로 사용하기 위해 오름 하나가 영원히 사라지는 일을 방치했던 제주인들도 이제는 '오름 보호'를 외치게 되었다.

『오름나그네』 이후 오름 등반 모임이 유행처럼 번지고 있다. 제주도는 마침내 오름의 소중한 가치를 널리 알리고 제주의 자연자원을 생태관광과 체험학습장으로 활용하기 위해 동부지역의 다랑쉬오름, 서부지역의 노꼬메오름을 제주도의 오름 랜드마크로 지정했다.

『오름나그네』는 제주의 신이 그에게 내린 숙명적 과제였던 모양이다. 그가 아니면 해낼 수 있는 사람이 없었다. 그 앞에도 없었고, 앞으로도 없을 것이고, 오직 김종철 그분밖에 없다.

한 시절 제주에서 4년간을 보내며 그와 벗했던 고은 시인은 「제주의 D단조―김종철에게」란 시를 제주를 떠나면서 읊었는데 『오름나그네』 뒤표지에 실려 있다.

당신을 표현하기에는 언제나 형용사밖에는 없다.

바하로부터 바하까지 돌아온
G선상의 여수(旅愁)와 같다.

싱그러운 눈의 외로움
등뒤에서 비오는 소리
또한 햇무리 흐르는 계단의 정적

어떤 기쁨에라도 슬픔이 섞인다.

그러고는 아름다운 여자를 잉태한 젊은 어머니의 해변(海邊)

오늘, 저 하마유꽃(문주란)이라도 지는 흐린 날,
어제의 빈 몸으로 떠나는구나,
그러나, 아무것도 아무것도 묻지 않는다. 바람이 분다.

선생의 유해는 유언에 따라 화장하여 한라산 1700고지 윗세오름 너머 백록담을 턱 앞에서 바라보는 곳, "진달래가 떼판으로 피어 진분홍 꽃바다를 이루는 광활한 산중고원", 그래서 "미쳐버리고 싶다"고 하셨던 선작지왓에 뿌려졌다.

이보다 더 아름다운 용암동굴은 없다

유네스코 세계자연유산 / 성산일출봉 / 용암동굴 / 당처물동굴 /
거문오름 / 용천동굴

유네스코 세계자연유산, 제주도

　제주의 자연이 아름답고 경이롭다는 사실은 2007년 유네스코 세계유산(UNESCO World Heritage Site)에 등재됨으로써 이미 객관적이고 국제적인 평가를 받았다. 요즘 거론되는 세계 7대 자연경관 선정이 관광객들의 인기투표라면 유네스코 세계자연유산 등재는 지질, 생태, 환경 등 자연과학자들의 전문적 평가의 결과였다. 그리고 유네스코 세계지질공원으로 인증되고, 유네스코 생물권보전지역으로도 지정되면서 유네스코 자연환경 분야 3관왕을 차지했으니 그랑프리와 인기상을 모두 차지한 셈이다.
　제주도의 이 모든 영광은 유네스코의 세계자연유산에 등재되면서 시작됐다고 해도 과언이 아니며, 유네스코 3관왕도 세계자연유산으로 등재됨으로써 더 의미있는 결과가 되었다.

　유네스코 세계자연유산 등재는 참으로 까다로운 절차와 엄격한 심사를 거친다. 나는 세계자연보전연맹(IUCN, International Union for Conservation of Nature)이 작성한 심사결과 보고서를 보면서 국제적인 시각이란 무엇인지를 많이 배웠다. 그들은 우리들이 입버릇처럼 말하는 제주의 아름다운 자연풍광과 신비한 지질구조를 지구 전체의 시각에서 논하고 있다. 그것은 객관적이고 국제적이고 학술적인 평가였다. 그 심사과정과 평가보고서는 우리가 피상적으로 알고 있는 제주도의 자연적 가치를 훨씬 높은 국제적인 차원에서 말해준다.

설악산의 세계자연유산 등재 실패

　제주도의 유네스코 세계자연유산 등재는 두 가지 불리한 조건 속에서 시작되었다. 하나는 '설악산 해프닝'이다.

　그간 우리는 금수강산을 자랑하면서 정작 유네스코 세계자연유산에 등재된 곳은 하나도 없는 나라였다. 이것은 자존심 문제였다. 나는 한반도 전체를 볼 때 백두산, 금강산, 설악산, 한라산은 그 대상이 될 수 있다고 자평하고 있다. 지리산은 자연과 문화가 어우러진 복합유산으로서의 가능성도 있다.

　이에 문화재청에서는 1995년 10월 먼저 설악산을 등재 신청했다. 그러나 참으

| 설악산 세계유산 지정 반대시위 현장 | 문화재청에서 설악산을 유네스코 세계자연유산으로 신청한 것에 강원도민들이 반대시위를 한 데 이어 실사단이 도착한 김포공항에서도 반대 플래카드를 들고 시위하는 모습.

로 불행하고도 안타깝고 슬픈 일이 벌어졌다. 세계자연유산으로 지정되면 개발에 제약이 많아 재산가치가 떨어질 것이라는 생각에서 이듬해 (1996) 3월 강원도 의회가 등재 반대를 결의하고 의회 및 주민 대표들이 빠리 유네스코 본부를 방문하여 주민들 서명이 포함된 반대의견서를 제출했다. 그리고 6월에 세계자연보전연맹 실사단이 방한했을 때 김포공항에서 등재 반대 데모를 벌인 것이다.

그리하여 설악산은 심의조차 받아보지 못하고 유네스코 세계자연유산에 등재될 수 있는 길을 영원히 박탈당했다. 유네스코는 세계유산을 홍보할 때 지역주민의 반대가 있으면 절대로 지정되지 않는다는 대표적인 사례로 설악산을 들 정도로 우리는 그 해프닝으로 인해 국제적인 망신을 당한 바 있다.

이런 오해는 제주도를 등재시키는 데도 있었다. 실제로 한림공원에 있는 협재의 용암동굴은 사유지로 소유주가 세계유산 등재에 동의하지 않아 심의 대상에서 제외되었다.

이에 제주도에서는 도민들의 이해와 동참을 얻고자 여러 차례 설명회를 가졌고 나아가서 55만 도민의 등재 염원 서명운동을 벌였다. 도민은 물론이고 국내외 관광객들에게도 동참을 요구하여 무려 150만 명의 서명을 받아 유네스코에 제출했다.

유네스코는 여기에 큰 감명을 받았다. 이 또한 처음 있는 일이란다. 그리하여 유네스코는 이것을 또 세계유산 홍보의 한 사례로 이야기하고 있다. 확실히 대한민국은 극과 극을 오가는 '다이내믹 코리아'이다.

유네스코 세계유산의 의의

또 하나의 불리한 조건은 우리나라가 세계유산위원회 출범 후 15년이 지난 1988년에 와서야 여기에 참여하게 되었다는 사실이다. 그동안 우리나라 문화외교가 부진했음을 말해주는 대목이다.

유네스코가 세계유산을 등재하게 된 것은 1972년에 회원국들이 '세계 문화 및 자연 유산 보호협약'을 채택하면서부터다. 당시 이집트가 아스완댐을 세움으로써 아부심벨 사원이 수몰될 위기에 처하자 이것은 이집트만의 문제가 아니라 인류의 문화유산이라는 인식에서 활동을 시작했다. 이집트가 재정적으로 아부심벨 사원을 안전하게 이전할 능력이 없다면 세계적 차원에서 구제해야 한다고 판단한 유네스코가 모금운동을 벌여 마침내 수몰을 면할 수 있게 되었다. 이 운동에 앞장선 분은 재클린 케네디 여사였다.

이후 유네스코는 인류가 이룩한 문화활동의 산물인 문화유산과 뛰어난 경관과 지질학적·생물학적 가치를 지닌 자연유산, 그리고 이 두 가지가 어우러진 복합유산을 등재하여 보호하게 된 것이다.

등재 여부는 회원국 대표 전체가 참석하는 세계유산위원회에서 결정하며 이에 대한 조사와 심사보고서는 자연유산의 경우 세계자연보전연맹에서 파견된 심사위원들이 맡는다. 그 심사위원 중 한국인은 한 명도 없었다. (문화유산과 무형유산에는 한국인이 있었다.)

세계유산 등재사업 초기에 유네스코는 이의 홍보를 위해 웬만하면 부결하는 일이 없었다. 그러나 세계유산 등재가 나라의 영광일 뿐만 아니라 관광 홍보에 엄청난 효과로 나타나자 신청이 쇄도하여 이제는 나라마다 신청 건수를 제한하게 되었고 심의도 날이 갈수록 까다로워졌다. 이런 악조건 속에서 우리는 제주도를 세계자연유산으로 등재 신청하게 된 것이다.

2007년 세계자연유산에 등재된 것은 막연히 제주도가 아니었다. 정확히 말해서 '제주 화산섬과 용암동굴'(Jeju Volcanic Island and Lava

Tubes)이다. 즉 해발 800미터 이상의 한라산 천연보호구역, 거문오름과 용암동굴계(Lava Tubes), 그리고 성산일출봉 응회구(凝灰丘) 등 세 구역, 18,845헥타르(약 6천만 평), 제주도 전체의 약 10분의 1이다.

이렇게 제한한 이유는 이 지역이 세계자연유산을 평가하는 두 가지 핵심 평가기준, 즉 자연의 원형을 지닌 '완전성'(integrity)과 이를 보존하는 법적·행정적 보호 관리 제도를 모두 충족시키는 곳이었기 때문이다.

지구 전체에서 본 제주도의 지질

세계자연보전연맹이 작성한 최종 실사보고서는 아주 충실한 것이었다. 제주도를 말하는 첫머리부터가 이제까지 우리가 이야기해온 제주도와는 격이 다르다.

제주도는 120만 년 된 순상(楯狀, 방패 모양) 화산으로 많은 양의 현무암질 용암류가 연속적으로 분출되고 퇴적되어 방패 모양의 완만한 대지를 형성하고 있다. 제주도는 수중 대륙붕 위에서 발생한 수성 마그마성 분화의 결과로 처음 생성되었고 이후 360개의 단성화산(오름)에서 분출된 현무암질 용암이 그 위로 쌓였다. 그리고 현무암질 용암이 관(tube) 모양을 만들면서 광범위한 규모의 용암동굴을 형성했고 현재까지 120개의 용암동굴이 알려져 있다.

즉 순상화산이고, 오름이 있고, 용암동굴이 있다는 것이 제주도와 한라산 지질의 개요이며 특질이다. 얼마나 간명한가. 이어서 보고서는 지구 전체에서 본 제주도 화산 지질의 위상을 말하고 있다.

제주도는 안정된 대륙 지각판의 연변(沿邊)에 위치한 해양환경의 열점(hot spot)에 화산이 형성된 특이한 경우다. 지질 및 환경 측면에서 제주도 화산지형은 세계적으로 보기 드문 경우라 할 수 있다. (…) 그리고 한라산은 4계절에 따라 그 색과 구성이 달라지며 다양한 모양의 암석 형성물, 폭포, 주상절리 절벽, 분화구에 호수가 형성된 정상 부위 등이 어울리면서 그 경관적 가치와 미적 가치를 더한다.

유네스코 세계자연유산으로서 화산섬

그러나 심사보고서는 이것만으로 세계자연유산이 되기에 충분하지는 않다고 했다. 아름다운 풍광과 지구 역사의 형성과정을 보여주는 매우 훌륭한 사례라는 절대평가만이 아니라 이미 등록된 다른 화산섬과 상대평가를 해서 '현저한 보편적 가치'를 입증하라는 것이다. 사실 이것은 무리한 요구다. 그러나 심사단이 그렇게 말할 수밖에 없는 또다른 이유가 있었다.

유네스코 세계자연유산으로 그동안 등재된 것이 183곳(2011년 8월 기준)이다. 그중 압도적으로 많은 것은 화산지형이었다. 미국 옐로스톤 국립공원, 러시아 캄차카화산군, 콩고 비룽가국립공원, 미국 하와이 화산국립공원, 에콰도르 갈라파고스 제도, 이딸리아 에올리에 제도 등 26개가 이미 등재되어 있었다.

이에 1996년 세계유산위원회는 "얼마나 많은 화산을 세계자연유산 목록에 포함시킬 것이냐?"라는 질문을 던지면서 이후 목록의 신뢰성 유지를 위해 세계자연유산 목록에 화산을 추가 등재하는 것을 막아왔던 것이다. 이것은 제주도를 등재시키는 데 결정적인 걸림돌이었다.

그러나 제주의 설문대할망이 도와준 것일까. 우리에게는 두 번의 행

| 한라산 백록담 제주도가 유네스코 세계자연유산에 등재된 것은 지질학적 특성과 경관의 아름다움 두 가지를 모두 충족시켜주는 거문오름 용암동굴계, 성산일출봉, 그리고 한라산 800미터 이상 천연보호구역 등 세 곳이었다.

운이 찾아왔다. 첫번째 행운은 심사위원을 잘 만난 것이었다. 세계자연보전연맹에서 제주도의 실사를 위탁한 학자는 뉴질랜드 지질학자 폴 딩월(Paul Dingwall)과 영국 지질학자 크리스 우드(Chris Wood)였다. 이들은 여러 차례에 걸쳐 현지 실사를 했다. 처음에는 학자로서 객관적이고 사무적으로 모든 것을 검토했다. 그러나 두 차례, 세 차례 실사를 오면서 제주의 자연과 지질에 점점 매료되어 나중에는 제주도 팬이 되었다.

이들은 우경식(강원대 지질학과), 손영관(경상대 지구환경과학과), 이광춘(상지대 자원공학과) 교수, 손인석 소장(제주도동굴연구소), 고정군 팀장(한라산연구소) 등과 현지를 조사하면서 우리에게 많은 유익한 정보를 주며 어떻게 하면 제주도가 세계자연유산에 등재될 수 있는지 도움을 주었다.

유네스코 세계유산의 선정기준은 문화유산에서 6가지, 자연유산에서 4가지를 요구하고 있다. 이는 1972년 총회에서 채택된 '세계 문화 및 자연 유산 보호 협약'의 기준에 따라 정해진 것이다. 그중 제주도에 해당하는 항목 중에서 실사단이 첫번째로 주목한 것은 성산일출봉의 지질학적 가치였다.

영주십경 제1경, 성산일출봉

성산일출봉은 제주답사의 기본 코스라 할 만큼 잘 알려져 있고, 영주십경(瀛州十景)의 제1경이 '성산에 뜨는 해'인 성산일출(城山日出)이며, 제주올레 제1코스가 시작되는 곳일 만큼 제주의 중요한 상징이기도 하다.

성산일출봉은 약 10만 년 전 제주도의 수많은 분화구 중에서는 드물게 바다 속에서 수중 폭발한 화산체로, 뜨거운 용암이 물과 섞일 때 일어나는 폭발로 인해 용암이 고운 화산재로 부서져 분화구 둘레에 원뿔형으로 쌓였다. 본래 바다 위에 떠 있는 화산섬이었는데, 1만 년 전 신양리 쪽 땅과 섬 사이에 모래와 자갈이 쌓이면서 제주섬과 연결됐다.

성산일출봉과 제주섬이 연결되는 약 50미터 지점은 '터진목'이라 하는데, 조수 간만의 차에 의해 이 길이 물에 닫히기도 하고 드러나 열리기도 하여 막히지 않고 트인 길목이라는 뜻으로 붙은 이름이다. 그러다 1940년대 초 이곳에 도로가 생기면서부터는 더이상 물에 잠기지 않게 되었다.

바닷가로 멀찍이 물러나 홀로 우뚝이 자리하고 있는 성산(城山)은 생김새가 웅장한 성채를 연상시켜 이런 이름을 얻었다. 김상헌(金尙憲)의 『남사록(南槎錄)』에서도 "자연여산성(自然如山城)" 즉 '산성 같은 자연'인지라 그렇게 부른다고 했다. 성산은 제주도 동쪽 끝에 위치하여 태평

| 성산일출봉 | 약 10만 년 전에 바다 속에서 수중 폭발한 화산체로 원래는 섬이었으나 1만 년 전 신양리 쪽 땅과 섬 사이에 자갈과 모래가 쌓이면서 제주섬과 연결되었다.

양에서 떠오르는 해맞이로 유명해지더니 마을 이름이 성산이 되면서 이제는 성산일출봉이라고 붙여 부르고 있다.

   제주섬과 연결된 서쪽을 제외한 성산일출봉의 동·남·북쪽 외벽은 깎아내린 듯한 절벽으로 바다와 맞닿아 있다. 일출봉의 서쪽은 고운 잔디 능선 위에 돌기둥과 수백 개의 기암이 우뚝우뚝 솟아 있는데 그 사이에 계단으로 만든 등산로가 나 있다. 일출봉 등산로 중간쯤 길목에 우뚝 비껴서 있는 커다란 바위는 제주섬의 거신 설문대할망이 바느질을 하기 위해 불을 밝혔다는 '등경돌'이다. 전설에 따르면 설문대할망은 일출봉 분화구를 빨래바구니로 삼고 우도를 빨랫돌로 하여 당신 옷을 매일 세탁했다고 한다.

   일출봉은 멀리서 볼 때나, 가까이 다가가 올려다볼 때나, 정상에 올라

분화구를 내려다볼 때나 풍광 그 자체의 아름다움과 감동이 있다. 특히나 항공사진으로 찍은 성산일출봉은 공상과학영화에나 나옴 직한 신비스런 모습을 보여준다.

별로 힘들이지도 않고 정상에 오르면 홀연히 거대한 접시 모양의 분화구가 나타나 탐방객들은 너나없이 긴 탄성을 지른다. 분화구 둘레에 고만고만한 99개의 봉우리가 빙 둘러서 있어 마치 성벽처럼 보인다. 정상에는 지름 600미터, 바닥면의 높이 해발 90미터에 면적이 8만여 평이나 되는 분화구가 참으로 평온하고 아늑하게 자리하고 있다. 한때는 숲이 무성하고 울창하여 청산(靑山)이라 불렸고 분화구 안에서 농사를 짓기도 했다는데 지금은 온통 억새밭이다.

내가 바라보며 즐기는 성산일출봉은 대개 이런 것이었다. 그러나 세계자연유산 실사를 나온 전문가들은 성산일출봉의 풍광보다도 지질학적 가치에 크게 주목하고 있었다.

실사보고서의 성산일출봉

세계자연보전연맹 실사보고서는 성산일출봉의 지질학적 가치를 다음과 같이 단정적으로 평가하고 있다.

> 성채(요새) 모양의 성산일출봉은 벽면이 해양 밖으로 솟아나와 극적인 풍경을 연출하면서 그 구조 및 퇴적학적 특성이 드러나 있는 드문 경우로 화산 분출을 이해할 수 있는 세계적으로도 중요한 곳이라 할 수 있다.

그리고 성산일출봉은 파도에 의해 그 외부구조 대부분이 침식되면서 내부구조 및 지층이 절벽에 그대로 드러나 있다는 점에서 주목할 만하다고 하면서 성산일출봉의 지질학적 특성을 지구 전체의 보편사 속에서 평가하고 있다.

　지구상에 이런 예가 몇 있지만, 아이슬란드의 쉬르체이 섬의 경우 생성연대가 40년 정도로 얼마 되지 않았고 아직 중심부를 드러낼 정도로 절단되지 않아 이러한 특성을 보여주지 못한다. 그 유명한 하와이 다이아몬드 헤드 응회환 또한 단면이 노출되어 있지 않다. 이밖에 세계적으로 중요성을 갖는 일본, 케냐, 멕시코, 필리핀의 응회환은 아직도 활동상태에 있고 또 미국, 사우디아라비아, 이딸리아의 응회환은 자연 및 인간의 간섭에 의해 그 상태가 상당히 악화되었다. 그러나 성산일출봉은 다른 곳에서는 불가능한 침식작용의 이해를 명백히 도와준다.

　이는 유네스코 세계자연유산 실사를 통해 새롭게 확인한 성산일출봉의 또다른 가치였으며, 세계유산 등재의 필요조건인 '완전성'의 확보이기도 했다. 성산일출봉에 그런 가치가 있다는 것을 알고 나서 성산일출봉에 오르게 되면 환상적인 풍광만이 아니라 그 신비한 지질구조에 눈이 자꾸 가면서 더욱 사랑스럽고 한편으론 자랑스러워진다.

세계자연유산의 대종, 용암동굴
　세계자연보전연맹 실사단이 제주의 지질학적 가치에서 가장 주목한 것은 용암동굴이었다. 결국 제주도가 세계자연유산으로 등재되는 데 결정적인 평가를 받은 것도 용암동굴이었다.

| 만장굴 수학여행 | 오랫동안 폐허에 묻혀 있던 만장굴은 1946년 부종휴 선생이 입구를 찾아냄으로써 비로소 일반에게 공개되었다.

제주도는 섬 전역에서 용암동굴이 160여 개나 확인되고 있다. 특히 구좌읍 김녕리에는 거문오름이 폭발하면서 분출된 용암이 13킬로미터 떨어진 해안까지 흘러내리면서 생성된 것으로 추정되는 만장굴, 김녕사굴, 뱅뒤굴, 당처물동굴, 용천동굴 등이 밀집해 있다. 우리는 이를 '거문오름 용암동굴계'로 지칭하며 제주도를 세계자연유산으로 등재하기 위한 중요한 항목으로 삼았다.

유네스코 실사단은 거문오름 용암동굴계를 하나씩 조사했다. 현재 관광객이 자유롭게 드나들 수 있도록 개방된 천연기념물 제98호인 만장굴은 거문오름 용암동굴계의 대표적인 동굴이다. 약 250만 년 전 제주도 화산 폭발시 한라산 분화구에서 흘러내린 용암이 바닷가 쪽으로 흐르면서 만들어진 것이다. 현재 1킬로미터 정도만 개방되어 있지만 총 길이 13,422미터로 세계에서 넷째로 긴 용암동굴이다. 최대 높이 23미터, 최대 폭은 18미터이며, 맨 끝에는 7.6미터의 세계 최대 규모의 장대한 용암 석주가 서 있다.

만장굴 입구를 찾아낸 부종휴

만장굴은 현재 천장 부분이 무너지면서 세 개의 입구가 형성되어 있다. 그러나 오랫동안 폐허에 묻혀 그 입구를 알지 못했는데 1946~47

| **만장굴 내부** | 만장굴은 현재 1킬로미터만 개방되어 있지만 총 길이는 약 13.4킬로미터로 세계에서 네번째로 긴 용암동굴이며 최대 높이는 23미터, 최대 폭은 18미터로 내부가 훤히 뚫려 있다.

년에 이를 찾아낸 분은 당시 김녕초등학교 교사이던 부종휴(夫宗休, 1926~80) 선생이었다.

한라산생태문화연구소에서는 유네스코 자연유산 등재를 기념하면서 그간 제주의 자연이 갖는 경관적·지질학적 가치를 빛내준 분들의 이야기를 담은 『화산섬, 제주세계자연유산: 그 가치를 빛낸 선각자들』(2009)이라는 책을 펴냈다. 여기에 실린 부종휴 선생의 헌신적 탐구는 참으로 존경스러운 것이다.

지금 만장굴 자리는 사실상 폐허처럼 방치된 곳이었다. 해방 이듬해인 1946년 부활절날 제1입구를 확인한 부종휴 선생은 그 다음주 초등학교 6학년 꼬마탐험대를 조직해 2차 동굴탐사에 나섰다. 조명도구가 없어 횃불을 들고 열세 살 꼬마탐험대 30여 명을 데리고 조사한 것이었다.

조사단은 조명반, 기록반, 측량반, 보급반으로 꾸며졌다니 귀엽다고는 할지언정 꼬마라고 얕볼 것은 아니었다.

굴 입구에서 1.2킬로미터 들어가자 무너진 돌이 돌동산을 이루고 있는데 위쪽으로 희미한 불빛이 보여 찾아낸 것이 지금 우리가 들어가고 있는 제2입구인 것이다. 그로부터 1년 뒤인 1947년 2월 부종휴 선생은 다시 탐사에 나서 동굴 끝을 찾아냈다. 거기에는 동백꽃이 만발하고 겨울딸기가 열매를 맺고 있었다고 한다.

부종휴 선생은 그 동굴 끝이 지상의 어디인가를 측정한 결과 그곳은 마을 사람들이 '만쟁이거멀'이라고 부르는 곳이었고 이로 인해 이 동굴은 만장굴이라는 이름을 갖게 되었다. 부종휴 선생은 1968년 5월 만장굴에서 홍정표 선생 주례로 산악인 30명의 축하를 받으며 결혼식을 올렸다고 한다. 그 결혼식을 계기로 만장굴이 세상에 널리 알려지게 되었다.

김녕사굴을 지킨 김군천 할아버지

원래 만장굴과 한 동굴이었던 김녕사굴(金寧蛇窟)은 동굴 천장이 붕괴되면서 따로 나뉜 것이다. 총 길이 705미터의 S자형 용암동굴로, 동굴 내부가 뱀처럼 생겼다고 해서 '김녕사굴'이라 불린다. 천장 높이와 동굴 통로가 매우 넓은 대형 동굴이며, 동굴 입구는 마치 뱀의 머리처럼 크고 동굴 안으로 들어갈수록 점점 가늘어진다. 그래서 전설이 생겼다.

옛날에 굴속에 큰 구렁이가 살고 있었는데, 매년 봄가을에 만 15세의 처녀를 제물로 바치지 않으면 큰 피해를 끼쳤다고 한다. 그런데 이곳에 부임한 판관 서린(徐憐)이 중종 10년(1515) 주민을 괴롭혀온 구렁이를 용감하게 없애버렸다는 것이다. 이를 사실인 양 강조하기 위해 동굴 입구에는 판관 서린의 추모비가 있다.

| **김녕사굴** | 김녕에 있는 이 S자형 용암동굴은 입구가 마치 뱀의 머리처럼 크고 안으로 들어갈수록 점점 가늘어져 사굴, 즉 뱀굴이라는 이름이 붙여졌고 이에 따른 전설도 생겼다.

 일찍이 천연기념물로 지정되어 관광지가 될 수 있었던 것은 김녕중학교 서무주임을 지낸 김군천(金君天, 1922~2011) 할아버지 덕택이었다. 할아버지는 1960년 퇴임 후 정부에서 관심도 보이지 않고 방치해둔 고향의 김녕사굴 지킴이를 자원하여 여기에 정착해 사셨다. 주변 땅 1만 2천 평을 매입해 정비하여 지금 도로변에 있는 협죽도길, 잔디밭이 모두 이분이 심은 것이란다. 제주에는 이런 고맙고도 위대한 알려지지 않은 분이 곳곳에 있다.

당처물동굴과 김종식 김옥희 부부

 천연기념물 제384호 당처물동굴은 용천동굴과 1킬로미터 거리에

| 당처물동굴 | 길이 약 110미터의 비교적 작은 동굴이지만 종유관, 석순, 종유석, 동굴산호가 아름답고도 화려하게 장식되어 있다.

있는 역시 환상적인 용암동굴이다. 길이 110미터, 폭 5~15미터, 높이 0.5~2.5미터 규모의 작은 동굴이지만 이 동굴엔 땅 위를 덮고 있는 패사(貝沙)층의 탄산염 성분이 빗물에 의해 유입되어, 석회동굴에서만 볼 수 있는 종유관, 석순, 석주, 종유석, 동굴산호가 아름답고도 화려하게 장식되어 있다.

구좌읍 월정리에 있는 동굴 입구 문화재 안내판에는 "1995년 밭을 정리하던 중 지역주민에 의해 우연히 발견되었다"고 적혀 있다. 그 지역주민이란 고 김종식과 김옥희 부부이다. 왜 이름을 밝혀주지 않는 것인가. 알타미라는 발견한 소녀 이름을 따서 동굴 이름까지 붙여놓지 않았는가.

부부는 1970년 무렵 이 동굴이 있는 땅 1,200평의 밭을 샀다. 부인이 시집온 뒤로 4년간 봄이면 육지에 갔다가 추석이면 돌아오는 바깥물질을 해서 번 돈으로 산 것이었단다. 완전 돌동산이라 밭을 평평하게 고르는데 고구마나 저장하면 딱 좋겠다고 생각되는 굴을 만났다. 그래서 한번은 굴 깊이가 얼마나 되나 들어가보고 엄청나게 신기해 놀랐다는 것이다. 당처물동굴은 종유석이 아름다워 실사단이 동굴 내부 모습에 극찬을 아끼지 않은 곳이다. 부인이 이를 김녕사굴의 김군천 할아버지에게 알려주자 이를 신고하여 세상에 알려지게 된 것이다.

이 대목에서 전 문화재청장으로서 정말로 죄송스럽게 생각하는 것은 김군천 할아버지고, 김옥희 아주머니, 제주말로 삼춘들에게 그때 어떤 보상도 나라에서 해주지 않았다는 사실이다.

김녕사굴과 만장굴은 주변의 벵뒤굴, 절굴, 밭굴, 개우샛굴 등과 모두 하나의 동굴체계로 이루어져 있는데, 이들 동굴의 길이를 모두 합하면 15,798미터로서, 세계에서 가장 긴 화산동굴계로 인정받고 있다.

그 모체는 바로 거문오름이고 오름 정상 가까이에는 선흘수직동굴이라 불리는 낭떠러지 같은 동굴이 있다. 여기가 모태의 시작이다. 그래서 우리는 이를 '거문오름 용암동굴계'라는 이름으로 세계자연유산에 등재 신청하게 된 것이다.

용암동굴의 어머니, 거문오름

세계자연유산 등재를 격려하고 독촉하기 위하여 제주도를 방문했을 때 나는 당처물동굴, 김녕사굴 등 용암동굴은 현장을 확인했지만 거문오름은 올라가보지 못했다. 당시는 지금처럼 일반 개방을 위한 등반길도 없었다.

세계유산 보존원칙에 따라 거문오름은 일반에게 제한적으로 개방되었다. 탐방 이틀 전까지 사전예약자에 한하여 하루 300명까지만, 마을

| **거문오름** | 말발굽형 오름으로 표고 355미터 지점엔 깊이 35미터의 선흘수직동굴이 있다. 여기가 거문오름 용암 동굴계의 시작점이다. 앞쪽 사면엔 삼나무가 조림되어 굼부리 안쪽은 원시림을 이루고 있다.

주민으로 구성된 자연유산해설사가의 안내로만 갈 수 있게 되었다(예약 전화 064-784-0456). 지난번 우리 학생들과 제주도를 답사할 때 나도 비로소 올라가볼 수 있었다.

해발 456미터의 거문오름은 분화구가 북동쪽 산사면이 크게 터진 말굽형이다. 정상에서 용암이 흘러나가며 말굽형 분화구를 만든 것이다. 때문에 다랑쉬오름 같은 굼부리는 볼 수 없고 그 분화구 안은 울창한 산림지대가 형성되어 용눈이오름 같은 능선도 보이질 않는다. 거문오름이라는 이름 자체가 검고 음산한 기운을 띠는 데서 생겼으며, 거기엔 '신령스러운 산'이라는 뜻도 포함되어 있다고 한다.

거문오름은 상당히 큰 규모였다. 정말로 안내원이 자랑할 만했다. 나는 안내원을 따라, 사실은 학생들 뒤를 따라 세 시간 반을 꼬박 돌았다.

이것은 제주도의 또다른 체험이었다. 숲이 그렇게 울창할 수가 없었다. 식나무, 붓순나무 군락 등 독특한 식생을 자랑하는 거문오름은 '곶자왈'이라는 생태계의 보고를 품고 있어 생태학적 가치도 높다더니 이건 처녀림, 원시림이나 다름없었다. 학생들은 이 천연의 숲을 보면서 입을 다물 줄 모른다. 마치 「타잔」 영화를 찍은 곳 같기도 하고 오드리 헵번과 앤서니 퍼킨스가 주연한 「녹색의 장원」 무대 같기도 하다.

가다가 옛날 숯가마터도 만났고 태평양전쟁 당시 일본군이 구축한 갱도진지도 만났다. 거문오름에서 확인되는 일본군 갱도는 모두 10여 곳에 이른다고 한다.

그리고 마침내 표고 약 355미터 지점에서 선흘수직동굴을 만났다. 수직으로 깊이가 35미터나 된다. 이 수직동굴은 약 10만~30만 년 전 사이에 거문오름으로부터 분출한 용암에 의하여 형성된 것으로 여기부터 거대한 용암튜브가 형성되어 거문오름 용암동굴계가 생겨난 것이었다. 나는 수직동굴을 보는 순간 구좌에 널려 있는 많은 동굴의 모체가 여기이고 그로 인해 '거문오름 용암동굴계'라는 이름을 붙일 수 있었던 것에 감격했다.

그러나 학생들은 그보다도 이렇게 황홀한 처녀림을 대한민국 어디서 볼 수 있겠느냐며 마냥 신기해하고 즐거워했다. 정상에 형성된 아홉 봉우리를 한 시간 반 느린 걸음으로 산행하면서 나는 학생들이 좋아하는 것을 좋아하며 뒤를 쫓아다녔다. 학생들은 안내자 없는 자유산행이라는 것을 더욱 좋아했다.

그리고 거문오름을 내려와 평지로 걸어가는데 억새가 흐드러지게 피어 있어 사진을 찍느라고 정신이 없었다. 그러나 나는 거문오름만 가본 우리 학생들이 오름은 이렇게 생긴 것이라고 잘못 알까봐 이 오름의 특성을 자세히 설명해주었다. 그렇지 않으면 거문오름이 마치 제주 330여

개 오름을 대표해서 유네스코 자연유산에 등재된 것으로 오해할 수 있기 때문이었다.

하늘이 도운 용천동굴의 발견

제주의 용암동굴은 무엇으로 보나 세계자연유산에 등록될 자격이 있다. 그러나 이 또한 간단한 일이 아니었다. 세계에는 너무도 많은 용암동굴이 있는 것이다. 베트남의 유명한 하롱베이(下龍灣)도 그 전체의 자연풍광이 아니라 그곳에 있는 용암동굴이 세계자연유산으로 등재된 것이다.

뒤늦게 신청하는 바람에 불공평하게도(?) 절대평가만으로는 될 수 없었다. 철저한 국제적인 비교분석을 통해 독특하고 뚜렷한 보편적 가치가 있음을 명백히 입증할 수 있어야 했다.

실사단은 이 점을 안타까워하면서 지나가는 말로 "만약에 인간의 간섭을 전혀 받지 않은 용암동굴이 하나라도 있다면 그것은 가능해질 것"이라고 했다. 그러나 이제 와 어디 가서 처녀동굴을 찾아낸단 말인가.

그러나 설문대할망이 또 도와주었는지 우리에게 행운이 일어났다. 2005년 5월 11일 새 동굴이 발견된 것이다. 당처물동굴과 1킬로미터 떨어진 도로에서 전신주 교체 작업을 하는데 전신주가 갑자기 아래로 쑥 빠져버렸다. 그렇게 뚫린 구멍으로 들어가보니 정말로 인간의 간섭을 받지 않은 처녀동굴이 나타난 것이다. 문화재청은 이 동굴을 그달 25일에 즉시 천연기념물로 가(假)지정했다(2006년 천연기념물 제466호 지정).

동굴의 전체 길이는 3.4킬로미터, 최대 폭 14미터, 최대 높이 20미터이다(2010년 재조사 결과). 동굴 입구에서 바다 쪽으로 약 3킬로미터 구간에 갖가지 용암 생성물과 석회 생성물이 신비스러운 모습으로 펼쳐져 있다. 동굴 천장의 하얀 빨대 같은 종유관, 바닥의 황금빛 석순, 석주, 동굴산

| 용천동굴 내부 | 전신주 공사 중 발견된 이 용천동굴은 1천 년 이상 인간의 간섭을 받지 않아 가느다란 명주실 같은 종유석이 지금도 생성되고 있다. 세계자연보전연맹 실사단은 조사 명목으로 들어간다는 것 자체가 미안할 정도라고 했다.

호, 동굴진주 같은 탄산염 생성물도 곳곳에서 자라고 있었다.

동굴 끝에는 넓은 호수가 나타났다. 2010년 재조사 결과 길이 800미터, 수심은 8~13미터, 최대 폭은 20미터로 확인되었다. 동굴은 용천동굴, 호수는 '천년의 호수'라고 명명되었다.

용천동굴은 용암동굴이면서 석회암동굴의 성질도 지닌 세계 최대 규모의 '유사 석회동굴'(pseudo limestone cave)이었다. 때문에 천장에서는 지금도 종유석이 생성되고 있는데 가느다란 명주실 같은 것이 동굴을 가득 메우고 있어 그 환상적인 분위기는 형언할 수 없을 정도이다.

실사단은 우리 조사단의 안내를 받아 용천동굴에 들어가보더니 이런 처녀동굴을 볼 수 있다는 것은 거의 기적에 가깝다며 조사 명목이지만 안으로 들어가는 것 자체가 미안할 정도라고 했다. 이리하여 실사단은

| **용천동굴 내부** | 용천동굴 안은 색채와 형태가 정말로 환상적이다. 이 굴 끝에는 낭떠러지 아래로 넓은 호수가 형성되어 있다.

보고서에 더없이 높은 평가를 기록했다.

 이후 몇해 뒤인 2010년 2월 11일, 용천동굴에 대한 재조사 결과가 발표되었는데 국립제주박물관팀은 토기 22점, 철기 4점, 숯, 조개류 28점, 동물뼈 등 생활유물을 60개 지점에서 수습했다. 토기는 통일신라 8세기 유물로 확인되었다. 그러나 8세기 이후 유물은 발견되지 않았으니 1,200년간은 인간의 간섭을 받지 않은 동굴인 셈이다.

심사보고서의 평가 내용

 세계자연보전연맹 보고서는 거문오름 용암동굴계의 자연유산적 가치에 대해 극찬에 가까운 의견을 제시했다. 기왕에 등록된 세계 유명 용암동굴과의 상대평가에서도 아주 높은 점수를 주었다.

우리 실사단 대부분은 제주도의 가장 중요한 자연적 특질은 용암동굴이라고 생각한다. 길이 7킬로미터가 넘는 용암동굴은 제주도의 만장굴을 포함해 세계에 단 12개만이 존재한다. 게다가 만장굴은 부근의 김녕사굴 및 용천동굴과도 이어져 13킬로미터 이상의 단일 통로를 형성하고 있다.(…)
하와이 화산국립공원에도 용암동굴이 여러 개 있으나 전체적인 규모나 상태, 접근성 측면에서 모두 제주도에 필적할 만한 것이 못 된다. 캄차카 및 갈라파고스 제도의 순상화산은 규모도 더 작고 용암동굴 등의 부차적 지형을 다양하게 보여주지 못한다. (…)
단적으로 말해 거문오름 용암동굴계는 세계자연유산으로 등재된 전세계 용암동굴 중에서도 가장 인상적이며 중요도가 높다.

이런 이유로 세계자연보전연맹은 '제주 화산섬과 용암동굴'을 유네스코 세계자연유산에 등재할 것을 강력히 권고했다. 제주도는 참으로 당당한 세계자연유산임이 그렇게 증명된 것이다. 그리고 보고서는 마지막에 그들의 감상을 이렇게 적었다.

거문오름 용암동굴계는 (…) 그 다양성과 풍부함에서 세계 어떤 용암굴도 단연 압도한다. 이런 종류의 용암동굴들을 이미 수없이 보아온 실사단들에게조차 엄청난 시각적 충격과 감동의 파장을 일으킨다. 총천연색의 탄산염 생성물이 동굴 바닥과 천장을 장식하고 있고 탄산염 침전물들이 곳곳에서 어두운 용암 벽에 벽화를 그려놓은 듯 퍼져 있어 특유의 장관은 이루 형언할 수가 없다.

실사단은 보고서에 첨부하여 다른 나라 회원국을 위한 전문가 의견을 내놓았다. 앞으로 화산의 등재 가능성은 매우 제한적일 것이라며 어떤 나라든 화산과 용암동굴을 세계자연유산으로 등재 신청하려면 먼저 제주도의 그것과 비교한 뒤 아주 특수한 경우에만 등재가 가능하다는 사실을 알려둔다고 특기해두었다. 우리가 극복했던 악조건이 이제 다른 나라들에게는 치명적인 불리한 조건이 된 셈이었다.

제주도에 대한 세계자연보전연맹의 권고사항

세계자연보전연맹은 우리나라에 충고도 잊지 않았다. 애초에는 실사단 중 많은 분들이 제주도 전체를 등재하는 것까지 검토했다. 최소한 제주도의 다른 응회구 및 용암동굴까지 포함하여 세계자연유산 범위를 폭넓게 확장하고 싶어했다. 그러나 결국 세 군데로만 후보 지역을 국한하기로 최종 결정을 내린 것은 토지 소유권, 소유주의 태도, 보존 상태 등 관리 측면의 완전성 때문이었다.

예를 들어 제주도에서 가장 긴 동굴로 웅장한 3차원 구조를 보이는 빌레못동굴은 천연기념물로 지정되어 법적으로 보호되고 있기는 하나 상당 부분이 개인 소유로 이미 많이 훼손되었다. 협재에 위치한 쌍용굴, 황금굴, 소천굴은 거문오름 동굴계에 비해 뛰어나지는 않지만 역시 여러 가지 석회암 생성물이 동굴 내부를 장식하고 있어 등재할 만했다. 그러나 사유지인 한림공원 내에 있어 추진이 어려웠다.

실사단은 자연유산에 추가로 포함될 가능성이 있는 여러 곳으로 산굼부리, 사라오름, 어승생악, 송악산, 산방산 등을 지목했다. 실사보고서는 이 점에 대하여 공식적으로 대한민국에 다음과 같이 강력히 권고했다.

| 제31차 유네스코 세계유산위원회 총회 회의장 | 뉴질랜드 크라이스트처치에서 열린 총회에서 세계자연보전연맹 실사단이 제주도 조사 결과를 보고하고 있다. 스크린에 제주도 지도가 비치고 있다.

자연유산으로 등재된 지역 이외에 더 넓은 지역의 화산지형과 제주도의 생물다양성 가치를 관리하는 데 더욱 주의를 기울여 추가로 제주도의 자연유산 등재 범위를 확대하는 가능성을 고려해볼 것.

2007년 6월 27일 뉴질랜드 크라이스트처치에서는 유네스코 세계유산위원회 제31차 총회가 열렸다. 세계자연보전연맹은 제주도 실사 결과를 보고했고 회원국의 의결에 들어갔다. 그리고 만장일치로 통과되었다. 의장은 "'제주 화산섬과 거문오름 용암동굴계'가 세계자연유산에 등재되었음을 선포합니다"라며 회의 진행봉을 '딱!' 두드렸다(그들은 한 번만 두드린다). 그러고 나서 전례에 따라 한국의 문화재청장은 2분간 이에 대한 소감을 말하라고 했다.

나는 우선 세계자연보전연맹 실사단의 성실한 조사에 경의를 표하고 총회에서 만장일치로 동의해준 것에 감사하며 다음과 같은 말로 인사말을 맺었다.

"나와 이 자리에 함께 있는 제주도지사는 유네스코 세계유산위원회가 공식적으로 제시한 세계자연보전연맹의 다섯 가지 권고사항을 충실히 이행하여 훗날 제주도 전 지역이 세계자연유산으로 지정될 수 있도록 노력하겠습니다. 감사합니다."

제주답사 일번지 5 – 하도리 해녀 불턱

숨비소리 아련한 빈 바다에 노을이 내리네

제주해녀항일기념탑 / 해녀박물관 / 세화리 갯것할망당 /
대상군 이야기 / 하도리 해녀 불턱 / 종달리 돈지할망당

제주 여인의 표상, 해녀

제주답사 일번지의 마지막 테마는 해녀다. 우리는 거문오름을 떠나 해녀문화를 답사하기 위하여 구좌읍 하도리로 향했다. 제주 해녀의 상징은 하도리에서 찾게 된다. 하도리에는 현재도 가장 많은 해녀가 물질을 하고 있고, 일제강점기에 해녀들의 항일운동이 일어났던 곳으로 제주해녀항일운동기념공원에는 기념탑도 세워져 있고, 2006년에 문을 연 해녀박물관도 있다. 하도리로 가는 버스에 오르자마자 나는 마이크를 잡고 강의를 시작했다. 가는 길이 짧아 해녀와 해녀의 역사에 대해 핵심만 얘기해주었다.

"해녀는 제주의 상징이자, 제주의 정신이고, 제주의 표상입니다. 해녀

| **해녀들의 물질하는 모습** | 제주 바다는 해녀들의 해산물 밭으로 제주인의 삶을 일궈가는 터전이다. 지금은 이처럼 많은 해녀들이 물질하는 모습을 볼 수 없지만 아직도 해녀는 삼다도의 상징이고 정신이다.

가 없는 제주는 상상할 수 없죠. 19세기까지 전통적인 농경사회의 뿌리는 육지의 농부와 해안가의 어부였지요. 제주에서는 농부, 어부 외에 해녀와 목자(牧者)가 더 있었습니다.

제주에선 목자를 '테우리'라고 하고 해녀는 '줌녀(潛女)' 또는 '줌수(潛嫂)'라고 했습니다. 이것이 일제강점기에 해녀라는 말로 바뀌었어요. 학자 중에는 해녀는 일제가 업신여겨 만든 말이라고 해서 잠녀와 잠수를 고집하기도 합니다. 그러나 잠녀나 잠수의 어감이 별로 좋지 않은데다 해녀라는 말이 이미 익어 있기 때문에 통상 해녀로 부릅니다. 언어는 변하는 것이니까요."

나의 이야기가 계속되는 동안 갑자기 학생들의 듣는 자세가 부산스러워진다. 이것은 나의 이야기 중 이해되지 않는 게 있을 때 나타나는 현상이라는 것을 나는 선생의 본능으로 안다. 왜 그럴까. 아, 알겠다. 잠수의 말뜻이 이상한 모양이다.

"잠수 할 때 수자는 물 수(水)자가 아니라 형수님 할 때의 수(嫂)자입니다. 존칭의 의미가 들어 있는 것이죠. 제주인들이 아저씨 아주머니를 삼춘이라고 부르는 것처럼 해녀는 형수님의 수자를 써서 잠수라고 한 것입니다. 이처럼 제주인들은 호칭부터 모두 친척 같은 느낌을 갖고 살아왔어요."

그제야 학생들은 고개를 끄떡이고 다시 나에게 집중한다.

나잠업과 해녀의 역사

"제주에서 해녀가 언제부터 활동했는가는 알 수 없습니다. 아마도 탐라인들이 제주에 살면서 자연환경에 적응하는 생존수단으로 자연스럽게 생겨났을 겁니다. 『고려사』를 보면 탐라군의 관리자로 부임한 윤응균이라는 분이 '남녀간의 나체(裸體) 조업을 금한다'는 금지령을 내렸다는 기사가 나옵니다. 그것이 해녀에 관한 가장 오랜 기록입니다."

이 대목에서 한 학생이 질문을 한다.

"남녀 나체 조업이었어요?"
"예, 분명 남녀 나체 조업이라고 적혀 있어요. 이를 나잠업(裸潛業)이라고 합니다. 남자 나잠업자는 포작(鮑作)이라고 해서 전복을 잡고, 여자

나잠업자는 잠녀라고 해서 주로 미역 같은 해조류를 채취했다고 합니다.
 그러던 포작이 없어지면서 잠녀들이 전복 채취까지 하게 된 것입니다. 포작이 언제 왜 사라지게 되었는지 확실치 않지만 조선 인조 때도 제주목사가 '남녀가 어울려 바다에서 조업하는 것을 금한다'는 엄명을 내린 것을 보면 17세기까지만 해도 포작이 있었던 모양입니다.
 그러다 제주 남자들이 뱃일과 수군(水軍)에 동원되어 일손이 부족한데, 나라에선 공물로 전복을 바치라고 독촉하니까 해녀들이 할 수 없이 남자도 하기 힘든 전복 따는 일까지 도맡게 된 것 같아요."

 학생들은 막연히 알던 해녀의 역사를 들으면서 강한 호기심을 일으키고 있었다. 그들의 눈빛을 보면 다 알아챌 수 있다. 그리고 아까부터 입술을 움직거리던 여학생은 무언가를 물어보려고 기회를 노리고 있는 것이 분명했다. 마침내 입을 열고 말을 터뜨렸다.

 "해녀는 우리나라에만 있나요?"
 "바다에 잠수해서 해산물을 캐는 일은 세계 곳곳에 있었지만 직업인으로서 아무런 보조장비 없이 잠수일을 하는 나잠업은 제주도와 일본에만 있다고 해요. 일본은 남자건 여자건 바다에서 해산물을 캐는 사람을 아마(海士)라고 합니다. 일본의 여자 아마와 우리 해녀는 비슷하지만 그 역량이 비교가 안 될 정도로 제주 해녀가 우수하다고 합니다. 크게 다른 것은 제주 해녀는 '물소중이'라는 해녀복을 입는데 일본 해녀는 가슴을 드러낸 채 아랫도리만 가리고 작업을 한대요."

 이 대목에서 학생들은 재미있어하면서 킥킥거리며 웃는다. 그 와중에 한 녀석은 스마트폰으로 일본 해녀를 검색해서 벌거벗은 해녀 사진을

| 일본 해녀와 제주 해녀 | 직업으로서 아무런 보조장비 없이 잠수일을 하는 나잠업은 제주도와 일본에만 있다. 일본 해녀들은 아랫도리만 가린 채 작업하고 제주 해녀들은 소중이라는 해녀복을 입고 물질해왔다. 지금은 모두 고무옷을 입고 작업한다.

찾아내고는 "진짜네"라며 곁의 친구들에게 돌려 보인다.

가혹한 전복 세금

버스 안에서는 길게 설명할 수 없었지만 해녀의 역사에는 몇차례 굴절이 있었다. 남녀가 함께 물질하는 나잠업은 17세기까지 계속되었다. 선조의 손자 이건(李健, 1614~62)이, 아버지 인성군이 1628년 대역처분을 받아 형제들과 함께 15세의 나이로 제주도에 유배되어 10년간 귀양살이를 하면서 쓴 『제주풍토기(濟州風土記)』에는 이런 얘기가 나온다.

미역을 캐는 여자를 잠녀(潛女)라 한다. 그들은 2월부터 5월까지 바다에 들어가 미역을 캔다. 잠녀가 미역을 캘 때는 발가벗은 몸으로 낫여 일을 하고 있으나 이를 부끄러이 생각하지 않는 것을 볼 때 놀라지 않을 수 없다. 전복을 잡을 때도 이와 같이 한다. 그들은 전복을 잡아서 관가에 바치고 나머지는 팔아서 의식주를 해결하고 있다.

그러다 17세기, 인조 7년(1629)에 제주인들의 육지 출입을 금하는 출륙금지령이 내려졌다. 이는 제주인들이 모진 세금을 견디지 못하여 육지로 유망(流亡)하는 일이 많아지면서 군역에 동원할 인구가 줄어들자 취한 조치였다. 출륙금지령은 오랫동안 지속되다가 1823년 해제된다.

1702년 이형상 목사가 조정에 올린 글을 보면 "섬 안의 풍속이 남자는 전복을 따지 않고 다만 잠녀에게만 맡긴다"고 했다. 이때부터 제주의 남자는 군역을 비롯한 나라 일에 동원되고 해녀들이 세금으로 바치는 전복 공물을 도맡았던 것으로 보인다. 당시 해녀의 수는 1천여 명에 달했다고 하는데 '그놈의 전복 공물' 때문에 말할 수 없는 고통을 받았다. 전복을 제때에 바치지 못하면 태형을 받기도 했다. 그래서 영조 때 문신으로 제주도에 귀양왔던 조관빈(趙觀彬, 1691~1757)은 이 딱한 모습을 보고 「탄잠수녀」라는 아주 슬픈 글을 지으면서 이렇게 말했다.

해녀들은 추위를 무릅쓰고 이 바닷가 저 바닷가에서 잠수하여 전복을 따는데 자주 잡다보니 전복도 적어져 공물로 바칠 양이 차지 않는다. 그런 때에는 관청에 불려들여져 매를 맞는다. 심한 경우는 부모도 붙잡혀서 질곡당하여 신음하고 남편도 매를 맞으며 해녀에게 부과된 수량을 모두 납부하기까지는 용서받지 못한다.

그래서 해녀는 무리를 해서 바다에 들어간다. 이 때문에 낙태를 하는 수도 있다고 한다. 더구나 이런 고생이 단지 국가에 바치는 공물을 위한 것이 아니라 관리들이 상사에게 뇌물로 쓰기 위한 것이라고도

위한 것이 아니라 관리들이 상사에게 뇌물로 쓰기 위한 것이라고도 한다.

나는 이것을 왕에게 직접 호소하고 싶지만 대궐 문이 겹겹이 닫혀 있어 도달할 방법이 없다. 나도 지금 축신(逐臣)이 되어 이 섬에 유배되어 있지만 해녀들의 신세를 생각하면 전복을 먹을 기분이 나지 않는다. 지금부터는 나의 밥상에 전복을 올려놓지 말라고 하고 있다.

―『회헌집(晦軒集)』

잠녀의 노역은 영조 22년(1746)에 혁파되어 관에서 사들이는 형식으로 바뀌었다. 균역법에 따라 날마다 관에 바치는 일은 없어졌다. 그러나 관에서 쳐주는 전복 값이 형편없이 싸고 계속 요구하는 폐단은 그치지 않았다. 그래서 정조는 역정을 내고 다음과 같은 명을 내렸다.

전복을 잡지 말도록 한 제주의 규례에 의해 다시는 거론하지 말도록 하라. 봉진(封進)과 복정(卜定)을 해서는 안 될 뿐만 아니라, 당해 고을에서라도 만일 한 마리라도 사들여 쓰는 폐단이 있을 경우에는 그 고을 수령을 균역청(均役廳) 사목(事目)의 은결죄(隱結罪)로 다스리겠다.

―『정조실록』(정조 24년 4월 7일조)

이 조치는 헌종 15년(1849)에 와서야 완결되어 잠녀의 고역은 형식상 모두 없어지게 되었다. 그래도 탐관오리들의 가렴주구는 왕조 말기까지 계속되었다. 이것이 조선왕조까지 공납품을 위해 일하던 해녀들 모습이다.

| **해녀박물관과 제주해녀항일운동기념탑** | 하도리는 1932년 일제의 수탈에 항의하여 해녀들이 봉기한 곳이고 지금도 제주 해녀의 10분의 1이 물질을 하고 있어 여기에 기념탑과 박물관이 세워졌다.

해녀들의 항일운동

해녀의 역사에 대한 설명이 대충 끝났을 때 우리의 버스는 해녀박물관 주차장에 도착했다. 2006년에 개관한 해녀박물관은 하도리 윗동네인 상도리 연두망 작은 동산에 있는 제주해녀항일운동기념공원 안에 자리잡고 있어 주변에 시설물들이 많다. 둥근 형태의 박물관 건물 맞은편 언덕 위쪽에는 예의 뾰족한 기념탑이 높이 솟아 있다. 한 학생이 먼저 아는 척한다. "저기에도 4·3 위령탑이 있다." 그러나 그건 '제주해녀항일운동기념탑'이다. 해녀박물관은 제주올레 제20코스의 종점이자 마지막 코스인 제21코스의 출발점이다. 제주올레에서도 해녀 문화의 중요성을 인정한 것이다.

박물관으로 들어가기에 앞서 나는 학생들을 그쪽으로 안내했다. 그 탑은 1932년 1월 구좌, 성산, 우도 일대에서 일제의 식민지 수탈에 항의하여 봉기했던 해녀들을 기려 세운 것이다. 근대사회 들어서 해녀들은 노역에서 해방되었지만 이번에는 일제와 일본상인들, 그리고 선주들의 혹심한 착취에 시달리면서 그 수난사가 다시 시작된다.

1900년 무렵부터 일본 무역상들이 등장하여 해산물의 수요가 증가하고 환금성이 높은 상품이 되었다. 이때부터 제주 해녀들은 객주(客主)의 인솔 아래 제주를 떠나 부산, 울산, 흑산도, 일본, 중국 다롄(大連), 소련 블라디보스또끄까지 진출했다. 이를 출가(出稼)해녀라고 하고 바깥물질 한다고 했다. 1920년대부터 광복을 맞을 때까지 일본 각처에 약 1,600명, 우리나라의 각 연안에 약 2,500명이 출가했던 것으로 전한다.

해녀조합도 설립되어 해산물 판매를 도와주었다. 그러나 해녀들은 해녀조합의 수탈에 시달렸고 출가해녀들은 선주들의 횡포에 눈물을 흘려야 했다. 바깥물질은 이것저것 다 제하고 나면 수확량의 20퍼센트 정도밖에 돌아오는 것이 없었다고 한다. 해녀조합에서는 미역, 감태, 전복 값을 형편없이 싸게 매겨 착취해갔다.

이에 구좌 해녀 300여 명이 1932년 1월 7일 세화리 장날에 호미와 빗창을 들고 어깨에는 양식 보따리를 메고 각 마을을 출발하여 세화리 장터까지 시위해 갔다. 이에 놀란 구좌면 지부장이 요구조건을 다 들어주기로 해서 그날은 해산했다. 그러나 약속은 지켜지지 않았다.

닷새 뒤 12일 장날에는 하도리, 세화리, 종달리, 오조리, 우도 등의 해녀들이 봉기했다. 요구조건으로 내건 '지정판매 반대' '조합비 면제' '일본상인 배척' 등을 들어주겠다는 약속을 또 받아냈다. 그러나 약속은 지켜지지 않았고 무자비한 주동자 검거가 이어졌다. 생존권 투쟁이 석방시위와 항일운동으로 비약했다. 1월 한 달 동안 연인원 1만 7천 명이 동원된 대대적인 시위였다. 이 시위 진압을 위해 전라남도 경찰력까지 동원되었다.

시위는 한 달 만에 진압되었고 그 결과는 허망한 것이었지만 해녀 공동체의 단결력과 용감한 저항정신은 살아남아 2차 봉기의 집결지였던 이곳에 기념탑이 세워지게 된 것이다. 제주해녀항일투쟁기념탑에는 우

| 옛 해녀들 | 해녀들이 물질하러 나가기 전에 조합으로부터 전달사항을 듣기 위해 모여 있는 모습이다.

도 해녀들의 정신적 지주였던 이 마을 출신 강관순(康寬順)이 지었다는 「해녀의 노래」가 새겨져 있다.

순이삼춘의 해녀 이야기

우리는 해녀박물관으로 들어갔다. 박물관에는 7분짜리 영상을 상영하는 영상실이 있고, 제1전시실에 해녀의 삶, 제2전시실에 해녀의 일터를 실물과 모형으로 전시하고 있어 해녀를 이해하는 데 유익한 정보를 제공해준다. 그러나 우리나라 지방 박물관들이 다 그렇듯이 건물은 번듯하지만 개관 이후 전시 내용이 보완되지 않아 아쉬움이 많다. 그래도 여기에 와야 해녀의 도구를 눈으로 볼 수 있다.

순이삼춘은 곱고 정겨운 말씨로 이내 체험적 해녀 이야기로 들어갔다.

| 옛 해녀 사진 | 1964년 사진이다. 젊은 해녀들이 여에 서서 물질 작업장을 바라보고 있는 모습이다. 해녀는 나이와 능력에 따라 상군, 중군, 하군으로 나뉘는데 아마도 하군 애기해녀처럼 보인다.

"저는 어려서 할머니로부터 억지로 해녀 수업을 받았어요. 우리 할머니는 네가 아무리 대학 가서 공부하더라도 살다보면 어떤 험한 세상을 만날지 모른다, 배운 것도 통하지 않고 돈도 통하지 않는 세상에서도 저 바다가 있는 한 살아남을 수 있는 사람이 돼야 한다면서 물질을 가르쳐주셨어요. 그게 자연계의 한 동물인 인간의 원초적 생존교육이라는 것이겠죠.

예로부터 제주 여성은 남성들과 동등하게 밭일 들일도 하고 바다에서 물질도 하며 살아왔어요. 제주에선 여자애들이 7~8세 때가 되면 갯가 헤엄은 어느정도 익숙하죠. 그때부터는 물속 바위 틈에 숨긴 물건을 찾아내는 그런 잠수놀이를 하며 자랍니다.

12~13세가 되면 할머니, 어머니로부터 두렁박을 받아 얕은 데서 깊은 데로 파도를 타고 나가고 들어오는 연습을 합니다. 해녀들에게는 물 위

에서 헤엄을 얼마나 빨리 쳐서 얼마나 멀리 가나, 이런 건 중요하지 않아요. 호흡을 정지하고 무자맥질(잠수)하여 바다 속에 빨리 들어가는 법, 물속에서 눈을 뜨고 해산물을 찾아내 식별하는 법, 숨이 다하기 전에 물을 박차고 올라오는 법 등을 익히는 게 중요하죠. 15~16세가 되면 애기해녀로서 물질에 입문해서 비로소 해녀가 되고, 17~18세부터는 한몫잡이의 해녀로 활동합니다. 이때부터 40세 전후까지가 가장 왕성한 활동시기이고 대체로 60세 전후까지 이어졌답니다.

그런데 지금은 이삼십대 해녀가 한 명도 없어요. 가장 나이 어린 해녀가 사십대랍니다. 현존 해녀들은 오륙십대가 대부분이고, 칠팔십대 할머니도 있어요. 사십대라고 해야 15퍼센트밖에 안 되니 향후 10년 뒤에는 어떻게 될까 불을 보듯 뻔하죠. 해녀의 맥이 이렇게 끊겨가고 있어요.

1950년대 초반에는 해녀 수가 3만여 명이었는데 70년대엔 1만 5천 명, 1980년에는 1만여 명으로 줄었고, 2011년말엔 4,800명이라는 통계가 나왔어요. 그중 우리가 있는 하도리가 500여 명으로 가장 많답니다."

순이삼춘의 쉼없는 해녀 이야기를 학생들은 진지하게 듣고 있었다. 여학생들은 자신의 나이를 비교하면서 해녀의 일생을 그려보는 듯했다. 순이삼춘의 해녀 이야기는 계속되었다.

"해녀는 기량의 숙달 정도에 따라 상군(上軍)·중군(中軍)·하군(下軍)의 계층이 있답니다. 해녀 그룹의 리더를 대상군(大上軍)이라고 합니다. 첫 애기해녀는 이모나 고모 손에 이끌려 나옵니다. 엄마는 데려오지 않습니다. 해녀 불턱에서 처음 선보일 때는 '우리 순덕이 바당에 선뵈러 왔습니다'라고 인사시킵니다.

15명, 20명이 한 조를 이루며 해녀들은 대상군을 따라 바다로 나갑니다. 기러기 형태로 가다가 5분마다 뒤돌아보며 두 줄로 세 명이 번갈아 리드합니다. 대략 2킬로미터 정도를 갑니다. 바다는 해녀들의 밭이나 마찬가지기 때문에 얼마만큼 가면 바다 밑이 어떻게 생겼고 무엇이 많이 잡히는지를 잘 압니다.

해녀들은 바다 속에 무자맥질하여 보통 수심 5미터에서 30초쯤 작업하다가 물 위에 뜨곤 하지만, 기량에 따라서는 수심 20미터까지 들어가고 2분 이상 견디기도 합니다. 물 위로 솟을 때마다 '호오이' 하면서 한꺼번에 막혔던 숨을 몰아쉽니다. 그 소리를 '숨비소리'라고 하죠. 숨비소리는 음정이 날카로우면서도 짙은 애상을 간직한 정 깊은 생명의 소리입니다.

그러나 때로는 해파리, 상어, 물쐐기, 솔치 등이 물질하는 해녀들을 해치기도 하여 마음 편히 물질을 할 수 없답니다. 또 처음엔 잘 안 됩니다. 연습 땐 잘되었는데 빈손으로 가게 생겼습니다. 그럴 때면 이모가 돌미역을 채워줍니다. 그리고 상군들도 자기가 잡은 소라, 전복을 망사리 속에 넣어주며 '대상군 되거라'라며 축수합니다. 옆에 있던 중군, 하군도 하나씩 줍니다. 아까워서 작은 것 주는 해녀는 대상군이 못 됩니다."

순이삼촌의 이야기는 끝모를 듯 이어졌다. 해녀 작업은 봄에서 가을까지, 특히 한여름철에 성행하지만 추운 겨울에도 물질을 하는 해녀들이 많다는 것, 해녀들은 밭일과 물질을 한나절씩 번갈아 하는 경우가 흔하여 육체적으로 대단히 힘들게 살아왔다는 옛날 얘기도 곁들였다.

해녀의 도구

제2전시장에는 해녀의 도구가 전시되어 있다. 우리는 10분 안에 다 둘

| **해녀 도구** | 해녀의 도구는 테왁, 망사리, 눈(물안경), 빗창이 기본이다. 둥그런 돌은 망사리 밑에 달아 물결에 떠내려가지 않도록 하는 닻돌이다.

러보기로 하고 각자 흩어져 전시장을 구경했다. 해녀는 어느 사진을 보아도 물옷을 입고 테왁 망사리를 어깨에 지고 '눈'이라고 불리는 물안경을 이마에 걸친 모습이다. 이것이 해녀의 정장이라고 할 수 있다.

테왁은 해녀가 수면에서 쉴 때 몸을 의지하거나 헤엄쳐 이동할 때 사용하는 부유(浮游) 도구이다. 해녀에게는 더없이 소중한 휴대용 구명보트인 셈이다. 종전에는 박이 이용되었다.

그런데 자연 박으로 만들던 테왁이 지금은 스티로폼 테왁으로 바뀌었다. 1960년대에 스티로폼이 나오기 시작하면서 그 실용성이 인정되어 현재는 모든 해녀들이 이것을 사용한다. 나일론 테왁이라고도 한다. 그러나 스티로폼은 잘 부서지기 쉬워 헝겊으로 싸서 사용하는 곳이 많으며 마을에 따라 일정한 색을 지정하기도 하는데 이는 어선들에게 여기 해녀들이 있다는 표시로 사고방지용 경고 효과도 있다.

망사리는 채취한 해산물을 집어넣는 그물주머니이다. 망사리는 테왁에 매달아 한 세트가 되는데 재료에 따라, 그물 짜임의 섬세함에 따라 용도와 명칭이 다르다. 헛물망사리는 전복이나 문어·소라 등을 채취할 때 사용되는 망사리로 약간 촘촘하게 짜였다. 헛물이란 '헛물질'의 줄임말로 특정한 해산물을 집중적으로 채취하는 것이 아니라 그저 바다에 들어가 눈에 띄는 대로 잡는 거라는 설도 있고, 옛날엔 전복 잡는 것이 아주 어려워 헛물질하기 십상이기 때문에 나온 말이라는 설도 있다.

미역 채취용 망사리인 메역망사리는 그물의 짜임새가 엉성하고 폭과 깊이가 헛물망사리의 두 배쯤 되어 큰망사리라고도 한다. 감태를 채취할 때 사용하는 망사리는 걸망이라고 한다. 이렇게 해녀는 물질할 때 무얼 잡느냐에 따라 그에 알맞은 망사리를 갖고 나간다.

해물 채취 연장으로는 빗창이 필수다. 빗창은 전복을 바위에서 떼어낼 때 사용하는 것으로 쇠로 만들었다. 너비 2.5센티미터 내외이며 길쭉하고 넓적하면서도 끝은 날카롭지 않고 둥그스름하다. 끝부분이 구부러져 고리 모양인데 거기에 끈을 길게 달아 손목에 감고 사용한다. 사용하지 않을 때는 등뒤쪽 허리에 빗겨 찬다. 그래서 빗창이라고 한다.

이외에 작살인 소살, 바위 틈의 해산물이나 돌멩이를 뒤집을 때 쓰는 골갱이, 해조류를 채취하는 낫으로 종개호미(정개호미), 납작한 갈퀴인 까꾸리 등이 있다. 바다 밑은 해녀에겐 밭이나 진배없기 때문에 육지에서 호미, 낫, 괭이, 삽, 곡괭이 등 도구가 여러 가지이듯 해녀의 연장도 다양할 수밖에 없다.

제주의 해녀복, 물옷

여학생들은 역시 옷과 패션에 관심이 많았다. 순이삼춘은 여학생들에게 해녀복에 대해 아주 친절하게 설명해주고 있었다.

"해녀가 물질할 때 입는 옷을 물옷이라고 해요. 물옷에는 물소중이, 물적삼, 물수건이 있어요. 물옷은 1970년대까지 입었는데, 이것이 곧 최초의 여성 전문직업복인 셈이죠.

물옷을 언제부터 입기 시작했는지는 명확하지 않지만 1702년 기록인 『탐라순력도(耽羅巡歷圖)』에 물질 모습과, 물소중이랑 같아 보이는 옷이 나타납니다. 이러한 형태의 물옷이 큰 변화 없이 이어지다 1970년대 이후 고무옷을 입게 됩니다. 고무옷이 나오면서 해녀는 추위도 잘 견디고, 더 오래 물속에서 작업하게 되었지만 장시간 물속에서 일하게 됨에 따라 두통, 위장장애 등의 또다른 직업병이 생기게 되었어요.

물소중이는 스스로 만들어 입었는데 재봉틀이나 손바느질로 솜씨를 최대한 발휘했습니다. 어깨끈 부분과 옆트임이 있는 옆단에 '스티치'를 박아 문양을 내거나 조각 헝겊으로 악센트를 주었죠. 처음엔 흰색을 입다가 검은 물감이 흔해지면서 검정물을 들여 입기 시작했어요.

이건 어깨끈 대신 조끼허리로 개량된 물소중이입니다. 어깨를 매듭단추로 여미도록 하여 입고 벗기 편리하고 가슴이 드러나지 않도록 만들었어요. 젖먹이가 없는 처녀나 나이든 여성들이 즐겨 착용했죠.

물적삼은 1950년대 이후에 입기 시작했는데 물소중이가 바다일에 필수라면 물적삼은 선택인 셈입니다. 물소중이는 검정물을 들여 입어도 물적삼은 흰색으로 입었어요. 물적삼은 품이며 소매 등 옷 전체가 몸에 거의 착 달라붙듯이 짧고 좁게 만들어졌어요. 물의 저항을 가능한 한 적게 받기 위해서죠."

| 해녀복 | 지금은 모두 고무옷을 입고 있지만 옛 해녀복은 물옷이라고 해서 소중이, 적삼, 물수건으로 구성되었다.

　학생들이 순이삼춘을 병아리처럼 졸졸 따라다니며 귀를 쫑긋 세우기도 하고 공책에 메모도 하는 것이 아주 귀여워 보였다. 그것을 곁눈질로 보면서 해녀복과 여학생들을 반반으로 갈라보던 한 나이 지긋한 삼춘이 우리들 사이로 끼어들어 부탁하지도 않았는데 물안경을 설명하기 시작했다.

　"요건 눈이렌 허주게. 수영선수들 끼는 쌍안경 닮은 거, 그걸 족세눈이렌 허는디 지금은 다덜 안 써, 통으로 된 왕눈을 쓰주."

　학생들은 늙은 삼춘의 얘기보다 그 제주말씨에 취해 재미있게 듣고 있었다. 나는 이분이 젊은 여학생 앞에서 실력을 과시하려는 것으로만 생각하고 있었는데 그다음 얘기를 들으니 자진해서 해설할 만했다.

"이건 누게나 다 아는 건디, 요건 궤눈이고 요건 엄쟁이눈. 궤눈은 구좌 한동리 웃케에 사는 사름이 만든 족은눈이고, 엄쟁이눈은 저 애월 구엄리에 사는 하르방이 만든 거란 엄쟁이눈이엔 허는 거주. 이런 걸 알아사 공부렌 허주, 그냥 족세눈 왕눈이나 보는 것사 무신 공부."

늙은 삼춘의 말이 떨어지자마자 우리 학생들은 큰 박수를 보냈다. 그러나 진짜 공부를 하려면 책과 논문으로 해야 한다. 나는 순이삼춘이 쓴 『제주도 잠수 용어에 관한 조사보고』(제주도민속자연사박물관 1989)를 일찍이 건네받아 이렇게 감히 해녀박물관까지 학생들을 인솔할 용기를 갖게 되었다.

세화리 갯것할망당

해녀박물관 전시장을 둘러본 다음 나는 학생들을 위층 전망대로 모이게 했다. 거기에 오르면 세화리, 하도리 앞바다가 드넓게 펼쳐진다. 먼바다는 검푸른 빛을 발하고 앞바다는 비취빛을 띠는데 갯가는 시커먼 용암이 손가락을 바짝 편 손바닥 모양으로 바다를 향해 여러 갈래로 뻗어 있다. 그리고 그 사이사이로는 흰 모래사장이 자리잡고 있어 곶(串)들이 더욱 가늘어 보인다. 그래서 이 동네 이름이 세화리(細花里)가 된 것이기도 하겠다. 세화리란 '가는 곶'이라는 원 이름이 한자로 바뀌면서 미화된 듯하다.

다같이 먼바다와 앞바다를 번갈아 바라보고 있는데 한 학생이 순이삼춘을 찾았다.

| 세화리 갯것할망당 | 세화리 갯가에 있는 해녀 신당으로 둥글게 감싸안은 내부에는 치성물을 놓을 수 있는 제단과 궤가 마련되어 있다.

 "삼춘, 저기 바닷가 암반 위에 있는 예비군초소 같은 것은 뭐예요?"
 "그거, 세화리 갯것할망당이에요. 야! 우리 학생들이 복이 많구나. 저 할망당은 밀물 때는 바닷물로 둘러싸인 섬이 되어 갈 수 없는데 지금은 썰물 때라 갈 수 있겠네요."

 순이삼춘의 말이 떨어지자마자 학생들과 해녀박물관을 나와 갯것할망당으로 향했다. 사실 학생들이 신나게 달려간 것은 할망당보다도 바다로 나가고 싶어 죽겠는데 선생 눈치가 보여 이제나 저제나 틈만 보고 있었기 때문임을 나는 잘 알고 있다. 그런 속도 모르고 순이삼춘은 나에게 학생들 훈련 잘 시켰다고 칭찬해준다.

제주답사 일번지 5 – 하도리 해녀 불턱　155

세화리 갯것할망당은 해녀박물관에서 보면 정북 방향이 된다. 제주어로 갯것할망당은 갯가의 신당이라는 뜻이다.

원래는 평대리 갯마리와 세화리 통항동 어부들이 공동으로 위하던 당이었는데 포구를 넓히는 바람에 자리를 옮기게 되자 심방(무당)의 조언에 따라 이곳 세화리 지경의 정순이빌레로 옮겨지게 된 것이다. 그래서 모시는 신도 정순이빌레 할마님이라고도 불린다.

갯것할망당은 한쪽으로 출입구가 나 있고 둥글게 감싸안은 내부에는 치성물을 놓을 수 있는 제단과 궤가 마련되어 있다. 궤 안에는 누군가가 할망에게 바친 오색천과 소지가 남아 있었다. 순이삼춘은 마이크를 잡고 학생들에게 설명을 시작했다.

"갯것할망당은 어부와 해녀를 전담하는 해신당입니다. 만선을 기원하는 어부들이 오색 깃발을 이곳에 세워놓을 때도 있습니다. 이곳에 좌정하고 있는 할망은 들어오고 나가는 배 모두에게 영험이 좋은 여신입니다.

음력 정월이면 해녀와 어부들이 용왕님께 새해 인사를 드리며 요왕(용왕)맞이를 하면서 물질 잘되게 해달라고 빕니다. 용왕님께 빌 때는 쌀밥, 삼채나물(고사리, 미나리, 콩나물) 한 보시기, 사과 배 한 알, 구운 생선 한 마리, 무명실타래, 감주 한 병, 양초 한 자루를 바칩니다. 그리고 '지드림'을 할 '지'가 필수입니다.

지는 쌀알을 한지에 싼 다음 무명실로 빙빙 돌려 여민 것입니다. 지를 만들 때는 정성을 다

| 지드림을 위한 지 | 음력 정월 요왕맞이 때면 물질 잘되게 해달라고 비는 지드림이 있다. 지드림은 쌀, 밥, 시루떡, 무명실타래, 동전 등을 한지에 곱게 싼 지를 바다에 던져 요왕께 드리는 것이다.

| 하도리 바다 풍경 | 하도리의 바다 빛깔은 초록색, 검은색이 층을 이루며 펼쳐지고 여기에 흰 포말이 일어나면서 그 자체로 아름다운 색채의 조화를 이룬다.

해 짜개지지 않은 온전한 쌀알만 넣어야 합니다. 우리 할머니는 지를 만들 때면 돋보기를 대고 쌀알을 골라내고 손주들 이름과 생년월일을 또박또박 썼답니다. 이 지를 바다에 던지며 용왕님께 비는 것을 지드림이라고 합니다."

순이삼춘의 설명을 들으면서 우리 학생들은 제주 바다의 스토리텔링에 점점 빠져들고 있었다. 한 새침데기 여학생이 내게 다가와 구정 때 와서 지드림하는 것을 보고 싶다며 지금 감동받고 있음을 넌지시 말하고 지나간다.

해안도로변의 별방진

우리는 다시 버스에 올라 하도리 해녀 불턱으로 향했다. 세화리 갯것 할망당에서 해안도로를 따라 하도리로 가다보면 갑자기 거대한 성벽이 나타난다. 여기가 별방진이다. 별방진은 조선시대 군사적인 요충지로 중종 때 제주목사 장림이 왜선의 정박지가 우도에 있기 때문에 김녕 방호소를 이곳으로 옮기고 별방(別防)이라 이름지은 것이다.

성곽의 규모는 둘레가 1,008미터, 높이는 4미터 정도로 본래 성안에는 각종 관사, 창고와 샘이 2곳, 그리고 동·서·남쪽의 3곳에 문이 있고, 옹성 3개소, 치성 7개소가 있었다고 한다. 그러나 지금 성안에는 민가가 빼곡히 들어서 있어 옛 모습은 찾을 길 없고 큰 우물만이 옛 별방진의 거대한 규모를 말해준다.

세화리에서 하도리는 잠깐 거리지만 제주에서 가장 아름다운 해안도로인지라 학생들은 창가에 매달려 잠시도 눈을 떼지 못한다. 오른쪽 창가에 앉은 애들은 설치미술 같은 밭담이 아름답다고 하고 왼쪽 창가에 앉은 애들은 우도를 배경으로 펼쳐지는 바다 풍광이 환상적이라고 한다. 그리고 앞쪽에 앉은 애들은 성산일출봉이 여기서 보는 것이 더 멋있다고 탄성을 지른다.

하도리 해녀 불턱

우리는 하도리 해녀 불턱 앞에서 내렸다. 불턱은 해녀들이 불을 쬐는 곳으로 몽돌을 둥글게 겹으로 쌓았다. 좁지만 정겹고 참으로 아늑한 맛이 있다. 불턱에는 해녀의 삶과 애환이 다 서려 있다. 순이삼춘은 또다시 이야기를 시작한다.

| **별방진 성벽** | 세화리에서 하도리로 가다보면 거대한 성벽이 나오는데 여기가 별방진이다. 왜선이 우도에 정박하기 때문에 김녕에 있던 방호소를 이쪽으로 옮긴 것이다. 진 안쪽은 민가가 들어서 있어 옛 모습을 잃었고 외벽만 장하게 남아 있다.

"여기는 해녀들의 쉼터이자 사랑방이랍니다. 한 시간쯤 물질을 하다 보면 힘도 들지만 바닷물이 차서 몸이 얼음덩어리가 됩니다. 그러면 해녀들은 불턱에 와서 불을 쬐며 몸을 녹이고 쉽니다.

하군 해녀는 먼저 와서 불을 피워놓고 소라도 구워놓습니다. 이런 것을 잘하는 해녀가 나중에 대상군이 됩니다. 불을 피우면 연기가 바람에 한쪽으로 몰리게 되죠. 이때 바람을 등진 좋은 자리엔 대상군이 앉고 하군은 연기 나는 쪽에서 고개를 돌리고 눈을 감은 채 불을 쬡니다. 엄격한 불문율의 질서가 있어요.

불턱에서는 온갖 소문이 다 나옵니다. 어느 집 시어머니와 며느리가 싸웠나도 여기서 들통나고, 어느 해녀가 임신했나도 다 알게 됩니다. 갓난애가 있는 해녀는 구덕에 아기를 뉘어놓고 불턱에 와서 젖을 먹입니

| **하도리 해녀 불턱** | 갯가에는 해녀들의 휴식을 위한 공간으로 불턱이 있다. 둥글게 돌려진 돌담이 바람을 막아주고 가운데는 불턱이 있어 불을 쬐게 되어 있다. 불턱에 둘러앉아 정담을 나누고 하군 해녀는 일하는 요령도 배운다.

다. 해녀는 만삭이 돼도 물질을 했습니다. 그래서 갑자기 산기(産氣)가 일어나 불턱에서 애를 낳는 경우도 있답니다.

또 바다 속에 해초가 너무 무성해서 제초작업을 한번 해야겠다는 의견을 내놓기도 하고 아까 전복 큰 놈을 보았는데 빗창으로 암만 떼려 해도 꿈쩍도 안 해서 용을 쓰다가 숨이 차서 그냥 나왔다며 큰일날 뻔했다는 얘기도 합니다. 그럴 때면 대상군이 어떻게 대처해야 하는지를 자세히 일러주면서 전복 다루는 법을 가르쳐줍니다."

이때 한 학생이 질문했다. 주제는 전복이었다.

"전복이 얼마나 세게 달라붙었기에 빗창으로도 떼지 못하나요?"
"마음먹고 달라붙은 놈은 장정 셋도 못 뗀다고 해요. 전복은 단숨에

| 불턱에서 옷을 입고 불을 쬐는 해녀들 | 불턱에 둘러앉을 때는 연기가 많이 가는 쪽에 하군 해녀가 앉아 대상군 해녀가 편안히 쉴 수 있도록 배려한다. 사진 현용준.

떼내야 해요. 빗창을 넣었는데 안 떨어지면 빗창을 빨리 포기해야 하는데 그러지 못해서 해녀가 죽는 경우가 많아요. 빗창 끝에 끈이 달려 있는 것을 아까 해녀박물관에서 보았죠? 그걸 손목에다 움켜매고 빗창을 질렀는데 빗창도 안 빠지고 끈도 안 풀어지면 숨이 차서 목숨을 잃게 됩니다."

해녀 대상군

또 한 학생이 질문했다. 이번 주제는 대상군이었다.

"대상군은 해산물 따는 실력이 월등 뛰어나나요?"
"대상군보다 해산물을 더 잘 따는 상군 해녀도 많습니다. 대상군은 물질뿐만 아니라 다른 것도 잘해야 합니다. 무엇보다 날씨를 볼 줄 알아야 해요. 대상군은 파도소리만 들어도 날씨 변화를 압니다. 바다라는 텍스트를 20년 넘게 읽어서 체득한 것이죠.

대상군은 일기예보에만 의존하지 않습니다. 기상청은 바다 속 사정까지는 모르지요. 대상군은 3일 내지 7일간의 날씨를 볼 줄 압니다. 하늬바람, 마파람, 샛바람, 조류 방향을 거의 정확히 예측합니다. 어떤 때는 멀쩡한 날인데도 오후에 파도가 일어난다고 안 나가고, 날이 흐린데도 바다 속은 괜찮다며 물질 나오라고 합니다. 그래서 해녀들은 아침에 대상군 집에 전화해서 '오늘 제주시에 아들 보러 가도 됩네까?' 하고 물어봅니다.

대상군은 해녀들 하나하나에 대해서도 깊은 관심을 갖고 있습니다. 하군, 중군 해녀 중 누가 입술이 새파래지든가, 안 좋아 보이면 일을 거두고 들어가게 합니다. 물질하다 긴급히 철수시킬 때도 있습니다. '해파리 철수' '시체 철수'라고 하면 모두 뭍으로 나옵니다. 어떤 때는 다른 곳에서 죽은 시체가 조류에 실려오곤 합니다. 그러면 이를 처리하는 것도 대상군 몫입니다.

대상군은 시체를 찾을 때 능력을 발휘합니다. 익사자가 생기면 대상군은 임산부나 약한 사람은 철수시키고 상군 해녀들과 시체를 수색합니다. 시체가 있으면 부근 바닷물은 우윳빛으로 변하고 반점이 생깁니다. 그날 못 찾으면 지난밤의 바람 속도와 조류를 계산하여 찾아냅니다."

죽음과 시체 이야기에 모두들 숙연해져 있었을 때 한 학생이 조용히 삼춘에게 물었다.

"대상군은 어떻게 뽑나요?"

"그건 덕성, 지혜, 포용력을 보고 해녀들이 스스로 정합니다. 능력도 능력이지만 멤버십과 리더십이 더 중요하죠. 대상군은 64세쯤 되어 판단력이 흐려져 물러날 때가 되었다고 생각되면 사퇴 의사를 표합니다. 그러면 모두들 '성님, 무슨 말을 햄수까?'라며 일단 말립니다. 그래도 물러날 뜻이 확실하면 누굴 대상군 자리에 앉히지 하며 눈치를 봅니다. 해녀들의 대상군은 함부로 못 정합니다. 지난 20년 동안의 행실이 모두 심사대상이 됩니다.

대략 후보가 두세 명으로 압축되는데 어떤 당찬 사람이 자기가 하겠다고 나섰다가 모두 '성님은 아니우다게'라고 비토를 놓으면 겸연쩍게 물러나고, 상군들이 의견을 모아 '순덕이 어멍이 맡아주십서'라고 제청하면 모두 '그럽시다'라고 동의해야 비로소 새 대상군, 새 리더가 탄생하게 된답니다."

종달리 돈지할망당

하도리 해녀 불턱을 내려와 우리는 해녀 답사의 마지막 코스인 종달리 돈지할망당으로 향했다. 돈지는 배가 닿을 수 있는 해안가라는 의미이니 '해안가 신당'이라는 뜻이다. 아주 짧은 거리로 성산일출봉이 코앞에 다가온다. 종달리는 '끝에 도달한 동네'라는 뜻이며 제주올레 마지막 코스이기도 하다.

종달리 해안도로에는 고망난돌 쉼터라는 곳이 있다. 어느해 여름날 '제주허씨'를 몰고 이 길을 달리는데 길가에 수국꽃이 몇 킬로미터나 장하게 피어 있는 것이 너무도 아름답고 환상적이어서 서서히 달리다가 '고망난돌 쉼터'란 표지석을 보고 문득 멈췄다.

고망난돌 쉼터에서 바다 쪽을 내려다보면 온통 기암괴석이 널려 있다. 어느 것을 고망난(구멍난) 돌이라고 하는지 모를 정도다. 제주에 삼보가 있어 자연, 민속, 언어를 말할 때 그 자연 속에는 오름, 용암동굴, 나무 등을 먼저 떠올리지만 사실 기암괴석도 여기서 빼놓을 수 없는 제주의 장관이고 신비다. 고망난돌 쉼터에는 버스를 세울 수 있는 주차장이 없어 우리 학생들은 그냥 지나칠 수밖에 없었지만 제주허씨라면 잠시 들러 해안가 기암괴석을 맘껏 즐겨볼 만한 곳이다.

종달리 돈지할망당은 구좌읍 종달리 포구 서쪽 200미터 지점에 있다. 해안가에 불룩 솟아 있는 기암괴석인데 바람에 시달려 이리저리 굽고 휜 채 낮고 길게 누워 있는 '우묵사스레피' 나무가 신령스러운 푸른빛을 발하고 있다. 종달리 돈지당은 이 천연의 괴석과 나무를 신석(神石), 신목으로 삼은 전형적인 바닷가의 해신당이다. 우묵사스레피 나무를 제주 어로는 생게남이라고 한다. 그래서 '생게남 돈지당'이라고도 부르며 언제 어느 때 와도 지전과 오색천이 화려하게 걸려 있다.

종달리 돈지할망당은 어부와 해녀들의 당으로, 풍어와 해상안전을 기원하는 곳이다. 특히 정월 초하루와 팔월 추석에 지내는 어부들의 뱃고사 때에는 제물로 돼지머리를 올린다. 해녀들은 따로 일정한 제삿날 없이 택일하여 가기도 하고 물에 들어갈 때 수시로 기원하기도 하는 곳이다.

종달리 해안도로 한쪽에 차를 세워두고 내려서 학생들에게 갯가에 불룩 솟아 있는 바위를 가리키며 "저기 늘푸른나무 한 그루 아래 오색천이 휘날리는 것이 보이지요?"라고 하자 학생들은 "예!"라는 대답과 함께 그곳으로 줄달음친다. 가서는 너도나도 사람이 나오지 않게 사진을 찍으려고 카메라를 들이대면서 누군가가 사진 프레임에 들어올 것 같으면 "포토라인, 포토라인" 하며 이 천연의 해신당을 아름답게 담아가려고 경쟁한다.

생각건대 이 종달리 돈지할망당이야말로 가장 제주의 해신당다운 곳

| 종달리 돈지할망당 | 종달리 해안가에 있는 신당으로 '돈지'는 배가 닿을 수 있는 해안을 뜻하는 제주말이다. 이 할망당은 신령스럽게 자란 생게남(우묵사스레피 나무)이 신목 구실을 하여 생게남 돈지당이라고도 한다.

이다. 신령스럽게 생긴 바위와 작은 굴, 그리고 모진 바람에 가지가 굽고 굽으면서도 윤기나는 푸른 잎을 잃지 않은 생게남을 영험하게 생각하여 여기를 신당으로 삼은 것이다. 거기에 인간의 기도하는 마음이 서려 있는 오색천과 소지, 그리고 자연의 산물을 대표한 과일 몇알로 신과 마음을 나누는 모습이 제주 신앙의 가장 아름다운 모습 아닐까. 누가 이를 미신이라고 할 것이며 추하다고 할 것이며 가난하다고 비웃을 것인가.

수많은 해녀 노래 중에서 가장 애달픈 구절은 "이여싸나 이여싸. 칠성판을 머리에 이고 바다 속에 들어간다"라는 대목이다. 조선시대 대표적인 서사시인 석북(石北) 신광수(申光洙)는 「잠녀가(潛女歌)」에서 매일같이 생사를 넘나들며 물질을 하는 해녀의 수고로움을 노래한다. 깊고 푸른 물에 의심 없이 바로 내려가 날리는 낙엽처럼 공중에 몸을 던지며 길

| **제주 바다의 노을** | 날마다 노을이 붉게 물드는 것은 아니지만 제주 바다의 석양은 밝은 홍조를 띠다가 서서히 짙어져가면서 아련한 애조를 남기고 어둠속에 잠긴다.

게 휘파람 불어 숨 한번 토해낼 제 그 소리 처량하여 멀리 수궁 속까지 흔들어놓는 것 같다며 "잠녀여! 잠녀여! 그대는 비록 즐겁다 하지만, 나는 슬프구나"라며 애잔한 서사시를 바쳤다.

생사를 초월한 처연한 마음이 일어나는 종달리 돈지할망당. 아! 그것은 애절하고도 아름다운 풍광이다. 그래서 나의 제주답사 일번지 종점을 이곳 종달리 생게남 돈지할망당으로 삼는다.

그날도 숨비소리 아련한 빈 바다엔 노을이 짙게 내리고 있었다.

한라산 윗세오름 등반기 – 영실

진달랩니까, 철쭉입니까

한라산 / 임백호 『남명소승』 / 오백장군봉 / 영실 / 팔도 아줌마 /
구상나무 / 윗세오름 / 겐테 박사 / 정지용의 「백록담」

제주도에서 가장 아름다운 곳

벌써 15년 전 영남대 교수 시절 이야기다. 미술대학 스케치 여행이 제주도로 결정되자 학회장 맡은 학생이 코스를 짜기 위해 나를 찾아와 물었다.

"샘, 제주도에서 최고로 아름다운 곳은 어디예요?"

이런 게 경상도식 질문이다. 그것은 누구든 대답하기 어려운 질문이다. 이런 경우 답을 구하는 좋은 방법이 있다. 미술평론을 하면서 사람들에게 조언하기를, 전시장을 둘러보고 밖으로 나갈 때 그냥 가지 말고 지금 본 그림 중에서 가장 좋은 그림이 무엇이었는지 딱 한 점만 골라본다면 전시회도 다시 보이고 그림 보는 눈도 좋아진다고 말하곤 했다. 그런데 한 점만 고르기가 무척 어렵다고들 했다. 그래서 나는 말을 바꾸었다. "지금 본 그림 중에서 아무거나 한 점 가져가라고 하면 어떤 것을 가질까 생각해보십시오. 바로 그것이 가장 좋은 그림입니다." 그러자 아주 쉽다고들 했다. 그러면 제주도에서 가장 아름다운 곳이 아니라 지금 나에게 아무 조건 없이 제주도의 한 곳을 떼어가라면 어디를 가질 것인가? 그것은 무조건 영실(靈室)이다.

"영실! 한라산 영실을 안 본 사람은 제주도를 안 본 거나 마찬가지야."

그때 우리는 어리목에서 출발하여 만세동산 지나 1700고지인 윗세오름까지 올라 그곳 산장휴게소에서 준비해간 도시락을 먹고 영실로 하산하면서 한라산의 아름다움을 만끽했다. 학생들은 정말로 즐거워했고 좋은 스케치들을 과제로 제출했다.

윗세오름 등반 코스

한라산 백록담까지 등반은 8, 9시간 걸리는 관음사 코스(8.7km), 성판악 코스(9.6km), 돈내코 코스(7km)가 일반적이다. 그러나 우리 같은 답사객에게는 해발 1,700미터의 윗세오름까지만 가는 것이 제격이다.

윗세오름은 한라산 위에 있는 세 개의 오름이라고 해서 붙여진 이름인데 여기에 이르면 선작지왓 너머로 백록담 봉우리의 절벽이 통째로 드러난다. 그것은 장관 중에서도 장관으로, 이렇게 말하는 순간 내 가슴은 뛰고 있다. 우리는 그것만으로도 한라산의 신비로움과 아름다움의 반은 만끽할 수 있다. 거기서 백록담까지는 1.3킬로미터 산행길이다.

| 영실에서 보는 백록담 봉우리 | 영실에서 한라산을 오르다보면 진달래밭, 구상나무숲, 윗세오름, 선작지왓, 백록담이 모두 한눈에 들어오게 된다. 나는 여기가 한라산의 가장 아름다운 풍광을 보여주는 곳이라고 생각한다.

    윗세오름에 이르는 길은 어리목 코스(4.7km)와 영실 코스(3.7km) 두 가지다. 왕복 8킬로미터, 한나절 코스로 우리나라에서, 어쩌면 세계에서 가장 환상적이면서 가장 편안한 등산길일 것이다. 답사든 등산이든 왔던 길로 다시 돌아가지 않는 게 원칙이다. 그러나 나는 나이들면서는 영실로 올라가서 영실로 내려오곤 한다. 영실 코스는 윗세오름을 올려다보며 오르다보면 백록담 봉우리의 절벽이 드라마틱하게 나타나는 감동이 있고, 내려오는 길은 진달래밭 구상나무숲 아래로 푸른 바다가 무한대로 펼쳐지는 눈맛이 장쾌하기 때문이다.

    영실 코스는 승용차가 영실 휴게소까지 올라갈 수 있어서 2.4킬로미터(40분) 다리품을 생략할 수 있다. 그러나 영실이 아무 때나 운동화 신고 오를 수 있는 곳은 절대 아니다. 영실 답사는 본질이 한라산 산행이다. 등산화는 물론이고 겨울철엔 아이젠을 차지 않고는 못 오른다. 여름날 비바람 칠 때는 그 유명한 삼다도 바람에 몸을 가눌 수 없어 산행이 불가능하다. 그래서 제주도 한라산국립공원 관리사무소(064-713-9950)는 입산객을 철저히 통제한다.

일몰 전에 하산이 완료될 수 있도록 계절별로 입산시간을 통제하고 눈보라, 비바람 등 날씨 상황에 따라 입산 금지령을 내린다. 그래서 일기가 불순할 때는 영실 매표소(064-747-9950)에 문의해야 하고 윗세오름 날씨 상황은 윗세오름 매점(064-743-1950)에 알아봐야 한다.

이렇게 친절하게 알려드리는 것은 내 책을 읽고 떠나는 분들을 위한 우정 어린 충고이기도 하다. 지난 2012년 1월, 눈 덮인 겨울 영실을 한 번 더 보고 사진도 찍고 이 글을 쓰겠노라고 창비 식구와 가까운 친구, 선배, 연구원, 아들까지 데리고 영실에 갔다가 입산 금지령에 묶이는 바람에 한 시간 반을 기다려 겨우 입산할 수 있었고 오백장군봉에 이르렀을 때 다시 눈보라가 몰아쳐 그냥 하산하고 말았었다.

영실답사 서막, 계곡의 짙은 숲

영실은 최소한 네 차례의 새로운 감동을 전해준다. 교향곡에 비유하면 라르고, 아다지오로 전개되다가 알레그로, 프레스토로 빨라지면서 급기야 마지막에는 '꽝꽝' 하고 사람 심장을 두드리는 것과 같다. 연극으로 치면 프롤로그부터 본편 4막, 그리고 에필로그까지 이어진다. 그 서막은 영실 초입의 숲길이다.

영실에 들어서면 이내 솔밭 사이로 시원한 계곡물이 흐른다. 본래 실(室)이라는 이름이 붙은 곳은 계곡을 말하는 것으로 옛 기록에는 영곡(靈谷)으로 나오기도 한다. 언제 어느 때 가도 계곡 물소리와 바람소리,

| 영실 설경 | 영실 초입의 휴게소에 이르면 벌써 한라산의 장관이 펼쳐진다. 특히 눈내리는 겨울날이면 눈보라 속에 감췄졌다 드러났다 하여 더욱 신비롭게 느껴진다.

거기에 계곡을 끼고 도는 안개가 신령스러워 영실이라는 이름에 값한다. 무더운 여름날 소나기라도 한차례 지나간 뒤라면 이 계곡을 두른 절벽 사이로 100여 미터의 폭포가 생겨 더욱 장관을 이룬다.

 숲길을 지나노라면 아래로는 제주조릿대가 떼를 이루면서 낮은 포복으로 기어가며 온통 푸르게 물들여놓고, 위로는 하늘을 가린 울창한 나무들이 크면 큰 대로 작으면 작은 대로 아름답고 기이하다. 호기심이 많아서일까, 욕심이 많아서일까. 저 나무들 이름을 알았으면 좋겠는데 누가 알려줄 사람이 없어 항시 그게 답답하다. 『탐라순력도』를 제작한 이형상(李衡祥) 목사는 충실한 행정가여서 제주의 나무들도 많이 알고 있었다. 그는 『한라산 등산기』에서 숲길을 지나며 이렇게 말했다.

| 영실 초입의 짙은 숲 | 영실 등반은 짙은 숲길을 걷는 것으로 시작된다. 아무렇게나 자란 나무들이 울창하고 제주 조릿대가 빼곡히 퍼져 있어 숲의 깊이를 알 수도 없다. 비오는 날이면 곳곳에서 홀연히 폭포가 나타나곤 한다.

숲속으로 들어가니 굽이굽이 흐르는 계곡에는 푸른 풀더미들이 귀엽고, 잡목이 하늘을 가리었다. 동백, 산유자, 이년목, 영릉향, 녹각, 송, 비자, 측백, 황엽, 적률, 가시율, 용목, 저목, 상목, 풍목, 칠목, 후박 등이 모여서 우산처럼 덮였다. 신선 땅의 기화요초(琪花瑤草)들이 더부룩이 솟아올라 푸르르다. 기이한 새, 이상한 벌레가 어우러져 험한 바위 깊숙이서 울어대는데 늙은 산척(山尺, 산지기)도 이름을 알지 못하였다.

이 울창한 숲길을 힘들 것도 없이 계곡 따라 걷다보면 나무숲에 덮여 어두컴컴하던 길이 조금씩 환해지고 머리 위로 하늘이 보이기 시작한다. 여기까지가 영실 답사의 서막이다.

영실답사 제1막, 오백장군봉

숲길을 빠져나와 머리핀처럼 돌아가는 가파른 능선 허리춤에 올라서면 홀연히 눈앞에 수백 개의 뾰족한 기암괴석들이 호를 그리며 병풍처럼 펼쳐진다. 영실답사 제1막이 오른 것이다.

오르면 오를수록 이 수직의 기암들이 점점 더 하늘로 치솟아올라 신비스럽고도 웅장한 모습에 절로 감탄이 나온다. 여기가 전설 속의 오백장군봉으로 영주십경의 하나다. 한라산 등반기를 쓴 문필가들은 이 대목에서 모두들 한목소리를 내는데 그중 이형상 목사의 묘사가 가장 출중하다.

기암과 괴석들이 쪼아 새기고 갈고 깎은 듯이 삐죽삐죽 솟아 있기도 하고, 떨어져 있기도 하고, 어기어 서 있기도 하고, 기울게 서 있기도 하고, 짝지어 서 있기도 한데, 마치 속삭이는 것 같기도 하고, 대화를 하는 것 같기도 하고, 서로 돌아보며 줄지어 따라가는 것 같기도 하다. 이는 조물주가 정성들여 만들어놓은 것이다.

좋은 나무와 기이한 나무들이 푸르게 물들이고 치장하여 삼림이 빽빽한데 서로 손을 잡아 서 있기도 하고, 등을 돌려 서 있기도 하고, 옆으로 누워 있기도 하고, 비스듬히 서 있기도 하니, 마치 누가 어른인지 다투는 것도 같고, 누가 잘났는지 경쟁하는 것도 같고, 어지럽게 일어나 춤추고 절하며 줄지어 있는 것 같기도 하다. 이는 토신이 힘을 다하여 심어놓은 것이다.

신선과 아라한이 그 사이를 여기저기 걸어다닌다. 이쯤 되면 경개(景槪)를 갖추었다고 할 만하다.

이런 문장을 보면 명문에는 온갖 수다가 나열식으로 다 들어가서 오히려 힘이 생긴다는 생각이 든다. 셰익스피어의 『로미오와 줄리엣』에서 줄리엣의 죽음 장면을 보면 로미오가 무엇 무엇 같은 내 사랑을 얘기하는데 자신이 상상할 수 있는 이미지를 한도 없이 늘어놓아 한참을 건너뛰어 읽어도 여전히 장미꽃보다도 아름답고, 보석보다도 빛나고 하며 그치지 않아서 놀랐던 적이 있다. 이 점은 판소리 여섯 마당에서도 마찬가지다. 대가들은 이렇게 본 대로 느낀 대로 쏟아내면서 명문 소리를 듣는데 내가 그렇게 흉내냈다가는 유치하다는 말 듣기 십상이다. 그렇다면 대가의 특권은 누가 뭐라든 맘대로 수다를 떨 수 있다는 것인가. 아마도 그런 것 같다.

임백호의 『남명소승』

한라산 최초의 등반기는 선조 때 문인 백호(白湖) 임제(林悌, 1549~87)가 쓴 『남명소승(南溟小乘)』이다. 임백호는 낭만과 풍류에서 조선시대 으뜸가는 인물이었다. 1577년, 29세에 알성문과에 급제하자 제주목사로 부임한 부친 임진(林晋)에게 이 소식을 전하려고 제주를 찾아갔다. 이때 그는 한라산을 등반하고 '남쪽 바다 산을 오른 작은 글'이라는 뜻의 『남명소승』을 남겼다.

임백호는 제주로 가는 행장에 임금이 내려준 어사화 두 송이와 거문고 한 벌, 그리고 보검(寶劍) 한 자루만 얹고 갔다고 한다. 요즘으로 치면 합격증에 기타 하나와 멋진 가방 하나만 들고 간 것이다.

임백호는 훗날 35세 때 서도병마사에 임명되어 임지로 가는 길에 개성(송도)에 있는 황진이의 무덤을 찾아가 술상을 차려놓고 제사 지내며 "청초(靑草) 우거진 골에 자느냐 누웠느냐/홍안(紅顔)은 어디 두고 백골만 묻혔느냐/잔 받아 권할 이 없으니 그를 서러워하노라"라는 시를 지었다가 조정에서 사대부로서 채신을 잃은 행위라고 문제되어 임지에 도착하기도 전에 파직당했던 낭만파였다.

『남명소승』은 수려한 문장과 시편들로 구성된 기행문학의 백미로 1577년 음력 11월 3일 나주 본가에서 출발하여 이듬해 3월 5일 다시 집으로 돌아올 때까지 행정(行程)을 일기체로 쓴 글이다. 그중 7일간의 한라산 등반기는 미사여구를 동반하지 않고 발길 간 대로 기록한 내용인데 마치 그와 함께 백록담까지 오르는 듯한 기분을 잔잔히 전해준다. 2월 12일자에는 이렇게 쓰여 있다.

구름이 자욱해서 정상에 오르지를 못하고 존자암에 머물러 있었다. (…) 어제까지 성중에 있으면서 멀리 한라산 중턱을 바라보면 흰 구름이 항상 덮여 있었다. 지금은 내 몸이 백운 위에 있음을 깨닫게 된다. 이에 장난스런 시 한 편을 짓고「백운편(白雲編)」이라 제목을 붙였다.

하계(下界)에선 흰 구름 높은 줄만 알고
흰 구름 위에 사람 있는 줄 모르겠지.
(…)
가슴속 울끈불끈 불평스런 일들을
하늘문을 두드리고 한번 씻어보리라.

참 오묘한 뉘앙스가 있다. 이럴 때는 또 시인의 마음과 눈이 부러워진다.

| 오백장군봉 | 절벽 날카로운 봉우리 수백 개가 병풍처럼 둘러 있어 오백장군봉, 오백나한봉이라는 이름을 얻었다. 옆으로 난 진달래 능선을 따라 올라가다보면 마침내는 발아래로 깊숙한 숲까지 보게 된다.

설문대할망

오백장군봉에는 설문대할망 전설이 있다. 설문대할망은 제주의 창조신이다. 할망은 키가 엄청나게 커서 한라산을 베개 삼고 누우면 다리는 현재 제주시 앞바다에 있는 관탈섬에 걸쳐졌다. 빨래할 때는 관탈섬에 빨래를 놓고, 팔은 한라산 꼭대기를 짚고 서서 발로 빨래를 문질러 빨았다고 한다. 앉아서 빨 때는 한라산에 엉덩이를 걸치고 한 다리는 마라도에 걸치고 우도를 빨래판 삼았다고 한다. 할망이 치마폭에 흙을 담아 나를 때 치마의 터진 구멍으로 조금씩 새어나온 흙더미가 오름이며, 마지막으로 날라다 부은 게 한라산이다.

이 할망에게는 아들이 500명이나 있었는데 흉년이 들어 먹을 게 없자 아들을 위해 큰 솥에 죽을 끓이다가 미끄러져서 할망이 솥에 빠져 죽

| 오백장군봉 설경 | 눈내리는 날 영실에 오르면 흩날리는 눈보라가 오백장군봉을 감싸안으면서 맴돌며 번지기 기법을 절묘하게 구사하는 흑백의 수묵화가 된다.

었다고 한다. 그것도 모르고 아들들은 죽을 맛있게 먹었다. 늦게 온 막내 아들이 죽을 푸다 사람 뼈를 발견하자 비로소 어머니 설문대할망이 빠져 죽은 걸 알고 형들을 떠나 서쪽 바다로 가서 차귀도의 바위가 되었고 다른 형제들은 잘못을 뉘우치고 목숨을 끊어 오백장군바위가 되었단다. 지금도 한라산에 붉게 피어나는 진달래 철쭉은 그들이 흘린 눈물이라고 한다. 이 오백장군봉 전설은 어느 때인가 불교적 이미지로 바뀌어 지금은 오백나한봉이라고도 불린다.

조선시대 문인들의 한라산 기행문을 보면 한결같이 영실로 올라 오백장군봉의 경관을 예찬했으나 누구도 설문대할망의 전설은 전혀 언급하지 않았다. 아마도 조선시대 문인들 입장에서는 말 같지도 않은 이런 이야기에 관심도 없고 황당한 얘기가 오히려 한심스럽게 들렸을지도 모른다.

 그러나 혹시 이 전설이 근래에 만들어진 것이 아닌가 하는 의문도 있다. 설문대할망의 죽음은 한라산 물장오리의 깊이가 얼마인지 재보려고 갔다가 그만 영원히 돌아오지 못했다는 비장한 전설이 따로 있다. 죽을 끓이다 빠져 죽었다는 것은 가난한 시절의 이야기이며, 물장오리의 밑모를 심연으로 들어가 나오지 못한다는 것은 한라산의 신비함과 함께한 것이다.

옛 문인들의 한라산 기행문

 위정척사의 면암(勉菴) 최익현(崔益鉉, 1833~1906)은 고종 10년(1873) 제주도로 유배되었다가 2년 뒤 풀려나자 기다렸다는 듯이 백록담까지 등반하고는 「유한라산기(遊漢拏山記)」라는 기행문을 쓰면서 다음과 같이 말했다.

 이 산을 오른 사람이 수백 년 동안에 높은 벼슬아치〔官長〕 몇사람에 불과했을 뿐이어서, 옛날 현인(賢人)들의 거필(巨筆)로는 한 번도 그 진면목을 적어놓은 것이 없다. 그런 까닭에, 세상의 호사가들이 신산(神山)이라는 허무하고 황당한 말로 어지럽힐 뿐이고 다른 면은 조금도 소개되지 않았으니, 이것이 어찌 산이 지니고 있는 본연의 모습이라고 하겠는가.

 한라산은 그에 값하는 명문이 드물다는 말은 한라산의 치명적인 약점을 지적한 것이다. 그 이유는 옛날엔 여간해서 오를 수 없었기 때문이다. 조선시대 문인 묵객들로 일부러 오직 한라산을 보기 위해 제주도를 다녀간 사람은 한 명도 없었다.

조선시대 한라산 기행문을 남긴 분은 열 명도 안 된다. 임백호는 아버지 만나러 왔다가 올랐고, 청음(淸陰) 김상헌(金尙憲)은 사건을 수습하기 위해 안무사로 왔다가 올라간 것이다. 면암은 귀양살이 왔다가 풀려나자 올라간 것이고 제주목사 중에는 이형상과 이원진(李元鎭), 제주판관 중에는 김치(金緻)가 남긴 한라산 기행문이 전부다.

금강산을 노래한 시와 글을 모으면 도서관이 되고 그림을 모으면 박물관이 될 정도다. 지리산은 점필재 김종직, 탁영 김일손, 남명 조식 같은 대학자가 쓴 천하명문의 등반기를 얻었다. 그러나 한라산은 그런 당대의 명문 거유(巨儒)의 방문을 받지 못했다.

면암의 말대로 명산은 그것을 노래한 시와 글이 있어 그 가치와 명성을 더해간다. 마치 미술의 역사는 그것에 대한 해석의 역사까지도 포함되는 것과 같은 이치다. 명작은 뛰어난 명품 해설이 더해져 그 내용이 풍부해지고 더욱 가치가 살아나게 되듯이 지금이라도 한라산과 제주도에 대한 기행문이 많이 나오기를 간절히 기다린다. 본래 애국심은 국토에 대한 사랑에서 시작된다.

영실답사 제2막, 진달래 능선

오백장군봉에 봄이 오면 기암절벽 사이마다 털진달래와 산철쭉이 연이어 피어나면서 검고 송곳처럼 날카로운 바위들과 흔연히 어울린다. 그 조화로움엔 가히 환상적이라는 표현밖에 나오지 않는다. 산허리를 타고 한 굽이 돌면 발아래로는 저 멀리 서귀포 모슬포의 해안가 마을과 가파도·마라도가 한눈에 들어온다. 그 너머로는 아련한 푸른빛의 망망대해다. 날개를 달고 뛰어내리면 무사히 거기까지 갈 것 같은 넓디넓은 시계

| 영실의 진달래 능선 | 진달래가 활짝 핀 영실의 능선은 행복에 가득 찬 평화로움 그 자체가 된다. 산자락 전체가 더 이상 화려할 수 없는 진분홍빛을 발한다.

(視界)를 제공해준다.

언제 올라도 한라산 영실은 아름답다. 오백장군봉을 안방에 드리운 병풍 그림처럼 둘러놓고, 그것을 멀찍이서 바라보며 느린 걸음으로 돌계단을 밟으며 바쁠 것도 힘들 것도 없이 오르노라면 마음이 들뜰 것도 같지만 거기엔 아름다움뿐만 아니라 장엄함과 아늑함이 곁들여 있기에 우리는 함부로 감정을 놀리지 못하고 아래 한 번, 위 한 번, 좌우로 한 번씩 발을 옮기며 그 풍광에 느긋이 취하게 된다.

봄철 오백장군봉을 다 굽어볼 수 있는 산등성에 오르면 진달래인지 철쭉인지 떼판으로 피어난 분홍빛 꽃의 제전을 만날 수 있다. 바람 많은 한라산의 나무들은 항시 윗등이 빤빤하고 미끈하게, 혹은 두툼하고 둥글게 말려 있는데 진달래 철쭉 같은 관목은 상고머리를 한 듯 둥글고도 둥글게 무리지어 이어진다. 어떤 나무는 스포츠형, 깍두기형으로 반듯하게 깎여 있다. 자연의 바람이 만들어낸 이 아름다움 앞에 인간의 손길이 만드는 인공미가 얼마나 초라한지 여실히 보여준다. 가위질을 거의 본능적으로 하는 일본 정원사나 원예가가 보면 절로 무릎을 꿇을 일이다. 이 대목에선 시 한 수가 절로 나올 만한데 노산(鷺山) 이은상(李殷相)이 한라산을 등반하면서 영실의 진달래를 노래한 것은 참으로 아련한 여운을 남기는 절창이다.

높으나 높은 산에 / 흙도 아닌 조약돌을
실오라기 틈을 지어 / 외로이 피는 꽃이
정답고 애처로워라 / 불같은 사랑이 쏟아지네

한 송이 꺾고 잘라 / 품음 직도 하건마는
내게 와 저게 도로 / 불행할 줄 아옵기로
이대로 서로 나뉘어 / 그리면서 사오리다

──「한라산 등반기」

진달래인가 철쭉인가

영실에서는 1967년 5월부터 매년 한라산 철쭉제가 열린다. 한국문화유산답사회는 1991년 제41차 정기답사 때 이 한라산 철쭉제에 참여했다. 2박 3일의 마지막 밤, 이튿날 영실의 철쭉제만 남겨둔 상태에서 강요배·김상철·문무병 등 문화패들과 술판을 벌였다.

내일 한라산 철쭉제에 참가하고 돌아갈 것이라고 했더니 요배가 갑자기 언성을 높여 "그게 철쭉꽃이 아니라 진달래란 말입니다. 한라산 털진달래예요. 철쭉은 더 있어야 펴요, 젠장!" 요배의 이 취중 발언으로 술판에서 논쟁이 붙었다. 제주사람들끼리도 진달래다 철쭉이다 서로 주장한다. 나는 논쟁엔 끼어들지 않고 듣기만 했다.

이튿날 영실로 올라 한쪽으로는 오백장군봉, 한쪽으로는 굽이치는 구릉을 다 굽어볼 수 있는 산등성에 다다랐을 때 이것이 진달래인가 철쭉인가를 살펴보니 틀림없이 진달래였다.

둘을 구별하는 여러 방법 중 진달래는 꽃이 피고서 잎이 나고 철쭉은 잎이 나고 꽃이 핀다는 사실과 진달래는 맑은 참꽃이고 철쭉은 진물 나는 개꽃이라는 사실에 입각하건대 그때 영실에 피어 있는 것은 진달래였다. 철쭉은 이제 잎이 돋고 있었다. 나는 이것을 다른 사람들에게도 확인해보고 싶었다.

팔도 아줌마론 1 – 강원도와 전라도 아줌마

영실 산허리 중간쯤 마침 넓은 바위가 있어 거기에 길게 앉아 있자니 오르내리는 탐방객들이 쉼없이 지나간다. 그때 웬 할머니가 양산을 쓰고 올라오는데 힘도 안 드는지 잘도 걷는다. 한라산에서 파라솔을 쓸 정도로 촌스러움을 순정적으로 간직한 분이라면 필시 시골사람일 것 같았다. 나는 할머니를 부를 때 꼭 아주머니라고 한다. 그래야 상대방도 기분 좋아하고 질문에 대답도 잘해준다.

"아주머니, 어디서 오세요?"
"태백이래요."

'이래요'는 강원도 말의 중요한 어법이다. 강원도 출신 학생은 이름을 물어봐도 "홍길동이래요"라고 대답할 정도로 간접화법이 몸에 배어 있다. 나는 물었다.

"아주머니, 이 꽃이 진달래예요, 철쭉이에요?"

아주머니는 내 질문에 성실히 꽃을 살피고 꽃 한 송이를 따서 씹어도 보고는 대답했다.

"진달래래요."

조금 있자니 이번엔 아주머니 과(科) 할머니들이 이야기꽃을 피우며 성큼성큼 올라온다. 나는 정을 한껏 당겨서 말을 걸었다. 질문은 하난데 대답은 여러 갈래다.

"아주머니들은 뭐가 그렇게 좋으세요?"
"아, 좋지, 그라믄 안 좋아요?"
"안 좋아도 좋아해야지, 대금이 을마가 들었는디."
"아주머니, 어디서 오셨어요?"
"승주유."
"승주라믄 아능가, 순천이라 해야지."
"근데, 아주머니 저 꽃이 진달래예요, 철쭉이에요?"

아주머니들은 나의 뜻밖의 '쉬운' 질문에 꽃 쪽에 눈길을 한번 주더니 여태 따로 하던 대답을 한목소리로 냈다.

"이건 무조건 진달래여."

그때 그 합창 소리는 꼭 대통령 선거에서 "우린 무조건 DJ여" 하던 소리와 그렇게 똑같을 수 없었다.

팔도 아줌마론 2 - 충청도와 서울 아줌마

또 얼마를 지나자 이번엔 할머니 과(科) 아주머니가 올라왔다. 얼굴엔 여유가 배어 있고 걸음도 몸짓도 보통 한가로운 게 아니다. 나는 길게 물어봤다.

"아주머니 힘드세유?"
"아니유."
"어디서 오셨어요?"

아주머니는 나의 질문에 바로 대답하지 않고 내 얼굴과 곁에 있는 일행의 얼굴을 반반으로 갈라본 다음에 대답했다.

"홍성유."

충청도 사람을 보통 느리다고들 하는데 정확히 말해서 대단히 신중한 것이다. 그 신중함이 넘쳐서 자기 의사를 빨리 혹은 먼저 나타내지 않고 상대방이 질문한 뜻을 완벽하게 이해해야 대답한다. 그것은 문화의 차이다. 지금 홍성 아주머니의 느린 대답도 그런 것이었다. 나는 다시 물었다.

"아주머니 이게 진달래유, 철쭉이유?"

그러자 아주머니가 나를 빤히 쳐다보고는 대답했다.

"그건 왜 물어유?"

충청도 사람과는 대화하기가 그렇게 힘들다. 그러는 중에 벌써 산에서 내려오는 도회적 분위기의 젊은 아주머니 두 분이 있어 길을 비켜주면서 그쪽으로 말을 돌렸다.

"어이쿠, 벌써 내려가세요?"
"우리는 본래 빨라요."
"어디에서 오셨어요?"
"말소리 들으면 몰라요? 서울이지 어디예요. 근데 얼른 안 가고 여기서 뭐 하고 계세요?"
"이 꽃이 철쭉인가 진달랜가 몰라서 이 아주머니에게 물어보고 있는 거예요."
"아니, 철쭉제라잖아요. 그것도 모르고 왔어요?"

서울 아주머니들은 이렇게 내지르듯 말하고는 잰걸음으로 내려가버렸다. 그러자 홍성 아주머니는 그때까지 가지 않고 기다렸다가 서울 아주머니들이 떠난 뒤 내게 다가와서 천천히 알려주었다.

"이건 진달랜디유."

충청도 아주머니는 내 물음에 무슨 다른 속뜻이 있는 것이 아니라 진짜 몰라서 물어본 것임을 확인하고 이제 대답을 해도 아무런 지장이 없다고 판단되기에 가르쳐주신 것이었다.

팔도 아줌마론 3 – 경상도 아줌마

그러고 나서 한참 뒤 이번엔 붉은 재킷이 화사해 보이는 진짜 아주머니가 내 앞 바위에 서서 뒷짐을 지고 좌우로 반 바퀴씩 휘둘러보고는 감탄사를 발했다.

"좃타!"

경상도가 분명했다. 경상도 사람의 중요한 특성 중 하나는 분명하고 확실할수록 짧게 말한다는 점이다. 확실할 때는 '입니다'조차 붙이지 않는다. 대구에서 학생들에게 "너 이름이 뭐니?"라고 물으면, "홍길동" 하고 대답하지 "홍길동입니다"라고 대답하는 학생을 10년간 한 명도 보지 못했다. 나는 일부러 경상도 사투리로 물었다. 그래야 대답이 잘 나오니까.

"아지매! 어디서 오셨능교?"
"마산!"

여지없다. 나는 지체 없이 물었다.

"아지매, 이게 진달랭교, 철쭉잉교?"

나의 느닷없는 질문에 아주머니는 조금도 성실성을 보이지 않았다.

경상도 사람은 자신에게 크게 이해관계가 없는 일에는 잘 개입하지 않는다. 확실하면 '입니다'도 빼버릴 정도로 빠르지만 불확실하면 외면해버리거나 슬며시 넘어간다. 그럴 때 대답하는 경상도 방식이 따로 있다. 마산 아주머니는 고개를 휘젓듯이 한바퀴 둘러보고는 이렇게 대답했다.

"진달래나, 철쭉이나."

진달래면 어떻고 철쭉이면 어떠냐, 대세에 지장 없는 것 아니냐는 식이다. 경상도 사람들이 대선 때 "우리가 남이가!" 하고 나온 것에는 이런 지방문화적 특성이 들어 있는 것이었다.

이쯤에서 나는 아줌마들과의 대화를 거두어들였다. 이 과정에서 한라산의 위력을 다시 한번 느꼈다. 지금도 해마다 80만 명이 한라산에 오른다. 조선 천지에 제주도가 아니면 어떻게 팔도 아줌마들을 이렇게 한자리에서 만날 것이며 이렇게 편한 대화를 나눌까? 한라산은 철쭉제든 진달래축제든 무얼 해도 성공할 수 있는 민족의 명산이 분명하다.

영실답사 제3막, 구상나무 자생군락

영실 기암은 사람에게 많은 기(氣)를 불어넣어준다는 속설이 있다. 대지의 기, 바다의 기, 설문대할망이 보내주는 기를 한껏 들이켜며 풍광에 취해 좀처럼 떨어지지 않는 발걸음을 옮기다보면 어느새 구상나무 자생지에 도착하게 된다. 검고 울퉁불퉁한 바위를 징검다리 삼아 건너뛰면서 구상나무 숲길을 지나노라면 자연의 원형질 속에 내가 묻혀가는 듯한 맑은 기상이 발끝부터 가슴속까지 느껴진다. 영실이 인간에게 기를 선사한다는 게 바로 이런 것인가 보다.

| 구상나무 숲길 | 진달래 능선이 끝나면 구상나무숲이 시작된다. 해발 1,500미터에서 1,800미터 사이에서 자생한 구상나무가 지구 온난화로 아래쪽부터 고사목이 되어 점점 줄어들고 있다. 구상나무는 서양에서 유행하는 크리스마스 트리의 원조이다.

　구상나무는 소나무과에 속하는 상록교목으로 전세계에서 우리나라 제주도·지리산·덕유산·무등산에서만 자생하고 있다. 키는 18미터에 달하며 오래된 줄기의 껍질은 거칠다. 어린 가지에는 털이 약간 있으며 황록색을 띠지만 자라면서 털이 없어지고 갈색으로 변하며, 멀리서 보면 나무 전체가 아름다운 은색이다.

　구상나무는 소나무과 전나무속으로, 원래 지구 북반구 한대지방이 고향인 고산식물이다. 빙하기 때 빙하를 따라 남쪽으로 내려왔다가 빙하기가 끝나자 고지대에 서식하던 전나무속 수종이 미처 물러가지 못하고 고지대에 고립되어 오늘에 이르게 된 것이란다. 가을부터 정확한 삼각뿔 모양의 보랏빛 솔방울이 맺힌다.

　구상나무는 한라산 해발 1,500미터부터 1,800미터 사이에서 집중적으로 자라고 있다. 영실의 키 큰 구상나무들은 곧잘 바람과 폭설 때문에 많이 쓰러져 있다. 그렇게 고사목이 된 구상나무는 그 죽음조차 아름답게 비칠 때가 많다. 그러나 그 고사목은 단순히 기후나 병으로 고사한 게 아니라 멸종의 과정이란다.

지구 온난화로 기온이 상승할수록 고산식물은 고지대로 이동할 것인데 이미 1,800미터까지 왔으니 한라산 정상에 다다르면 결국 더이상 오를 곳이 없어 멸종의 길에 들어설 수밖에 없다는 것이다. 기후변화에 따른 고산식물의 위험성을 측정한 연구에서 구상나무는 위험 2등급으로 발표되었다.

윌슨의 구상나무 명명

구상나무의 학명(學名)은 *Abies koreana*이다. 분비나무 계통을 뜻하는 *Abies*에 *koreana*가 붙은 것은 한국이 토종이라는 의미로, 이를 명명한 사람은 영국인 식물학자 어니스트 헨리 윌슨(E. H. Wilson, 1876~1930)이다.

프랑스 신부로 왕벚나무 표본의 첫 채집자인 타케(E. J. Taquet, 1873~1952)와 포리(U. Faurie, 1847~1915)는 1901년부터 수십 년 동안 전세계를 돌아다니며 수만여 점의 식물종을 채집해 구미 여러 나라에 제공했다. 특히 포리는 1907년 5월부터 10월까지 6개월 동안 한라산에서 '구상나무'를 채집하여 미국 하바드대 아널드식물원의 식물분류학자인 윌슨에게 제공했다. 그는 이것이 평범한 분비나무인 줄로 알았다.

윌슨은 포리가 준 표본을 보고 무엇인가 다른 종인 것 같다는 생각이 들어 1917년에 제주에 왔다. 그는 타케와 일본인 식물학자 나까이 타케노신(中井猛之進)과 함께 한라산에 올라가 구상나무를 채집했다. 그리고 윌슨은 정밀연구 끝에 1920년 아널드식물원 연구보고서 1호에 이 구상나무는 다른 곳에 존재하는 분비나무와는 전혀 다른 종으로 지구상에 유일한 '신종(新種)'이라며 구상나무라 명명했다.

윌슨은 이 나무의 이름을 지을 때 제주인들이 '쿠살낭'이라고 부르는 것에서 따왔다고 한다. '쿠살'은 성게, '낭'은 나무를 가리키는 것으로 구상나무의 잎이 흡사 성게가시처럼 생겼다는 데에서 유래했다고 한다.

그러나 제주인들은 이 나무를 상낭(향나무)이라고 해서 제사에 올리는 향으로 사용해왔다. 실제로 구상나무에서 풍기는 향기는 대단히 고상하고 또 매우 진하여 폐부에 스미는 듯하다. 이런 구상나무 숲길이 있어 한라산 등반에서는 나의 발길이 자꾸만 영실 쪽으로 향하는지도 모르겠다.

윌슨은 동양의 식물을 연구한 몇 안 되는 서양 식물학자로 특히 경제적 가치가 높은 목본식물을 위주로 채집하고 연구했다. 윌슨은 아널드식물원에서 구상나무를 변종시켜 '아비에스 코레아나 윌슨'을 만들어냈다. 모양이 아름다워 관상수·공원수 등으로 좋으며, 재질이 훌륭하여 가구재 및 건축재 등으로 사용된다. 특히 이 나무는 크리스마스트리로 가장 많이, 그리고 가장 비싸게 팔리는 나무로 유럽에서는 'Korean fir'로 통한다. 그 로열티로 받는 액수가 어마어마하단다.

지금 아널드식물원에는 윌슨이 그때 한라산에서 종자를 가져다 심은 구상나무가 하늘로 치솟아 자라고 있다. 윌슨의 별명은 '식물 사냥꾼'(plant hunter)이었는데 그는 이를 오히려 자랑스럽게 생각했다는 것이다. 지금 우리는 그가 개발한 구상나무 크리스마스트리를 사려면 로열티를 내야 한다. 종자의 보존이 얼마나 중요하고 제국주의가 총칼만 앞세운 것이 아니라는 것을 잘 말해준다.

| 선작지왓과 윗세오름 | 1700고지에 이처럼 드넓은 고원이 펼쳐진다는 것이 신비롭기만 하다. 『오름나그네』의 저자 김종철은 여기에 진달래가 피어날 때면 미쳐버리고 싶어진다고 했다.

영실답사 제4막, 윗세오름

구상나무 숲길을 빠져나오면 오름의 아랫자락을 돌아나가는 편안한 산길로 접어든다. 윗세오름에 다가온 것이다. 길가엔 한라산 노루들이 찾아온다는 노루샘도 있다.

그러고 나면 홀연히 한라산 주봉의 남쪽 벼랑이 드라마틱하게 펼쳐진다. 그 순간의 놀라움과 황홀함이란! 봄이면 진달래가 꽃바다를 이루는 선작지왓 벌판 너머로 가마솥 같아서 부악(釜岳)이라고도 부르고 머리털이 없어서 두무악(頭無岳)이라고도 부르는 한라산 백록담 봉우리와 마주하는 것은 알프스 산길을 가다가 갑자기 몽블랑 영봉을 만나는 것만큼이나 감동적이라고 한 산사나이는 말했다.

윗세오름은 영실과 어리목 코스가 만나는 곳으로 한라산 등반의 중간 휴식처로 탐승객(探勝客)이 간편히 식사를 할 만한 산장도 있고 대피소도 있으며 국립공원 직원이 상주하고 있다. 윗세오름은 1100고지에서 위쪽으로 있는 세 오름(삼형제오름)이라 해서 '윗'자가 붙었다. 뭉쳐 부르면 윗세오름이지만 세 오름 모두 독자적인 이름이 있어 위로부터 붉은오름·누운오름·새끼오름이다. 이들을 삼형제에 빗대어 큰오름(1,740m), 샛오름(1,711m), 족은오름(1,698m)이라고도 한다.

큰오름인 붉은오름은 남사면에 붉은 흙이 드러나 있어 한라산의 강렬한 야성미를 보여주고, 새끼오름인 족은오름은 영실로 통하는 길목에서 아주 귀염성 있게 다가온다. 길게 누운 듯한 누운오름은 누운향나무와 잔디로 뒤덮였고 꼭대기에 망대 같은 바위가 있어 방목으로 마소를 키우는 테우리들은 망오름이라고 한다.

바로 이 누운오름의 남쪽 자락이 선작지왓이다. 크고 작은 작지(자갈)들이 많아 생작지왓이라고도 한다. 선작지왓은 한라산 최고의 절경으로 꼽을 만한 곳이다. 『오름나그네』는 말한다.

늦봄, 진달래꽃 진분홍 바다의 넘실거림에 묻혀 앉으면 그만 미쳐 버리고 싶어진다.

겐테 박사의 한라산 측정

한라산 높이가 1,950미터라는 것을 처음 측량한 사람은 독일인 지그프리트 겐테(S. Genthe, 1870~1904)이다. 그는 지리학 박사이자 신문사 기자로 『쾰른 신문』 1901년 10월 13일자부터 1902년 11월 30일자까지 '코리아, 지그프리트 겐테 박사의 여행기'를 연재했다. 이 글에서 그는 한라산 정상에서 아네로이드(Aneroid) 기압계로 1,950미터라는 것을 측정했음을 명확히 하고 있다.

제주의 한 신문기자가 제주대 송성회 교수가 번역한 「겐테 박사의 제주여행기」를 읽다가 이런 사실을 발견하고 신문에 발표함으로써 세상에 알려지게 되었다. 그동안은 막연히 1915년 무렵 일제강점기에 측량된 것으로만 알고 있었던 것이다.

겐테 박사는 일찍이 극동 항해 중 제주 근해를 지나면서 한라산을 보고 큰 감동을 받았다고 한다. 그는 이렇게 말했다.

세상을 널리 돌아다니면서 항해 도중에 한 번도 도중에 내려줄 수 없느냐는 어리석은 질문을 한 적이 없었지만, 이번에는 정말로 저 섬에 들어가 산을 오르는 것이 가능하냐고 선장에게 물었다.

그때 일본인 선장은 큰 배가 닿을 접안시설이 없고 주민들이 난폭해서 힘들 것이라고 대답했단다. 그때는 바로 이재수의 난이 일어난 무렵이었던 것이다. 그래도 겐테 박사는 제주를 찾아와 꿈에 그리던 한라산에 올라 높이를 정확히 측량하고 다음과 같은 백록담 인상을 남겼다.

믿어지지 않을 만큼 크고 찬란한 파노라마가 끝없이 사방으로 펼쳐진다. 이처럼 형언할 수 없을 정도로 방대하고 감동적인 파노라마가 제주의 한라산처럼 펼쳐지는 곳은 분명 지구상에서 그리 많지 않을 것이다. 이는 바다 한가운데 위치하여 모든 대륙으로부터 100킬로미터 이상 떨어져 있으면서 아주 가파르고 끝없는 해수면에서 거의 2,000미터 높이에 있는 이곳까지 해수면이 활짝 열리며 우리 눈높이까지 밀려올 듯 솟구쳐오른다. 한라산 정상에 서면 시야를 가리는 것이 아무것도 없다. (…)

| **백록담** | 백록담에 오른 이들은 한결같이 그 적막의 고요한 모습이 명상적이고 선적이며 비현실의 세계 같다고 했다. 정지용은 '깨다 졸다 기도조차 잊었더니라'라고 했다.

 무한한 공간 한가운데 거대하게 우뚝 솟아 있는 높은 산 위에 있으면 마치 왕이라도 된 것 같은 느낌이 든다. 주위 사방에는 오직 하늘과 바다의 빛나는 푸르름뿐이다. 태양은 하루 생애의 절정에 이르러 있었건만 아주 가볍고 투명한 베일이 멀리 떨어진 파노라마에 아직 남아 있었다. 물과 공기의 경계가 섞여서 한없는 비현실적인 푸른빛의 세계에서 헤엄치고 날아다니고 대롱대롱 매달려 있기라도 하듯, 뚜렷한 공간적인 경계가 없이 동화 같은 무한으로 이어져 있다.

 그는 한라산 정상에 올라선 순간 그 험난한 산길을 올라온 수고로움을 잊게 해준 것은 자신이 최초로 이 산의 높이를 측량했다는 사실보다도 오랜 떠돌이 신세로 결코 보지 못했던 자기 자신의 내면을 인식하게 된 것이었다면서 한라산 백록담은 영원히 잊지 못할 것이라고 했다. 그는 이 글을 쓴 지 2년 뒤 불행히도 교통사고로 사망했다. 그가 쓴 연재물은 동료에 의해『코리아』(1905)라는 제목으로 출간되었다.

정지용의「백록담: 한라산 소묘」

나는 산사나이가 되지 못했다. 백두대간 종주 같은 건 해낼 자신도 없고 또 그럴 의사도 없다. 산사나이들은 정상에 올랐을 때 한없는 희열을 느낀다고 말하지만 나는 오히려 정상 가까이까지만 가고 만다. 그렇게 산이 지닌 신비로움을 잃지 않고 지키려 한다.

내가 정상에 오르길 거의 기피하는 까닭은 대학생 시절 덕유산을 등반한 다음부터 생긴 선입견 때문이다. 정상에 올랐을 때 나는 희열이 아니라 허망함을 느꼈다. 정상을 밟고 모진 바람을 맞으며 넓은 하늘과 일망무제의 하계를 내려다보면서 나는 호쾌한 기상을 느낀 것이 아니라 차라리 허전했다. 그 아래 어느만큼쯤에서 내 발길을 돌렸다면 나는 그 산을 다시 찾았을 것 같다. 몇번의 기회가 있었어도 백록담에 오르지 않은 것은 그 때문이다.

그러면 남들은 산정에 올라 어떤 감정일까? 백록담에서 느끼는 감상은 무엇일까? 정상에 오른 쾌감일까? 만세라도 부르고 싶은 해방감일까? 아마도 그런 마음은 잠시뿐일 것이다. 대자연 앞에서 느끼는 왜소함이나 두려움까지는 아니라 할지라도 어제까지의 속세에서는 일어나지 않았던, 미미한 자연의 한 존재로서 자아의 발견일 가능성이 크다.

「향수」와「고향」으로 널리 사랑받는 정지용(鄭芝溶, 1902~50)이 39세 되는 1941년에 간행한 시집「백록담」에는 '한라산 소묘'라는 부제가 붙은 모두 아홉 개의 시편이 있는데 평소 그의 시와 아주 다르다. 그 마지막 시는 이렇다.

　　가재도 기지 않는 백록담 푸른 물에 하늘이 돈다. 불구(不具)에 가깝도록 고단한 나의 다리를 돌아 소가 갔다. 쫓겨온 실구름 일말(一抹)에도 백록담은 흐리운다. 나의 얼굴에 한나절 포긴 백록담은 쓸쓸하다. 나는 깨다 졸다 기도(祈禱)조차 잊었더니라.

정제된 언어, 명징스러운 이미지, 모더니스트다운 간결성, 수화 김환기의 초기 그림 같은 서정성을 갖춘 정지용도 백록담에 이르러서는 그 어느 것도 아닌 비움으로 돌아섰다. "아무렇지도 않고 예쁠 것도 없는 아내"를 말한 그런 허허로움이다. 서귀포 남성마을 시(詩)공원에는 정지용의 「백록담」 전문을 새긴 시비(詩碑)가 세워져 있다.

삼양리 검은 모래야 너도 한라산이지, 그렇지?

　나는 한라산을 무한대로 사랑하고 무한대로 예찬하고 싶다. 그러나 우리는 한라산을 말하면서 곧잘 잊어버리는 게 하나 있다. 그것은 제주 섬이 곧 한라산이고 한라산이 곧 제주섬이라는 사실이다. 잠깐 생각해보면 바로 알 수 있는 일이지만 마음속에 그렇게 새기지 못하는 경우가 많다. 그래서 한라산은 산이면서 또한 인간이 살 수 있는 넉넉한 땅 6억 평을 만들어주었다는 고마움을 잊곤 한다.

　면암 최익현은 「유한라산기」에서 다음과 같이 말했다.

　　경내 6, 7만 호가 이곳을 근거로 살아가니, 나라와 백성에게 미치는 이로움이 어찌 금강산이나 지리산처럼 사람들에게 관광이나 제공하는 산들과 비길 수 있겠는가?

생각하는 마음이 깊은 대학자의 말은 이렇게 달랐다. 그리고 뜨거운 가슴을 갖고 사는 시인의 눈도 남다르다. 고은 시인은 젊은 시절 여러 해를 제주에서 보내면서 많은 시와 글을 남겼다. 그중 『그믐밤』이라는 시집에서 한라산을 이렇게 읊었다.

> 제주 사람은
> 한라산이 몽땅 구름에 묻혀야
> 그때 한라산을 바라본다
> 그것도 딱 한 번 바라보고 그만둬버린다
> 정작 한라산 전체가 드러나 있는 때는
> 그 커다란 아름다움에도 불구하고
> 거기에 한라산이 있는지 없는지 모른다…
> 괜히 어제오늘 건너온 사람들이
> 해발 몇 미터의 한라산을 어쩌구저쩌구 한다
> 삼양리 검은 모래야
> 너 또한 한라산이지, 그렇지
>
> ―「한라산」

전설은 유물을 만나 현실로 돌아온다

삼성혈 / 돌하르방 / 삼사석 / 일도 이도 삼도 /
삼양동 선사유적지 / 삼양동 검은 모래

공부하는 여행으로서 답사

 답사라는 것에 무슨 일정한 형식이 있는 것은 아니지만 그 개념은 책에서 읽고 사진으로만 보던 것을 현장에서 확인하는 것이다. 그래서 밟을 답(踏)자에 조사할 사(査)자를 쓴다. 그러나 답사의 기본은 여행이고 관광이다. 그래서 학생들이 답사를 간다면 좋아하는 것이다. 그러나 여행, 관광과 다른 것은 공부하는 여행, 공부하는 관광이라는 점일 것이다.
 그런데 제주답사는 여행 이상의 것이 아닐 것이라는 생각을 갖기 쉽다. 우리 학생들도 제주답사는 육지의 그것과 달리 산과 들과 바다를 맘껏 즐긴다는 들뜬 마음으로 제주에 온다. 그것을 잘 알기에 첫날은 '제주답사 일번지'로 제주의 동북쪽 조천, 구좌를 다녀왔다.
 그러나 두번째 날은 공부하는 여행으로서 답사를 본격적으로 시작했다. 제주의 역사를 말해주는 탐라국의 옛 자취를 찾아보면서 제주의 뿌리, 제주의 오리지널리티를 확인하고 또 제주가 조선시대 들어와 본격적으로 육지와 동화하면서 한편으로 비슷하지만 한편으로는 아주 다른 문화의 내용을 갖고 있는 정체성, 즉 아이덴티티를 보여주는 유물들을 찾아가는 것으로 일정을 짰다.

유적 사이의 이동 거리가 멀지 않기 때문에 길을 따라가면서 유적지를 들르는 것이 아니라 유적지를 시대순으로 찾아가는 방식을 취했다. 그래야 시대 개념이 머릿속에 들어오기 때문이다.

제주인의 정체성, 삼성혈

우리의 탐라국 답사는 탐라인의 발상지 전설을 갖고 있는 삼성혈(三姓穴, 사적 제134호)부터 잡았다. 이를 위해서 숙소를 삼성혈 가까이로 하고 아침 일찍 식사 전에 산책 삼아 다녀왔다. 학생들은 이를 '해장 답사'라고 한다. 해장 답사의 장점은 관광객이 전혀 붐비지 않을 때 우리끼리 느긋이 즐길 수 있다는 데 있다.

새벽공기가 아직 차게 느껴지지만, 육지에서는 도저히 맛볼 수 없는 신선한 공기에 절로 심호흡을 한번 길게 해보게 된다. 바람이 많아 나쁜 공기가 머무를 수 없는 곳이 제주도이다. 제주사람들 하는 말이 김포공항에만 내려도 코가 답답해진다고 한다. 삼다도에서 바람, 그것은 삶을 옥죄는 굴레이기도 했지만 성성하게 살 수 있는 복이기도 하다.

우리는 삼성혈 자리로 모였다. 탐라의 개벽시조인 고을나(高乙那)·양을나(良乙那)·부을나(夫乙那)라는 삼신인(三神人)이 이곳에서 동시에 태어났다. 이들이 땅에서 솟아난 구멍이 삼성혈이다. 옛 이름은 모흥혈(毛興穴)이라고도 한다. 움푹 팬 구덩이에 세 개의 혈(구멍)이 품(品)자 모양

| 삼성혈 | 삼성혈은 고양부 3성 시조의 탄생설화를 간직한 곳이자 탐라국의 출발을 말해주는 제주 아이덴티티의 유적이기도 하다.

으로 나 있다. 이 구멍은 비가 와도 빗물이 고이지 않고 눈이 내려도 그 안에 눈이 쌓이지 않는다. 위쪽 구멍은 둘레가 여섯 자고 아래의 두 구멍은 각기 석 자인데 그 깊이가 바다와 통한다고 한다.

주위에는 수령 500년 이상의 노송들과 녹나무, 조록나무 등 수십 종의 고목이 울창하게 서 있어 전설적인 분위기를 뒷받침해준다. 그리고 노목들이 모두 신하가 읍(揖)하듯 혈 쪽으로 수그려서 경건함과 신비로움을 동시에 자아낸다. 사실 구멍에 물이 고이지 않는 것은 제주 화산지역의 한 특징이고 나무가 이쪽으로 향하는 것은 식물의 향일성 때문이지만 그것이 삼성혈 전설과 어울리니 그 또한 그럴듯하다.

| 삼성혈 숭보당과 전사청 | 삼성혈은 조선왕조에서도 존중해주어 한때는 삼성사라는 사액까지 내려주었고, 사우 철폐령 이후에는 전사청과 삼성전이 중건되어 오늘에 이르고 있다.

삼성혈, 그후 이야기

삼성혈 공원 안에 전시실이 있어 들어가보니 삼신인 이야기가 그림과 함께 패널에 쓰여 있다. 디자인화되지 않은 긴 설명문이어서 간명하게 들어오지 않았지만 공부하러 온 것인지라 참고 읽었다.

삼신인은 수렵생활을 하며 살다 지금의 온평리 바닷가에 떠밀려온 나무궤짝 안에서 나온 세 여인을 맞이하게 된다. 이들은 벽랑국(碧浪國), 즉 푸른 파도의 나라에서 온 세 공주였다고 한다. 나무궤짝 속에서는 망아지와 오곡의 씨앗이 나왔다고 한다. 벽랑국 공주들이 타고 온 나무궤짝이 발견된 해안을 황루알이라고 부르는데, 황루알에는 세 공주가 바위에 디딘 발자국이 남아 있다고 한다.

이 전설은 당시부터 제주에서는 농경생활이 시작되었음을 말해주는 것이다. 세 사람은 활을 쏘아 각자 살 곳을 정했다. 그것이 일도(一徒),

| 삼성혈 제례 장면 | 삼성혈은 후손들이 지내는 제와 별도로 매년 12월 10일 제주도지사 주재 하에 건시제(乾始祭)를 지내 탐라국의 전통을 이어가고 있다.

이도(二徒), 삼도(三徒)의 내력이다. 지금 삼성혈이 있는 곳은 이도 1동이다.

삼신인과 벽랑국 공주가 결혼하여 낳은 자손이 고양부(高梁夫), 제주 고씨, 제주 양씨, 제주 부씨다. 세월이 많이 흘러 탐라가 신라 내물왕 18년(373)에 신라에 입조해 성씨를 하사(賜姓)받을 때 양(良)을 양(梁)으로 고쳤다고 한다.(한편으로는 고을나는 제주시 쪽, 양을나는 안덕 쪽, 부을나는 구좌 쪽으로 떨어졌다는 설도 있다.)

삼성혈이 성역화된 것은 중종 때 제주목사 이수동에 의해서였고 이어서 숙종과 영조 연간에 제를 봉행했다. 정조는 여기에 '삼성사(三姓祠)'라는 사액을 내려주었는데, 고종 때 사우(祠宇, 사당) 철폐령으로 수난을 당하다가 그후 재건운동으로 1889년부터 전사청·삼성전이 중건되어 오늘에 이른다.

이런 사실을 보면 조선왕조는 제주의 삼성혈을 존중해주었음을 알 수 있다. 특히 조선왕조는 조상에게 존경과 감사를 표하는 제례를 거의 이데올로기처럼 삼았기 때문에 이를 무시할 수 없었을 것이다. 이 전통이 오늘날까지 남아 매년 12월 10일에는 도지사 주재 하에 제주도민이 혈단(穴壇)에서 건시제(乾始祭)를 지낸다. 그리고 고·양·부 3성의 후손들은 이와 별도로 매년 양력 4월 10일에 춘제(春祭), 10월 10일에 추제(秋祭)를 삼성전에서 지내는데 헌관은 3성이 돌아가며 맡는다.

삼성혈 유적지는 그 이상 볼거리가 있는 곳은 아니다. 그러나 내가 삼성혈을 귀하게 생각하는 것은 무엇보다도 여기에서 지금도 변함없이 제를 지내고 있다는 사실이다. 그것은 제주도의 아이덴티티와 오리지널리티를 말해주는 하나의 징표이기도 하다.

무료입장과 유료입장

삼성혈을 둘러보고 나오는데 과대표 학생이 나에게 다가와 묻는다.

"선생님, 이게 다예요?"
"응, 뭐가 어때서?"
"근데 단체로도 입장료를 2,000원씩이나 받아요? 국립박물관도 무료인데……"

이것은 학생 입장에서 나올 만한 질문 내지 억울함이다. 유적지에 가서 입장료를 내는 것은 당연하다. 그래야 관리비와 인건비를 확보할 수 있다. 그런데 이것이 이상하고 아깝게 생각되도록 만든 것은 국립박물관 무료입장 때문이다. 그 엄청난 시설에 빛나는 유물도 공짜로 보는데 이

까짓 것에 2천 원씩이나 내느냐고 물을 만한 것이다.

　국립박물관 무료입장은 이명박정부가 인수위 시절부터 내린 조치다. 이른바 문화복지 차원의 발상이었던 것 같다. 그러나 이로 인해 전국의 500여 박물관들은 엄청난 피해를 입고 있다. 이것은 박물관 문화를 죽이는 일이었다. 박물관 무료입장 뒤 신난 것은 유치원과 어린이집이다. 야외수업한다고 항시 아이들로 바글거린다. 비 오는 날은 더하다. 한 나라 문화유산의 권위와 자랑을 모아놓은 박물관이 어린이 놀이터로 변해버리고 말았다.

　더욱이 청소년의 경우도 단돈 1천 원이라도 내고 들어올 때하고 무료로 들어올 때는 관람하는 태도가 다르다. 그건 돈의 힘이고 굴레이다. 수강료가 비싸면 악착같이 들으러 가고 무료면 대충 듣게 되는 것과 같다. 연극공연에서도 무료입장객이 많은 날은 관객 반응이라는 것이 없어서 배우들이 연기할 맛이 안 난다고 한다. 무료가 좋은 것 같지만 유료가 교육적으로 더 좋은 것이다.

　국제적인 시각에서 볼 때 입장료가 없다고 하면 가치가 떨어지는 줄로 알기도 한다. 반대로 비싸면 그 박물관은 유물이 좋다는 표시로 생각하기도 한다. 그래서 세계 선진국 박물관들에는 불문율이 있다. 매주 월요일은 휴관이고 토, 일요일에 문을 연다. 그리고 화요일 또는 수요일은 무료로 하고 저녁 9시까지 문을 연다. 그렇게 하면서 관람질서를 유지하고 돈이 없는 사람은 무료개장에 맞춰 오라는 것이다. 영국박물관이 무료입장인 것은 소장 유물에 약탈문화재가 많아 국제적 비난을 받을까봐 그러는 것이니 별도의 얘기다.

　내가 이 대목에서 화가 나는 것은 왜 박물관 입장료를 경제관료가 정하느냐는 것이다. 박물관 관계자들에게 물어보면, 백이면 백 사람 다 무료입장을 반대할 것이다.

외국에 나가면 고궁 입장료가 10달러, 20달러인데 우리 경복궁은 아직도 3천 원이다. 그래서 어떤 일본인은 매표소 숫자를 보고 3천 엔(円)을 준비하기도 한다. 이런 고궁에 3백 엔 내고 들어간다는 것은 상상도 할 수 없기 때문이다. 삼성혈 입장료가 2천 원인 것은 적정가지만 무료입장에 길든 학생들에게는 너무도 가혹하거나 억울했던 것이다.

내가 조사한 바에 의하면 각국의 박물관, 고궁 입장료는 대개 그 나라 영화관 입장료와 비슷하거나 약간 싸다. 내 맘대로 한다면 국립중앙박물관 입장료는 5천 원으로 하고 매주 수요일은 무료로 밤늦게까지 오픈하겠다.

오리지널 돌하르방

학생들이 입장료 때문에 아침부터 너무 억울해하는 것 같아 나는 그 허전함을 채워주려고 모두들 홍살문 앞에 모이게 했다. 그리고 영조 30년(1754)에 제작했다는 돌하르방을 감상하라고 했다.

삼성혈 입구의 돌하르방 한 쌍은 진짜 명작이다. 나는 서슴없이 제주의 돌하르방 중 가장 대표적인 것으로 관덕정 돌하르방과 함께 이것을 꼽는다. 제주도 곳곳에 수많은 돌하르방이 널려 있기 때문에 사람들은 낱낱의 돌하르방에는 거의 무신경하고 어느 것이 오리지널인지 알기도 힘들다. 또 성읍과 대정에서 약간 다르게 생긴 돌하르방을 보면 저것도 돌하르방인가 하고 약간 당황스러워하기도 한다. 제주에 있는 오리지널 돌하르방은 모두 47기이다.

이 사실을 안다는 것은 민속학적으로 미술사적으로 또 제주의 멋과 고유가치를 이해하는 데 매우 중요한 과제다. 나는 학생들에게 돌하르방 이야기를 강의식으로 들려주었다.

| 삼성혈 입구 돌하르방 | 제주의 오리지널 돌하르방 47기 중 가장 의젓하게 잘생긴 작품으로 꼽히고 있다. 침묵의 권위 같은 것이 느껴지면서도 친근미를 잃지 않고 있다.

"제주 어디 가나 보게 되는 돌하르방은 언제부터 만들어졌는지 확실히 말할 수는 없지만 최소한 18세기부터 내려오는 오리지널 돌하르방은 모두 47기입니다. 제주목 23기, 대정현 12기, 정의현 12기 등인데 그중 2기는 경복궁에 있는 국립민속박물관 정원에 옮겨졌고 현재 45기가 제주도에 남아 있어요.

그중에서 유적지에 남아 있는 것은 제주 관덕정 앞뒤에 4기, 삼성혈 입구에 4기, 성읍 동문·서문·남문 터에 4기씩 모두 12기, 대정읍성 서문 터에 4기 등 24기뿐입니다. 나머지는 제자리를 떠나 지금은 흩어져 있답니다.

| **성읍의 돌하르방** | 옛 정의현 읍성 대문 앞에 세워진 성읍 돌하르방은 통통한 얼굴에 동그란 벙거지를 쓴 아주 야무진 모습을 보여준다.

 삼성혈, 관덕정이 제주답사의 필수 코스인 이유는 그곳에 있는 돌하르방이 제주 돌하르방의 전형성을 가장 잘 보여주고 또 가장 잘생겼기 때문입니다."

 학생들에게 자세히 현황을 얘기해주지는 않았지만, 정확히 말하자면 제주시청 현관(2기), 제주대학교(4기), 제주목 관아(2기, 근래에 제주공항에서 이전), KBS제주방송총국 현관(2기), 돌문화공원(옛 목석원, 1기), 대정 인성리 회관 앞(2기), 대정 안성리 마을(1기), 대정 보성초등학교(5기)에 돌하르방이 있다. 학생들은 나의 강의가 빨리 끝나기를 바라는 눈치였지만 나는 설명을 이어갔다.

 "제주의 돌하르방은 본래 읍성의 대문 앞에 세워진 지킴이였습니다.

육지의 장승들이 사찰장승이거나 마을장승인 것과는 아주 다르죠. 조선시대 제주에는 제주목(濟州牧)과 정의현(旌義縣)·대정현(大靜縣), 1목 2현이 설치되었고 각 현마다 읍성이 둘려 있었어요. 정의현 읍성인 성읍의 대문 앞과 대정읍성 서문 터에는 지금도 그대로 서 있습니다.

이에 비해 제주성은 거의 다 허물어져 지금 제자리에 남아 있는 것은 하나도 없습니다. 『증보탐라지』에서 증언하기를 제주성의 3문이 헐리면서 여기 있던 돌하르방 2기는 관덕정 앞, 2기는 삼성혈 입구로 옮겨세웠다고 합니다.

그러나 1914년 일제가 토지측량을 실시할 때 남긴 기록사진에서 제주성 동문 밖 마주 보는 두 쌍의 돌하르방 사진은 정말로 향토색 짙은 옛 제주의 표정이랍니다."

이쯤에서 나는 설명을 마치고 나머지 돌하르방 얘기는 저녁에 하기로 하고 숙소로 돌아가 아침식사를 하자고 했다. 학생들은 어마 좋아라 하고 줄달음질쳐 빠져나갔다.

제주 돌하르방 비교론

저녁 강의에서는 PPT를 사용해 돌하르방들을 비교하며 설명해주었다. 삼성혈 돌하르방은 키가 234센티미터로 가장 크다. 굳게 다문 입, 부리부리한 눈, 이마의 주름과 볼의 근육, 그리고 우람한 가슴근육은 지킴이로서 당당하고 근엄하다. 왼쪽 분은 정면정관에 조금은 인자해 보이지만 오른쪽 분은 고개를 약간 돌리고 노려보는 품이 제법 무섭다. 인체비례와 이목구비는 분명 과장과 변형을 가한 것이지만 마치 살아 있는 듯한 생동감을 느끼게 한다. 그것이 예술이다.

| **대정읍성의 돌하르방** | 옛 대정현 읍성 대문 앞에 있던 돌하르방은 제주목, 정의현의 그것과는 달리 아주 서민적이고 해학적인 모습을 보여주어 제주 세 고을이 서로 다른 모습의 돌하르방을 세웠던 것을 알 수 있다.

 정의현의 돌하르방은 얼굴이 공처럼 동그랗고 눈초리가 조금 올라가 있다. 전체적으로 넓적한 느낌을 주며 양손을 배 쪽에 공손히 얹어 단아한 모습이다.
 대정의 돌하르방은 키도 작고 몸집도 작다. 다른 지역 돌하르방에 비해 코가 낮고 입이 작고 눈 주위가 움푹하여 소박하고 친근한 느낌을 준다. 양손이 가지런히 위아래로 놓였으나 개중에는 두 손을 깍지 낀 것도 있어 주먹을 불끈 쥔 모습이 아니다.
 재미있는 것은 제주목 돌하르방이 정의현, 대정현의 그것보다 크다는 점이다. 제주목의 돌하르방은 평균신장이 182센티미터다. 정의현의 돌하르방은 145센티미터, 대정현의 돌하르방은 136센티미터다. 목사 고을

하고 현감 고을의 차이 같은 것이다.

이처럼 제주의 오리지널 돌하르방은 저마다의 표정과 특징이 있다. 예술적 안목을 기르는 방법은 좋은 작품을 많이 보는 것이 첫째고, 둘째는 비슷한 작품을 면밀히 비교하면서 상대적인 가치를 따져보는 것이다. 그런 시각적 경험이 축적되면 절대평가에서도 어느정도 소견을 갖게 된다. 제주의 오리지널 돌하르방은 그런 점에서 더없이 좋은 미술사적 안목 배양의 교육장이기도 하다.

돌장승과 옹중석

돌하르방이 언제부터 만들어져 세워졌는지 그 역사적 유래를 말해주는 정확한 기록은 없다. 다만 1918년에 김석익(金錫翼)이 지은 『탐라기년(耽羅紀年)』에 "영조 30년(1754)에 목사 김몽규(金夢奎)가 옹중석(翁仲石)을 성문 밖에 세웠다"는 기록이 있다.

옹중석이란 중국 진시황 때 장수인 완옹중(完翁仲) 이야기에 나오는 수호상이다. 진나라가 흉노의 침입을 막느라 만리장성을 쌓을 때 완옹중이 매우 용맹하여 흉노족이 벌벌 떨었다고 한다. 그가 죽자 진시황은 구리로 그의 형상을 만들어 성문 앞에 세워놓았다. 흉노는 완옹중이 죽었다는 소문을 듣고 진나라에 쳐들어왔는데 멀리 성문 앞에 서 있는 완옹중을 보고 그대로 도망갔다고 한다. 이후 성문 앞에는 수호상으로 옹중석을 세웠다고 한다.

본래 조선시대 문인들은 똑같은 것을 말해도 민간에서는 잘 쓰지 않는 유식한 단어, 특히 중국 고사에 나오는 말을 이끌다 씀으로써 자신의 학식이 높음을 은연중 나타내곤 했다. 결국 그가 말한 옹중석은 지킴이, '가짜 인물상', 제주도 말로 '우석목(偶石木)', 육지로 치면 장승이다.

이로 미루어볼 때 돌하르방은 1754년 무렵, 또는 그 이전에 만들어졌다는 것을 알 수 있다. 그리고 관덕정과 삼성혈 앞 돌하르방이 중요한 것은 조각 자체가 가장 멋있을 뿐만 아니라, 절대 연대 내지 하한 연대가 있어 더욱 가치가 있기 때문이다.

담수계의 「증보탐라지」

돌하르방에 대한 기록을 조사하면서 내가 새삼 놀란 것은 향토사에 대한 제주인들의 치밀한 기록들이다. 제주의 역사 기록으로 빼놓을 수 없는 중요한 책은 1953년에 제주의 관(官)도 아닌 민(民)에서 펴낸 『증보탐라지(增補耽羅誌)』이다. 이 문헌은 광복 직후 일제의 식민정책으로 말살된 민족문화를 되살리고자 제주도의 석학 12명이 '담수계(淡水契)'를 조직해 제주도의 옛 지지(地誌)들을 보완하고 재정리한 책이다.

경제사정이 열악해서 질 낮은 갱지에다 철필로 기름종이를 긁어 프린트한데다 문장도 문법에 어긋난 곳이 많지만 저자 개인이나 한두 명의 감수자를 두고 편찬된 이전 탐라지들과 달리 광범하고 객관화된 정보를 다뤄 제주사 연구의 핵심자료로 평가된다. 이런 학술사업에 민에서 계를 조직해냈다는 것은 정말로 존경스러운 일이며 이런 제주인들의 열정과 저력과 애향심이 있어 제주가 이만큼이라도 민속을 지켜오고 있는 것이다. 참으로 대단한 제주도이고 제주인이다.

이 책은 돌아가신 홍순만(洪淳晩) 선생이 제주문화원장으로 계실 때 '역주(譯註)'본을 펴낸 것이 있어 지금은 편하게 이용할 수 있게 되었다. 언젠가 '제주학'이라는 것이 튼실한 뼈대를 갖추게 될 때 우리는 담수계의 어른들과 홍순만 선생 같은 향토사학자의 이름과 공을 대서특필해야 할 것이다.

아이들이 이름지은 돌하르방

돌하르방이란 말은 근래에 생긴 것이다. 이전에는 고을마다 다양하게 불려 제주도에서도 통일된 명칭이 없었다. 육지에서도 장승은 벅수·장군·할머니·할아버지라고 지방마다 달리 불렸고 생김도 달랐다. 제주도에선 우석목·무석목·벅수머리·돌영감·수문장·장군석·옹중석·돌미륵·백하르방 등 여러 가지 명칭으로 불렸다. 그중 우석목이 가장 널리 쓰이는 명칭이었다. 그런데 1971년 지방문화재로 지정되면서 돌하르방이라는 명칭으로 등록한 것이 급속하게 퍼져 아주 오래된 이름처럼 되었다.

평생 제주의 민속을 연구하신 고 김영돈(金榮墩) 선생께 들은 이야기인데 당시 문화재위원들이 명칭을 고민하다 아이들 사이에서 일종의 애칭으로 널리 불리던 돌하르방으로 정했다고 한다. 참으로 현명한 선택이었다. 이미 대중적 검증을 거친 애칭을 붙였기 때문에 우리가 더 친숙하게 부르고 있는 것이다. 제주를 자주 다니다보면 자연히 알게 되겠지만 제주는 육지와 달리 민의 생각, 민의 역할이 여러 면에서 잘 반영되어 있다.

돌하르방은 제주도의 상징 유물이고, 제주도의 마스코트다. 그래서 제주도에는 무수히 많은 돌하르방이 있고 지금도 갖가지 크기로 제작되어 정원 조각으로, 식당이나 여관 대문 앞 지킴이로 세워졌고, 다리의 수호상으로 관광지 이정표로 쓰이기도 한다. 관광기념품으로 가장 특색있고 인기있는 것도 제주도 화산석으로 만든 돌하르방이다.

이처럼 돌하르방은 제주인의 삶 속에 깊이 들어앉아 있다. 이런 돌하르방을 가장 멋지게 노래한 것은 제주의 시인 고 김광협(金光協)이 제주어로 지은「돌할으방 어디 감수광」(『돌할으방 어디 감수광』, 태광문화사 1984)이다.

돌할으방 어디 감수광	돌하르방 어디 가시나요
돌할으방 어딜 감수광	돌하르방 어디를 가시나요
어드레 어떵ᄒ연 감수광	어디로 어째서 가시나요
이레 갔닥 저레 갔닥	이리 갔다 저리 갔다
저레 갔닥 이레 갔닥	저리 갔다 이리 갔다
아명 아명 ᄒ여봅써	아무리 아무리 해보세요
이디도 기정 저디도 기정	여기도 벼랑 저기도 벼랑
저디도 바당 이디도 바당	저기도 바다 여기도 바다
바당드레 감수광 어드레 감수광	바다로 가세요 어디로 가세요
아무 디도 가지 말앙	아무 데도 가지 말고
이 섬을 지켜줍써	이 섬을 지켜주세요
제주섬을 슬펴줍써	제주섬을 살펴주세요

—「돌할으방 어디 감수광」 부분

제주어에서 아래아(ㆍ) 발음은 '아'와 '오' 중간음으로 육지에서는 거의 다 사라지고 서부경남지방에만 약간 남았는데, 제주어에는 원형 그대로 남아 있다. 그래서 제주 어린애들이 '츔 크래커'를 발음하는 것이 육지인에게는 '촘 크래커'로 들린다.

아담한 옛 삼사석비

삼성혈에 딸린 유적으로는 혼인지(婚姻池)와 삼사석(三射石)이 있다. 혼인지는 성산읍 온평리에 있는 아담한 연못으로 답사 코스로 연결되지 않아 화북에 있는 삼사석으로 향했다.

삼사석은 6차선 큰길가 화북 주공아파트 단지 건너편에 있어 전설의 고향치고는 주변환경이 너무 현대적인데다 주차할 곳도 마땅치 않다. 삼성혈에서 보면 동쪽 방면에 있다. 일주도로(1132번)를 타고 가다 오현고등학교와 화북동 주민센터를 지나면 왼편에 있는데 새로 지은 길 이름이 '삼사석로'로 되어 있지만 눈을 크게 뜨고 정신 바짝 차리지 않으면 그냥 지나치기 일쑤다.

어렵사리 삼사석 유적지에 도달하면 큰길가의 한쪽 넓은 돌계단 위로 한자로 '삼사석지(三射石址)'라고 쓴 거대한 유적비가 있어 옳게 찾아온 것이 안심된다. 그러나 이 또한 황당한 현대식 유적비다. 원래의 삼사석은 이 거대한 유적비 옆에 입구도 출구도 없는 넓은 돌담 안에 아주 작은 돌집 하나, 아주 작은 비석 하나가 서 있을 뿐이다. 유적지를 알리는 비가 원래의 비석보다 족히 열 배는 더 크다.

삼사석은 일명 '시사석(矢射石)'이라 하며 이곳 사람들은 '살맞은돌'이라고 부른다. 3성이 모여 화살을 쏘아 살 곳을 정했는데, 그때 쏜 화살이 꽂혔던 돌덩어리들을 보관한 곳이다. 지름 55센티미터 정도의 현무암으로 영조 11년(1735)에 제주도 사람 양종창이 비각처럼 생긴 돌집을 짓고 보존한 것이다. 높이 1미터, 정면너비 1미터, 측면 67센티미터의 제주도식 돌보호각이 아주 아담하다.

제주도에서는 무엇이든지 돌로 두르는 풍습이 있다. 집에는 돌담, 밭에는 밭담, 무덤에는 산담이 있듯이, 비석이고 유물이고 귀중한 것은 돌집에 보존한다. 삼사석 유적지 안을 돌담으로 친 것도 그래서다. 이는 또 하나의 중요한 제주만의 풍광이라 할 수 있다.

삼사석 옆에는 제주목사 김정(金淨)이 세운 작고 조촐한 비가 서 있다. '삼사석비'라는 단정한 해서체 비문 양옆에는 이를 기리는 비명이 새겨져 있다.

| 삼사석 | 삼사석은 옛날 고양부 3성이 활을 쏘아 서로의 터전을 정했다는 전설을 간직한 '살맞은돌'을 모아놓은 곳이다. 작고 아담한 제주도식 비석과 돌보호각이 아주 소탈한 멋을 보여준다. 그러나 바로 곁에 근래에 엄청 거대한 삼사석비가 세워져 예스러운 분위기에 상처를 주었다.

모홍혈고(毛興穴古)	모홍혈의 아득한 옛날
시사석류(矢射石留)	화살 맞은 돌 그대로 남아
신인이적(神人異蹟)	삼신인의 기이한 자취
교탄천추(交嘆千秋)	세월이 바뀌어도 오래도록 비추리

그리고 비의 뒷면에는 1930년에 고씨 세 분이 다시 고치고 담장을 세웠다는 기록이 있다. 나는 이 삼사석에 오면 제주도 서정이 물씬 풍기는 조촐하면서도 정성 어린 옛사람들의 유적지 관리 자세와, 티를 내려고 어울리지 않는 거대한 비석을 세우는 오늘의 자세를 비교하게 된다. 그래서 안목있는 분들은 입을 모아 "제주는 건드리지 않는 것이 오히려 좋다"는 역설을 말하곤 한다.

그러나 저러나 이 고양부는 어디서 활을 쏘았을까. 전설에 의하면 물장오리 옆에 있는 쌀손장오리오름에서 쏘았다는 이야기가 따로 전하고 있다.

제주의 정겨운 마을 이름

삼사석의 전설적 유물은 아주 오래전부터 내려오는 것이어서『신증동국여지승람(新增東國輿地勝覽)』에 "주 동쪽 12리에 있다. 고로(古老)들이 말하기를 삼성(三姓)이 터를 정할 때 활을 쏜바 그 자취가 지금도 남아 있다"고 했다.

이리하여 화살이 떨어진 곳이 일도, 이도, 삼도인데『고려사』에는 "양을나가 사는 곳을 일도(一都), 고을나가 사는 곳을 이도(二都), 부을나가 사는 곳을 삼도(三都)라 한다"고 했다. 여기서 도(都)는 크게는 도읍, 작게는 마을이라는 뜻이 될 것이다. 그런데 앞의 삼성혈에서 설명했듯이 도(都)를 무리 도(徒)로 표현하기도 한다. 이에 대해 숙종 때 목사를 지낸 이형상이 기록한 제주 박물지인『남환박물(南宦博物)』에는 이렇게 나와 있다.

> 세 사람이 나누어 살던 곳을 도(徒)라 하였다. (…) 지금 제주성 안을 세 부분으로 나누어 '일내, 이내, 삼내'라 한다. 도(徒)는 도(都)자의 잘못인 듯하다. 방언으로 도(徒)는 내(乃)라고 하는데 아마 그 당시 일컫던 말일 것이다.

이리하여 제주어와 제주민속을 연구하는 분들은 중세국어 표기에서 한자를 빌려 이두식으로 표기한 것을 분석하여 대체로 일도는 일내, 이도는 이내, 삼도는 삼내로 보며, 여기서 내(乃)는 마을을 뜻하는 것으로 해석하고 있다. 그래서 현용준(玄容駿) 선생이 채록한 제주 무가(巫歌)에 이런 사설이 있다.

"일내 일도, 이내 이도, 삼내 삼도리(三徒里)로 갈라…"

이처럼 동네 이름 하나를 고증하는 데에도 여러 문헌과 학자가 동원되는 것이 제주도다. 그리고 그 하나하나를 추적해가는 것이 여간 흥미롭지 않다.

제주도는 2006년 7월 1일자로 제주특별자치도가 되었다. 그만큼 행정적으로도 독립적 지위가 인정된 것이다. 이에 따라 제주의 행정구역은 제주시와 서귀포시 둘로 나뉜다. 제주시는 4읍, 3면, 19개 행정동으로 개편되고 인구 40만 명이라고 하지만 실제로 제주시의 배후지 역할을 한 한라산 산북지역(山北地域)의 옛 북제주군, 한림읍·애월읍·구좌읍·조천읍·한경면·추자면·우도면 등 4읍 3면을 빼면 인구 30만의 아담한 도시다.

행정상 19개동으로 통폐합하고 도심의 동네엔 1동, 2동 하고 귀를 붙였지만 역시 상가리·하귀리·김녕리·외도리 하고 옛날식으로 불러야 제주의 맛이 살아난다. 제주의 동네 이름은 그 생성과정 자체가 민속이어서 『제주도 마을이름의 종합적 연구』(오창명 지음)라는 두 권짜리 책이 나와 있을 정도다.

그래서 제주도에 한번 빠지면 거기서 나오기 힘들다. 제주에 민속학자가 많은 것은 이 때문이며 육지인은 감히 거기에 명함을 내밀지 못한다. 또 제주인이 아니고는 그 민속의 본질을 체감하지 못한다. 그래서 나의 소망 중 하나는 나를 대신하여 제주의 문화유산을 속속들이 밝혀내 제주학을 크게 일으킬 제자 하나를 얻는 것이다.

마을의 탄생, 삼양동 선사유적지

우리는 미술사학과 답사답게 이번에는 삼양동 선사유적지로 향했다. 여기는 1999년 사적 제416호로 지정될 정도로 제주도뿐만 아니라 우리나라 선사시대(원삼국시대)의 대표적 유적이다. 1970년대에 고인돌 3기가 보고되면서 알려졌고, 1986년에는 초기 철기시대, 원삼국시대의 적갈색 토기와 돌도끼 등이 출토되었다. 그뒤 1997년 삼양동 일대 아파트 부지를 위한 구획정리 중 선사시대 유물이 발견되자 제주대학교박물관이 본격적으로 발굴에 들어갔고, 제주시는 기꺼이 아파트를 포기하고 이 선사유적기념관을 건립하게 된 것이다. 마구잡이 개발이 한창이어서 도처에서 유적지가 사라지던 시절에 파격적으로 보존조치를 취한 데 대해 학계에서는 제주시장에게 감사장을 전달하기도 했다.

2차에 걸친 발굴 결과, 기원전 1세기를 전후한 시기의 집터 236기를 비롯하여 당시의 석축 담장, 쓰레기 폐기장, 마을 외곽을 두르고 있던 도랑 유구 등을 발견함으로써 대규모 마을 유적이 확인되었다.

집터 내부에서 구멍띠토기·점토대토기·적갈색 항아리 등 600여 점의 토기류, 돌도끼·갈돌·숫돌 등 150여 점의 석기류, 철제 도끼·손칼 등의 철기류, 동검·검파두식 등의 청동기류, 콩·보리 등의 탄화곡물, 그리고 중국제 환옥 등 다양한 유물이 출토되었다.

삼양동 선사유적지는 기원 전후 탐라국 형성기의 사회상을 밝혀주는 지금까지 조사된 남한 최대의 마을 유적지이며, 원삼국시대의 초기 복합사회 모습을 총체적으로 보여준다는 점에서 매우 중요하다. 지금 전시관에는 이때 출토된 유물이 전시되어 있고, 야외에는 당시 가옥형태로 집

| **삼양동 선사유적지** | 삼양동에서는 기원전 1세기의 집터 236기가 발견되었다. 이는 우리나라 최대의 선사시대 마을유적이자 삼성혈의 탐라국이 출발했던 시기를 유물로써 증언해준다.

터를 복원해놓았으니 우리 학생들은 이런 역사적·고고학적 사항을 머리에 두고 유물들을 하나씩 확인하게 될 것이다.

그러나 나는 우리 학생들이 전시관의 깨진 질그릇이나 야외의 초가집을 보면서 어떤 감동을 받으리라고 기대하지는 않는다. 실제로 감동을 줄 명작이 있는 것도 아니다. 이 유물들은 어떤 역사성이 있고 어떤 전설과 연관되어 있다고 할 때 의미가 있고 가슴에 새겨볼 그 무엇이 있는 것이다. 나는 학생들에게 그 점을 따로 강조해 말했다.

삼성혈과 삼양동 유적의 관계는?

고양부의 삼성혈과 시사석의 전설은 아직 탐라국이라는 국가가 건설되지 못했음을 말해주는 것이며 이들은 각자 마을을 형성하고 그 마을의 규모가 커지면서 성읍으로 발전하게 된다. 이때를 고고학에서는 군장국가라고 한다. king이 다스리는 kingdom이 아직 못 되고, chief가 다스리던 chiefdom 시절이다. 기원전 1천 년부터 형성된 한반도의 여러 chiefdom은 기원전 1세기 초기 철기시대로 들어가면서 상황이 급변한다.

부여·고구려·백제·삼한·신라·가야 등의 여러 chiefdom이 고대국가로 발전하려고 각축을 벌이며 이 다툼은 기원후 3세기 삼국의 정립과 고대국가의 탄생으로 결말을 보게 된다. 이 기원전 1세기에서 기원후 3세기를 고고학에서는 원삼국시대라고 하는데, 삼양동에 있는 원삼국시대 대규모 주거지가 바로 그 유적이다.

그러니까 삼성혈, 시사석의 전설은 삼양동 선사유적지를 만남으로써 실체감을 갖게 되고, 삼양동 선사유적지는 삼성혈과 시사석이 곁에 있어 선사인의 체취를 갖추게 된다.

고고학자와 민속학자들은 학문적 신중성 때문에 이런 것을 잘 연결시키려고 하지 않는다. 지금 학문의 경향이 너도나도 학문간 융합·복합으로 나아가고 있다. 틀리면 나중에 시정할지언정 이 삼양동 유적은 삼성혈과 직결되는 것이며 최소한 무관한 것은 절대 아니다.

동계 조구명의 우리나라 자존심

삼양동 선사유적지 바로 아래는 유명한 삼양동 검은 모래 해변이다. 요즘 삼양동 검은 모래 해안에서는 의외로 중국인 관광객들이 신발을 벗어들고 떼지어 거닐고 있는 것을 볼 수 있다. 혹자는 왜 중국인들이 제주도를 열광적으로 좋아하는지 이해가 가지 않는다고 하는데 그 이유는 간단하다. 중국인들은 바다를 구경하거나 즐기기가 쉽지 않기 때문이다.

특히 제주도는 섬 어디에 있더라도 몇십 분 안에 바다로 나아갈 수 있는 넓이이다. 즉 항시 바다를 곁에 둔 섬 안에 있다는 인식을 준다.

요즘 중국 관광객들이 제주에 몰려드는 것을 보면서 나는 조선 영조 때 문사인 동계(東谿) 조구명(趙龜命, 1693~1737)이 동시대 지식인들에게 퍼부었던 비판이 생각났다. 동계는 대단한 민족적 프라이드를 갖고 있어서 윤용(尹愹)이라는 화가가 중국풍으로 그린 그림을 보고서는 '손가락을 부러뜨리고 싶었다' 했을 정도였다. 그는 조선 선비들이 중국에 대해 막연히 한없는 동경을 보내는 작태에 대해 이렇게 말했다.

> 우리나라 사람들은 중국에 태어나 그 산천을 널리 구경하지 못함을 항상 한스러워하는데, 사실상 천하의 구경거리로는 바다보다 큰 것이 없다. 그런데 중국사람들은 오월(吳越)의 높은 산이나 곤명지(昆明池)에 있는 사람이 아니면 제 아무리 유람하기 좋아한다고 이름난 사람일지라도 바다 구경 한번 하기가 어렵다. 그런데 우리나라 사람들은 발돋움만 하면 바로 천하의 큰 구경거리를 마련할 수가 있으니 무엇 때문에 유독 저들을 부러워하랴.
>
> ─『동계집(東谿集)』'형님의 남행록 뒤에 제하다(題伯氏南行錄後)'

우리는 바다를 늘 대하고 있어 그 가치를 깊이 인식하지 않고 살아가지만 중국의 내륙인들 입장에선 제주도의 아름다운 바다를 보면 거기에 반하지 않을 수 없는 것이다. 게다가 삼양동 검은 모래 해변은 시내에서 차로 불과 십오 분 거리에 있지 않은가.

삼양동 검은 모래 해변에서

또 여름이면 일본인들이 여기를 많이 찾아온다. 온천욕을 광적으로 즐기는 일본인들은 모래찜질도 좋아한다. 일본 큐우슈우(九州)의 이부스끼(指宿) 호텔 사우나가 가운을 입은 채 검은 모래를 뒤집어쓰는 찜질로 유명하다. 그런데 삼양동 검은 모래 해변은 그런 인공시설이 아니라 자연 그대로의 노천 찜질방이니 소문이 날 만도 하다.

잘고 검은 모래로 찜질하면 신경통·관절염·비만증·피부염·감기예방·무좀 등에 효과가 있고, 특히 불임치료에 좋다고 한다. 우리나라 사람들은 건강에 좋다는 것과 피부에 좋다는 것에 약한 것인지 강한 것인지, 소문만 나면 몰려들지 않는가. 그래서 여름이면 남녀노소, 외국인, 육지인 가릴 것 없이 검은 모래를 덮어쓰고 모래찜질을 즐긴다.

이에 제주시 삼양동에서는 한국기초과학지원연구원 서울센터에 모래 성분 분석을 의뢰했다. 성분 분석 결과 삼양해수욕장의 검은 모래에는 철분 7퍼센트를 비롯해 바나듐과 지르코늄이 다량 함유되어 있다는 보고서를 받았다고 한다. 그러나 이것이 신경통·관절염·피부병에 좋은지 아닌지는 임상실험을 거쳐야 하는 것이기 때문에 한방전문의와 제주대 의과대학에 용역 의뢰할 참이라는 것이다.

그 결과가 어떻게 나오든 여기 삼양리 검은 모래 해변은 제주인들이 명상의 산책을 즐기는 곳이다. 그런데 여기에 오시는 분 중 과연 몇분이 바로 위에 있는 삼양동 유적전시관을 다녀갔고 이 유적이 탐라의 역사에 어떤 의미를 지니는지 제대로 인식했을까 의문이다.

그러나 이는 관람객의 불찰이 아니다. 내가 이 대목에서 더 중요하게 생각하는 것은 전문가들이 학문적 신중성을 지킨다고 막연히 선사시대 유적지라고 했기 때문에 일반인들의 관심이 멀어졌다는 사실이다. 선사시대 유적지란 가봤자 깨진 질그릇 도편이나 돌칼 같은 유물을 전시하

| 삼양동 검은 모래 | 삼양동 해변에는 백사장이 아니라 검은 모래가 깔려 있다. 이는 제주 해변에서만 볼 수 있는 독특한 풍광으로 요즘에는 검은 모래 찜질이 유행하여 한여름에는 외지인들로 붐빈다.

고 원시적인 움집이나 복원한 곳이니 뭐 볼 게 있고, 무슨 감동이 있겠느냐 싶어 지레 외면하는 것이다. 만약에 여기가 삼성혈과 시사석 전설을 뒷받침해주는 구체적인 탐라국 탄생 초기의 유적이라고 알려준다면 궁금해서라도 와보지 않을 것인가. 그래서 나는 단호히 주장한다.

"전설이 유물을 만나면 현실적 실체감을 얻게 되고, 유물은 전설을 만나면서 스토리텔링을 갖추게 된다."

이런 생각을 하면서 나는 탐라국 시절이나 지금이나 변함없을 삼양동 검은 모래 해변을 학생들과 오랫동안 거닐었다. 해수욕객도 찜질객도 없는 철 이른 모래사장은 역사적 상상력을 일으키기에 충분한 고요의 해변이었다.

탐라국 순례 2 – 관덕정

탐라국에서 제주도로 넘어가면서

탐라국에서 제주군으로 / 불탑사 오층석탑 / 고려왕조의 이미지 /
항파두리 항몽유적지 / 제주목 관아 / 관덕정 / 관덕정 돌하르방

탐라국에서 제주군으로

본격적으로 답사하기 전에 탐라국 얘기를 하고 넘어가야겠다. 독자적인 문화를 갖고 있던 탐라국은 결국 고대왕국으로 발전하지 못했다. 탐라는 우선 고대국가로 성장할 만한 물적·인적 토대가 약했다. 육지에서 삼국이 고대국가로 발전하고 고대국가 생리상 영토 확장을 꾀할 때 탐라국이 찾은 독자적 생존방식은 조공외교였다.

조공은 결코 복속을 의미하지 않는다. 그것은 강대국 주변 약소국의 한 생존방식이었다. 백제와 신라가 거대한 제국인 중국에 외교·국방상으로 취한 조치와 같은 맥락이다.『삼국사기』백제 문주왕 2년(476)조를 보면 "탐라국에서 방물(方物)을 바치니 왕은 기뻐하며 사자에게 은솔(恩率)이라는 벼슬을 내렸다"고 했다. 탐라는 백제 멸망 때까지 조공관계를

지속한 것으로 보인다.

　백제의 비호를 받은 탐라는 신라로부터는 완전히 독립되어 있었다. 그래서 신라 선덕여왕이 자장율사의 제안을 받아들여 645년에 황룡사에 9층탑을 세우고 각층에 신라가 물리칠 외적을 상징할 때 1층 일본, 2층 중화, 3층 오월에 이어 4층을 탐라로 지목했다.(5층은 응유, 6층은 말갈, 7층은 거란, 8층은 여진, 9층은 예맥이다.)

　그러나 백제 멸망 이후에는 통일신라와 조공관계를 맺는다. 『삼국사기』를 보면 "660년 신라가 백제를 멸망시키자 백제에 신속(臣屬)하던 탐라국주(耽羅國主) 도동음률이 신라에 내항(來降)하였다"고 했다. 그리고 통일신라 멸망 이후에는 다시 고려에 조공했다. 『고려사』 태조 21년(938)에 "탐라국 태자 말로가 와서 알현하니 성주와 왕자에게 작위를 내려주었다"고 하였다.

　탐라국이 조공관계에서 완전히 육지부의 한반도 역사 속에 편입된 것은 숙종 10년(1105)이다. 이때 탐라국은 고려의 지방행정구역의 하나인 탐라군(耽羅郡)으로 바뀌면서 독립적 지위는 막을 내리게 되었다. 그리고 고종 원년(1214)에 탐라군을 제주군이라고 고쳐 부르면서 탐라는 제주를 일컫는 옛 지명이 되었다.

　혹자는 사료의 몇몇 사항을 근거로 탐라가 해상왕국이었다고 힘주어 말하지만 그렇지 않았다는 사료가 더 많다. 탐라가 왕국이었다고 해야 제주도가 더 위대하고 자랑스러운 것은 아니다. 그랬다면 결국 제주는 육지와 다른 나라로 독립해나가 한국의 역사와 궤를 같이하지 못했을 것이고 그 운명이 제주에게 희망적이었으리라고 장담할 수도 없다. 아무튼 제주는 당당한 자기 몫을 지닌 고려왕조의 일원이 되었다.

제주 신들의 교대기간, 신구간

탐라국에서 제주군으로 바뀌면서 제주에 일어난 큰 변화는 당시의 고려왕조의 국가 이데올로기인 불교가 들어오게 된 것이다. 그렇다고 제주에 불교가 성행한 것은 아니었다. 제주에는 이미 1만 8천 신이 자리잡고 있어 불교가 비집고 들어올 틈이 아주 좁았다.

제주인들의 민간신앙이 얼마나 강했는가는 지금도 제주인들이 지키는 신구간(新舊間)이라는 풍습만 보아도 알 수 있다. 제주도에서는 가옥수리, 이사, 묘소의 이장 등은 꼭 신구간에 해야 탈이 없다고 한다. 신구간은 대한(大寒) 후 5일부터 입춘(立春) 전 3일까지 일 주일을 말한다.

이때에는 여러 신들이 임기를 마치고 천상에 올라가고 새로운 신들이 내려오는 교대기간이므로 지상에 신령이 없어 평소에 금기되던 일을 해도 아무 탈이 없다는 것이다. 귀신 모르게 해치우는 것이다. 그래서 지금도 제주엔 이삿짐센터가 제대로 영업을 할 수 없단다. 너나없이 이때 몰리기 때문에.

이게 언젯적 얘기인데 21세기 개명천지에서 있을 수 있는 일이냐고 말할 육지인도 있을 것이다. 그러나 신을 한 번이라도 믿어본 사람이라면 절대로 그렇게 비웃지 못할 것이다. 그게 신앙의 힘이고 민속의 저력이다.

절 오백에 당 오백이라구?

제주사람들 입에 붙어 있는 말 중 하나가 "제주엔 절 오백, 당 오백이 있다"는 것이다. 이 말은 당치도 않다. 절 오백은 있지도 않았고, 있을 수도 없었다. 문헌으로 보아도 없고 유적으로 보면 더더욱 없다. 그래서 채제공이 쓴 「만덕전(萬德傳)」을 보면 불교문화가 없었음을 말하고 있다.

문헌상으로 확인되는 고려시대 절 이름은 대여섯 개에 불과하고 폐사지까지 포함해서 유적으로 남은 것도 대여섯 곳뿐이다. 조선초에 편찬된 『동국여지승람』에 나오는 사찰 이름도 열 곳이 안 된다. 그럼에도 절 오백에 당 오백이라는 말이 생긴 것은 당이 오백이나 된다는 것을 강조하기 위하여 매김씨로 붙였을 따름이라고 보인다.

꼭 절이 많아야 자랑인 것도 아니고, 문명인 것도 아니다. 나는 제주의 전설과 속담을 읽으면서 후대에 깊은 뜻 없이 무심코 만들어진 것이나 설화를 왜곡한 것은 폐기해가야 한다고 생각한다. 설문대할망 같은 위대한 여신이 똥을 싸서 오름이 되었다느니, 빤스를 안 만들어주어서 다리를 놓다 말았다느니 하는 것은 거의 악의적인 희화(戲化)로만 들린다.

육지에서 2박 3일 답사를 하면 불교 유적이 반 이상을 넘어 절에 가도 탑, 폐사지에 가도 탑, 버스에서 내리기만 해도 탑이었는데 제주도에 남아 있는 유일한 고려시대 탑은 삼양동 불탑사의 오층석탑 하나뿐이다. 이것은 제주도에서 유일하게 보물로 지정된 건조물로 보물 제1187호이다.

불탑사 오층석탑

삼양동 검은 모래 해변에서 불과 차로 오 분 거리에 있는 같은 동네 불탑사는 원래 원당사라는 고려시대 절터에 세워진 절이다. 그래서 불탑사 오층석탑은 '원당사터 오층석탑'이라고 불리기도 한다.

전형적인 고려시대 오층석탑으로 한눈에 보기에도 훤칠한 인상을 줄 정도로 좁고 가늘게 올라갔다. 게다가 기단부가 좁고 5층의 탑신이 심하게 좁아져서 아주 가냘픈 인상을 주며 지붕돌의 네 귀퉁이 끝이 살짝

| 불탑사 오층석탑 | 제주에 남아 있는 유일한 고려시대 석탑으로 보물로 지정된 유일한 석조문화재이기도 하다. 고려시대 유행한 5층 석탑 형식을 따르고 있지만 화산암을 이용한 질감과 색감이 제주만의 멋스러움을 보여준다.

들려 경쾌한 느낌을 더한다. 기단은 뒷면을 뺀 세 면에 안상(眼象)을 얕게 새겼는데, 무늬의 바닥선이 꽃무늬처럼 솟아나도록 조각했다. 탑신의 1층 몸돌 남쪽 면에는 불상을 모시는 감실을 만들었고 특별한 장식을 두지 않은 간략한 형식을 취하고 있다. 제주도 현무암으로 축조되었지만 그 빛깔이 그냥 검은색이 아니라 명품 패션들이 잘 쓰는 차콜그레이(charcoal grey) 빛을 띠어 육지의 화강암 석탑에 익숙한 사람에게는 별격으로 느껴질 것이다. 어떤 답사객은 "그리움에 지친 듯한 핼쑥한 모습"이라고 했다.

통일신라가 삼층석탑의 시대였다면 고려시대는 다층탑으로 변한 것이 특색인데 그중 많은 것이 오층석탑이었다. 그러면서 부여 무량사 오층석탑처럼 중량감을 보여주는 것도 있고, 서산 보원사 오층석탑처럼 정연한 차례줄임이 멋스러운 것도 있는데 이 불탑사 오층석탑은 진도 개골산의 오층석탑과 비슷한 인상으로 좁은 체형에 큰 키의 훤칠한 몸맵씨를 자랑하고 있다.

미술사학과 학생으로 제주도에 와서 이런 조형미를 갖춘 문화유산을 만나기 힘들어서인지, 아니면 귀신 나올 것 같은 본향당을 다녀온 뒤라 그런지 학생들이 의외로 진지하게 탑돌이를 하듯 이 각도 저 각도에서 탑을 살핀다. 학생들의 이런 모습을 신통하게 보고 있자니 그것은 이 탑의 아름다움보다도 탑 주변을 제주도 현무암으로 단아하게 돌담을 둘러서 그 환경이 아늑했기 때문이라는 것을 알았다.

원당사에서 불탑사로

전해지기로 원당사는 원나라 순제의 기황후가 발원한 절이라고 한다. 그래서 원나라 원(元)자를 써서 원당사(元堂寺)라고 했다는 것이다. 그러나 이것은 말이 안 된다. 그게 사실이라면 소원할 때 원자를 써서 원당사(願堂寺)라고 해야 맞다.

원당사는 세 번의 화재로 소실되었다고 한다. 조선 효종 4년(1653)까지는 존속했지만 숙종 28년(1702)에는 마침내 훼철되고 석탑만 덩그러니 남게 되었다. 그후 1914년에 다시 중건되었는데 그때 이름을 불탑사로 바꾸었다고 한다. 이 이름은 뭔가 잘못 지은 것 같다. 탑은 곧 불탑이고 절마다 불탑이 있는데 왜 이런 원론적인 이름을 지었을까. 아마도 오서독스한 절이라는 점을 내세웠던 것이 아닌가 싶다. 주변에 하도 당이 많으니까 불탑을 강조한 것, 아니면 고려시대 불탑을 모시고 있는 절쯤으로 좋게 해석해줄 수도 있겠다.

이후 4·3사건을 거치면서 폐허가 되었다가 근래에 와서 중창(重創)을 보게 된 것이 오늘의 절이다. 때문에 석탑 이외에 특별한 볼거리는 없다. 그러나 잘 다듬은 현무암 위에 지붕을 낮게 얹은 소박한 산문(山門) 역시 현무암으로 쌓은 높은 담장에 뚫린 암문으로 들어서는 그윽함이 있고 감귤나무며 해묵은 배롱나무, 동백나무, 대나무가 그늘을 짙게 드리우는 자연 그대로의 분위기가 있어 제주도 절집의 독특한 분위기를 맛볼 수 있다.

현재의 불탑사는 조계종 사찰인데 그 앞에는 원당사라는 태고종 사찰이 들어서 있어서 초행자들을 헷갈리게 한다.

고려 역사의 일그러진 이미지

우리의 제주답사 고려시대 두번째 유적지는 항파두리 항몽유적지였다. 불탑사에서 항파두리로 가자면 옛날 제주시 동쪽 끝에서 서쪽 끝으로 일주도로를 타고 가야 해서 제주도 답사로는 제법한 거리다. 차로 족히 삼십 분은 걸린다. 나는 시간을 벌기 위해 버스 안에서 강의를 시작했다.

우리는 고려시대 역사에 대하여 정말로 이상한 선입견을 갖고 있다. 우리가 갖고 있는 고려시대 역사상에 대한 일그러진 이미지는 당시 동아시아 국제정세의 변동 속에서 고려가 겪었던 일을 나열식으로 강조하기 때문에 생겼다. 이를테면 다음과 같다.

"10세기에 건국한 고려는 11세기에 3차에 걸친 30년간의 거란족 침입이 있었고, 12세기에는 여진족의 금나라 침공을 받았으며, 12세기엔 이자겸의 난, 무신란이 일어났다. 13세기엔 만적의 난으로 상징되는 노비 반란이 전국으로 퍼졌고, 뒤이어 몽골의 침입을 받아 27년간 항쟁을 벌이고 결국은 원나라의 부마국으로 되어 70여년간 원의 간섭을 받게 되었다. 그리고 14세기 중엽 공민왕 때는 홍건적의 침입을 받았다."

이런 전란과 혼란 속에서 무슨 문화의 창달이 있었을까 싶어진다. 그래서 나는 『한국미술사 강의』(눌와) 제2권을 펴내면서 고려의 이미지를 이렇게 설명했다.

"이는 500여 년간 있었던 동아시아의 전란이자 어느 시대 어느 왕조에서나 일어났던 사회적 갈등일 뿐이다. 오히려 동시대 중국의 전란은 더 심했다. 송나라는 금나라의 침공으로 남쪽으로 밀려난 뒤 남송으로 명맥을 유지하다가 몽골에 망했고, 거란의 요, 여진의 금, 몽골의 원은 모두 100여 년을 지속하다가 끝내 자기 문화를 지키지 못하고 역사 속에서 사라졌다. 이에 비하면 고려는 수많은 전란에도 근 500년을 지속한 저력 있고 건강한 나라였다."

고려왕조의 잘못된 이미지는 바로 잡아야 한다. 박종기의 『새로 쓴 5백년 고려사』(푸른역사 2008)는 우리들의 일그러진 역사상을 많이 바로잡아준다. 나로 말할 것 같으면 고려왕조 '사생팬'이다.

대몽항쟁과 '불개토풍'의 약속

항파두리의 역사적 의의를 알자면 대몽항쟁의 객관적 사실부터 확인해야 한다. 한 나라의 힘이 약할 수는 있다. 그러나 전쟁에서 지는 방식엔 여러 가지가 있다. 박종기 교수는 역사 속에서 '저항은 자주, 화해는 사대'라는 인식부터 고쳐야 한다고 역설한다.

몽골은 막강한 전투력을 갖추고 아시아 전역과 동유럽에 걸친 민족들을 모두 정복하고 칸(汗)이 지배하는 칸국과 원나라를 세워 세계 역사상 유례 없는 대제국을 건설했다.

고종 19년(1232)에 시작된 몽골과의 전쟁에서 고려는 맥없이 굴복하지 않았다. 강화도로 왕도를 옮기고 무려 27년에 걸친 7차 침입을 온몸으로 막아내며 버텼다. 몽골 입장에서도 이런 쇠귀신 같은 나라는 보지 못했다.

전쟁이 힘들기는 몽골도 마찬가지였다. 훗날 고려 원종이 된 태자가 원나라 세조인 쿠빌라이를 만나 강화의 뜻을 밝혔을 때 그는 이렇게 기뻐했다.

"고려는 만리나 되는 큰 나라이다. 옛날 당태종도 정복하지 못했는데 그 태자가 찾아왔으니 하늘의 뜻이다"

결국 고종 46년(1259) 몽골은 고려왕조와 강화협정을 맺으면서 고려의 자주권을 용인하는 대신 사위의 나라로 삼아 간접적으로 지배하는 것을 제안했다. 이에 고려는 '불개토풍(不改土風)', 즉 고려의 제도와 풍속을 바꾸지 않는다는 약속을 요구했다. 이 약속은 원나라와의 갈등이 일어날 때마다 전가의 보도로 사용되었다. 이로써 고려는 비록 원의 간섭을 받았지만 왕조의 전통을 유지할 수 있게 된 것이다. 민족사로 볼 때 자주독립을 잃은 것으로 비칠 수도 있지만 이는 고려왕조의 생존을 위한 불가피한 선택이기도 했다.

결국 고려는 끈질긴 항쟁의 댓가로 다른 민족들처럼 칸이나 대원제국의 직접 지배를 받지 않고 사위 나라가 되었다. 그것은 고려로 보면 수모를 당한 것이지만 원나라 입장에서는 오히려 대접을 해준 셈이었다. 그런 대접은 27년간의 항쟁이 얻어낸 결과였다.

몽골군은 천하무적이었다. 폴란드까지 쳐들어갔다. 폴란드 사람들이 하는 얘기가 있다. 폴란드와 러시아는 앙숙이다. 때문에 지난 '유로 2012' 축구경기에서 폴란드와 러시아 훌리건의 싸움 같은 일이 벌어진 것이다. 그러나 폴란드는 힘으로는 지기 때문에 분통할 뿐이다. 그래서 폴란드 사람들이 자조적으로 하는 말이 있다. 몽골군이 다시 한번 폴란드를 쳐들어왔으면 좋겠다는 것이다. 왜냐하면 그렇게 되면 폴란드는 한 방 맞지만, 러시아는 올 때 맞고 갈 때 맞고 두 방 맞는다는 것이다. 그런 몽골군에 맞서 27년을 버틴 것이다. 그리하여 다시없을 세계제국의 사위 나라가 되었으니 그것은 수모이긴 해도 한편으로는 대접인 셈이었다. 그것을 수모라고만 한다면 싸워서 이기지 못한 것은 다 역사의 죄악이 된다.

삼별초의 대몽항쟁

몽골과의 강화협정에 삼별초는 반항하고 몽골과 끝까지 항쟁할 뜻을 보였다. 우리는 이것을 장렬한 애국심을 발현한 역사의 한 장면으로 생각하고 있다.

그러나 삼별초는 그럴 수밖에 없었던 사정도 있었다. 그들은 최씨 무인정권의 별동대였다. 몽골과의 강화는 곧 무신정권의 몰락이고 고려 왕정복고라는 의미를 갖고 있는 것이어서 삼별초에게는 선택의 여지가 없었다. 얼핏 비유하자면 미국의 이라크 침공 때 후세인의 공화국수비대 비슷한 처지였다.

왕권을 되찾은 원종은 원종 11년(1270) 삼별초를 해산하기로 결정했다. 그러나 배중손(裵仲孫) 대장이 이끄는 삼별초는 이에 반기를 들고 강화도에서 왕족 온(溫)을 왕으로 내세우고 봉기했다. 그래서 삼별초의 난이라고 하는 것이다.

진압군이 강화도로 쳐들어가자 삼별초는 1천여 함선을 징발하여 고려정부의 재화와 백성을 싣고 진도로 가서 용장사를 행궁으로 삼고 용장산성을 쌓으며 저항했다. 그러나 1271년 음력 5월 김방경과 흔도(忻都)가 지휘하는 여몽연합군이 공격하여 용장산성은 함락되고 배중손은 전사했다. 이때 김통정(金通精)이 이끄는 잔존 삼별초가 탐라로 건너와 거점을 잡은 곳이 바로 이곳 항파두리이다.

항파두리 항몽유적지

항파두리(缸坡頭里)는 '항바두리'라는 제주어의 한자 차용표기로 항은 항아리, 바두리는 둘레라는 뜻으로 항아리 가장자리처럼 둥글게 돌아간다는 뜻이다. 김통정의 삼별초가 쌓은 항파두리성은 둘레가 6킬로미터 되는 토성으로 성안에는 둘레 750미터의 정사각형 석성도 있다. 항파두리 자체가 해발 150미터이기 때문에 여기서는 애월 바닷가가 훤히 내려

| **항파두리성** | 대몽항쟁기 삼별초의 마지막 항쟁지인 항파두리에는 긴 토성이 남아 있다. '항파두리'는 항아리 주둥이처럼 둥글게 돌아간 모습을 표현하는 제주어이다.

다 보인다. 명월포(지금의 한림항)로 들어올 토벌대를 막기 위한 성이었다.

탐라에서 삼별초는 자체적으로 조직을 정비하고 방어시설의 구축에 주력했으나 여몽연합군의 공격을 막지 못하고 원종 14년(1273) 음력 4월 2년 만에 전멸하고 말았다. 김통정은 붉은오름에서 장렬하게 전사한 것으로 알려져 있다.

삼별초 항쟁 이후 성은 무너져 훗날 고성리(古城里)라는 이름을 갖게 되었는데 1977년 정부는 총공사비 7억 4,500만 원이라는 당시로서는 거액을 들여 성곽 일부를 보수하고 전시관과 순의비(殉義碑)를 세웠다. 이는 사실 문화재로서 복원한 것이 아니라 제3공화국 때 군사유적들을 성역화하는 일련의 사업 중 하나로 행해진 것이었다. 그래서 기념관 건물은 박정희 때의 천편일률적인 콘크리트에 미색 수성페인트가 칠해지고

| **항파두리 전시관** | 항파두리는 3공화국 시절 천편일률적으로 정비한 군사 유적지 성역화 사업의 일환으로 복원되었다. 이때 전국의 유적지 기념관에는 유명화가들이 민족기록화라는 이름으로 그린 작품들이 전시되었는데 어느 것 하나 예술작품인 기록화로 진지하게 그린 것이 없고 이처럼 개성 없는 그림을 남겨 화가의 이름조차 밝혀놓지 않았다. 참으로 안타까운 세월의 이야기다.

민족기록화라는 이름의 상투적인 역사화들이 걸려 있는 것이다. 처음부터 끝까지 획일적인 관제 복원이어서 아무 영문 모르고 온 사람들은 역사의 내용과 유적 관리 형식이 맞지 않아 혼란스러워한다.

항파두리성 주변엔 김통정 장군이 몸을 날렸다가 떨어진 지점이 발자국처럼 파여 그곳에서 샘이 솟는다고 전해지는 '장수물'이 있는데, 이런 전설이 생길 정도로 김통정은 제주에서 신화적 인물이 되어 여러 전설을 낳았다. 그것은 그의 용맹성에 대한 경의와 그가 민폐를 크게 끼치지 않았다는 것을 암시해주는 것으로 보인다.

이 삼별초의 항쟁에 대하여 학자들의 역사적 평가는 제각기 다르지만 나는 이렇게 생각한다. 삼별초가 끝까지 항쟁하지 않을 수 없는 궁지에 몰렸던 것은 사실이지만, 몽골에 끝까지 저항하는 고려인이 있었다는 것은 자주성을 회복하려는 고려의 의지가 얼마나 강한가를 보여주었다는 역사적 의의도 적지 않다. 그러나 삼별초가 항파두리에 들어와 항쟁함으로써 이후 제주도가 입은 고통과 피해는 참으로 뼈아픈 것이었다.

항파두리 고성에 와서 부잣집 정원처럼 정비된 이 슬픈 유적지 한쪽을 거니노라면 이 모든 상념이 일어나며 마음이 편해지지 않는다.

삼별초 이후 제주도

항파두리를 떠나 우리는 이제 제주시내에 있는 제주목 관아로 향했다. 시내로 들어가는 버스에서 나는 다시 마이크를 잡고 삼별초 그후의 역사를 이야기해주었다. 이 이야기를 모르고서는 제주의 역사를 말할 수 없다. 처음 듣는 사람은 아마도 모두 아, 제주의 역사가 그랬었구나 하고 같은 민족으로서 제주에 대해 무관심했던 것이 미안해질 것이다. 감동도 없는 항파두리에 굳이 학생들을 데리고 와야만 했던 이유이기도 하다.

원종 14년(1273)에 제주의 삼별초군을 토벌한 직후 원나라는 탐라국초토사(耽羅國招討司)를 설치했고 곧바로 '탐라국 군민 도다루가치 총관부(耽羅國 軍民 都達魯花赤 摠管府)'라고 명칭을 바꾸고 다루가치를 파견하여 직접 관할했다.

다루가치(達魯花赤, darughachi)는 점령지 통치관이라는 의미다. 관인(官印)을 갖는 군대의 사령관으로 관할행정 전반의 결정권을 가졌고 원칙적으로 몽골인만이 임명되었다.

즉, 육지부의 고려와 달리 탐라는 원나라가 직접 관할했던 것이다. 그 이유는 탐라를 목마장(牧馬場)으로 이용하려 했기 때문이다. 결국 이때부터 탐라는 원나라 14개의 국영목장 중 하나가 되어 3만 필의 말을 사육했다. 이렇게 제주도는 근 100년간 몽골에 예속된 채 식민지 지배를 받는 쓰라린 역사를 겪었다.

　원나라 말기 공민왕은 반원정책을 펴 쌍성총관부를 회복하면서 영토 회복을 꾀했다. 이때 탐라군민총관부에도 군대를 파견했다. 그러나 말을 키우던 몽골인인 목호(牧胡)들의 저항에 부딪혔다. 고려 조정에서 파견한 순무사(巡撫使)가 목호들에게 살해될 정도였다. 1366년에 100척의 군선을 파견했지만 이 역시 목호에게 밀려 퇴각했다.

　게다가 이후 명나라가 원나라를 멸망시키면서 원나라 땅은 명나라에 귀속하는 것이 마땅하다며 영유권 주장을 하고 나섰고, 원나라 황족들의 귀양지로 제주도를 생각하고 있었다. 목호들은 그네들 편이었다.

　이에 공민왕 23년(1374) 최영 장군은 대대적으로 제주도를 토벌하여 목호들의 반란은 진압되었다. 목호들이 마지막으로 퇴각한 곳이 서귀포 외돌개 건너편 범섬이었다. 최영 장군은 법환포구와 범섬 사이에 배다리〔船橋〕를 놓아 목호들을 섬멸했다. 이리하여 탐라는 다시 고려왕조의 제주목으로 환원되었다.

　그리고 고려가 망하고 조선왕조가 들어서면서 태조 2년(1393) 12월에 제주목사 여의손(呂義孫)이 부임하면서 탐라는 육지의 여느 지방행정기구와 똑같이 중앙에서 관리가 파견되는 목사 고을이 되었다. 이때부터 사실상 제주는 한반도의 일원으로 확실하게 편입되었다고 할 수 있다. 우리는 일제 35년 식민지 지배를 받은 것을 치욕으로 생각하는데 제주인들은 거기에 100년을 더한 135년을 식민지 백성으로 살아간 아픔이 따로 있었던 것이다.

제주목 관아의 복원

　조정에서 파견된 제주목사가 근무하던 제주목 관아는 근래에 복원되었다. 제주목 관아는 일제강점기 때 관덕정만 남기고 다 훼철되고, 20년 전만 해도 그 자리에 제주경찰서와 민가들이 들어앉으면서 흔적조차 볼 수 없게 되었다. 그래서 한동안 이곳을 '목관아지(牧官衙址)'라 불렀다.

제주목 관아는 1991년부터 본격적인 발굴·정비사업에 들어가 1993년에는 국가 사적 제380호로 지정되었고, 발굴조사로 초석과 기단석을 확인하고 1999년부터 복원을 시작해 2002년에 1차 복원이 완료됐다. 대지 면적 약 2만 평방미터(약 6,050평)에 소요예산은 약 170억 원이나 들었다. 이것이 지금 볼 수 있는 제주목 관아다. 복원에 소요된 기와 5만여 장은 전량 제주시민의 헌와(獻瓦)로 모아졌으니 제주인의 복원 의지가 얼마나 컸는지 알 수 있다.

그리하여 목관아지는 명실공히 제주목 관아로 바뀌게 되었다. 바깥 대문, 중간 대문을 비롯해 제주목사의 집무실인 홍화각(弘化閣), 집정실인 연희각(延曦閣), 연회장으로 쓰였던 우연당(友蓮堂), 휴식 장소였던 귤림당(橘林堂), 2층 누각인 망경루(望京樓)가 복원되었다.

복원된 제주목 관아를 보면서 사람들은 과연 복원을 제대로 했는지 의심한다. 뭔가 예스럽지 않고 생경스러워 테마파크 같다고도 한다. 복원 자체는 철저한 고증으로 차질 없이 이루어졌다. 그럼에도 그렇게 느끼는 이유는 중후한 연륜을 말해줄 아름다운 나무가 없고 건물에서 사람의 체취가 느껴지지 않기 때문이다.

모처럼 복원된 제주목 관아에 생기를 불어넣을 방안을 생각해본 적이 있다. 새로 지은 관아 건물에서 많은 문화행사를 열어 사람의 체온을 건물에 실어주어야 하고, 야간에도 개방하여 집과 사람을 친하게 만들어주어야 한다. 그리고 대문 앞 관덕정 광장에도 사람들이 즐겨 모여야 한다. 올레꾼이고 관광객이고 여기에 오면 무슨 행사가 있고, 사람이 모여 있어야 공간의 의미가 살아난다. 제주에 이런 좋은 공간을 만들어놓고 무

| 제주목 관아 | 한동안 빈터로 남아 있어 '목관아지'라고 불리던 이 자리에 제주목의 옛 관아 기본 건물을 복원했다. 이로써 서울에 경복궁이 있다면 제주엔 제주목 관아가 있다고 할 수도 있는데 아직 이 공간은 그런 수준으로 활용되지는 못하고 있다.

슨 귀물인 양 손도 못 대고 바라만 보는 듯해 안타깝다. 아니 너무도 아깝다. 한옥은 사람이 들어가 살 때 비로소 생명을 얻는다.

제주의 심장, 관덕정

제주에서 가장 상징적인 역사적 건물은 제주목 관아 앞에 있는 관덕정(觀德亭, 보물 제322호)이다. 단층 팔작지붕으로 앞면 5칸, 옆면 4칸의 130여 평방미터(40여 평)에 이르는 제법 당당한 전통건축이다. 26개의 둥근 기둥이 건물을 든든히 떠받들고, 내부는 사방을 모두 개방하고 우물마루를 넓게 깔아 시원스러운 느낌을 준다. 활짝 날개를 편 지붕선이 제법 웅장하면서 날렵함을 자랑하는데 처마를 받치려고 기둥 위에 얹은

| 관덕정 | 관덕정은 제주목 관아의 부속건물로 활쏘기 대회가 열릴 때 본부석 기능을 한 건물이다. 그래서 사방이 다 뚫려 있다. 세종 때 처음 지어졌다고 하나 이후 수차례 중건과 보수를 거듭했고 현재의 건물은 17세기 양식이다.

새 부리 모양 장식이 아름답다.

이 관덕정은 제주목 관아의 부속건물로 세종 30년(1448)에 처음 세웠다고 전해진다. 이후 성종, 숙종, 영조 대에 걸쳐 중창하고 현재의 건물은 철종 원년(1850)에 재건한 것을 1969년과 2006년에 보수한 것이다. 건축기법 자체는 17세기 양식이다.

내부는 네 개의 높은 기둥을 세워 대들보를 받친 일곱 량 집인데 특이하게도 다양한 벽화가 그려져 있다. 그림의 내용은 아주 다양해서 적벽대첩도(赤壁大捷圖)·대수렵도(大狩獵圖), 진중에서 거문고를 켜는 진중서성탄금도(陣中西城彈琴圖), 네 늙은이가 바둑을 두는 상산사호(商山四皓), 연회를 그린 홍문연도(鴻門宴圖), 장수를 기리는 십장생도(十長生圖), 그리고 두보의 시 '양주의 귤밭을 술에 취해 지나가네'라는 시구를

| 관덕정의 '탐라형승' 편액 | 관덕정 안에는 '호남제일정'이라는 현판 아래 대단히 크고 장중한 글씨체인 '탐라형승' 편액이 걸려 있다. 보기에도 호방한 이 편액은 아계 이산해 또는 정조 때 제주목사인 김영수의 글씨라고도 전한다.

소재로 제주의 특산물인 귤을 노래한 '취과양주귤만헌(醉過揚州橘滿軒)' 등이다. 필치는 그리 뛰어나지 않지만 한옥에 이처럼 벽화가 다양하게 남아 있는 예는 아주 드물다.

기존의 해설을 보면 대개 관덕정은 군사훈련청으로 창건했다고 한다. 그러나 이 관덕정 건물은 결코 관리의 집무실이 아니었다. 사방이 개방된 공간인 것만 보아도 그렇다. 관덕정이란 고유명사라기보다 보통명사에 가까워서 현재 대구 관덕정 등 세 곳이 있다. 그리하여 보물 제322호로 지정된 이 건물의 명칭은 '제주 관덕정'으로 바뀌었다.

관덕(觀德)이란 '사자소이관성덕야(射者所以觀盛德也)', 즉 '활을 쏜다는 것은 훌륭한 덕을 보기 위함이다'에서 따온 이름이다. 옛사람에게 활쏘기란 단순히 무술만 의미하지 않으며 육예(六藝)의 하나였다. 『주례(周禮)』에서 이르는 여섯 가지 기예는 예(禮)·악(樂)·사(射)·어(御)·서(書)·수(數)다. 예의범절·음악·활쏘기·말타기·서예·산수 여섯 가지가 교양필수였다. 그래서 활쏘기 대회가 자주 열렸다.

중요한 옥외행사가 벌어지는 관아 앞마당에 설치한 '붙박이 차일' 같은 건물이 관덕정이다. 여기서는 관이 주도하는 많은 옥외행사가 벌어졌지만 그 대표적인 행사가 활쏘기였기 때문에 관덕정이라는 현판이 달려 있는 것이다. 이런 연유로 제주 관아가 다 훼철된 뒤에도 관덕정 앞마당은 제주의 광장으로 그 기능을 이어가게 되었다.

관덕정 편액은 장중한 해서체로 가히 명필의 작품이다. 청음 김상헌이 제주에 안무사로 다녀오고 나서 지은 『남사록』을 보면 본래 안평대군(安平大君)의 글씨였으나 화재로 소실되었고 현재의 현판은 선조 때 영의정을 지낸 아계(鵝溪) 이산해(李山海)의 작품이라고 했는데 정조 때 제주목사인 김영수의 글씨라고도 전한다.

제주의 광장으로서 관덕정 앞마당

관덕정 앞마당은 일제강점기에도 제주의 살아 있는 광장이었다. 비록 앞마당이라고 불러야 더 어울릴 만큼 좁은 공간이지만 제주에서 큰 행사와 각종 기념식은 모두 여기에서 열렸다. 제주의 이정표도 이 관덕정 입석(立石)을 기준으로 했다.

제주에서 최초로 5일장이 열린 곳도 이곳이고, 이재수의 난이 일어났을 때 분노한 군중이 천주교도들에게 보복을 자행했던 곳도 여기다. 4·3사건이라는 엄청난 사태를 불러일으킨 1947년 3월 1일의 삼일절 행사가 열린 곳도 이 관덕정 앞마당이었으며, 4·3사건의 지도자였던 장두(壯頭) 이덕구가 처형된 곳도 여기다. 제주에서 큰 행사는 으레 여기에서 치러졌다. 중·고등학생을 시내에 모이게 할 때면 관덕정 앞으로 오게 했고, 무슨 큰일이 일어나면 도민·시민은 약속이나 한 듯이 자연스럽게 여기

| 옛 관덕정 광장 | 관덕정 앞마당에서는 조선시대에 활쏘기뿐만 아니라 대중집회도 열렸고, 근대사회로 들어와서는 본격적인 광장 기능을 함으로써 제주의 큰 집회와 사건은 모두 여기에서 일어났다. 역사적으로 제주의 심장 같은 공간이었다.

로 모여들었다. 이는 도시의 광장이 갖는 중요한 기능이었다.

그러나 지금의 관덕정 앞은 그야말로 옛 관아 앞마당으로 전락했다. 관광버스만 잠시 주차하는 죽은 공간이 되었다. 제주시가 신도시로 변모하는 과정에서 관덕정 앞 광장을 잃어버린 것은 너무도 큰 상실이다. 현대 도시로의 탈바꿈이야 어쩔 수 없는 시대의 추세이고 시청·도청이 모두 새 청사로 이전하게 된 사정을 무어라 탓할 수 없는 일이지만 시청·도청의 건물만 생각했지 도시의 중심이 될 광장을 가져야 한다는 생각을 전혀 하지 않았다니 참으로 애석한 일이다. 지금 제주사람들은 무슨 일이 있을 때 어디로 모이는지 모르겠다.

광장을 잃어버린 도시. 그것은 제주뿐만 아니라 우리나라 모든 도시의 문제점이고 커다란 상실이다. 서울의 경우 이제는 시청 앞 광장, 광화문광장이 만들어져 '붉은 악마'의 응원도 벌어지고 시민집회, 관제 행사가 열리면서 광장의 기능을 회복해가듯이 제주도도 어떤 식으로든 광장을 만들어야 한다.

관덕정 앞마당을 이대로 둔다면 이는 결국 제주인의 커다란 정신적 손실이다. 비록 좁은 앞마당으로 전락해버렸지만 좁으면 좁은 대로 광장으로서 기능은 다시 살려 아무 일 없어도 그리 나가보고 싶은 광장으로 회복하는 게 제주인의 삶뿐만 아니라 관광 제주의 가장 중요한 과제라고 생각한다. 제주에 이런 광장이 없다보니 제주시에 머무는 관광객들은 저녁에 다운타운으로서 제주를 느끼러 나갈 공간이 없어 모두 호텔방에 머물거나 노래방과 술집을 전전할 뿐이다.

광장은 인위적으로 만들 수 있지만 광장 문화는 강제로 만들어지지 않는다. 관덕정 앞마당은 광장으로서 연륜이 있기 때문에 작은 계기만 주면 반드시 되살아날 수 있는 공간이다. 저녁때 여기에 야시장, 또는 포장마차나 야외 찻집이 열린다면 베네찌아의 싼마르꼬 광장 같은 운치가 느껴질 것이고 활기가 넘칠 것이다. 제주인들이여, 관덕정 앞마당을 광장으로 다시 살리자.

제주의 상징, 관덕정 돌하르방

관덕정 앞마당이 아무리 썰렁하고 제주목 관아가 아무리 테마파크처럼 옛 맛이 나지 않는다고 투정을 해도 관덕정에 정이 가고 관덕정에 와야 비로소 제주에 온 듯한 것은 마치 광화문과 경복궁을 보지 않고 서울을 보았다고 말하기 어려운 사정과 같다.

더욱이 관덕정 앞에는 명작 중의 명작인 한 쌍의 돌하르방이 있다. 장승의 기본 모습대로 퉁방울눈에 주먹코를 하고 한 손은 가슴에, 한 손은 배에 움켜쥐고 머리에는 벙거지를 쓰고 있지만 유독 관덕정 돌하르방이

| 관덕정 돌하르방 | 제주의 옛 돌하르방 47기 중 최고의 명작으로 꼽히고 또 우리에게 제주의 상징으로 알려진 이미지이다. 위엄 있으면서도 유머도 있고 인간미도 넘친다.

멋있고 힘있고 재미있게 느껴지는 이유는 그 표정과 몸짓의 표현에 있다.

퉁방울눈과 주먹코는 한껏 과장해 절집의 사천왕처럼 무섭고 이국적인 풍모다. 그런데 그 사나운 표정과는 어울리지 않게 벙거지를 꺼벙하게 올려써 웃음이 절로 나온다. 마치 차렷 자세를 한 육군 헌병이 철모를 장난스럽게 걸친 것과 같다.

게다가 고개를 6시 5분으로 비스듬히 숙이고 몸을 왼쪽 또는 오른쪽으로 약 80도로 비틀어 정면정관(正面正觀)을 피했다. 덕분에 관덕정 돌하르방에서는 생동감과 인간적인 친밀감이 동시에 느껴진다. 그래서 관덕정 돌하르방은 계층과 지역과 시대를 넘어 누구나 좋아하는 형상이 되어 마침내 제주의 마스코트로 각광받고 있다.

| 제주성 동문 앞의 돌하르방 | 옛 사진을 보면 현재의 돌하르방은 제주성 입구에 세워져 있었음을 볼 수 있는데 이 성벽이 철거되면서 관덕정 앞, 삼성혈 입구 등 곳곳에 뿔뿔이 흩어지게 되었다.

그러면 왜 관덕정 돌하르방이 육지의 어느 돌장승보다 명작이 될 수 있었는가 하는 물음이 일어난다. 그것은 육지의 돌장승이 마을 장승이든 사찰 장승이든 민(民)의 소산임에 비해 관덕정 돌하르방은 민의 욕구를 관(官)이 구현해주었기 때문이다. 민의 거칠고 미숙한 점을 관의 손길로 세련되게 마무리했다 하겠다. 여기에서 우리는 참된 문화 창조의 방향을 배울 수 있다. 그 명제는 다음과 같다.

"관이 민에게 강제하면 생명 없는 관제(官制) 작품이 되지만 민이 요구하는 것을 관이 받아들이면 명작이 나온다."

몽골의 훈촐로

돌하르방을 이야기하다보면 꼭 나오는 질문은 돌하르방의 기원이 외국에 있지 않느냐는 말이다. 실제로 혹자는 몽골·발칸, 혹자는 미국 원주민, 혹자는 인도네시아 발리, 나아가서는 이스터섬까지 멀리서 그 기원을 끌어내리려고 한다.

몽골에서 찾는 주장은 울란바토르대학 바이에르 교수가 몽골 각 지역에는 '훈촐로'라는 500여 기의 석상이 흩어져 있는데 제주의 돌하르방과 무척 흡사하다고 주장한 예가 대표적이다.

그러나 석인상(石人像)이라는 수호상은 세계 공통의 민속으로 몽골·발칸·아메리카·인도네시아 발리·이스터 등에서 각자의 민중신앙으로 자연스럽게 생성됐다. 모두 인간의 일이기 때문에 비슷하고, 모두 다른 민족이므로 차이가 있는 것이다. 프랑스 부르고뉴 지역의 돌멘(dolmen)과 우리 지석묘가 비슷한 것도 이 때문이다.

이런 주장들은 기본적으로 우리 문화가 자생적이거나 독자적인 것이 아니라 어디에선가 이입됐다는 선입견에서 나온 혐의가 짙다. 하르방은 할아버지의 제주어일 따름이고 돌하르방의 형태적 기원은 이제 우리가 찾아갈 제주시 동서쪽에 남은 고려시대 석불인 동자복과 서자복의 미륵을 보면 알 수 있다.

| 몽골 훈촐로 | 몽골에는 훈촐로라는 이와 같은 석상들이 있다. 몽골 학자 중에는 제주 돌하르방의 연원과 연결시키는 이도 있다.

동자복과 서자복

옛 제주성 바깥 동쪽과 서쪽에 한 쌍의 석상이 성을 지키듯 서 있다. 제주사람들은 이를 '복신(福神)미륵' '자복(資福)미륵'이라 부르며 대개

| 서자복상 | 제주에는 '복신미륵' '자복미륵'이라 불리는 석상이 제주시 동서 양쪽에 세워져 있다. 아마도 고려시대에 민간신앙과 불교신앙이 결합하면서 세워진 것으로 생각된다. 서쪽에 있는 서자복상 곁에는 기자석(祈子石)이 지금도 놓여 있다.

　동자복·서자복이라고 한다. 복을 가져오는 복신으로 여기서 미륵은 불교적 의미보다 민속적 의미가 강하여 신통력 있는 석상이라는 뜻이 담겨 있다. 이 한 쌍의 복신미륵은 일찍이 제주도민속자료 제1호로 지정됐다.
　동자복미륵은 건입동 주민센터 길 건너편 주택가 입구에 있고 서자복미륵은 용담 1동 용화사 경내에 있다. 고려시대에 제작됐다고 보이는 높이 2.7미터의 이 두 미륵상은 생김새와 크기가 아주 비슷하다. 서자복은 달걀형의 온화한 얼굴에 벙거지를 썼고 코를 크게 새긴 점이 특이하며 두 손을 가슴 부분에 가볍게 얹었다. 동자복은 차양이 빙 둘러진 너부죽한 모자를 썼고, 커다란 귀, 우뚝한 코, 지그시 다문 입, 인자스레 내려다보는 눈매 등 자비로운 모습이 일품이다. 몸에는 예복을 걸쳤고, 두 손은 가슴에 정중히 모았는데, 그 소맷자락이 유난히 선명하다.

| 동자복상 | 서자복상과 쌍을 이루는 이 석상 역시 불교와 민간신앙의 결합을 보여주는데 본래 여기에는 만수사라는 절이 있었다고 한다. 이런 석상의 전통이 훗날 돌하르방 조각에 영향을 준 것으로 보인다.

상당한 거리에 따로 떨어져 있지만 동서에 마주 보며 있으니 분명히 한 쌍으로 제작됐음을 알 수 있다. 그러나 어떤 동기로 이렇게 세워졌는지는 아직 불분명하다. 다만 서자복미륵은 속칭 동한두기의 해륜사, 일명 서자복사(현 용화사) 자리에 있고 건물은 조선 숙종 20년(1694)에 불타 없어졌다.

동자복미륵이 있는 동네는 예전에 '미륵밧'이라는 밭이었는데『신증동국여지승람』에 "만수사(萬壽寺)는 일명 동자복이다"라고 했다. 또『남환박물』에서는 "성 안에 원래 승려가 없어 사찰이 모두 철회되었는데 제주성 동쪽에 만수사가 있고, 서쪽에 해륜사가 있어 각각 불상은 있지만 항시 지키는 사람이 없어서 마을에서 한 사람을 지키게 했다"고 했다.

제주의 불상들이 모두 그러하듯이 절이 없어지면서 이 미륵은 민간에서 복신으로 둔갑해 계속 숭배되어왔으며 용왕 신앙과 뒤섞여 해상 어업의 안전과 풍어, 출타 가족의 행운을 지켜준다고 믿으면서 자복미륵이 되었다.

복신 옆에는 높이 약 70센티미터의 동자미륵이 있는데 그 형태가 꼭 남자 성기 모양이고 여기에 걸터앉아 치성을 드리면 아들을 얻는다는 생식 신으로 전해진다. 전하기로 이 동자미륵은 본래 경질(硬質)의 까만 현무암으로 여인네들이 하도 여기에 걸터앉아 비비대며 치성을 드려 동자 머리에 해당하는 남근석이 반질반질하게 윤이 났다고 한다. 그런데 어느 날 누가 이를 훔쳐가는 바람에 지금은 새 돌로 깎아놓아 효험이 없어졌다며 애석해한다.

한두기마을

서자복미륵이 있는 동한두기 마을 입구에는 '한두기마을 유래'가 까만 대리석에 다음과 같이 새겨져 있다.

> 예로부터 물이 좋으면 사람이 모여 와 살았다. 조선 정조 시대 제주읍지(濟州邑誌)에 의하면 마을 이름을 대독포리(大獨浦里)라 하고 목마른 말이 물을 먹는다 하여 갈마수(또는 가막소)라고 한 물을 중심으로 마을이 형성되었다. 본래 대독포리는 한두기(한데기)의 이두 표기다. 한두기는 용담동의 발상지며 한내의 머리란 뜻이다.
>
> 용담동은 오늘날 용담 1동, 용담 2동이라는 밋밋한 행정동 명칭을 가졌지만 용담 1동에는 한독잇개을, 버렁개을, 한내밧을 등의 옛 이름이, 용담 2동에는 한독이을, 먹돌새기, 새정드르, 닷그내을, 어영을, 홀개을

| **용담마을 큰길가 마을 벽화** | 용담마을은 한두기마을이라는 이름이 있고 그 동쪽은 동한두기라고 불리고 있다. 한두기마을 큰길가에는 마을 주민의 초상을 설치해놓고 '용담마을, 삶은 지속된다'는 표어를 내걸었다. 여기에서 제주인들의 고향을 지키려는 의지와 저력을 엿볼 수 있다.

등의 옛 이름이 있다. 이 아름다운 마을 이름은 정말로 지키고 싶은 제주의 무형유산이다.

제주올레 제17코스 중 뒷부분은 용두암에서 용연을 거쳐 동한두기(갈마수) 마을과 무근성 지나 관덕정에 이르는 길로 제주 역사의 향기가 짙게 서려 있다. 용두암은 해안가 기암괴석이 용머리 같아 신비감을 자아내고 용연은 예나 지금이나 '놀이 한마당'이 벌어지는 물가이다. 한여름 밤 여기에서 불 밝히고 뱃놀이를 하는 용연야범(龍淵夜泛)은 '영주12경'의 하나로 꼽힌다. 그리고 용연으로 흘러드는 한내(大川) 동쪽 마을을 동한두기, 서쪽을 서한두기라고 불렀던 것이다. 올레꾼들이 이 마을 앞을 지나면서 그 동네 이름을 새겨본다면 이는 마음을 즐겁게 해주는 유효한 스토리텔링이다.

용담동에서 탑동으로 내려가는 큰길가 축대에는 용담동 어린이 200

| 용두암 | 제주의 아름다움은 오름, 나무뿐만 아니라 기암괴석에도 있다. 제주 해안에는 기암괴석이 즐비한데 그중에서도 압권은 역시 용두암이다.

명, 어른 200명의 초상화 패널이 길 양쪽에 장하게 늘어서 있다. 마을 벽화의 주제는 '용담마을, 삶은 지속된다'이다. 이 거대한 설치미술 한쪽에 있는 안내판에는 다음과 같은 글이 실려 있다.

　　마을은 개인 가족을 넘어서서 만나는 최초의 사회입니다. 전통적 존재성의 상실은 우리들 가슴속에 전통마을의 향수를 더욱 오롯이 기억하게 만드는 근원적인 이유가 되는 것인지도 모릅니다.

　　어떻게 해서든지 마을의 전통을 지켜보려는 제주인의 안간힘이 글귀와 벽화에 그렇게 서려 있다. 이것은 제주인의 향토애가 거의 본능적임을 말해준다.

제주의 삼보(三寶)와 영주십경(瀛州十景)
무근성 / 오현단 / 귤림서원 / 향현사 / 제주성터 / 『탐라순력도』 /
사라봉 / 만덕할머니 / 김만덕 기념탑 / 한라수목원 / 제주어

무근성과 탐라국 칠성대

동한두기에서 제주목 관아로 가는 길을 '무근성'이라고 한다. 이는 '묵은 성〔舊城〕'에서 나온 말로 옛 탐라국 시절의 성터를 일컫는 것이다. 조선시대에 들어와 제주가 팽창하면서 제주성을 더 바깥쪽에서 축조하면서 탐라국 성터는 성 안쪽으로 편입되어 무근성이 된 것이다.

탐라국의 궁궐도 무근성 어디쯤이었다. 전하기로는 고·양·부 3성이 탐라를 삼도로 나누어 차지하고 북두칠성 모양을 본떠 칠성대(七星坮)라는 제단을 월대(月臺) 형식으로 쌓았다고 한다.

그런데 1735년 부임한 김정 목사는 이 월대를 고쳐 쌓고는 그 이름을 '선덕대(宣德臺)'라고 명명했다. 지금 관덕정 뒤에 있는 월대가 바로 선덕대이니 탐라국 시절이나 조선시대나 이 일대는 제주의 중심이었던 것이다.

| 무근성의 골목길 | 무근성은 묵은 성이라는 옛 성터를 뜻하는 것으로 탐라국 시절의 성터를 말한다. 현재 제주목 관아 인근으로 제주에서 가장 유서 깊은 동네이며 서울로 치면 북촌에 해당한다.

따라서 관덕정 일대 무근성은 제주의 오랜 연륜을 지닌 묵은 동네로 서울로 치면 북촌 이상의 무게를 지닌다. 지금도 제주에서 무근성에 산다면 일단 알아주니 무근성의 낱낱 건물들은 비록 문화재적 가치가 적다 해도 이 동네 자체가 지니는 문화유산적 가치는 말할 수 없이 크다. 현기영의 『지상에 숟가락 하나』에 나오는 개교한 지 100년이 넘은 제주북초등학교도 이 무근성 안에 있다.

지금 무근성에서 탐라의 옛 자취를 볼 수는 없다. 그러나 느낄 수는 있다. 『사진으로 보는 제주의 옛 모습』(제주시 2009)에는 그 잔영이 남아 있어 역사의 뒤안길을 보는 듯한 진중함도 느껴진다. 2009년 제주특별자치도는 무근성 일대를 대상으로 한 도시재생사업 용역에 착수했다는 보도가 있었다. 이것이 어떤 방향에서 추진될지 아는 바 없지만 탐라국 이래 제주인의 체취가 진하게 밴 무근성 골목길의 역사성을 어떤 식으로

| 무근성 빗돌과 선덕대 | 선덕대 뒤쪽 안동네에는 무근성임을 알려주는 빗돌이 세워져 있다. 본래 탐라국 시절에 있었던 월대를 고쳐 쌓으면서 이름을 선덕대라고 했다. 지금 관덕정 뒤편에 있는 월대가 선덕대이다.

든 살려냈으면 하는 마음이 간절하다.

오현단과 오현고등학교

제주의 옛 향기는 오현단(伍賢壇)에 이르러야 느낄 수 있다. 오현단은 제주를 다녀간 조선시대 다섯 명현(名賢)의 위패를 모신 곳이다. 조선시대엔 대개 30개월 임기로 부임해온 목사가 국초부터 1905년까지 총 287명이었다. 또 제주판관, 정의현감, 대정현감이 각각 그만큼 육지에서 왔다. 여기에다 제주로 유배 온 문신이 200여 명이나 된다. 이들 중 후대에 널리 존숭받는 다섯 분을 모신 곳이 오현단이다.

사람들은 의외로 오현단을 잘 모른다. 안다고 하는 이도 오현단을 제주에 유배 온 분 중 뛰어난 선비 다섯 분을 모신 곳으로만 알고 있다. 그러나 그렇지가 않다. 귀양객은 세 명, 목사가 한 명, 위무사로 업무차 잠깐 다녀간 분이 한 명이다.

내 친구들 중에서 제주에 자주 가지만 연신 공항과 골프장만 오갈 뿐이고 그러면서도 제주도에는 볼 것이 없다는 식으로 말하는 이가 있으면 화가 나기도 했다. 몇해 전에는 이런 친구들을 이끌고 제주답사를 안내했다. 이들은 지난 이삼십 년간 번질나게 제주에 왔다면서도 관덕정에 처음 와봤다는 친구도 있었다. 관덕정 돌하르방을 본 다음 "이제 오현단으로 간다. 걸어서 십오 분쯤 걸린다"라고 하자 내 뒤를 졸졸 따라왔다. 얼마쯤 걸었을 때 한 친구가 "야, 오현단이 무언지는 말 안하고 무조건 데려가냐?"라고 했다. 약간 놀랐다.

"그러면 너 오현고등학교는 아냐?"
"알지, 우리 과(科)에도 오현고등학교 나온 선배가 있었는데."

오현고등학교는 알면서 오현단은 모른단다. 오늘날 오현중·고등학교는 화북 별도봉 기슭으로 이전했지만 1972년까지는 이곳 오현단 옆에 있었다. 믿기지 않는 얘기 같지만 일제강점기까지 제주도에는 인문계 고등학교가 하나도 없었다. 그래서 제주 출신 중에는 광주제일고를 나온 분이 많다. 광복 후 1946년에 오현중학교가 개교하면서 제주의 인재들이 여기로 모여들어 그 명성이 육지에까지 자자해졌다.

오현단의 문화재 안내판을 보면 '제주 문화와 교학 발전에 공이 있는 다섯 분의 현인을 기리기 위해 세운 단'으로 되어 있다. 제주도를 다룬 모든 책에 이렇게 설명되어 있다. 그러나 이분들은 '제주의 교화'에 공이 있어서가 아니라 '충절과 학문'이 후세에 크게 존숭받게 된 분들이다.

| **오현단**   제주와 인연 있는 다섯 분의 성현을 기린 단으로 본래는 귤림서원에 모셔져 있었는데 서원이 철폐되자 단을 만들고 조촐한 조두석 5기를 세웠다. 참으로 소박하면서도 진정성 있는 제단이다.

충암(沖菴) 김정(金淨, 1486~1521): 제주에 유배되었다 죽었음

동계(桐溪) 정온(鄭蘊, 1569~1641): 제주에 10년간 유배되었음

청음(淸陰) 김상헌(金尙憲, 1570~1652): 제주에 안무사로 다녀갔음

규암(圭菴) 송인수(宋麟壽, 1487~1547): 제주목사로 부임했음

우암(尤菴) 송시열(宋時烈, 1607~89): 제주에 유배되었음

 이중 규암 송인수는 제주목사로 부임했으나 불과 몇달 만에 육지로 돌아갔고, 우암 송시열은 83세 되던 해 3월에 제주로 귀양 와 5월에 국문(鞠問)을 받으러 육지로 불려가던 중 6월에 정읍에서 사약을 받았다. 김상헌도 제주에 머문 기간은 2개월도 안 된다. 제주를 교화할 틈도 없었던 분들이다.

귤림서원의 성립 과정

오현단은 원래 이곳에 있던 귤림서원(橘林書院)에 배향된 분들을 위한 단이다. 고종 8년(1871) 흥선대원군의 서원 철폐령으로 귤림서원이 헐리게 되자 고종 29년(1892)에 귤림서원 옛터에 조촐한 제단을 만들고 오현을 기리니 그것이 바로 오늘의 오현단이다.

오현단의 출발은 중종 15년(1520)에 제주에 유배된 충암 김정을 기리기 위해 선조 11년(1578)에 가락천(嘉樂泉) 동쪽에 충암묘를 지은 것에서 시작된다.

16세기 중엽, 소수서원을 시작으로 전국에 서원이 우후죽순으로 건립되면서 지방사학 시대로 들어섰지만 이후 1백 년이 지나도록 제주에는 서원이 하나도 세워지지 않았다. 일제강점기에 인문계 고등학교 하나 없었듯이 제주에 문명이 미치기까지는 항시 이렇게 오래 걸렸다.

그러던 중 효종 9년(1658)에 제주목사로 부임한 이괴(李檜)는 향교 옆에 초가집 6칸을 짓고 학생 중 뛰어난 스무 명을 선발하여 관비로 가르치는 교육사업에 뜻을 보였다. 이괴 목사는 임기가 만료되는 현종 원년(1660)에 세종 때 판윤을 지낸 고득종의 집터에 12칸짜리 학사를 짓고 장수당(藏修堂)이라 이름했다.

그로부터 5년 뒤인 현종 6년(1665)에 제주판관으로 부임한 최진남은 그해 봄 궁벽진 곳에 있는 충암묘를 장수당 곁으로 옮기고 귤림서원이라는 현판을 달았다. 이리하여 제주에 처음으로 사(祠, 충암묘)와 재(齋, 장수당)를 갖춘 번듯한 서원이 세워졌다.

서원에는 충절과 학문으로 내남이 모두 인정하는 분을 모셔야 했다. 비록 사약을 받고 죽임을 당했어도 훗날 복권되어 시호(諡號)를 받은 공(公)이 아니면 안 되었다. 그리고 원칙적으로 국가(예조)로부터 공인받아야 했다.

그런데 『조선왕조실록』 숙종 1년(1675) 9월 25일자에는 부호군 이선(李選)이 제주도를 순무(巡撫)하고 돌아와 임금에게 보고한 마흔 가지 잘못의 하나로 귤림서원의 배향 문제가 나온다. 내용인즉 귤림서원이 충암 김정, 청음 김상헌, 동계 정온을 배향함은 마땅하나 이인 목사가 유림과 상의 없이 자신의 조부 이약동을 3현 위에 모셨는데 이는 철거해야 마땅하다고 했다. 왕은 이 건의를 받아들였다.

그리고 7년 뒤인 숙종 8년(1682) 6월 23일 제주 유생이 충암 김정, 동계 정온, 규암 송인수, 청음 김상헌 네 분을 모시는 서원을 세우고자 하니 사액을 내려달라는 요청을 조정에 올렸다. 숙종은 이를 받아들여 사액 현판을 내려주었다. 그리고 숙종 21년(1695)에는 제주 유생들이 귤림서원에 우암 송시열도 함께 배향하게 해달라고 상소하여 임금이 이를 허락했다. 이리하여 귤림서원은 사액서원으로 오현을 모시게 됐다.

오현의 충절과 학문

오현이 존숭받은 이유는 충절과 학문이었다. 충암은 조광조와 함께 사림파를 대표하는 문신으로 대사헌·형조판서에 이르렀으나 기묘사화 때 제주도로 유배되었다가 결국 사사(賜死)되었다. 훗날 조광조와 함께 복관되어 영의정에 오르고 문간공(文簡公)이라는 시호를 받았다. 그는 제주에서 세상을 떠났는데 그가 지은 『제주풍토록』은 이후 제주 관련 기록의 범본이 되었다.

청음 김상헌은 병자호란 때 절의를 지킨 충절의 상징이다. 청음은 32세에 제주에서 일어난 반역 사건의 안무사로 제주를 다녀가며 『남사록』이라는 저서를 남겼다. 동계 정온은 병자호란 때 청나라에 항복하자 자결을 시도했으나 이루지 못하자 세상을 버리고 덕유산으로 들어가 고사리만 먹고 지내다 순절한 분이다. 동계는 곧은 말을 잘해서 한때 제주 대정에 10년간 유배된 적이 있었다.

규암 송인수는 중종 29년(1534) 3월에 제주목사로 부임했다가 6월에 병에 걸려 고향에 돌아갔는데, 정적인 김안로 무리들이 후임이 없는데 자리를 이탈했다고 고해바쳐 사천으로 유배되었다. 그후 복권되어 대사헌이 되었고 바른말을 잘했다.

그리고 우암 송시열은 노론의 영수로 비록 사약을 받았지만 사후 노론의 시대에 들어서면서 당연히 추앙받았다.

이들은 모두 충절로 숭앙받을 만한 분임이 틀림없지만 당색이 모두 서인과 노론으로 이어진다. 충암은 당파 이전 인물이지만 조광조와 같은 노선이었고, 동계는 북인에서 갈라선 분이며, 청음·규암·우암은 서인과 노론의 골수였다. 귤림서원의 사액을 건의한 김석주는 당시 노론의 실세였다.

고득종의 향현사와 이약동의 영혜사

사실 제주 출신으로 높은 벼슬에 올라 존경받을 만한 문인으로는 세종 때 고득종(高得宗)이 있다. 그는 부친을 따라 10세 때 상경하여 제주 출신으로는 처음으로 문과에 합격하여 벼슬길에 올랐다. 그는 제주 목마장에 관한 임금의 자문에 응하면서 세종의 총애를 받았다. 안견의 「몽유도원도」에 찬시를 쓸 정도로 안평대군과 가까웠다. 그는 한성판윤 등을 지냈고 기록상 제주에 세 번 다녀간 제주의 출향(出鄕) 인사였다. 귤림서원은 바로 고득종의 집터였다. 훗날 이원조 목사는 헌종 9년(1843)에 고득종을 모신 사당을 세워주니 그것이 바로 오현단 곁에 있는 향현사(鄕

| **향현사** | 제주 출신으로 조선왕조 세종 때 문신이었던 고득종을 모신 사당이다. 본래 여기가 그의 생가터였다.

賢祠)다.

또 제주 문명의 교화에 공이 있자면 산천단을 세우고 돌아갈 때 말채찍 하나 가져가지 않은 이약동 목사가 훨씬 크다. 그의 손자 이인 목사는 이런 할아버지가 제주의 서원에 모셔져야 당연하다고 생각해 귤림서원에 배향되도록 했는데 이것이 사사로이 한 일이라고 철회되었던 것이다. 그로부터 20여 년 뒤 이익태 목사는 숙종 21년(1695)에 귤림서원에서 조금 떨어진 곳에 영혜사(永惠祠)라는 사당을 짓고 그 위패를 모셨다. 이처럼 고득종과 이약동은 비록 오현에 들지는 못했지만 제주인들에게 그렇게 기림을 받았다.

| 오늘날의 오현단 | 오현단엔 무수히 많은 비석이 난립하여 어지럽기 그지없다. 조상을 위하는 방식에 대하여 깊이 생각해보게 한다. 이미 오현은 문중의 조상이 아니라 제주의 역사 속 공인이니 사사로운 위선 사업은 여기에서 허락될 수 없는 일이다.

오현단과 난립한 비석들

이런 유서 깊은 내력이 있는 오현단이지만 막상 오현단에 오면 사람들은 대부분 크게 실망하고 만다. 우선 안으로 들어가는 입구를 콘크리트 2층 건물로 된 노인회관이 가로막고 있다. 하고많은 땅 중에 여기에다 노인회관을 지은 이유가 무엇인지 답답할 따름이다.

그리고 안으로 들어서면 웬 비가 그렇게 많은지 눈이 어지러울 정도다. 다 세어보지 않았지만 족히 십여 개의 비가 난립해 있다. 그중 충암 김정 적거(謫居) 유허비(철종 3년, 1852), 우암 송시열의 영조 18년(1742)비와 순조 원년(1801)비, 귤림서원 묘정비(廟庭碑, 철종 원년, 1850) 등 네 개는 오현단이 세워지기 전부터 있었고 향현사 유허비(고종 30년, 1893)도 있을 자리에 있을 만하다.

그러나 느닷없이 노봉 김정 흥학비(蘆峰 金政 興學碑), 제주 향로당 건축비, 제주 향로당 재건공로비, 높직한 오각형 기둥에 오현의 이름을 큰 글씨로 새긴 오현단 비는 정말로 봐주기 힘들다. 또 충암 김정의 유허비를 문중에서 왜 새로 세웠는지는 이해하기조차 힘들다. 게다가 여기저기에 오현의 시 한 수씩을 새겨놓은 시비가 널려 있으니 그 어지러움은 심해도 보통 심하지 않다. 내가 가자고 해서 반강제로 끌려온 친구들이 투정 어린 말투로 한마디씩 내뱉는다.

"도대체 어느 게 오현단이냐?"

다섯 개의 토막돌에 나무 한 그루

오현단 자체는 아주 감동적이고 소박한 제단이다. 이 검소함에는 제주의 전통과 특징이 잘 나타나 있을 뿐만 아니라 그 소탈함에서 풍기는 진정성은 어느 거대한 비석보다 열배 백배 진하다.

오현단은 작은 토막돌 다섯 개를 한자(33cm) 간격으로 세워놓은 게 전부다. 돌 하나의 크기가 높이 45센티미터, 너비 22센티미터, 두께 15센티미터니 메줏덩이만 한데 이런 비석을 도마 같다고 해서 도마 조(俎)자를 써서 '조석', 또는 '조두석(俎頭石)'이라고 한다. 거기에는 오현의 이름 석 자조차 새겨넣지 않았다.

제주의 수많은 제단에서 감동받는 까닭은 바로 이런 검소하고 소박한 제주만의 표정이 있어서다. 삼성혈의 혈단, 산천단의 제단, 시사석의 돌집, 각 마을 신당의 제단들, 그리고 오현단의 다섯 조두석 등은 제주인의 심성과 제주의 자연, 제주의 민속과 더없이 잘 어울리는 제주의 자랑으로 삼을 만하다. 그런데 이 모든 곳에 열 배는 더 큰 새 제단을 바로 곁에

| 오현단 '증주벽립' | '증주벽립'은 '증자와 주자가 이 벽에 서 있도다'라는 뜻으로 서울 성균관에 있는 우암 송시열의 글씨를 탁본하여 새겨놓은 것이다.

세워놓았으니 안타깝기 그지없다.

토막돌 다섯 개가 줄 지어 있는 오현단 바로 뒤에는 누가 심었는지 아니면 씨앗이 날아와 자랐는지 일찍부터 검양옻나무 한 그루가 자리잡아 이 제단의 연륜과 기품을 살려주고 있다. 검양옻나무의 '검양'은 검붉은 빛을 말하는 '거먕'이 변하여 된 말이니 '검은 옻나무'인 셈이다. 그래서 가을날 단풍들 때 오면 정말 곱고 아름답다.

오현단에서 내력 있는 자취는 자연석에 새겨진 우암 송시열 '증주벽립(曾朱壁立)'이라는 글씨다. '증자와 주자가 이 벽에 서 있도다'라는 뜻의 이 글씨는 서울 성균관에 있는 우암의 글씨를 탁본하여 철종 7년(1856)에 새겨놓은 것이다. 우암의 후대 영향력은 이렇게 강했다.

제주시는 귤림서원 복원 계획이 있단다. 장수당은 이미 2004년에 복원되었고 향현사는 2007년에 복원되었다. 그러나 중요하기로는 서원의 복원보다 노인회관인 향로당을 다른 곳으로 옮기고 난립한 비석들만이라도 정비하여 오현단이 지닌 진정성을 살리는 게 급선무이다.

제주성터

오현단 뒷벽은 바로 옛 제주성이다. 제주시내를 빙 둘러 축조했던 제주성은 성곽의 둘레가 4,394척(약 1,424m), 높이 11척(약 3.3m)으로 동·서·남문이 있었다고 했다.

그러나 일제강점기에 들어와 제주성은 처참하게 파괴된다. 일제는 1925년부터 1928년까지 제주항을 개발할 때 성벽을 허물어 바다를 매립하는 골재로 사용했단다. 결국 바닷가에서 약간 멀리 떨어진 오현단 부근의 격대 세 곳은 높이 약 4미터, 길이 약 160미터만 남았다. 간신히 살아남은 이 성벽의 잔편을 보면 제주성은 제주 현무암을 이용하여 빈틈새가 거의 없게 견고히 쌓았으며 성곽에 계단이 남아 있어 안쪽과 바깥쪽을 구분했음도 확인된다.

오현단과 제주성터에 오면 무엇보다도 이곳에 귤림서원이 자리잡을 때의 이야기가 떠오르며 당시의 풍광을 그려보게 된다. 여기는 고득종과 그의 두 아들이 모두 문과에 급제하여 명당으로 일컬어진 곳이다. 이 천하의 명당자리가 그동안 이렇게 방치되었다니 참으로 안타까운 일이다.

얼마 전 다시 제주성터와 오현단에 가보니 지금 제주시에서는 제주도 기념물 제3호인 이 제주성터를 복원하여 역사공원으로 정비하는 작업을 진행한다는 거대한 복원 계획도가 세워져 있었다. 반가운 마음이 일면서도 혹여 이것이 오현단의 어지러운 비석 같은 일로 반복되면 어쩔 것인가 걱정되어 부디 귤림서원 시절의 그 분위기가 복원되기를 축수해보았다.

| 제주성 | 성벽 길이 약 1,400미터에 달하던 제주성은 오늘날 약 150미터만 남아 있다. 그러나 제주도는 가능한 한 복원해나갈 계획이라고 하니 그때를 기대해보게 된다.

이형상의 『남환박물』과 『탐라순력도』

나의 탐라국 순례는 여기서 끝맺을 수도 있다. 그러나 제주를 알고 싶고 또 의미있게 답사하려면 무조건 제주민속자연사박물관과 국립제주박물관을 들러야 한다. 여기를 가야 제주의 지질과 자연과 역사의 기본을 알게 되고 그래야 우리가 다니는 답사처의 자연적, 역사적, 민속학적, 인류학적, 미술사적 의미를 가늠할 수 있다. 그것은 어느 나라, 어느 도시를 가든 답사와 관광의 기본이다.

여기서 내가 그 유물들을 일일이 거론하며 설명할 여유는 없지만 국립제주박물관에 전시된 이형상 목사가 제작한 『탐라순력도(耽羅巡歷圖)』(보물 제652-6호)만은 자세히 볼 필요가 있다. 그림 자체는 명화라 할 수 없지만 카메라가 없던 시절 기록화로서 이렇게 생생히 전해주는 예는 다시없다.

 이형상(李衡祥, 1653~1733)의 자는 중옥(仲玉), 호는 병와(甁窩)라 했고 여러 벼슬을 거쳐 한성부윤에 이르렀으며 뒤에 청백리에 오른 분이다. 그가 제주목사에 부임한 때는 숙종 28년(1702) 6월이었다. 원래 목사의 임기는 3년이었으나 제주로 유배 온 오시복의 편의를 봐줬다가 이듬해 6월 물러났다.

 이형상은 실학자적 사고를 갖고 적극적으로 관직을 수행한 뛰어난 행정관료였다. 역대의 지방관 중에서 이형상처럼 자신이 책임 맡은 관내의 물산을 철저하게 조사하여 기록하고 그것을 행정에 반영한 이는 역대 제주목사 총 287명 중 유일하고, 또 조선왕조 500년 역사 속에서도 다시 찾아보기 힘들다.

 이형상이 제주목사를 지낸 기간은 숙종 28년(1702) 6월부터 이듬해 6월까지 불과 1년간이었다. 그 1년간의 재임 기간에 그는 『탐라순력도』와 제주의 사정을 기록한 『남환박물』(이상규·오창명 옮김, 푸른역사 2009)이라는 명저를 남겼다.

 『남환박물』은 당시 제주의 모든 것을 기록하고 있다. 남환(南宦)이란 '남쪽 벼슬아치'란 뜻으로 제주목사를 일컫는 말이니 '제주목사가 본 제주 박물지'란 뜻이다. 그는 직접 제주 곳곳을 다니며 수집한 내용과 기존 기록을 참고하며 제주의 모든 정황을 입체적으로 구성해놓았다. 37항목에 걸쳐 제주의 역사·지리·물산·자연생태·봉수·풍습 등 백과사전식 내용이 상세하다. 특히 섬의 특성을 잘 살려 일반 읍지에는 잘 나타나지 않는 기후 특성과 동식물의 현황까지도 기록했다. 당시 제주사람들의 삶의 현장을 생생하게 되살려놓은 최고의 그리고 최초의 제주 민속 인문지리서다.

 『탐라순력도』의 제작 경위는 무엇보다도 이형상 목사 자신이 쓴 서문

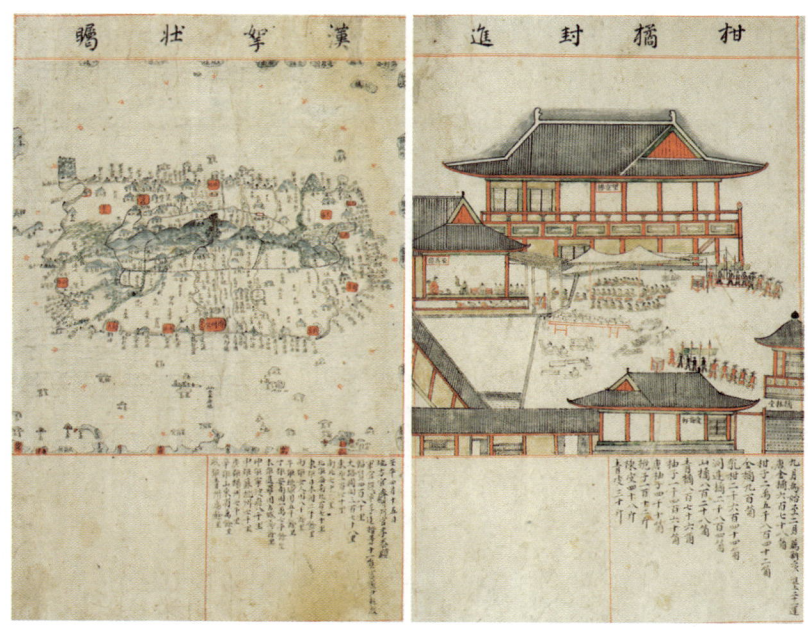

| **탐라순력도**』| 「한라장촉(漢拏壯囑)」(왼쪽)은 제주도의 전반적 실태를 기록한 지도이다. 「감귤봉진(柑橘封進)」(오른쪽)은 조정에 진상할 귤을 제주목 관아 망경대 앞에서 점검하는 그림이다.

에 잘 나타나 있다.

봄가을로 매번 목사(節制使)가 직접 방어의 실태와 군민의 풍속을 살피는데 이를 순력(巡歷)이라 한다. 나는 전례에 따라 10월 그믐날 출발해 한 달 만에 돌아왔다. (…) 화공(畵工) 김남길(金南吉)로 하여금 40도(圖)를 그리게 하고 또 오노필(嗚老筆)에게 비단으로 장식해 한 권의 첩(帖)으로 꾸미고 '탐라순력도'라 했다.

『탐라순력도』는 제1도 「한라장촉(漢拏壯囑)」에서 제41도 「호연금서(浩然琴書)」로 끝나는데 그의 순력은 조천·김녕·정의·대정·명월·애월·

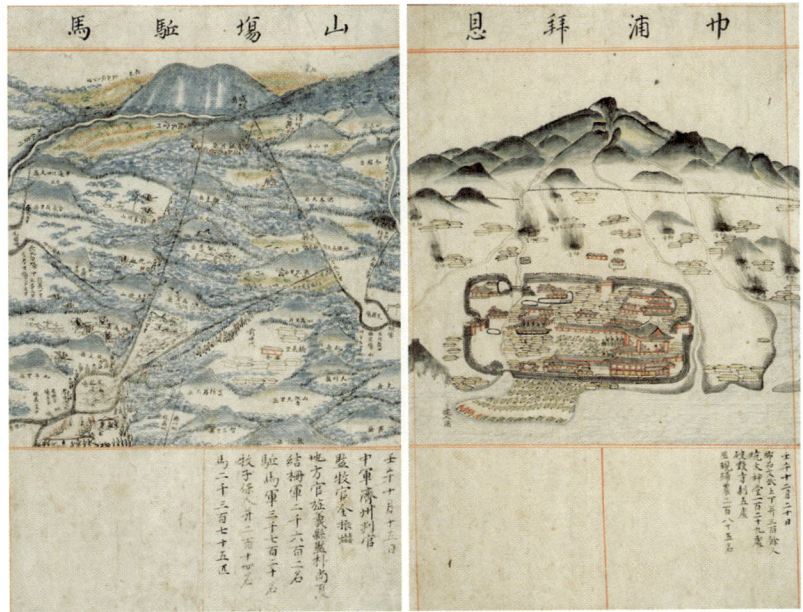

| **탐라순력도** | 「산장구마(山場驅馬)」(왼쪽)는 제주목사가 말목장을 점검하는 그림으로 이때 국마가 2,375필이라고 기록되어 있으며 목장의 경계 구실을 하는 긴 잣성들이 나타나 있다. 「건포배은(巾浦拜恩)」(오른쪽)은 건입포에서 임금께 절을 올리는 그림으로 여기에는 신당을 불태우는 장면이 그려져 있다. 이때 농민으로 귀속시킨 무당이 285명이라고 기록되어 있다.

제주 각지에서 벌어진 양로·조점·사후·시사 등을 주제로 엮어 있다. 모든 것이 사실에 충실하여 각 행사 때 동원된 인원과 말 등의 숫자가 기록되어 있다.

이 기록이 얼마나 사실에 충실했는가는 제주의 역사와 현황을 자세히 말한 데서도 볼 수 있다.

숙종 29년에 내가 재주가 없으면서도 외람되게 절제사의 명을 받았다. 곧 영(營)에 도착해 장부를 점검해보았다. 세 고을(제주·정의·대정)의 인구는 9,552호, 남녀 43,515명, 밭은 3,640결(結)이다. 64개 목장에 국마(國馬)가 9,372필, 국우(國牛)가 703두다. 41개 과수원 내에 감(柑)이 299그루, 귤(橘)이 2,978그루, 유자(柚子)가 3,778그루, 치자(梔子)가 326그루다. (…) 17명의 훈장과 68명의 교사장(敎射長, 활쏘기 교사)을 나누어 배치했고 유생은 480명, 무사는 1,700여 명이다.

이형상이 제주목사로 재임하면서 남긴 업적은 아주 많다. 그의 행장에는 제주인을 교화한 내용이 다음과 같이 기록되어 있다.

탐라의 속된 풍속을 변혁할 생각으로 세 고을에 있는 문묘를 보수하고 이름 있는 선비를 선발하여 훈장으로 정하여 학업을 독려하고 삼성사를 세웠다. 동성간의 혼인, 처가 있으면서 처를 취하는 자, 남녀가 함께 목욕하기, 여자의 나체 등을 조례로 금했다.

그러나 무격(巫覡)의 폐해가 크다고 129개 신당을 불지르고 무당 285명의 안적(案籍)을 불사르고 귀농시킨 것에 대해서는 조치가 과연 옳았는가 찬반이 있을 수 있다. 그가 이런 단호한 조치를 내린 까닭은 워낙 폐해가 컸기 때문이라고 당당히 말하고 있지만 그는 본질이 정통 유학자였기 때문에 과격한 조치를 내린 면도 없지 않을 것 같다.

아무튼 그는 제주목사 직을 성실히 수행했다고 자부하며 백록담에서 얻은 구상나무 고사목으로 만든 거문고와 시를 쓴 책 몇권만 갖고 제주도를 떠났다.

사라봉 낙조와 영주십경

국립제주박물관 뒷산은 제주사람들이 즐겨 찾는 사라봉(해발 148미터)

| **사라봉 낙조** | 제주시 사라봉에서 바라보는 낙조는 영주십경의 하나로 꼽히는 제주의 장관이다.

이다. 사라봉 동쪽 옆에 비슷한 크기의 별도봉(해발 136미터)이 있어 비행기에서 내려다보거나 한라산 중턱에서 바라보면 아름답게 짝을 이룬다. 별도봉 북쪽은 급경사이며 절벽이 바다 밑으로 깎여내려 바다와 조화로운 절경을 이루고 있어 일명 '자살바위'라고도 불리는데 거기엔 '다시 한 번 생각해보라'는 조각 팻말이 있다.

사라봉은 수목이 울창하여 꿩, 비둘기 같은 산새 소리도 끊이지 않는다. 바다 쪽으로 바짝 붙어 있어 아랫자락엔 사라봉등대가 앞바다를 비춰주고, 정상엔 팔각정 정자가 있어 거기서 노을 지는 바다를 내다보는 경치는 '사봉낙조(紗峰落照)'라고 하여 영주(瀛州)십경의 하나로 꼽힌다.

제주의 아름다운 풍광 중 베스트 10으로 뽑은 것을 영주십경이라고 하는데 이는 제주의 시인 매계(梅溪) 이한우(李漢雨, 1818~81)가 선정한 것이다. 역대로 많은 문인들이 제주의 아름다움을 손꼽아왔다. 그러나 제주목사로 왔던 이익태, 이형상, 이원조 등의 제주 10경, 8경은 역시 그들이 육지인이고 관리였기 때문에 자신이 본 제주의 동북쪽에 치우쳐 있다. 이한우는 제주 전역을 대상으로 꼽았고 그것이 오늘날 제주의 명승지와 일치하여 영주십경으로 고착된 것이다. 즉 역사적 검증과 대중적 동의를 얻은 것이다.

1. 성산출일(城山出日): 성산의 해돋이
2. 사봉낙조(紗峰落照): 사라봉의 저녁노을
3. 영구춘화(瀛邱春花): 영구(속칭 들렁귀)의 봄꽃
4. 정방하폭(正房夏瀑): 정방폭포의 여름
5. 귤림추색(橘林秋色): 귤림의 가을빛
6. 녹담만설(鹿潭晚雪): 백록담의 늦겨울 눈
7. 영실기암(靈室奇巖): 영실의 기이한 바위들
8. 산방굴사(山房窟寺): 산방산의 굴사
9. 산포조어(山浦釣魚): 산지포구의 고기잡이
10. 고수목마(古藪牧馬): 곶자왈에 방목한 말

사라봉의 서북쪽이 바다에 임해 있으니 석양 때 사라봉에 오르면 붉은 태양이 수평선으로 빠지는 낙조와 지는 해가 뿌린 홍채가 바다를 물들이는데 그것이 얼마나 장관일까는 능히 상상이 간다. 그래서 만약 제주시내에 숙소를 잡은 답사객이라면 아침 산책은 한라수목원에서 하고, 저녁 산책은 사라봉으로 가라고 권한다. 그게 아니더라도 사라봉 초입엔 너무도 유명한 김만덕(金萬德) 할머니의 추모비가 있어 한 번은 기쁜 마음으로 다녀올 만하다.

김만덕 할머니의 『조선왕조실록』 기록

제주 의녀(醫女) 김만덕(1739~1812)의 일생에 대해서는 드라마화되어 널리 알려져 있어 내가 굳이 길게 답사기에 옮길 필요가 있을까 싶은 생각이 들기도 한다. 그러나 역사적 실존인물들이 간혹 소설과 드라마로 각색되면서 없던 이야기가 마구 만들어짐으로써 원래 인간상의 실체감을 상실하는 경우가 많아 어디까지가 사실이고 무엇이 허구인지 궁금하게 만들기도 한다. 그 점에서 역사소설과 드라마는 죄가 많고 전기(傳記)와 평전(評傳)이야말로 역사적 인물을 기리는 바람직한 형식이라고 생각한다. 그리고 무엇보다도 엄연한 객관적 사실 그 자체가 변질되지 않아야 신뢰를 얻게 된다. 그런 생각에 여기서 나는 김만덕 여사를 증언한 역사적 기록들을 가감없이 제공하고자 한다. 그 첫번째 기록은 『조선왕조실록』 정조 20년(1796) 11월 25일자 기사이다.

| **김만덕 초상** | 정부에서 표준영정으로 그린 김만덕 초상이다. 윤여환의 작품으로 제주 여인상을 아주 단아하게 표현했다.

제주의 기생 만덕이 재물을 풀어서 굶주리는 백성들의 목숨을 구했다고 제주목사가 보고했다. 상을 주려고 하자, 만덕은 사양하면서 바다를 건너 상경하여 금강산을 유람하기를 원했다. 임금은 이를 허락해주고 나서 그가 가는 길목의 고을들로 하여금 양식을 지급하게 했다.

이에 대한 정확한 내력은 당시 78세의 노재상이었던 번암 채제공이

| 김만덕 묘소 | 사라봉에 큰길이 생기면서 이곳으로 이장해놓았는데 그 위치가 향(向)도 맞지 않고 길가를 등지고 있어서 안쓰럽기만 하다.

쓴 「만덕전(傳)」(『번암집』 권55)에 상세하다.

채제공의 「만덕전」

만덕은 성이 '김'이고 탐라의 양갓집 딸이었다. 어려서 부모를 잃고 의지할 곳이 없어서 기생에게 의탁하여 살아가게 되었다. 점점 자라자 관에서 만덕의 이름을 기생의 명단(妓案)에 올렸다. 만덕은 비록 머리를 숙여 기생으로 일했지만, 스스로는 기생으로 여기지 않았다.

나이 스무 살이 넘어서, 그의 사정을 관에 읍소하니 관에서 이를 불쌍히 여겨 기생 명단에서 삭제하고 다시 양민으로 돌아가게 했다. 만덕은 비록 집에 하인을 두었지만, 탐라 남자를 남편으로 맞이하지는 않았다. 그녀는 재화를 늘리는 일에 능해서 물건의 귀천을 때에 맞게 팔고 때에 맞게 저축하기를 잘하여, 수십 년에 이르러 자못 부자로 이름이 났다.

정조 19년(1795)에 탐라에 큰 기근이 들어 백성들이 죽어가기에 이르니 임금은 배에 곡식을 싣고 가서 먹이라고 명했다. 고래가 뛰는 바다 팔백 리를 범선이 베틀의 북처럼 왕래했지만 때에 맞게 이르지 못했다.

이때 만덕은 천금을 내어 육지에서 쌀을 사니, 여러 군현의 뱃사공들이 때에 맞게 이르렀다. 만덕은 그중 10분의 1을 취하여 친족을 살리고, 그 나머지는 모두 관청에 실어보냈다. 굶주린 사람들이 이 소식을 듣고 관청의 뜰에 구름같이 모여들었다. 남녀 모두가 만덕의 은혜를 칭송하며 '우리를 살린 자는 만덕이다'라고 했다.

진휼(賑恤)이 끝나고 제주목사가 그 사실을 조정에 아뢰니, 정조 임금은 이를 기특하게 여겨 만덕의 소원을 들어주라고 한다. 만덕은 서울에 들어가 임금이 계신 곳을 멀리서 우러러보고, 이어서 금강산에 들어가 일만이천 봉우리를 보고 싶다고 했다.

본래 탐라의 여인은 바다를 건너 육지에 오르지 못하도록 하는 '출륙금지령'이 있었지만, 만덕은 정조의 특별한 조치로 서울에 올라올 수 있었고 채제공을 만나고 마침내 왕과 왕비에게 문안을 드리게 되었다. 그리고 반년 후에 만덕은 금강산의 아름다운 경관을 둘러보고 제주로 돌아갔다.

김만덕 할머니를 기리는 마음

채제공의 증언대로 김만덕은 서울에 오자 일약 유명인사가 되었다. 이가환, 박제가, 조수삼 등이 만남을 기념하는 시문을 지어주었다. 이가환은 60세 만덕의 얼굴이 사십대로 보였다고 했다. 홍도(紅桃)란 기생도

| 추사 김정희의 편액 '은광연세' | 제주 유배 중 추사는 김만덕을 기리는 마음을 '은광연세' 네 글자에 담았다. '은혜의 빛이 온 세상에 뻗어나간다'는 뜻이다.

만덕을 자랑스럽게 생각하며 시를 지었다. 당시 김만덕은 하나의 전설이 되어갔다. 그녀의 눈동자가 중동(重瞳, 겹으로 된 눈동자)이라는 소문이 크게 확산되었다. 다산 정약용은 만덕을 자기 집으로 불러 확인해 밝힌 뒤에 '겹눈동자의 변증(重瞳辨)'이란 한 편의 글을 썼다. 그리고 문인들이 김만덕을 송별하며 지은 시문이 한 권의 첩으로 만들어지자 다산은 여기에 발문까지 지어주었다(『여유당전서』 「시문집」 제14권).

김만덕에 대한 이런 사실적 기록들을 접하다보면, 김만덕만 위대한 것이 아니라 정조대왕과 정조시대 문화 자체가 얼마나 인간미 있고 위대한 시절이었는가를 엿보게도 한다.

김만덕은 제주로 돌아와 살다가 1812년 74세로 세상을 떠났다. 묘소는 생전의 유언에 따라 제주 성안이 한눈에 조감되는 사라봉 '가으니마루' 길가에 묻혔다. 사후에도 '만덕할머니'로 불리며 도민들의 추앙을 받았다. 유재건은 『이향견문록(里鄕見聞錄)』에 「만덕전」을 실어 양민 출신 명사로 대접했다.

추사 김정희는 제주에 유배왔을 때 만덕할머니의 선행을 듣고는 그의 3대 손인 김종주에게 '은광연세(恩光衍世)'라는 편액을 써주며 기렸다. '은혜의 빛이 온 세상에 뻗어나간다'라는 뜻이다. 이 편액은 집안 대대로 내려오다가 6대 손인 김균이 2010년 기증하여 현재 국립제주박물관에

| 김만덕 기념탑 | 김만덕 할머니를 기린다고 세운 기념탑이다. 김만덕과는 아무런 상관없는 엄청난 '뽕대'일 뿐이다.

전시되어 있다.

김만덕의 묘는 사라봉에 등산로가 닦이면서 1977년 모충사를 건립하고 현위치로 이장됐다. 그리고 제주 내외도민 17만여 명의 성금으로 조성된 20미터 높이의 거대한 '의녀반수(醫女班首) 김만덕 의인 묘'탑이 세워졌다. 묘소 옆에는 '만덕관'이 세워져 김만덕의 일대기를 소개하고 있다. 그리고 정부에서는 국가 표준영정으로 김만덕 초상을 봉안했다. 현재 제주도에서는 만덕상을 제정, 한라문화제 때마다 모범여인에게 수상함으로써 만덕할머니의 선행을 기념하고 있다.

그러나 김만덕의 묘소 또한 엄청난 '뽕대' 때문에 진정성이 크게 손상되었다. 정작 기려야 할 묘소는 북향을 한 채 길바닥에 나앉은 초라한 모습이 되었다.

아, 정말로 너무한다. 그간 칭송해온 대로 그냥 '만덕할머니'라고 했으면 더 존경이 가고 친근하련만 '의녀반수 김만덕 의인'이라고 억지로 관

| **김만덕 묘소와 기념탑** | 이미 이장된 묘소와 돈 들여 세운 뽈대를 어쩔 수 없다면 최소한 출입구를 다시 만들어 묘소를 앞에 두고 뽈대를 뒤로 해야 그나마 예를 갖추었다고 할 수 있을 것이다.

직을 강조했어야 한단 말인가. 거창한 호칭보다 만덕할머니 같은 평민도 노블레스 오블리주, 가진 자의 사회적 책무를 실천했다는 것이 더 중요하다.

나는 지금 아무런 권한이 없지만 국민의 한 사람으로 다시 정비해달라고 제주도에 정중하면서도 강력하게 요구했다. 출입구만이라도 새로 내어 묘소를 남향으로 바로잡아 참배객이 오면 먼저 만덕할머니 묘소에 예를 올리고 저 멀리 있는 '뽈대'는 이 묘소의 후광으로 삼으라고. 그러면 훨씬 만덕할머니의 진정성을 기리는 마음이 일어날 것이라고. 실무자는 예산을 세워 그렇게 하겠다고 대답했다. 내가 끝까지 두고 볼 거다.

| 한라수목원 | 제주인의 산책 공원으로 더없이 훌륭한 곳이다. 나는 제주에서 쪽시간이 나면 여기에 와서 제주의 나무를 익히며 공부하곤 한다.

한라수목원

제주에 와서 쪽시간이 남으면 나는 으레 한라수목원으로 간다. 1993년에 개원한 한라수목원은 해발 267미터의 광이오름 정상까지 굉장히 넓은 면적에 조성되었다. 다 둘러보는 데 한 시간 이상 걸린다. 수목원은 자생식물 790종, 도외수종 310종과 약 10만여 본의 식물을 전시하고 있다고 자랑하는데 내가 즐겨 가는 곳은 초입에 있는 키큰나무, 키작은나무들을 종류별로 심어 관찰할 수 있게 해놓은 지역이다. 거기엔 내가 좋아하는 제주의 나무들이 다 들어 있다. 고맙게도 수목원에선 월별로 볼 만한 식물을 제시하고 있는데 이에 따라 철 따라 변하는 제주의 나무를 한껏 즐기며 나무 이름을 익히고 나무와 친해지고 있다.

1월: 수선화, 백량금, 동백나무

2월: 복수초, 매실나무, 생강나무
3월: 털진달래
4월: 왕벚나무
5월: 산철쭉, 구상나무
6월: 은목서, 멀구슬나무, 구실잣밤나무
7월: 담팔수
8월: 협죽도
9월: 아왜나무, 배롱나무
10월: 먼나무

한라수목원은 시내에서 불과 차로 십 분 안짝에 있어 제주시민들이 아침 산책을 즐기는 곳으로 되었다. 안내원도 없고 해설사도 없다. 그런데 입장료가 무료이다보니 입장료 없는 곳만 데리고 다니는 싸구려 중국인 관광객과 죄 없는 중고생 수학여행의 필수 코스가 되다시피 한다. 이게 과연 옳은가는 생각해볼 일이다.

제주어의 멋

한라수목원 넓은 주차장 한쪽엔 큰 입간판에 '제주어를 배워보세요'라며 여러 사례를 적어놓았는데 그게 여간 신기하고 재미있는 것이 아니다.

"혼저 옵서예"(어서 오십시오)
"그것도 막 조추마씸"(그것도 아주 좋습니다)
"아명 ᄀ랑봐도 몰라마씸"(아무리 말해봐도 모릅니다)

"무신거옌 ᄀᆞ람신디 몰르쿠다"(뭐라고 말하는지 모르겠습니다)

제주도는 삼다도(三多島)라 해서 바람, 돌, 여자가 많다고 한다. 또 제주도는 삼무(三無)라 해서 거지, 도둑, 대문이 없다고 한다. 여기에 운을 맞추어 요즘은 제주에 삼보(三寶)가 있다며 자연, 민속, 언어 세 가지를 꼽고 있다. 제주어(濟州語)는 사투리가 아니라 지방언어이다. 제주어는 훈민정음의 아래아(ㆍ)가 살아 있을 뿐만 아니라 표준어에 없는 시제도 있다. 무엇보다도 제주의 환경과 역사 속에서 엄청난 단어가 생성되었다. 그런 제주어가 사라져가고 있다. 언어는 문화를 담는 그릇이다. 제주어의 소멸은 단지 언어가 없어지는 것이 아니라 제주의 전통과 문화, 제주어로 전해져오는 수많은 지식과 신화가 사라지는 것을 의미한다.

2007년 제주도는 '제주어 보전 및 육성' 조례안을 만들면서 제주 방언이 아닌 '제주어'라고 공식화했다. 유네스코에서도 이를 받아들여 2010년 12월 제주어를 다섯 가지 소멸 위기 단계 중 4단계인 '아주 심각한 위기에 처한 언어'로 분류했다.

실제로 제주어는 이미 생명을 다한 언어인지도 모른다. 왜냐하면 더 이상 제주어가 생성되지 않기 때문이다. 지금 우리가 할 수 있는 일은 남은 것이라도 지키는 일밖에 없다. 아직 제주어를 사용하는 칠팔십대 노인들을 취재하지 않으면 살아 있는 제주어 사전들이 소멸해버릴 것이다. 그분들이 얼마를 더 사실까.

아프리카의 대표적인 작가 아마두 앙빠떼 바(Amadou Hampâté Bâ, 1901~91)는 유네스코 연설에서 아프리카에서 "노인 한 사람이 죽는 것은 도서관 하나가 불타는 것과 같다"고 했다.

제주도와 제주도민, 그리고 뜻있는 언어학자들은 제주어를 보전하기 위해 안간힘을 쓰고 있다. 송상조 박사는 『제주말 큰사전』(한국문화사

2007)을 펴냈다. 제주대학교 국어문화원 제주어센터(원장 강영봉)가 주관하는 '2012 제주어 말하기 대회'에는 초중고생 55명이 '제줏말 글암시메 들어봅서'를 제목으로 겨루었다. 2008년엔 사단법인 제주어보전회가 설립되어 격월간으로 소식지 『덩드렁마께』(넓은 돌 위에서 짚을 두드리는 방망이)를 발간하고 있다. 그리고 '제주어 선생 육성 교육'도 실시하고 있다. 국립국어원도 '제주어 표기법 통일' '제주어생활사전' 발간을 추진할 예정이란다.

그러나 제주어는 누구보다도 제주인들이 끝까지 지켜내고 말 것이라고 굳게 믿는다. 그것은 제주인의 남다른 애향심과 문화적 저력을 알기 때문이다. 제주는 역사적으로 관이 안 하면 민에서라도 하고 만 위대한 전통이 있다.

나는 이렇게 생각한다. '제주말을 옛날 거라고 하지 말고 사랑하면서 더 많이 쓰면 그게 제주말 살리는 길입니다. 제주에서 제주사람들이 살면서 제주말을 말해가면 제주말이 왜 없어지겠습니까?' 이를 제주말로 옮기면 다음과 같다.

"제주말을 옛날 거엔 허지말앙 스랑허멍 더 하영 쓰민 그게 제주말 살리는 질이주마씸. 제주에서 제주사름덜이 살멍 제주말을 글아가민 제주말이 무사 어서집네까?"

제주의 서남쪽 1 – 하멜상선전시관

불로초를 찾아 오고, 태풍에 실려 오고

명월성 / 명월리 팽나무 군락 / 백난아 「찔레꽃」 / 산방산 /
하멜상선전시관 /『하멜 보고서』/ 서복전시관

제주의 도로망

　제주도는 동서로 73킬로미터, 남북이 31킬로미터, 둘레가 200여 킬로미터로 섬으로서 작지도 크지도 않다. 도로는 기본적으로 해안선을 따라 섬 전체를 한바퀴 도는 일주도로와 남북을 가로지르는 관통도로가 나 있다. 섬을 자동차로 한바퀴 도는 데 한나절이면 되고 남북을 가로질러 가는 데는 한 시간이면 족하다. 제주의 교통망은 거미줄처럼 잘 엮여 있다.
　섬을 한바퀴 도는 길은 두 가닥이다. 중산간마을을 이어가는 1136번 중산간 일주도로는 약 180킬로미터이며 일주도로라 불리는 1132번 도로는 중간중간에 해안선이 끊어져 있기는 해도 바닷가 마을과 포구를 헤집으면서 해안선의 곡선을 따라 바다를 끼고 도는 길로 약 220킬로미

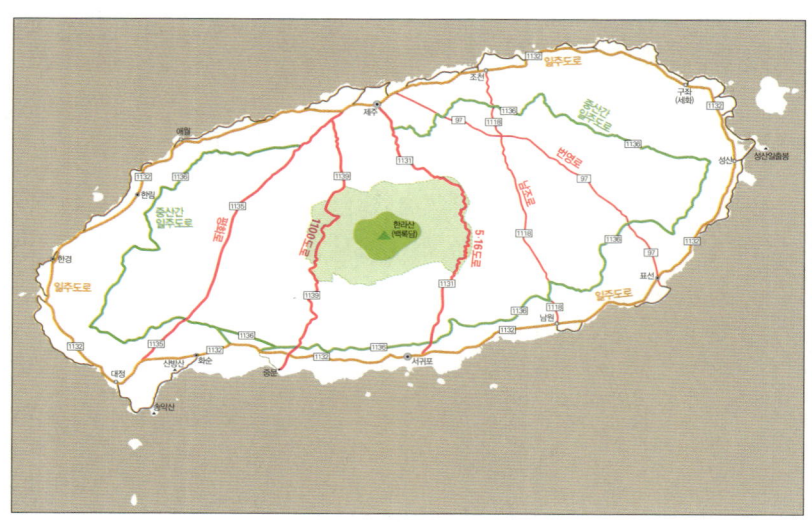

| 제주도 도로망 | 제주의 도로망은 거미줄처럼 잘 연결되어 있다(상세 지도는 뒤쪽 면지 참조).

터에 이른다.

　제주시와 서귀포시를 곧장 이어주는 남북 관통도로는 세 줄기로 되어 있다. 제주시 한라산 서쪽 신비의 도로(도깨비도로)에서 어리목 고개 너머 중문에 이르는 옛 산길이 가장 먼저 생겼을 듯하다. 여기에 만든 찻길이 1100고지를 지난다고 해서 1100도로(1139번)라는 이름이 생겨났다.

　한라산 동쪽 허리를 타고 넘는 길은 1961년 5·16 군사쿠데타 직후 강제 동원된 국토재건대가 제주시 산천단에서 서귀포시 돈내코에 이르는 험난한 산길을 뚫어 만든 속칭 5·16도로(1131번)다. 1970년대에는 북동쪽에서 남서쪽으로 반듯하게 산업도로가 뚫렸는데 제주와 대정을 잇는 이 서부산업도로는 오늘날에는 이름이 바뀌어 평화로(1135번)로 불리고, 제주와 표선을 잇는 동부산업도로는 번영로(97번)로 불리고 있다. 그리고 남원에서 조천으로 직접 이어지는 남조로(1118번)가 개설돼 어디에서 떠나도 섬의 남북을 한 시간 안에 도달할 수 있다.

그중에서 내가 가장 좋아하는 길은 중산간마을을 이어가는 1136번 일주도로다. 친구도 옛 친구가 좋고, 선생님도 어릴 적 선생님이 더 가슴에 남듯이 길도 옛길이 정감이 넘친다. 길이란 본래 마을과 마을을 이으면서 생겨났다. 그래서 제주인의 삶 속에 형성된 이 오래된 길은 훗날 도시계획으로 새로 닦은 반듯한 직선도로와는 달리 형질을 변경하지 않고 지형에 따라 아주 자연스러운 곡선을 그리며 느릿느릿하게 연결되어 있다.

바삐 가려는 사람에겐 불편하지만 제주허씨 입장에선 이 길이 제격이다. 중산간지대를 타고 넘는 길이기에 위로는 한라산, 아래로는 바다가 따라붙는다. 동네를 지날 때마다 삼다도 바람을 잘도 견디는 해묵은 팽나무가 각 마을의 랜드마크로 나타나고, 길게 이어지는 밭담 속에선 철따라 작물을 키워내고, 곶자왈 황무지에서는 제주 말들이 평화롭게 풀을 뜯는 광경도 보인다. 둥근 사발을 엎어놓은 듯한 오름의 능선이 겹겹이 펼쳐지기도 하고, 넓은 바다가 장쾌하게 펼쳐지기도 한다. 이것이 제주도의 보편적 표정이다.

정겹기 그지없는 이 2차선 도로를 요즘 4차선으로 넓히는 일이 벌어지고 있다. 육지와 같이 국도를 4차선 직선화하는 사업의 일환인 것 같은데 제주의 특수성을 생각지 않고 마구잡이로 적용하는 것 아닌가 우려된다. 덩달아 곳곳에서 샛길, 지방도조차 새로 닦고 있으니 개발 과잉이 제주의 자연과 향토적 서정을 다 망가뜨리고 있는 셈이다.

빨리 갈 인생들은 평화로, 번영로, 남조로로 가면 될 것이 아닌가. 무엇이 불편하다고 이 정겨운 옛길, 그래서 제주허씨들을 위한 무한한 관광자원을 갈아엎는단 말인가. 길 하나 넓히는 데에는 굴삭기가 와서 며칠만 일하면 끝이지만 그 길을 다시 원상복구하기란 영원히 불가능하다. 제주사람들은 먼 훗날 이것을 크게 후회할 것이다.

몇해 전, 중문에서 열린 '이건음악회'에 초대받아 가는 길에 나는 일행들에게 지금 곧장 호텔에 가봤자 짐 풀고 기다릴 일밖에 없으니 제주의 옛길을 따라가보는 것이 어떻겠느냐고 제안했더니, 모두들 박수를 치면서 동의했다.

우리는 하귀·애월·납읍·한림·저지·서광·구억·화순으로 돌아갔다. 가다가 잠시 샛길로 빠져 삼나무 방풍림이 줄지어 선 목장길로 들어서기도 했고, 팽나무가 인상적인 마을길을 거쳐 돌아나오기도 했다. 그렇게 해서 호텔에 도착하니 평소보다 삼십 분밖에 더 걸리지 않았다. 제주를 무시로 드나들었다는 일행들은 이제야 처음으로 제주의 살결을 느낀 것 같다며 고마워했다.

그 가운데 한 분은 다음에 와서도 꼭 그 길을 가고 싶은데 어떻게 찾아가면 되느냐고 물었다. 그러나 나는 대충만 알려줄 수 있을 뿐, 정확하게는 가르쳐주기가 어렵다고 했다.

왜냐하면 제주의 길에는 따로 이정표가 없기 때문이다. 육지의 경우 국도에는 2킬로미터, 4킬로미터마다 도로 번호와 귀착지까지의 거리를 알려주는 말뚝이 있어 자신의 현 위치가 어디인지 가늠할 수 있도록 해준다. 그러나 제주의 길에는 그런 표지가 없다. 가다가 네거리가 나오면 다행이지만 삼거리가 나오면 어디로 행선지를 정해야 할지 난감해진다. 표지판이 없을 경우 현재의 내 위치를 제대로 알아야 방향을 잡을 것이 아닌가.

제주도 행정의 답답함과 난맥상은 바로 여기에 있다. 58만 제주도민을 위한 행정도 중요하지만 1년이면 600만 명, 곧 1천 만명이 찾아올 관광객 중심의 행정도 중요하다. 그런데 관광객이라는 소비자 입장을 전혀 고려치 않고, 또 관광은 목적지 못지않게 목적지로 가는 길이 중요하다는 배려와 생각이 없는 것이다.

제주 서남쪽의 식물원들

나는 이제 제주의 서남쪽, 산방산에서 모슬포까지 답사를 떠난다. 이번에는 제주허씨가 되어 홀로 가련다. 누굴 만날 일도, 강의할 일도 없고, 새 자료를 찾아볼 일도, 돌아가서 글쓰는 일도 없어 내 발길 눈길 닿는 대로 가련다. 휴대폰도 꺼놓고 가다가 무료하면 창문 꼭 닫고 소리 높여 노래도 부르면서 제주 서남쪽 중산간지대를 타고 도는 그 길로 가련다. 첫 기착지는 산방산이다.

일주도로를 따라 산방산에 이르는 길을 가다보면 제주에 처음 인간이 정착해 들어와 산 곳이 이쪽일 것이라는 생각이 든다. 동북쪽에 비해 중산간지대에서 해안지대로 뻗어내린 들판이 아주 넓어 들판의 푸름에서는 풍요로움이 느껴지고 옹기종기 모여앉은 마을들도 가구 수가 많고 집도 번듯해 보인다. 이것은 어떤 숫자가 아니라 내 눈에 비친 인상을 말하는 것뿐인데 그런 풍요로움과 평화로움을 느끼며 이 길을 지났다.

역사적으로 보아도 애월의 빌레못동굴은 제주도에서 가장 유명한 구석기 유적지이고 한경면 고산리는 한반도에서 가장 오래된 기원전 1만년의 신석기 유적지다. 또다른 신석기 유적지인 곽지리도 애월에 있다.

제주의 서남쪽으로 가는 길에는 식물원도 즐비하다. 협재에는 한림공원, 저지리에는 생각하는 정원이라는 분재예술원, 방림원, 서광에는 오설록 녹차박물관, 구억리에는 매화원, 동백꽃만 500종이 있는 안덕의 카멜리아 힐, 그리고 중문에 이르면 여미지가 있다. 식물원이 아닌 천연의 자연림도 있다. 납읍리엔 천연 난대림지대, 월령리엔 선인장 자생지가 있어 일부러 찾아가기도 했다. 그래서 나의 제주 서남쪽 답삿길은 항시 도착 예정시간을 한 시간쯤 여유를 두면서 잡았다. 이번엔 한림의 명월리 팽나무들을 보고 가야겠다.

비양도를 바라보는 명월성

명월리 팽나무 군락지로 들어가기 위해 한림읍 쪽으로 향하면 길가에 바짝 붙어 있는 명월성(제주특별자치도 기념물 제29호)이 먼저 눈에 들어온다. 문화재 명칭은 명월성지(明月城址)인데, 나는 이 터 '지(址)'에 불만이 많다. 그냥 명월성이라고 불러도 큰 무리가 없는 것이다.

문화재 이름을 지으면서 일찍부터 무너진 것, 승려가 살지 않는 절터에는 '지'자를 붙인다는 원칙을 정해놓아 명월성이 멀쩡히 보이는데도 명월성지라고 고집한다. 일부만 남아 있어 그런다고 주장한다면 경복궁도 25퍼센트밖에 안 남았으니 경복궁지라고 해야 할 것 아닌가.

제주사람들은 '목관아지'라면 다 알지만 육지인이 처음 들으면 '목아지'를 잘못 발음했나 의심한다. 추사 유배지는 '추사 적거지(謫居地)'라고 해서 무슨 말인지 모르게 되어 있다. 문화재청장 시절 이를 하나씩 고쳐나가 '목관아지'는 '제주목 관아'로 '추사 적거지'는 '김정희 유배지'로 고쳤다. 그런데 이런 것을 다 고치려면 1만 점의 유물유적을 손봐야 하고, 백과사전을 비롯해 문화재 안내서를 다 고쳐야 하는 사회적 비용이 만만치 않아 계기가 있을 때마다 고쳐갈 수밖에 없다. 다 고치려면 아마 1백 년은 족히 걸릴 것 같다.

아무튼 나는 명월성이라고 부르련다. 명월성은 조선 중종 5년(1510) 비양도에 왜구들이 배를 대는 것에 대비해 목성으로 축조한 것을 선조 25년(1592) 석성으로 개축한 진지로 높이 8척에 둘레 약 3,000척이었다. 제법 길고 큰 진(鎭)이어서 여러 건물이 있었고 동·서·남쪽에 성문이 있었다. 현재는 대부분의 건물과 성곽이 유실되고 도로에 의해 잘려나갔지만 차를 타고 지나가다보면 한번 내려 들어가보고 싶은 충동이 일어날 정도로 제법 장하다. 특히 남문의 옹성(甕城)과 동쪽 성벽의 치성(雉城)

| 명월성 | 명월포(지금 한림항)와 비양도에 왜구가 나타나는 것을 대비해 쌓은 진지이다. 조선 중종 때 목성으로 축조되고 선조 때 석성으로 개축되었는데 이후에도 제주 서쪽을 방어하는 군사시설 기능을 해왔다.

을 보면 굳센 진지 역할을 해냈을 것 같은 튼실함이 있다. 옹성은 항아리처럼 두른 성이라는 뜻이고, 치성은 꿩머리처럼 볼록 나온 성이라는 뜻이다.

　명월성에 들어가서 서쪽 바다를 바라보면 한림읍과 한림항구가 한눈에 들어오고 바로 앞에 비양도가 바다를 가로막고 있다. 한림항의 옛 이름은 명월포였다. 비양도는 제주에서 마지막 화산이 터져 생겨났다는 아름다운 섬이다. 제주의 화북, 조천이 요즘으로 쳐서 여객항이었다면 명월포는 화물선 군함이 들어오던 항구였다. 진상품을 실은 배가 한양으로 들락거렸고, 고려시대에는 삼별초, 여몽 연합군도 이곳으로 들어왔다. 고려말 목호의 난 때 최영 장군도 명월포로 들어왔으니 이 항구와 성곽의 중요성을 알 만하지 않은가.

| 명월성 팽나무 군락 | 수령 400년까지 되는 노거수 팽나무 65그루가 명월천변을 따라 줄지어 있다. 이리 굽고 저리 굽으면서 자란 굴곡진 팽나무 줄기에는 모진 바람을 이긴 강한 생명력이 서려 있다.

　새로 복원된 명월성 한쪽에는 비석들이 있고 또 그 옆에 엄청나게 큰 까만 빗돌이 있어서 가보았더니 세상에 역대 만호(萬戶)들의 이름을 빼곡히 새겨 새로 세운 것이었다. 아, 21세기 문화재 정비사업이라는 것이 믿기지 않는다. 문화재청장을 지낸 사람이 어떻게 그렇게 말할 수 있느냐고 되물을지 모른다. 그러나 이 명월성은 제주도 기념물이라는 지방 문화재이기 때문에 문화재청장은 여기서 무슨 일이 일어났는지 알 수가 없다. 이참에 우리 문화재 행정을 위하여 호소한다면, 문화재청도 산림청, 조달청 등 다른 청처럼 전국에 지청을 두어야 제대로 문화재를 관리할 수 있다. 국보인 강릉 객사문의 관리자가 강릉시장이고, 서울 숭례문의 관리자가 서울특별시 중구청장이라는 사실을 사람들은 잘 모른다. 나도 청장이 되기 전에는 몰랐다. 문화재청에 제주지청이 있다면 이런 일

은 일어나지 않는다.

명월리 팽나무 군락

명월리는 조그마한 동네지만 상동, 중동, 하동 세 마을로 나뉘어 있고 명월리 팽나무 군락(제주특별자치도 기념물 제19호)은 중동마을 가운데로 흐르는 명월천변에 있다. 나이가 100년생에서 400년생 정도 되는 팽나무 노거수 65그루가 계곡을 따라 숲을 이루고 있다. 키 큰 나무는 13미터에 이르고 둘레가 5미터 넘는 것도 10여 그루나 있다. 팽나무 사이사이에 거대한 푸조나무도 보이고, 바위틈 곳곳에는 산유자나무, 호랑가시나무 같은 난대성 수종들 100여 그루가 어우러져 있다. 언제 찾아도 장쾌한 기상을 보여주는 숲이다.

명월리 팽나무들은 마을의 정자나무로 길러진 팽나무와 전혀 다른 모습이다. 눈보라 비바람에 시달려 이리 굽고 저리 굽으면서 야무진 근육질 같은 줄기와 가지의 그 힘찬 기상이 계곡을 덮고 길을 덮으며, 나 같은 사람들이 그 기를 받으러 여기 찾아온다. 이 숲이 이렇게 장기간 원형대로 보존될 수 있었던 것은 팽나무가 천성상 오래 살기도 하지만 명월마을 사람들이 이곳을 신령스런 장소로 인식하고 보호하면서 쉼터로 삼아왔기 때문이다.

또 이곳은 옛날 관리와 선비들이 피서를 하며 풍류를 즐겼던 명소이기도 하다. 명월천이라고도 부르는 이 계

| **명월대** | 명월천 한쪽에는 풍류를 즐기던 사람들이 야외무대로 삼았던 명월대가 남아 있다.

곡은 여기에서 약 3킬로미터를 흘러 한림읍 옹포리 해안가에 이르는 옹포천의 상류이다. 제주도 하천은 비가 오지 않을 때는 물이 흐르지 않는 무수천이 많다. 화산암으로 이루어진 지하로 물이 스며 내려가기 때문이다. 그런데 이 계곡엔 비교적 물이 많아 계곡 아래쪽에는 팔각형의 석축을 3단으로 쌓고 그 위에 원형의 반석을 올려놓은 명월대(제주특별자치도 기념물 제7호)와 돌다리가 있다.

명월리는 14세기초에 들어선 마을인데 처음에는 제주 고씨가 들어왔고 다음에 진주 진씨가 하동에 자리잡고 뒤이어 군위 오씨가 중동에 들어오면서 집성촌을 이루어 살았다고 한다. 그런 유서 깊은 동네이기 때문에 이런 팽나무 군락을 갖고 있는 것이다.

백난아의 「찔레꽃」

명월리 팽나무 군락 한쪽에는 '장수마을'이라는 푯말과 재일교포가 마을을 위해 희사한 것을 기리는 공로비들이 서 있다. 그리고 팽나무 우거진 명월대 건너편에는 이제는 폐교가 되어버린 '명월국민학교'가 있다. 여기는 제주 갈옷 '몽생이' 작업장이 들어와 있는데 학교 정문 옆에는 '국민가수 백난아 기념비'가 세워져 있다.

"찔레꽃 붉게 피는 남쪽나라 내 고향/언덕 위에 초가삼간 그립습니다/자주 고름 입에 물고 눈물 젖어/이별가를 불러주던 못 잊을 동무야."

「찔레꽃」의 가수 백난아(白蘭兒)의 본명은 오금숙으로 명월리 군위 오씨이다. 1927년 명월에서 가난한 어부의 딸로 태어나 세 살 때 만주로 이주하였다. 열일곱 살에 함경도 회령에서 열린 전국가요콩쿠르에 2위로 입상하면서 가수로서 발을 내디뎠고, 당시 심사위원이었던 가수 백년설이 스카우트하여 수양딸로 삼고 자기의 성씨를 물려줘 백난아라는 예명

| **백난아 기념비** | 폐교된 명월국민학교는 제주 갈옷 몽생이 작업장이 되었고 교문 앞에는 명월리가 고향인 「찔레꽃」의 가수 백난아의 기념비가 세워졌다.

을 지어주었다. 「낭랑 18세」 「찔레꽃」을 취입하여 사랑받게 되었다.

이런 사실을 알고 보면 이 노래의 3절 "연분홍 봄바람이 돌아드는 북간도 / 아름다운 찔레꽃이 피었습니다"가 새삼스럽고 백난아가 왜 그렇게 애절하게 불렀는지도 알겠다. 마지막 가사가 원래는 '동무야'였는데 이 단어를 북한에서 달리 사용하는 바람에 우리는 '사람아'로 바꾸어 부른다는 것은 여기 와서 알았다.

그러나 우리가 알고 있는 찔레꽃은 흰색인데 왜 붉게 피었다고 하는지는 이해가 가지 않는다. 여기에는 갖가지 설도 있고 추측도 있는데 식물학자 박상진 교수에게 여쭈어보니 줄기에 잔가시가 많아 잘 찔리는 해당화의 별칭이 찔레꽃이란다.

폐교 앞에는 조그마한 조립식 건물이 하나 있다. 한 평 남짓한 건물 문을 열어젖히면 안에는 음향기기가 있어 단추를 누르면 백난아의 애잔한

목소리가 팽나무 우거진 명월대 위로 울려퍼진다. 그런데 지난번 갔을 때는 자물쇠로 잠겨 있어 듣지 못하고 떠났다.

거룩하고도 신비로운 산방산

명월리를 떠나 금악리, 저지리, 서광리, 구억리를 지나면 벌써 저 멀리로 산방산(山房山)이 거룩한 모습으로 불쑥 머리를 내민다. 가까이 가면 갈수록 산방산은 더욱 거센 기세로 치솟아오른다.

산방산은 평탄한 지형 위에 우뚝 솟은 타원형의 돔형 화산으로 범종 모양이어서 유식하게 종상화산(鐘狀火山)이라고 한다. 표고 395미터(비고 345m)니 그 스케일이 결코 만만치 않음을 알 수 있다. 오름의 왕국에 어떻게 이런 오름의 이단아가 생겨났는지 의아하다. 그 기이한 경관으로 나라에서는 이 산을 명승 제77호로 지정했고 신화의 나라 제주엔 그럴듯한 전설이 생겼다.

옛날 한 사냥꾼이 한라산에 사슴을 잡으러 갔으나 사슴을 만나지 못해 끝내는 정상까지 올라갔는데 마침내 사슴 한 마리를 만나 급하게 활을 쏜다는 것이 빗나가 하늘 쪽으로 올라가버리고 말았다. 그 화살이 공교롭게도 옥황상제의 엉덩이에 꽂혔단다. 그러자 신경질이 난 옥황상제는 홧김에 한라산 정상 봉우리를 집어던졌고 그 바람에 한라산 정상에 백록담이라는 우묵한 구멍이 생기고 그것이 튕겨져 떨어진 것이 산방산이 되었다는 것이다. 그래서 산방산을 번쩍 들어다 백록담에 꽂으면 꼭 들어맞는다고 한다.

그러나 지질학자들은 산방산 조면암은 75만 년 전, 백록담 조면암은 2만 5천 년 전에 형성됐다고 말한다. 식생도 백록담과 아주 다르다고 한다.

동네 사람들은 "산방산이 갓 쓰면 비가 온다"고 하는데 지나가는 사람

| 산방산 | 오름의 섬에 이처럼 불쑥 솟은 바위산이 있다는 것이 신기하다. 장대한 기상의 산방산이 있음으로 해서 제주의 서남쪽은 동쪽의 성산일출봉과 달리 색다른 풍광을 선사해준다.

들은 스케일이 큰 제주 신화 설문대할망의 전설에 걸맞은 대지의 남근석 같다고 말하기도 한다.

산방산과 일출봉의 양상블

제주도는 평면이건 입면이건 조형적으로 아름답다. 제주도의 입면으로 말할 것 같으면 한라산 산자락이 바다를 향해 흘러내린 모습이 마치 치마폭을 넓게 펼치고 앉아 있는 여인네의 모습과 같다.

제주도의 평면은 지도를 펴놓고 보면 바로 알 수 있듯이 운동장 트랙처럼 생긴 타원형이다. 그래서 아름다운 것이다. 동그란 원이거나 사다리꼴이거나 또는 S자나 T자로 굽어지고 꺾어졌다면 평면이 아름답다고

| 산방굴사와 연대 | 산방산 남쪽 산방굴사는 내력을 갖고 있는 유적지이지만 현재의 이 지역은 어지러울 정도로 정리되지 않은 건물과 조각이 난립해 있다. 산자락 아래에 거대한 금동불상이 있고 언덕 마루엔 산방연대가 보인다.

말하지 않을 것이다.

옛날 그리스의 소피스트들은 하도 궤변을 잘 늘어놓아 무엇 하나 의견의 일치를 보지 못했다. 그런 소피스트들 사이에서 세상에서 가장 아름다운 도형이 무엇이냐는 논쟁이 벌어졌는데 역시나 원이다, 아니다 정사각형이다, 아니다 마름모꼴이다라며 온갖 논리와 궤변이 다 나왔다. 이때 한 사람이 "타원형이다"라고 주장하자 모두들 거기에 승복하고 말았다고 한다. 왜냐하면 타원형에는 '다양의 통일'이 들어 있기 때문이다. 직각으로 만나는 대각선에는 일정한 비례식이 성립하는 질서가 있고 모든 도형으로 변화할 수 있는 개연성이 있으며 또 모든 도형을 흡수할 수 있기 때문이라고 한다.

제주도는 그런 타원형이면서 해안선의 곡선이 아주 자연스럽다. 요란하게 리아스식 곡선을 그리는 것도 아니고 그렇다고 밋밋한 것도 아니

| **산방굴에서 내다본 풍경** | 산방굴사는 산방굴이라는 자연 석굴 안에 불상을 모신 절로 굴 앞에서 내다보이는 바다는 선적인 고요함이 있다.

다. 여기에다 동북쪽의 성산일출봉과 섭지코지, 서남쪽의 산방산과 용머리해안이 절묘한 대비를 이루며 강한 악센트를 가한다. 그것은 참으로 잘 어울리는 한 쌍의 앙상블이다. 둘은 비슷하면서도 색다른 멋을 보여준다.

성산일출봉은 정상에 올라 장대한 굼부리를 볼 때 제멋이 있다면 산방산은 거기에 오르기보다 멀리서 가까이서 바라볼 때 그 신비감이 더하다. 섭지코지는 해안선 높은 벼랑에서 바다를 내려다볼 때 그 맛이 살아나지만 용머리해안은 바다 쪽으로 내려가 깎아지른 벼랑을 바라볼 때 절로 탄성을 지르게 된다. 그래서 한라산·성산일출봉·산방산을 제주의 3대 산이라 부르고 그 아름다움과 신비로움이 서로 다르기에 나라에서는 이들을 제각각 천연기념물로 지정했다.

산방산 서남쪽 중턱 해발 200여 미터 되는 곳에는 암벽 속으로 깊이 파인 산방굴(山房窟)이 있어 그 안에 불상을 안치한 산방굴사가 있다. 그런데 요즘은 길바닥에 나앉은 거대한 금동불상이 거만스러워 보여 얼른 시선을 딴 데로 돌리게 된다.

이 산방굴사에서 발아래로 내려다보이는 용머리해안 풍경이 장관이다. 그래서 많은 제주목사·대정현감, 심지어는 유배 온 문인이 바위 곳곳에 새겨놓은 시구가 남아 있고, 이 풍광이 영주십경의 하나가 되었다.

산방굴사에서 용머리해안에 이르는 길은 바다로 향하는 가파른 비탈이다. 비탈길 중간쯤에는 반듯하게 축조된 연대가 있다. 여기에서 먼바다와 산방산의 아름다운 풍광을 번갈아 바라보노라면 그 옛날의 이야기들이 절로 떠오른다.

하멜상선전시관

누구보다 먼저 생각나는 사람은 1653년 바타비아(자카르타)를 떠나 일본 나가사끼(長崎)로 향하던 중 일행 36명과 함께 제주도에 표착한 네덜란드인 헨드릭 하멜(Hendrik Hamel, 1630~92)이다. 산방산 아랫자락에서 용머리해안에 이르는 비탈길목에는, 1980년 국제문화협회와 네덜란드왕국 문화역사재단이『하멜 표류기』를 근거로 그가 표착했다고 알려진 이곳에 세운 '하멜 기념비'가 있다.

그리고 2003년 하멜 표착 350주년을 맞아 서귀포시(당시 남제주군)가 하멜이 타고 온 스페르베르호(전시관에는 '스페르웨르호'로 표기됨)를 용머리해안가에 재현해놓고 배 안을 전시관으로 꾸며놓았다. 배의 길이가 36미터가 넘는 거대한 범선이다. 마침 당시는 2002 한일월드컵에서 네덜란

| 하멜상선전시관 | 하멜이 표착할 때 타고 온 스페르베르호를 복원하여 전시관으로 삼은 것이다. 멀리서 보아도 그럴 듯하고 의도도 좋았다. 다만 예산이 부족해서 실물 크기가 아니라 80퍼센트 축소했다니 그게 아쉽다.

드인 감독 히딩크 열풍이 일던 터라 기념관의 끝머리를 월드컵 4강 진출 기념실로 꾸며놓았다.

그런데 여기에 두 가지 문제가 있다. 하나는 스페르베르호를 재현하는 것까지는 좋지만 그 크기가 원래의 80퍼센트라는 점이다. 왜 실물 크기로 하지 않았는지를 알아보았더니 예산이 그것밖에 안 되었기 때문이란다. 이것이 우리나라 행정의 현주소다. 또다른 문제는 여기가 하멜이 표착한 곳이 아니라는 주장이다. 그동안 용머리해안을 하멜 표착지로 본 것은 이 부근에서 발굴된 네덜란드인 유골 등을 근거로 했던 것이다. 그러나 1999년에 이익태(李益泰)의 『지영록(知瀛錄)』이 발견되면서 표착지 논란이 촉발됐다.

1694년부터 96년까지 제주목사를 지낸 이익태는 제주에 부임하기까지의 과정과 제주에 머무는 동안의 일상을 이 책에 상세히 썼다. 여기에 각 나라 사람의 표류 기록도 담았는데 「서양국 표인기(西洋國漂人記)」에는 1653년 음력 7월 24일에 "서양인 헨드릭 얌센 등 64명이 함께 탄 배가 대정현 차귀진 아래 대야수(大也水) 해변에서 부서졌다"고 쓰여 있다. 1653년 음력 7월 24일은 양력으로 8월 16일로 『하멜 보고서』에 기록된 8월 15일과 16일 새벽 사이의 제주 표착 기록과 일치한다.

『하멜 보고서』에 따르더라도 하멜 일행은 표착한 곳에서 대정현 관아로 오는 시간이 대여섯 시간에 이른다고 나와 있다. 『지영록』에 기록된 '대야수'가 어디인지는 확실치 않다. 그러나 고산리와 신도리 마을 사람들이 부르는 '대물' 혹은 '큰물'로 본다면 현재의 수월봉 부근과 차귀도에 해당한다.

2003년, 하멜 표착 350주년을 기념해 국립제주박물관에서 「항해와 표류의 역사」 특별전을 준비할 당시 나는 명지대 국제한국학연구소장으로 이 전시에 관여했다. 전시의 당면문제는 표착지를 어디로 표기할 것인가였다. 국립제주박물관 학예사들은 논란 많은 하멜의 항로와 표착지를 정확히 탐색하고자 하멜이 표착한 날짜인 8월 15일에 작은 배를 한 척 빌려 먼바다로 나가보았다. 해류가 어떻게 흐르는지를 관찰하기 위해서였다. 그런데 대만 쪽에서 제주로 향해 오는 도중 태풍 루사의 세력이 예상 밖으로 갑자기 커지는 바람에 배가 요동을 쳐 온갖 고생을 다하고 간신히 죽지 않고 제주 해안에 '표착'했다.

그날 전시팀장인 이귀영(현 고궁박물관 전시과장)은 죽다 살아난 것에 대해 안도의 한숨을 내쉬듯 가쁜 숨을 몰아쉬면서 내게 전화를 걸어왔다.

"우리 박물관 사람들이 하멜의 표착지를 찾는다고 바다로 나갔다가 돌풍을 만나 죽을 뻔했어요. 그런데 배가 태풍에 떠밀려 도착한 곳이 바로 차귀도였어요. 그러니까 하멜의 표착지는 차귀도가 맞을 것 같아요."
"그랬어? 죽으려고 작정을 했나, 그 날씨에 바다로 나가다니."
"학예사들은 오히려 태풍 루사가 고맙기만 하다고 하는데요."

죽다 살아난 것보다 사실을 증명했다는 것을 더 기뻐했다니, 그것은 큐레이터를 천직(天職)으로 여기며 살아가는 사람만이 할 수 있는 이야기이다.

그런 이유로 최근 제주시 신도 2리 향민회는 '하멜 표착지 확인 및 표지석 설치 요청'을 당국에 올렸다. 그러나 이미 큰돈을 들여 세워놓은 80퍼센트짜리 하멜 선박을 어쩌겠는가?

하멜의 제주도 표착

하멜은 1630년 네덜란드 호르큼 시에서 태어났다. 1651년 네덜란드 동인도연합회사(V.O.C.)에 서기로 취직해 자바 섬의 바타비아에서 근무했다. 그는 바타비아를 거점으로 하여 페르시아 등지를 오가며 무역을 했다. 제주도 표착 시 하멜 일행이 탔던 스페르베르호는 30문의 함포가 장착된 3층 갑판의 540톤급 범선으로, 하멜이 이미 바타비아에서 근무하고 있었던 1653년 바타비아에 도착한 것이다.

그러다 1653년, 대만을 거쳐 일본 나가사끼로 가던 중 태풍을 만나 표류하다 8월 16일 제주도에 표착했다. 선원 64명 중 36명만 살아남았다. 스페르베르호에는 녹피·명반·설탕 등 많은 무역상품이 실려 있었다. 난파된 배에서 건진 이 물품들을 조선 정부는 모두 돌려주었고, 그들은 그것을 팔아 살림에 보태 썼다.

조정에서는 26년 전 네덜란드인으로 조선에 표착해 귀화한 박연(朴

燕, 벨테브레 J. J. Weltevree, 1595~?)을 통역으로 내세워 자세한 경위를 조사했다. 박연은 조선 여자와 결혼해 두 자녀를 두었고 무과에 급제해 훈련도감에 근무하면서 병자호란에도 참전했고 전쟁 후 병기 개발에 큰 공을 세웠다.

하멜 일행은 일단 제주도에 억류돼 있었는데 표착 10개월 만인 1654년 5월 탈출을 감행하다 붙들려 모두 서울로 압송되어 효종의 신문을 받았다. 임금은 이들에게 호패를 내려주며 훈련도감의 박연 아래 배속시켰다. 표류된 외국인을 송환한 예가 없다는 이유를 들어 붙잡아두고 북벌정책에 쓸 요량이었다.

그러나 이들은 조선에 귀화할 생각이 없었다. 그뒤로 일행 중 두 명이 청나라 사신이 지나는 길에 네덜란드 복장을 하고 불쑥 나타나 고국에 돌아갈 수 있게 도와달라고 호소하는 긴급 데모사건을 벌였다. 이 일이 외교문제로 번질 공산이 커지자 조정에서는 청나라 사신에게 뇌물을 주어 입막음을 했다. 그러고는 이들을 처형하자는 의견이 나왔다. 그러나 인평대군의 인도적 주장으로 모두 강진으로 유배시켰다. 이리하여 1656년 3월 이들은 강진 병영성에서 유배생활을 시작했다.

하멜 일행은 각종 잡역에 동원됐고 한 달에 두 번은 점호를 받으며 주로 병영성과 장터의 풀을 뽑는 일을 했다. 훗날 하멜은 보고서에 이렇게 기록했다.

"오늘도 마당의 풀을 뽑았다."

아! 웬수 같은 풀, 정말로 징그럽다. 농사지어본 사람은 알거다. 요즘 부여 반교리에서 주말을 보내며 밭일을 할 때면 하멜 생각이 많이 났다.

하멜 일행의 탈출

하멜 일행은 병마절도사의 지시에 따라 가혹한 사역을 당하기도 했고 인간적인 대우를 받기도 했다. 하멜은 흉년과 질병이 유행할 때 동네 사람이나 승려에게 도움을 받았던 고마움을 기록하기도 했다.

그렇게 7년을 보낸 1663년 잇따른 흉년으로 하멜 일행은 여수·순천·남원으로 분산 수용됐다. 여수좌수사는 이들에게 하루 170미터의 새끼를 꼬게 하고 겨울비를 맞으며 점호 자세로 온종일 서 있게 하는 등 고통을 주기도 했다. 꿈도 없이 억류생활을 계속하던 하멜 일행은 다시 탈출을 결행하기로 결심했다.

우선 작은 배 한 척을 두 배 값으로 구입해놓고 1666년 9월 4일 밤, 8명이 탈출했다. 풍랑을 넘고 넘어 이들은 3일 뒤 일본 코또오(伍島)에 표착했다. 그리고 곧 나가사끼의 본사로 인계돼 마침내 자유를 얻었다. 조선에 표착한 지 13년 28일 만의 일이었다.

하멜은 나가사끼에 체류한 1년 동안 지난 13년간 겪은 일을 아주 상세하게 기록한 보고서를 작성했다. 그가 이 보고서를 쓴 것은 서기로서의 임무이기도 했지만 무엇보다 13년간의 임금을 요구하는 서류의 첨부자료로서였다. 그래서 그는 아주 사실적으로 때로는 고생한 것을 강조하며 연도별, 날짜별로 기술했다.

회사의 심의위원회는 배상금을 지급하라는 결정을 내렸다. 그러면서 회사는 하멜 일행에게 배의 난파 책임도 동시에 물어 결국 소액의 보상비만 지급했다. 그때나 지금이나 보상금을 타먹는다는 것은 참으로 지난한 일인가보다. 다행스러운 점은 조선에 남아 있던 나머지 8명도 외교협상을 통해 송환돼 1668년 모두 본국으로 돌아갔다는 사실이다. 출범 후 20년 만의 귀향이었다.

하멜은 이후 동인도회사에 복직돼 회계사로 근무하면서 한 차례 동방을 다시 다녀갔고, 1692년 62세로 세상을 떠났다. 그때까지 그는 독신이었다. 어떤 소설가는 조선에 두고 온 아내를 잊지 못해 결혼하지 않았다고 했는데 『하멜 보고서』에 그런 얘기는 나오지 않는다.

보상금을 받기 위한 『하멜 보고서』

하멜의 보고서는 곧바로 책으로 출간돼 선풍적인 인기를 끌었다. 당시 유럽에서는 구텐베르크 활자 혁명으로 새로운 책의 출간이 요즘 새 영화가 나온 것 이상으로 대단한 화제였다. 출간 1년 뒤 프랑스어판이 나왔고 또 이듬해에는 독일어판, 그리고 영어판이 속속 출간됐다. 이를 계기로 '코리아'는 유럽의 모든 나라에 알려지게 됐다.

영어판 『하멜 보고서』는 1917년 재미교포 잡지인 『태평양』에 연재되었는데 육당 최남선은 국내에서 발행된 잡지 『청춘』에 이를 전재했다. 역사학자 두계 이병도는 1936년 이를 『조선왕조실록』의 내용과 고증을 곁들여 『진단학보』에 발표했고, 1939년에는 『하멜 표류기』(박문서관)라는 제목의 단행본이 출간되었다. 그후 이 보고서는 『하멜 표류기』로 우리에게 알려지게 되었다.

그러나 1668년 암스테르담에서 출판된 책은 『스페르베르호의 불행한 항해일지』라는 긴 이름으로, 하멜과 선원들의 이야기에다 독자의 흥미를 끌기 위하여 황당무계한 이야기까지 덧붙이고, 내용과 관계 없는 삽화까지 곁들여 장사 본위로 각색한 책이었다.

근래에 와서는 네덜란드의 학자 후틴크(B. Hoetink)가 네덜란드 식민지 관계 기록문서를 조사하는 과정에서 『하멜 일지』와 『조선에 관한 기술』의 정본을 발견해 김태진 교수가 1996년 이를 번역 출간했고, 2003년

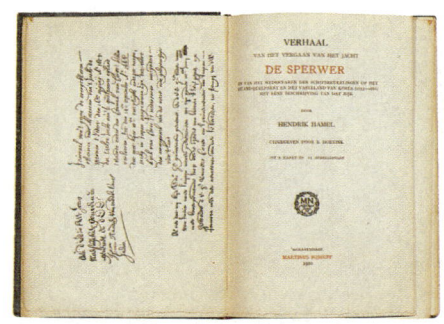

| 『하멜 보고서』 | 서양에 코리아를 알린 최초의 기행문으로 기억되고 있지만 사실은 하멜이 보상금을 받기 위해 작성한 보고서이다.

에는 하멜 표착 350주년을 맞아 유동익 씨가 17세기 네덜란드 고어를 직접 번역해 『하멜 보고서』(중앙M&B)로 출간했다.

이제 우리는 『하멜 표류기』가 아니라 『하멜 보고서』임을 확실하게 알 수 있게 됐다. 이 보고서는 기행문학이 아니었음에도 당시로서는 귀한 이국 이야기였기 때문에 기행문학으로 대접받아 유럽의 유명한 기행문학전집에 포함됐고, 결국 조선왕조 500년 역사상 외국인이 쓴 최초의 가장 충실한 조선견문록이 됐다. 여기서 우리는 기행문의 생명은 문체가 아니라 그 내용의 절절함에 있음을 교훈으로 얻는다.

하멜과 『하멜 보고서』를 생각하노라면 한 가지 아쉬움이 절로 일어난다. 그것은 하멜 표착이라는 계기가 있었음에도 조선이 국제교역에 눈을 뜨지 못한 점이다. 그리고 참으로 이상한 사실은 네덜란드와 우리나라가 정식 외교관계를 맺은 것은 19세기말 개항기가 아니라 1961년이라는 점이다. 조선왕조뿐만 아니라 대한민국도 1960년대까지는 여전히 국제사회에 대해서 거의 문맹이었다는 얘기다.

황당한 서복전시관

사실 하멜보다 먼저 제주에 온 이방인은 불로초를 구하러 온 서불(徐市)이다. 서귀포 정방폭포 가는 길에는 서불의 이야기로 꾸며놓은 '서복

| 서불과차 각석 | 서불이 새겼다고 전하는 이 글씨는 '서불과차(徐市過此)'로 판독되기도 한다. 서귀포, 남해, 거제도에 똑같은 형상의 글씨가 새겨져 있다.

전시관'이 있다.

서불은 서복(徐福)이라고도 하는 진시황 때의 유명한 방사(方士)였다. 사마천(司馬遷)의 『사기(史記)』를 보면 진시황 28년(기원전 219) 천하를 통일한 진시황은 동순(東巡)길에 나서 낭야산에 오른다. 낭야산은 칭다오(靑島)에서 26킬로미터가량 떨어진 바닷가 야산(해발 200m)이다. 이때 서불이 "바다 건너에 삼신산이 있는데 이름을 봉래산·방장산·영주산이라고 합니다. 거기에 신선들이 살고 있습니다. 청하건대 동남동녀와 함께 신선을 찾으려고 합니다" 하여 마침내 떠나게 되었는데 서불은 들판과 넓은 못을 얻게 되자 그곳에 머물러 왕이 되고 결국 돌아오지 않았다는 것이다.

서불이 우리나라에 왔다는 전설적인 자취는 바위 글씨에 남아 있다. 지금도 무슨 글자인지 확인되지 않은 채 비슷한 글자가 '상주리 석각'으로 불리는 남해 금산, 거제 해금강, 그리고 서귀포시 정방폭포 암벽에 새겨져 있다. 이를 사람들은 '서불과차(徐市過此)'라고 읽으면서 '서불이 여기를 지나갔다'고 해석한다. 서귀포라는 이름도 '서불이 돌아갔다'에서 나왔다고 한다.

일본인들은 그렇게 떠난 서불이 일본으로 건너가 후꾸오까(福岡)와 와까야마(和歌山)에 머물렀다는 전설과 자취가 있다고 말한다. 심지어는 큐우슈우 지방 사가현(佐賀縣) 일대에서는 서불이 전수해준 벼농사 기술, 의약에 관한 지식, 포경술 등이 남아 있다고 말하기도 한다.

이리하여 중국 낭야산과 일본 후꾸오까에는 서불 기념관과 조각 동상이 세워져 있는데 서귀포시가 중국 관광객을 유치하려고 1999년부터 2007년까지 서복공원, 중국식 정원 등을 조성한 것이 바로 서복전시관이다. 그러나 가보면 황당하고 눈앞이 캄캄해지는 징그러운 '서불이센터'이다. 차라리 거기에 「창부타령」 한 자락이나 새겨놓으면 어떨까 싶다.

통일천하 진시황은 아방궁을 높이 짓고 / 만리장성 쌓은 후에 육국제후 조공받고 / 삼천궁녀 시위할 제 장생불사를 하려 하고 / 동남동녀 오백 인을 삼신산으로 보낸 후에 / 불사약은 못 구하고 소식조차 돈절했네 / 사구평대 저문 날에 여산 황초뿐이로다 / 아서라 쓸데없다 부귀공명 뜬구름이니 아니 놀고 어이하리

아, 다녀가셨군요

무태장어 / 용머리해안 / 형제섬 / 사계리 사람 발자국 화석 /
일본군 진지동굴 / 송악산 / 알뜨르 비행장 / 백조일손지묘 /「빈 산」

문화재청의 천연기념물

나는 문화재청장을 지내면서 내 전공 밖인 천연기념물 관리 때문에 고생을 많이 했다. 사람들은 제주마가 천연기념물이라면 제주마 전체가 천연기념물인 줄로 알지만 꼭 그렇지는 않다. 동물의 경우 중요한 종을 보존하기 위하여 그 일부분에 보호조치를 내린 것이다.

이를테면 진도개(제53호), 오골계(제265호), 제주마(제347호), 삽살개(제368호) 등은 국가(문화재청)가 지정한 사육 책임자가 있고 이들이 최소한의 종을 확보하면서 우량종을 키우도록 한다. 진도개는 진도군, 오골계는 연산 지산농원, 제주마는 제주도 축산진흥원, 삽살개는 경산의 삽살개보존회 등이다. 그리고 대략 제주마는 160마리, 진도개는 1만 마리, 오골계는 1천 마리, 삽살개는 300마리 정도를 기본적으로 유지한다. 그러니까 육지 어느 가정집에서 키우는 진도개가 모두 천연기념물은 아니며, 여느 오골계를 먹는다 해도 문화재보호법에 저촉되지는 않는다.

들짐승은 그런대로 관리할 수 있다. 그러나 날짐승은 골치 아프다. 오골계의 경우 그놈의 조류인플루엔자가 인근에 발생하면 연산에 있는 천연기념물 오골계를 강원도로, 경상북도로 피신시켰다가 데려와야 한다. 철새는 더욱 심각하다. 겨울철새인 검독수리(천연기념물 제243-2호)는 몽골에서 봄과 여름을 지내다 오는데 이게 잘 올까 걱정이고, 노랑부리저어새는 태국에서 가을과 겨울을 보내고 봄에 오는데 과연 제때 오는지도 신경써야 한다.

정부 조직에 부, 처, 청이 있는데 부(部)는 대개 정책에 관계되지만 청(廳)은 현장을 갖고 있다. 따라서 관할업무가 곧바로 일상현장에 나타나고 사고도 자주 일어난다. 그래서 청장들은 하루도 편할 날이 없다. 한번은 정부 내 청장 10여 명이 모처럼 다 모여 이야기를 나누던 중 서로 자기 일이 골치 아프고 업무 범위가 넓다고 하소연한 적이 있다.

먼저 산림청장이 자신이 관리하는 면적은 남한 땅 300억 평 중 3분의 2인 200억 평이나 된다고 했다. 이에 경찰청장은 에누리없이 300억 평의 인구를 대상으로 한다고 맞받았다. 그러자 해양경찰청장은 바다는 육지의 네 배이므로 1,200억 평이라고 하여 자신이 관리하는 영역이 가장 넓다면서 문화재청장은 얼마나 되느냐고 아주 가볍게 물어왔다. 이에 나는 이렇게 대답했다.

"직접 관리하는 것은 고궁과 왕릉이지만 300억 평에 산재한 문화재와 땅속의 매장문화재, 그리고 1,200억 평 바다에 빠져 있는 해양 수중문화재, 게다가 몽골에 있는 검독수리와 태국에 있는 노랑부리저어새까지 하면 헤아릴 수가 없습니다."

청장들은 한바탕 웃고 모두가 문화재청의 업무 범위가 가장 넓은 것으로 인정할 찰나였다. 그러나 '인생도처유상수'였다. 기상청장이 빙그레 웃으며 이렇게 말했다.

"나는 업무 면적이 평수로 계산이 되지 않습니다."

무태장어

천연기념물 중에서 나를 가장 신경쓰게 만든 것은 제주도 무태장어 서식지(천연기념물 제27호)였다. 장어의 일종인 무태장어(Giant Eel)는 대형 어종으로 사람 키만 하고 길이가 2미터까지 자란다. 뱀장어과에 속하며 한반도 남부, 일본 열도 중남부, 대만, 중국 대륙 남부, 인도네시아, 필리핀, 아프리카 대륙에 분포하는 열대성 대형 뱀장어다.

열대성 어종이라서 한반도는 무태장어 분포의 북쪽 한계선이다. 때로는 탐진강·섬진강·거제도·영덕오십천 등의 하천에서도 발견된다는 보고가 있지만 현재 확인되는 곳은 제주도뿐이다. 만약 제주도에서도 발견되지 않으면 천연기념물에서 해제해야 한다. 마치 호랑이가 천연기념물이 아닌 것과 같다.

무태장어는 몸은 원통형으로 길고, 꼬리는 옆으로 납작하며, 미세한 비늘이 피부 속에 묻혀 있다. 육식성이며 수중의 바위 틈이나 그밖의 장애물 사이에 숨어 있다가 야간에 은어·망둥어·새우 등을 대량으로 포식한다고 한다. 현재 무태장어는 천지연폭포가 흘러내려 바닷물과 만나는 천지천(天池川)에 서식하는 것으로 확인됐다.

언젠가 문화재위원회 천연기념물분과 위원인 서울대 이창복 교수에

| 무태장어 | 보통 장어보다 몇배나 더 큰 무태장어는 그 서식지가 천연기념물로 보호되고 있는데 천지연과 천제연 폭포 아래에서 서식하고 있는 것이 확인되었다.

게 무태장어는 도대체 바닷고기냐 민물고기냐고 물어보았다. 이에 이교수가 들려준 장어 이야기는 정말로 나 혼자 알고 있기에는 너무도 신기하고 상징하는 바가 컸다. 이교수는 이렇게 풀어갔다.

　우리가 바다에 대해 알고 있는 것은 우주에 대해 알고 있는 것보다 적다. 대단한 아이러니다. 사람들은 흔히 장어는 민물과 바닷물이 만나는 강가에 산다고 오해하고 있다. 그러나 그렇지 않다. 무태장어를 비롯하여 장어가 어디에서 산란하고 오는지는 아직도 확실치 않고 대략 필리핀 루손(Luzon) 섬 부근이리라 추정한다. 장어의 일생은 연어의 일생과 정반대여서 바다에서 산란하여 민물에서 5~10년간 서식하다가 다시 깊은 바다로 돌아가 알을 낳는다. 그래서 해마다 봄이 되면 새끼장어는 바다에서 거슬러오고, 가을에는 강에서 성장한 장어가 번식을 위해 먼바다로 나간다.

| **천지연폭포** | 너무도 유명한 천지연폭포는 언제나 관광객으로 만원인데, 명불허전이라고 그 장쾌하면서도 아늑한 분위기는 제주의 자랑으로 삼을 만하다. 폭포 위쪽으로 자생하고 있는 담팔수 여섯 그루는 천연기념물이다.

    바다 속 깊은 곳에서 부화한 치어는 바다 위에 떠서 쿠로시오 해류 같은 해류에 실려 민물이 있는 곳으로 편안히 이동한다. 무려 반년 동안의 긴 여정이다. 이 시기의 장어는 떠다니고 이동하기 쉽게 버들잎처럼 납작하여 '버들잎 뱀장어'(렙토세팔루스 leptocephalus)라고 불린다.

    대륙에 가까워지면서 버들잎 뱀장어는 점점 몸이 원통형으로 변하면서 바다 밑으로 가라앉아 해류와 조류를 타고 민물과 만나는 한반도의 임진강, 풍천강, 제주도 천지천 하구에 도달한다. 이 시기 장어는 실처럼 가늘고 몸의 길이가 5~8센티미터 정도여서 실뱀장어라고 한다.

    실뱀장어는 하구에서 민물 적응 기간을 갖는다. 그래서 사람들이 하구에 산다고 오해하는 것이다. 그러다 강으로 거슬러올라가 마침내 뱀장어·무태장어가 된다. 그리하여 민물에 살면서 몸집을 키운다. 옛날엔 개울에도 살았던 장어가 오늘날 희귀하게 된 것은 강이 댐과 보로 막혀 장어가 살 터전을 잃었기 때문이다.

그리고 5~10년 지나 마침내 성장을 다한 장어는 산란할 때가 되면 일단 8~10월쯤 강 하구로 내려와 자신이 태어난 태평양 심연까지 이동하기 위해 바닷물 적응 기간을 갖는다. 이래서 또 하구에서 산다고 생각하는 것이다.

어려서는 해류에 편하게 실려왔지만 이번에는 해류를 거슬러 온힘으로 헤엄쳐가야 한다. 그 거리가 무려 3,000킬로미터에 이른다. 장어는 그 먼 거리를 이동하는 동안 아무것도 먹지 못한다. 그래서 장어는 멀고도 먼 귀향길을 위하여 자기 몸에서 노폐물을 완전히 제거하고 몸을 최대한 에너지 덩어리로 만들어둔다. 그 장어 중에서 가장 크고 강력한 힘을 갖고 있는 것이 무태장어다. 그래서 사람들은 장어를 최고의 보양식으로 인정하는 것이다.

그리하여 마침내 산란지에 도착하면 알을 낳고 장렬하게 세상을 떠난다. 이것이 장어의 일생이다. 장어의 회귀를 알고 보면, 같은 동물이지만 인간은 너무도 무책임하고 게으르다는 생각을 갖게 한다.

4년 전, 문화재청은 공식적으로 천지연과 천제연 폭포 아래로 흐르는 천지천에서 무태장어를 확인했다.

용머리해안

하멜상선전시관을 둘러본 다음 나의 발길은 자연스레 사계리 용머리해안으로 옮겨진다. 용머리해안은 해안선을 이루는 절벽의 모양이 용이 머리를 들고 바다로 들어가는 모습과 닮아 용머리라는 이름이 붙었다. 특히 산방산 위에서 내려다보면 진짜 용이 바닷물 속으로 들어가는 형상이다.

| 용머리해안 | 위에서 내려다볼 때는 용머리처럼 보였지만 막상 해안가로 내려가면 거대한 절벽들이 자연에 대한 경외심을 일으킨다.

용머리해안은 밖에서 보면 평범한 벼랑처럼 보이지만 좁은 통로를 따라 바닷가로 내려가면 수천만 년간 층층이 쌓인 사암층 암벽이 장관을 연출한다. 바다 속 세 개의 화구에서 분출된 화산 쇄설물이 쌓여 만들어진 해안으로 성산일출봉·수월봉과 달리 화구가 이동하며 생성된 곳이기 때문에 지형적 가치가 크다. 제주도에서 가장 오래된 수성화산(水性火山)으로, 해안의 절벽은 오랜 기간 퇴적과 침식으로 용의 머리 모양처럼 만들어져 경관적 가치도 뛰어나다. 그래서 천연기념물 526호로 지정되어 있다.

입장료가 필요한 용머리해안에는 입구·출구가 두 군데 있다. 어느 쪽으로 들어갔다 나와도 된다. 개인적으로 하멜상선전시관 옆의 모래사장 쪽으로 천천히 돌아보곤 한다. 산책로를 따라 걷다보면 사암층의 신비로운 모습이 점입가경으로 들어오며 절로 감탄사를 연발하게 된다. 어느 쪽에서 보아도 겹겹이 쌓인 사암층 암벽의 모습은 자연의 신비로움 그 자체다. 기암괴석을 바라보며 거센 바닷바람을 맞으면 제주의 아름다움과 신비감은 절정에 달한다. 한쪽은 기이하고 신비로운 사암층이고 또다른 한쪽은 에메랄드빛 바다로 이어진다.

신혼여행객들이 기념사진을 찍으러 가장 많이 몰리는 곳이기도 하다. 걷다보면 곳곳에 물웅덩이가 나타나고 앉을 만한 자리에는 사계리 어촌계 해녀들이 바다에서 갓 잡아올린 소라·멍게·전복과 싱싱한 생선회를 파는 좌판을 벌이고 있다. 여느 곳 같았으면 그것이 못마땅해 보였을지 모르지만 용머리해안에서는 그것이 하나의 풍광이고 별미로 용납된다. 소주 한잔을 들이켜지 않고는 정녕 여기를 지나갈 수도, 떠날 수도 없다.

형제섬이 보이는 해안길

올레길이 열리기 전, 제주를 걷고 싶을 때 내가 즐겨 찾던 곳은 사계리 해안에서 형제섬을 바라보면서 한반도 최남단 산인 송악산에 올라 멀리 마라도와 가파도를 조망하고 모슬포 알뜨르 들판으로 내려오는 해안길이었다. 제주올레 제10코스의 절반인 이 길은 제주의 바다와 산과 들을 모두 맛보고 즐길 수 있기 때문에 일찍이 '한국의 아름다운 길 100선' 등에 빠지지 않고 선정됐고 올레꾼들도 첫손을 꼽는 제주올레의 하이라이트다.

사계리는 유명한 관광지이지만 주변에 큰 식당이 많지는 않다. 대신 제주 토박이들이 편하게 즐겨 찾는 곳이 있어 군대 음식 같은 관광지 음식과는 다른 제주의 참맛을 볼 수 있다. 답삿길에 대개는 여기서 식사를 했다. 학생들을 데려오면 아침식사로 형제식당에서 성게국을, 좀 여유있

| **형제섬이 보이는 사계리 풍경** | 20년 전(1993)만 하여도 제주의 들판은 관광지 풍광이 아니라 인간이 살아가는 살내음이 있었다. 지금은 많이 달라졌지만 나는 아직도 이 길을 좋아한다.

는 분들과 오게 되면 저녁식사로 진미식당에서 다금바리를 먹곤 했다. 그래야 제주에 온 것 같았다.

사계리 앞바다 저만치에는 형제섬이 둥실 떠 있고 오른쪽으로는 해안길이 바짝 붙어 있다. 이 해안길은 송악산까지 가벼운 호를 그리며 이어진다. 아무런 상념 없이 이 길을 걷다보면 발걸음 옮길 때마다 형제섬의 모습이 조금씩 달라진다. 사계리에서 볼 때는 두 봉우리가 붙어 있는 듯했는데, 크고 작은 두 봉우리가 점점 벌어지더니 마침내는 완전히 둘로 갈라져나간다. '아 그래서 형제섬이구나'라고 생각하고 다시 발길을 옮기다 뒤돌아보면 두 봉우리는 다시 붙어 하나가 된다. 형제란 이렇게 둘이면서 하나고 하나면서 둘이라는 것을 말해주는 듯하다.

사계리 해안길은 제주의 여느 해변과 마찬가지로 파도소리가 쉼없이 이어진다. 똑같은 바닷소리지만 이 해안길 파도소리는 참으로 청량하고 아름답다. 그래서인지 이 해안에 있는 펜션들의 간판을 보면 저마다 '파도소리' '바닷소리'가 환상적이라는 것을 강조한 이름들이다. 나도 그 이름에 이끌려 한 번 묵은 적이 있는데 밤새 들려오는 파도소리, 바닷소리를 듣다가 나도 모르게 잠들었다. 그리고 창밖이 밝아지면서 저절로 눈이 떠지니 멀리 수평선에서 붉은 해가 솟아오르고 있었다. 머리를 드러내며 서서히 떠오른 태양이 마침내 수평선까지 올라왔을 때는 그 붉은 기운을 수평선에 드리우면서 오메가(Ω)자를 그려 보이고는 도움닫기하듯 치솟아오르는 것이었다. 아, 정말로 장엄한 일출이었다. 집주인에게 물어보니 이곳의 일출은 유난히 아름다워 사진작가들이 많이 찾아온다며 힘주어 자랑한다.

사계리 발자국 화석

사계리 해안에는 '제주사람 발자국과 동물 발자국 화석'이 있다. 2003년 10월 한국교원대 김정률 교수와 진주교육대 김경수 교수에 의해 처음 발견된 이 화석은 전문용어로 말해서 플라이스토세인 약 1만 9천 년에서 2만 5천 년 전(문화재청의 연대 조사결과는 6,800~7,600년 전으로 추정) 사이에 생성된 것이라고 한다. 사계리와 모슬포에서는 100여 개의 사람 발자국 화석을 포함해 조류 발자국 화석, 우제류(偶蹄類)의 발자국 화석, 어류의 생흔화석(고생물의 활동을 보여주는 화석), 다양한 무척추동물의 생흔화석, 식물 화석 등 모두 여덟 곳에서 총 100여 점 이상이 발견되었다. 고고학, 고인류학, 고생물학 분야에서 연구가치가 높아 국가지정문화재 천연기념물 제464호로 지정되었다.

아시아에서는 중국에 이어 두번째로 발견된 사계리 해안의 사람 발자국 화석은, 그간 우리가 구석기시대 유적을 대개는 뗀석기와 동물뼈로만

| **사계리 사람 발자국 화석** | 2만 년 혹은 7천 년 전 사람과 동물이 지나간 발자국이 화석으로 남아 있어 역사적·문학적 상상력을 일으킨다. 여기는 무엇보다도 형제섬과 산방산이 보이고 파도소리가 시원해서 답사객의 발길을 오래 붙잡아놓는다.

확인했던 것에 비해 구체적인 선조들의 발자국을 확인했다는 점에서 신기하고 중요하다.

이 화석은 마침 내가 문화재청장일 때 발견되고 천연기념물로 지정되어서 제주에 가면 관계자들에게 그 안부를 묻곤 했는데 안타까운 소식이 들려왔다. 문화재로 지정된 이후 보존상태를 주기적으로 관찰해보니 유난히도 거센 파도에 의한 침식으로 발자국 화석의 표면이 점점 마모되면서 선명한 윤곽이 점점 퇴색되어간단다. 그래서 급기야 레플리카(replica, 사본) 제작과 구제 발굴을 위한 조사작업에 들어갔다는 것이다.

아, 이를 어쩌나! 나는 파도소리가 좋아 이 길을 사랑했는데 그 파도 때문에 천연기념물이 자연손상되고 있다니. 이런 모순이 있을 수 있나. 그러나 이 사람 발자국이 또 저 파도 덕분에 생겨났으니 파도를 마냥 원망할 일도 아니다.

  2만 년 전 선조의 발자국을 물끄러미 바라보고 있자면 무언가 머릿속을 스치고 지나가는 상념이 있을 만하지 않은가. 나는 직업이 직업인지라 그저 떠돌이 사냥꾼이었던 구석기인들이 그때도 제주도에 살았구나, 그리고 조가비라도 주우려고 여기까지 내려왔구나 정도를 생각할 뿐이었다. 그러나 시인의 눈과 마음은 역시 달랐다. 시인 이대흠(李戴欠)은 이렇게 노래했다.

> 다녀가셨군요…… 당신
> 당신이 오지 않는다고 달만 보며 지낸 밤이 얼마였는데
> 당신이 다녀간 흔적이 이렇게 선명히 남아 있다니요
> 물방울이 바위에 닿듯 당신은 투명한 마음 발자국을 남기었으니
> 그 발자국 몇번이나 찍혔기에 화석이 되었을까요
>
> 아파서 말을 잃은, …… 당신
> 눈이 멀도록 그저 바라다보기만 하였을 당신
> 다녀갈 때마다 당신은 또 얼마나 울었을까요
> 몹쓸 바람 모슬포 바람에 당신 귀는 또 얼마나 쇠었을까요
> (…)
> 소금 간 들어 썩지 않을 그리움, 입 잃고 눈 먼 사랑 하나
> 당신이 남긴 발자국에 새겨봅니다
> 다녀가셨군요…… 당신
>
> ―「사계리 발자국 화석」 부분(『귀가 서럽다』, 창비 2010)

| 송악산과 진지동굴 | 절울이오름이라고도 불리는 송악산은 제주 서남쪽의 마침표 같은 오름으로 바다를 내려다보며 걷는 산길이 사뭇 행복하다. 절벽 아래로는 일제가 파놓은 진지동굴이 줄지어 있다. 사진 오희삼.

송악산 절벽의 일본군 진지동굴

사계리 해안길을 돌아나와 송악산으로 발을 옮기면 갑자기 떠들썩하고 분주한 관광단지로 들어서게 된다. 음식점, 상점이 모여 있고 관광버스와 제주허씨가 줄을 잇고 있다. 바다 쪽을 내려다보면 선착장에 모여 있는 사람들을 볼 수 있다. 마라도·가파도로 가는 유람선 선착장이다.

송악산을 떠받치고 있는 듯한 가파른 벼랑이 바다에서 곧게 치솟아 있는데 절벽 아래쪽으로는 둥글게 파인 동굴 입구 같은 것이 줄지어 있다. 사람들이 들어갔다 나오기도 하고 사진을 찍으려 입구에서 포즈를 취하기도 한다. 이 동굴은 일제강점기 태평양전쟁이라고 불린 2차대전 때 일제가 만든 군사시설이다.

전쟁이 막바지에 이른 1945년, 일제는 '결7호(決七號) 작전'이라는 군

| 해안 절벽의 진지동굴 | 송악산 아래 절벽엔 일제가 태평양전쟁 때 파놓은 진지동굴이 줄지어 있다. 이 군사시설을 위해 제주인들은 혹독한 사역에 동원되는 아픔을 겪어야 했다. 어떤 동굴은 디귿자로 서로 연결되어 있다.

사작전으로 제주도를 일본 본토 사수를 위한 최후의 보루로 삼았고, 관동군 등 정예병력 6~7만여 명을 제주도에 주둔시켰다. 당시 제주도 인구가 약 25만이었음을 감안하면 엄청난 수다. 이들은 여러 해안기지와 알뜨르 비행장, 작전수행을 위한 도로와 진지, 땅굴 등 각종 군사시설을 건설했다. 여기에 제주사람들을 강제로 동원했고 무리한 식량지원을 요구했다. 이때 성산일출봉과 송악산 해안에도 기지를 세우고 포대 및 토치카, 벙커 등을 설치했다.

일본군은 송악산 지하에도 대규모 땅굴을 파고 지하진지를 구축했으며, 송악산 알오름 쪽의 땅굴은 군수물자 트럭까지 드나들 수 있도록 크고 넓게 건설하고, 서로 다른 지역에서 파들어간 땅굴들이 거미줄처럼 이어지게 만들었다. 송악산 해안 절벽에는 15개의 인공동굴이 뚫려 있다. 폭 3~4미터, 길이 20여 미터에 이르는 이 굴들은 어뢰정을 숨겨놓고

| **진지동굴 소묘** | 진지동굴은 일제의 식민지 지배와 전쟁의 상처이지만 세월이 흐르면서 여기는 신혼부부들이 즐겨 사진 찍는 곳이 되었고, 동굴 안에서 형제섬을 바라보며 느긋이 쉬어가는 곳이 되었다.

연합군의 공격에 대비했던 곳이다.

다행히도 연합군은 제주도가 아니라 오끼나와(沖繩)로 상륙했다. 그러지 않았다면 제주가 옥쇄지역이 되어 오끼나와처럼 수십만 명이 희생되었을지도 모르는 일이다. 이제는 그 전쟁의 상처가 유적이 되어 관광객, 신혼부부가 그 동굴 입구에서 기념사진을 찍고 있으니 세월이 무심한가, 역사가 무심한가?

절울이오름, 혹은 송악산

송악산은 해발 104미터의 낮은 산이지만 그 높이가 액면 그대로이기 때문에 그 산행길이 결코 가볍지가 않다. 그렇다고 힘든 것도 아니니 적당한 산행길이고 즐거운 올레길이라 할 수 있다.

그러나 이 산을 오를 때는 본래 이름은 송악산이 아니라 절울이오름이라고 알고 넘어가야 그 서정이 제대로 일어난다. 『오름나그네』에서 김종철 선생은 이렇게 말했다.

'절울이'는 물결(절)이 운다는 뜻. (…) 물결이 왜 우는 걸까, 산이 물결을 빌어 우는 걸까…… '절울이', 되살려주고 싶은 이름이다.

소나무가 울창하다고 해서 언제부터인가 송악산이라고 불렀다는데 지금도 부분적으로 솔밭이 있긴 하지만 본래는 동백나무·후박나무·느릅나무가 우거진 전형적인 제주의 야산이었다고 한다. 그런데 뱀이 많아 언젠가 불을 질러 나무를 다 태운 바람에 빈 산에 풀이 자라 목장이 되었단다. 그렇게 불이 난 자리에 다시는 야생나무가 자라지 않고 산성화된 땅이 강한 소나무들 차지가 되었고 급기야 송악산이라는 이름을 얻게 되었단다. 그래서 절울이오름엔 목장도 많고 드문드문 솔밭도 펼쳐져 있다.

절울이오름 정상에 오르면 누구나 아, 하는 탄성을 지른다. 바람이 모질어 몸을 가누기 힘들고 모자는 눌러쓰지 않으면 벌써 날아갔을 것이다. 깊숙이 파인 분화구는 깔때기 모양으로 깊이가 69미터란다. 이것은 제2분화구이고 주봉 너머 북서쪽엔 이보다 깊이는 얕지만 훨씬 크고 넓은 제1분화구가 따로 있다. 주봉이 생기고 두번째 화산 폭발로 주봉 안에서 제2분화구가 생겨 산마루가 이처럼 너울 같은 기복을 이루는 장관을 연출한 것이다.

절울이오름 정상에 오르면 북쪽으로는 산방산과 한라산이 장엄하게 펼쳐지고, 남쪽으로는 마라도·가파도가 커다란 맷방석 모양으로 바다 위에 둥실 떠 있다. 동쪽에는 너른 바다가 멀리멀리 물러나 있고, 서쪽에는 알뜨르 들판이 길게 펼쳐져 있다. 그리고 비스듬한 경사면을 내려다보면 낮은 오름들이 신라 고분처럼 이마를 맞대고 봉긋이 솟아올라 있다. 사방팔방으로 펼쳐지는 이 아름다운 전망 때문에 절울이오름 코스를 제주올레 중 으뜸으로 꼽는 이가 많다.

그러나 절울이오름에서 내려다보는 경관의 주제는 역시 바다다. 바다를 바라보면서 일어나는 생각은 사람마다 다를 것이고 바다를 읊은 시는 동서고금에 수없이 많을 것이다. 그중 제주의 시인은 또 어떻게 노래했을까? 2005년에 작고한 김종두라는 제주 시인이 순전히 제주어로만 쓴 시집 『사는 게 뭣 산디』(2000)에 나오는 「제주바당」이다. 프랑스 시든 영국 시든 한시든 제주 시든 시는 원어로 읽어야 제맛이다.

혼도 끝도 어신	한도 끝도 없는
제주바당은	제주바다는
절도 쎄구나.	물결도 거칠구나
무슨 혼이 이성	무슨 한이 있어
늘이 늘마다	날이 날마다
요영 절만 지 싱고.	이렇게 파도만 치는 걸까
혼맺힌 귀양길	한맺힌 귀양길
썰갯물 내치던 통곡	쓸개물 쏟아내던 통곡
아— 좀들지 못혼	아— 잠들지 못한
원혼들의 울음이여	원혼들의 울음이여
절쎈 바당이여	거친 파도 바다여

알뜨르 비행장

절울이오름 아래쪽은 알뜨르 들판이다. 북쪽으로는 산방산·단산·모

| 알뜨르 비행장 격납고 | 태평양전쟁 말기에 일제는 알뜨르 비행장에 20개의 비행기 격납고를 만들었다. 견고한 콘크리트 돔으로 축조하고 그 위를 흙과 풀로 덮어 위장한 이 격납고들은 일제가 마지막 옥쇄작전지의 하나로 제주도를 생각하고 있었음을 말해준다.

슬봉 등 여럿의 작은 오름과 어우러지고 한라산의 긴 줄기가 파노라마로 펼쳐진다. 남쪽으로는 바다가 넘실대는 풍광 좋은 너른 들판이 있는, 제주도에서 보기 드물게 갖가지 밭작물이 쑥쑥 크는 비옥한 땅이다. 제주에선 이렇게 넓은 들판이 없다. 지금도 알뜨르 들판에선 감자와 마늘이 풍성하게 자라고 있다. 일제는 중일전쟁을 일으키면서 중국 대륙 침략을 위한 전진기지로 알뜨르 평야에 비행장을 건설했다.

일제가 처음 비행장 건설을 계획한 것은 1926년이었고 이후 1936년까지 10년 동안 1차로 20만 평을 닦았다. 남북 방향으로 길게 들어선 활주로는 길이 1,400미터, 폭 70미터 규모로 잔디를 깔았다. 1937년 중일전쟁이 발발하자 일본 나가사끼현의 오오무라(大村) 항공기지가 이곳에 주둔해 중국 난징(南京)과 상하이(上海) 등 중국 대륙 공격을 위한 해양

거점으로 활용됐다.

난징 폭격을 위해 일본 큐우슈우의 오오무라 비행장을 이륙한 폭격기들은 단번에 중국까지 비행할 수가 없었다. 급유를 위한 중간 기착지가 바로 이곳 모슬포였다. 이곳에서 출격한 전투기가 700킬로미터 정도 떨어진 중국 난징을 폭격했는데 당시 공습은 36회, 연 600기의 전투기가 총 300톤의 폭탄을 쏟아부었다고 한다.

그리고 일본군은 1937년에 2차로 80만 평으로 늘리기 시작했고 태평양전쟁을 치르면서 1945년 패망할 때까지 비행장을 확장해 해군 항공대 2,500여 명과 전투기 25대를 배치했다. 카미까제(神風) 조종사들도 이곳에서 훈련을 받았다. 이때 폭 20미터, 높이 4미터, 길이 10.5미터 규모의 격납고가 총 20개 건설되었으며, 훈련기인 잠자리비행기(아까똠보)를 숨겨두었다. (그중 19개는 원형이 그대로 남아 있다.)

격납고 근처에는 대공포 진지와 정비고, 막사로 사용했던 건물들의 흔적도 있다. 또 비행장 동북쪽 탄약고 터는 거의 원형대로 남아 있으며, 그 안에는 탄약고 두 개와 2층으로 만들어진 복도가 있다. 지하벙커, 방공호, 섯알오름 고사포 진지도 있다. 그중 높이 솟은 콘크리트 물탱크는 이 쓰라린 군사시설의 추모비인 양 지금도 그대로 남아 있다.

| 알뜨르 비행장 훈련기 모형 | 알뜨르 비행장에서는 카미까제 특공대 조종사들의 훈련장이기도 했다. 그들의 훈련기는 잠자리 모양의 빨간색이어서 '아까똠보'라고 불렸다.

알뜨르 비행장은 2006년 등록문화재(근대문화유산) 제39호로 지정됐다. 정부는 이 알뜨르 비행장을 중심으로 모슬포 전적지를 '제주평화대공원'으로 조성해 2017년까지 완공할 예정이다. 거기에는 각종 유적지를 정비해

전시관·기념관·전쟁체험관·위령탑·기념조형물·편의시설 등을 설치하고 평화를 테마로 한 관광 코스도 만들 것이라고 한다.

그러나 그 모습이 어떻게 될지 나는 잘 알지 못한다. 지금도 알뜨르 비행장 인근에서는 국방부로부터 땅을 빌린 주민들이 감자 농사에 한창이다. 제주도 냄새가 물씬 풍기는 검붉은 땅에, 장대하게 펼쳐진 감자밭 사이로 입을 크게 벌리고 있는 콘크리트 격납고들이 완성한 절묘한 대비보다 역사적 경관을 더 잘 전해주는 것이 또 있을까 의문이다. 어쩌면 지금 이대로가 전쟁의 상처를 이겨나가는 평화공원의 모습이 아닐까 근심스러운 마음으로 그 사업을 지켜보고 있다. 혹시나 예의 '뽈대'라도 하나 서는 날에는 망해도 보통 망하는 것이 아닐 텐데.

백조일손지묘

풍요롭고 아름다운 알뜨르 들판에 일제의 군사시설이 들어선 것은 잔인한 대지의 학살이었다. 그런데 이 땅의 팔자였을까, 아니면 제주 할망의 못된 짓이 일으킨 날벼락이었을까. 한국전쟁이 발발하자 알뜨르에는 또 한번, 이번에는 진짜로 잔인한 학살이 일어난다. 그 유적이 '백 할아버지 한 자손의 무덤'이라는 뜻의 백조일손지묘(百祖一孫之墓)다.

한국전쟁이 발발하자 정부는 좌익세력이 북한 공산군에 동조할지도 모른다는 생각에서 각 지구 계엄사에 좌익분자 체포·구금을 명령했다. 제주지구 계엄당국은 불순분자를 색출한다는 미명하에 보도연맹원, 4·3사건 때 체포되었다가 석방된 사람과 무고한 양민을 예비검속이라는 이름으로 검거했다. 이 '예비검속'으로 검거된 대정·한림 일대의 제주도민이 193명에 이르렀는데 1950년 8월 20일 새벽 2시부터 섯알오름에서 모조리 학살당했다.

| 백조일손지묘 | '백 할아버지 한 자손의 무덤'이라는 이 무덤은 4·3사건의 후유증이 얼마나 슬프고 비참했는지를 말해주는 유적이다. 한국전쟁이 일어나자 예비검속으로 학살당한 132명의 시신을 7년 만에 수습하면서 뼈만 추려 봉분을 만든 공동묘지이다.

새벽 2시에 처형된 이들의 시신은 유족들이 수습이나마 했으나, 새벽 5시에 처형된 132명은 사건 은폐를 위해 유족에게 시신조차 양도되지 않았다. 1953년, 전쟁이 끝나고도 당국은 시신을 양도하지 않았다. 사건이 일어난 지 6년 8개월 만인 1957년 4월 8일에야 유족들은 시신을 수습할 수 있었다. 그러나 부러진 팔·다리·등뼈 등이 뒤섞여 있어 도저히 누구의 유골인지 알 수 없었다. 이에 유족들은 132명의 희생자를 한 조상으로 함께 모시자는 데 의견을 모았다. 누구의 시신인지 가리지 않고 칠성판 위에 머리 하나, 팔 둘, 등뼈 하나, 다리 둘 등을 이어 맞추어 132명의 봉분을 만들고 그 이름을 '백조일손지묘'라 지었다.

알뜨르 들판 섯알오름에서 동쪽으로 조금 떨어진 사계리 공동묘지에는 아무런 경계도 없이 애기무덤만 한 크기의 봉분들을 가지런히 따로 모아 돌담을 돌려놓았고, 까맣고 작은 대리석에 무덤의 내력을 슬프게 새겨놓았다. 아무 영문도 모르고 온 사람들도 그 처연한 무덤과 사연에 눈물을 흘리지 않을 수 없다.

글로만 보던 4·3사건을 내가 처음 눈물로 접한 곳이 바로 이 백조일손지묘였다. 이곳은 민족상잔이었던 한국전쟁의 비극적 현장이자 유적으로, 우리 가슴에 깊은 경각심을 일깨워준다. 1987년 6월항쟁이 일어나기 전만 해도 이곳을 다녀온다는 것이 사상적으로 의심받을 만한 일이어서 숨죽이면서도 사죄하는 마음으로 찾아오지 않을 수 없었다.

6월항쟁이 일어나고 민주화 바람이 불면서 4·3사건의 희생자들이 복권되어 마침내 정부로부터 공식적인 사과가 있은 다음에는 후련한 마음으로 이곳에 와 비명에 간 그분들의 넋을 위로할 수 있었다.

그런데, 어느 해인가 이 백조일손지묘는 마치 작은 현충원처럼 거창하고 말끔하게 조성됐다. 예의 위령비 '뿔대'도 높이 세워졌다. 그것은 거창양민학살 유적지와 마찬가지로 역사 유적의 진정성을 분식해버린 처사였다. 이렇게 해 유족과 땅속의 원혼들이 얼마나 위로받았을지는 알 길이 없다. 다만 전에는 일부러 와서 분향하고 마음으로 그분들의 명복을 빌던 사람들이 이렇게 단장된 후로는 덜 찾아온다는 얘기만 들린다. 나도 그후로는 그쪽으로 발길이 좀처럼 닿지 않는다.

건축을 포함하여 미술은 아름답고 위대하다는 생각을 갖고 있어서 미술평론, 미술사 연구를 업으로 삼고 살아가고 있지만 역사에서 현실에서 미술의 횡포와 해독도 만만치 않다. 문학, 음악, 무용 등 모든 예술이 다 그럴 것이다. 그러나 특히 미술의 해독이 시나 노래보다 심한 이유가, 시나 노래는 안 읽고 안 부르면 그만이지만 미술은 싫어도 보고 살아야 한다는 점에서 치명적이기 때문이다.

김지하의 「빈 산」

 백조일손지묘를 떠나 숙소로 가기 위해 대정 쪽으로 향하니 이제는 바다를 등지고 한라산을 비껴보며 달리게 된다. 땅거미가 내리면서 한라산 자락 아래로 둥글게 둥글게 이어지는 오름의 능선이 무거운 침묵 속에 그 육중한 몸체만 드러내고 있다.

 어둔 녘의 오름들을 보고 있으면 답삿길에 들뜬 기분이 가라앉으면서 가볍게 눈을 감아보게 된다. 제주의 저녁 오름을 보면 나도 모르게 떠오르는 시가 하나 있다. 김지하의 「빈 산」이다(『타는 목마름으로』 창작과비평사 1982).

 빈 산
 아무도 더는
 오르지 않는 저 빈 산

 해와 바람이
 부딪쳐 우는 외로운 벌거숭이 산
 아아 빈 산
 이제는 우리가 죽어
 없어져도 상여로도 떠나지 못할 저 아득한 산
 빈 산

 너무 길어라
 대낮 몸부림이 너무 고달퍼라
 지금은 숨어
 깊고 깊은 저 흙 속에 저 침묵한 산맥 속에

숨어 타는 숯이야 내일은 아무도
불꽃일 줄도 몰라라

한줌 흙을 쥐고 울부짖는 사람아
네가 죽을 저 산에 죽어
끝없이 죽어
산에
저 빈 산에 아아

불꽃일 줄도 몰라라
내일은 한 그루 새푸른
솔일 줄도 몰라라

   김지하 시인의 최고 명작으로 꼽히는 이 「빈 산」은 일찍이 작곡가 이종구 교수(한양대) 작곡으로 김민기에 의해 노래로 불려졌다. 그런데 김민기는 어느날 더는 노래를 부르지 않게 되면서 이 「빈 산」은 레코드, 테이프, CD 어느 것으로도 남은 것이 없다. 아, 정말로 명곡인데.
   그래서 이 노래는 연극인 임진택이 술자리에서 사람들의 청을 받아 부를 때에만 들을 수 있고, 어쩌다 이애주가 춤사위와 「새야 새야」를 곁들여 부르는 것을 들을 수 있을 뿐이다.
   나는 차창을 내리고 진양조 느린 가락으로 시작하는 「빈 산」을 부르면서 숙소로 돌아갔다.

세한도를 그릴 거나, 수선화를 노래할 거나

유배지로 가는 길 / 위리안치 / 아내에게 보낸 편지 / 찾아오는 제자들 / 「세한도」 / 추사의 귤중옥 / 수선화를 노래하며 / 방송

폐허가 된 옛 고을 대정

조선시대에 제주 세 고을이란 제주목과 동북쪽의 정의현, 남서쪽의 대정현을 일컫는다. 그중 제주목은 제주목 관아가 있고, 정의현은 읍성 자체가 남아 있어 성읍민속마을이 중요민속자료로 지정될 정도로 옛 모습이 남아 있다. 그러나 대정현의 자취는 허망할 정도로 거의 다 사라졌다. 오직 대정읍성의 한 자락과 대정향교가 남아 있어 여기가 옛 고을이 었음을 말해줄 따름이다.

이렇게 된 데에는 이유가 있다. 제주목은 관덕정으로 대표되는 제주시 다운타운의 핵심으로 이어졌고, 정의현은 현대화의 상처를 크게 받지 않았다. 이에 비해 대정은 일제강점기와 근현대를 거치면서 해체되어 버렸다. 우선 서귀포시가 형성되면서 고을의 무게중심이 그쪽으로 이동

했다. 부산이 생기면서 동래가 외지로 밀려난 것과 비슷하다. 대정 아랫 동네인 모슬포항은 지금껏 초라한 옛 모습이다. 태평양전쟁 때는 알뜨르 넓은 들에 카미까제 특공대의 격납고와 활주로가 들어앉았다. 그리고 해방 뒤에는 대정의 중심지에 육군 제1훈련소가 설치되어 드넓은 면적이 군사훈련장으로 바뀌어 남아날 것이 없었다.

그 바람에 대정읍성은 모조리 헐리고 오직 북쪽 성벽만 간신히 살아남았고 읍내에서 멀찍이 떨어져 단산 아래 있는 대정향교가 목숨을 구했을 뿐이다. 게다가 서귀포시나 특급호텔이 모여 있는 중문단지로 가는 길조차 대정을 비켜서 났으니 대정은 세상에 주목받을 일도 없고 관광객의 발길이 닿을 일도 없게 되었다. 이것은 제주도로서도 큰 손실이고 국가적으로도 그대로 둘 수는 없는 일이다.

그래서 제주도와 문화재청에서는 대정읍성의 북쪽 잔편을 국가 사적으로 지정하기 위해 복원했고, 읍성 안쪽에 바짝 붙어 있는 추사 유배지에 제주 추사관이라는 기념관을 지어 이미 복원된 '추사 적거지(謫居址)'와 짝을 이루어놓으니 이제는 여기가 옛 고을 대정의 초입인 것만은 명확히 알 수 있게 되었다. 그래서 대정 답사는 추사 유배지가 핵심이다.

귀양살이에서 완성된 추사체

사실 추사 유배지로 말할 것 같으면 무엇을 볼 게 있고 없고를 떠나 대한민국 국민이면 모름지기 한번쯤은 찾아가볼 만한 곳이다. 여기는 추사 선생이 9년간 유배살던 곳으로 유명한 「세한도」가 그려진 명작의 고향이다. 더욱이 그 유명한 추사체는 바로 제주도 귀양살이 때 완성되었다는 것이 당대부터의 정설(定說)이다.

연암 박지원의 손자로 임술민란 때 안핵사(按覈使)를, 셔먼호 사건 때

| **추사 김정희 초상** | 추사의 제자인 소치 허련이 그린 추사의 초상이다. 갖은 풍파를 겪으면서도 자신의 학예를 높은 차원에서 완성한 인품이 잘 나타나 있다.

평안감사를 지냈던 환재(瓛齋) 박규수(朴珪壽)는 글씨에 있어서도 대안목의 소유자였다. 박규수는 일찍이 추사체의 변천 과정을 이렇게 말했다.

추사의 글씨는 어려서부터 늙을 때까지 그 서체가 여러 차례 바뀌었다. 어렸을 적에는 오직 〔당시의 모더니즘 경향인〕 동기창체에 뜻을 두었고, 중세(24세)에 연경을 다녀온 후에는 청나라 옹방강체를 열심히 본받았다. 〔그래서 이 무렵 추사의 글씨는〕 너무 기름지고 획이 두껍고 골기(骨氣)가 적었다는 흠이 있었다. 그러나 소동파·미불·이북해·구양순〔등 역대 대가를 열심히 공부하여〕 글씨의 진수를 얻게 되었다.

그리고 만년에〔제주도 귀양살이로〕 바다를 건너갔다 돌아온 다음부터는 남에게 구속받고 본뜨는 경향이 다시는 없게 되고, 여러 대가의 장점을 모아서 스스로 일가를 이루게 되니 신(神)이 오는 듯, 기(氣)가 오는 듯, 바다의 조수가 밀려오는 듯했다. 그래서 내가 후생 소년들에게 추사체를 함부로 흉내내지 말라고 한 것이다.(〔 〕 안은 인용자)

조선시대 행형제도에서 유배형이 갖는 미덕은 결과적으로 학문과 예술에 전념할 수 있는 '강제적인 기회'를 제공했다는 점이다. 다산의 사상은 18년 유배생활에서 결실을 맺고 그의 '북어국 백반' 같은 해맑은 글씨체를 보여주었듯이, 추사체는 제주도 귀양살이 9년이 낳은 것이었다. 조선후기 동국진체(東國眞體)라는 조선적인 서체를 완성한 원교(圓嶠) 이광사(李匡師)는 해남 신지도에 30년 유배하면서 이룩했고, 신영복 선생의 어깨동무하는 듯한 '연대체'는 20년 감옥살이에서 얻은 것이었으니 우리나라 명필은 다 '유배체'라고 할 만하다.

귀공자에서 유배객으로

추사(秋史) 김정희(金正喜, 1786~1856)는 경주 김씨로 정조 10년 예산에서 태어났다. 고조할아버지는 영의정을 지냈고, 증조할아버지 월성위는 영조대왕의 사위였으며, 아버지 김노경(金魯敬)은 이조판서를 지냈다. 명문 출신으로 왕가의 사돈집 귀공자였다.

어려서부터 영특하여 박제가의 가르침을 받았고 24세 때 동지부사로 가는 아버지를 따라 자제군관 자격으로 연경(燕京)에 갔다가 청나라 석학 옹방강(翁方綱)과 완원(阮元)을 만났다. 옹방강은 그에게 금석학을 훈도했고 완원은 그를 제자로 삼아 완당(阮堂)이라는 호를 내려주었다.

35세 때 과거에 합격하여 규장각 대교(待敎), 성균관 대사성(大司成)을 지냈다. 김경연·김유근·조인영·권돈인·신위·홍현주 같은 당대의 문인과 벗했으며, 조희룡·허련·이상적·강위·전기·이하응 같은 제자를 두었다. 또 초의선사(艸衣禪師, 1786~1866)와 벗하며 불교와 차에 깊은 조예가 있었다. 그는 섭지선·유희해 같은 중국학자와 서신으로 교류하여 그 명성이 중국에도 널리 퍼졌다.

그가 지향하는 학문과 예술의 세계는 '입고출신(入古出新)', 즉 '고전으로 들어가서 새것으로 나온다'는 모토를 갖고 있던 고증학(考證學)에 바탕을 두었다.

헌종 6년(1840), 55세 되던 해에 추사는 병조참판으로, 그해 겨울에는 동지부사가 되어 30년 만에 다시 연경에 가게 되었다. 그러나 이때 정변이 일어났다. 안동 김씨 세력가들이 10년 전에 마무리되었던 한 사건을 들먹이며 추사에게 정치적 공세를 가했다. 추사는 형틀에서 모진 형벌과 고문을 당하여 죽음 직전까지 이르렀다. 이때 그의 벗인 우의정 조인영(趙寅永)이 왕에게 상소문을 올려 죽음만은 면하게 해달라고 호소함으로써 간신히 목숨을 구하게 됐다. 헌종 6년 9월 2일 추사에게는 다음과 같은 형벌을 내려졌다.

"추사 김정희를 원악도(遠惡島)에 위리안치(圍籬安置)시키라."

눈앞에 있던 영광의 연경길이 아픔의 귀양길로 바뀐 것이다.

| 납읍 포제단 | 천연기념물 제375호인 제주 납읍리의 난대림은 늘푸른나무들이 아름답게 우거져 제주 천연의 모습을 전해준다. 그 숲속에는 포제단이 있는데 그곳은 제를 정결하게 지내기 위해 제관들이 합숙하는 곳이다.

유배지로 가는 길

추사는 지체 없이 유배지로 떠났다. 육지 천리, 바다 천리의 멀고먼 길이다. 쉬지 않고 가도 족히 한 달은 걸리는 행로다. 추사의 유배길에는 금오랑(金吾郞), 즉 의금부 관리가 행형관으로 대정까지 동행했으며, 집에서는 머슴 봉이가 완도까지 따랐다.

전설에 따르면 추사는 귀양길에 전주에서 창암(蒼巖) 이삼만(李三晩)을 만나 서예를 논하고, 해남 대흥사 일지암에서 초의선사를 만나 원교 이광사의 현판을 떼고 자신의 글씨를 달게 했다고 한다. 그리고 완도에서 제주 가는 배를 탄 때는 25일 뒤인 9월 27일이었다. 제주로 향하는 뱃길은 죽을 고비를 겪는 아슬아슬한 항로였다. 민규호(閔奎鎬)는 『완당김공 소전』을 쓰면서 이렇게 말했다.

제주는 옛 탐라인데 큰 바다가 사이에 끼어 있어 거리가 매우 멀고 바람이 많이 분다. 그런데 공이 이곳을 건널 적에는 유난히 큰 파도 속에서 천둥 벼락까지 만나, 죽고 사는 일이 순간에 달렸다. 배에 탄 사람들은 모두 넋을 잃고 서로 부둥켜안고 통곡했고, 뱃사공도 다리가 떨려 감히 전진하지 못했다.

그러나 공은 뱃머리에 꼼짝 않고 앉아서 소리 높여 시를 읊으니 시 읊는 소리가 파도소리에 지지 않고 오르내렸다. 이때 공은 손을 들어 어느 곳을 가리키며 '사공아, 힘껏 키를 끌어당겨 저쪽으로 향하라!' 했다. 그러자 배는 바람을 타고 항해가 빨라져 마침내 아침에 출발하여 저녁에 제주에 당도하니 제주사람들이 '날아서 건너온 것 같다'고 했다.

추사의 일대기에는 이런 전설 같은 이야기가 많았다.

그리고 이튿날 대정을 향해 하루종일 걸었다. 화북에서 대정까지는 80리길. 쓸쓸한 가을날의 서정을 안고 추사는 그해 10월 2일 대정현에 도착했다.

위리안치라는 형벌

추사에게 내려진 형벌은 '위리안치'였다. '위리안치'는 유배지의 가시울타리 안에서만 기거하는 중형이다. 조선시대 행형제도에서 유형(流刑)이라는 형벌은 죄인을 먼 곳에 격리시키는 제도인데, 죄질과 죄인의 신분, 유배 장소에 따라 배(配)·적(謫)·찬(竄)·방(放)·천(遷)·사(徙) 등으로 이름과 형식이 다양했다. 그중에서 가장 많이 시행된 것은 주군(州郡)안치와 위리안치였다.

주군안치는 일정한 지방〔州·郡·縣〕 안에 머물게 하는 것으로 그곳에서는 자유로운 활동이 가능했다. 강진에 유배된 다산 정약용이 주군안치였다. 그러나 위리안치는 대단히 가혹했다. 위리안치는 가시나무, 대개 탱자나무 울타리로 집의 사면을 둘러 보수주인(保授主人, 감호하는 주인)만 출입이 가능했다.

많은 사람들이 다산과 추사를 비교하면서 다산은 귀양살이를 통해 현실을 발견했는데 추사는 그러지 못했다고 말하곤 한다. 그러나 그 이유는 주군안치와 위리안치라는 유배 방식의 차이에도 있었다. 다산은 읍내를 돌아다니며 현실을 살필 수 있었지만, 추사는 가시울타리 안에 갇혀 있을 수밖에 없었다. 그래서 추사는 현실 대신 자아를 재발견하는 계기를 가졌는지도 모른다.

추사가 대정으로 와서 집을 잡고 가시울타리를 두르고 유배처로 삼은 곳은 대정읍성 안동네 송계순의 집이었다.

추사는 귀양살이 집을 장만하고 나서 아내에게 편지를 보내 "집은 넉넉히 몸놀림할 만한 데를 얻어 오히려 과한 듯하오"라며 짐짓 안심시켰다. 그러나 그것은 말뿐이지 예산의 추사 고택과 비교해보면 특급호텔과 허름한 민박집의 차이보다도 더했을 것이다.

그후 추사는 무슨 사연에서인지 거처를 같은 동네 강도순의 집으로 옮기고, 또 유배가 끝날 무렵에는 식수(食水)의 불편 때문에 안덕계곡 쪽으로 다시 거처를 옮겼다고 전해진다. 지금 추사 유배지는 강도순의 집터에 편지로 말한 송계순의 집을 복원한 것이다.

아내에게 보낸 편지

추사의 기약 없는 귀양살이는 이렇게 시작됐다. 귀양살이의 어려움은

| **추사 유배지** | 추사는 대정에 유배되어 8년 3개월간 귀양살이를 했다. 전후 세 차례 집을 옮겼는데 여기는 강도순의 집터에 그가 처음 살던 송계순의 집 모양을 편지에서 말한 대로 복원한 것이다.

한두 가지가 아니었다. 낯선 풍토, 입에 맞지 않는 음식, 잦은 질병으로 모진 고생을 했다. 그리고 학문과 예술을 함께 논할 상대가 없는 외로움도 있었다. 추사는 그 괴로움과 외로움을 오직 편지로 달랬다.

그는 제주 유배 시절에 무수한 편지를 썼다. 『완당선생전집』 전10권 중 다섯 권이 편지다. 추사 사후 문집으로 가장 먼저 간행된 것은 본격적인 시문(詩文)이 아니라 『완당척독(尺牘)』이라는 편지 모음이었다. 유배지에서 추사는 날마다 편지를 간절히 기다렸다.

만일 그대의 서신이 아니면 무엇으로 이 눈을 열겠는가? 하루가 한 해같이 긴데 온종일 듣는 것은 단지 참새와 까마귀 소리뿐. 그대의 서신을 접하면 마치 쑥대가 무성한 산길에서 담소(談笑) 소리를 듣는 듯

| 유배지에서 보낸 추사의 편지 | 추사는 제주 귀양살이 시절 인편만 있으면 가족과 벗에게 부지런히 편지를 보냈다. 특히 그의 편지는 단순한 안부만이 아니라 서정적인 표현이 곁들여 있어 사후에 유고로 맨 먼저 나온 책이 『완당척독』이라는 편지 모음이었다.

한 기쁨이 있다네. (장인식에게 보낸 편지)

귀양살이에서 정신적 고통이 외로움이라면 육체적으로 견디기 어려운 것은 음식이었다. 추사는 아내에게 보낸 한글 편지에서 이렇게 요구했다.

> 서울서 내려온 장맛이 다 소금꽃이 피어 쓰고 짜서 비위를 면치 못하오니 하루하루가 민망합니다. (…) 진장(陳醬)을 (…) 다소간 사 보내게 하여주십시오. 변변치 아니한 진장은 얻어 보내도 부질없습니다. 그곳 윤씨에게 진장이 요사이도 있는지 물어보십시오.
> 민어를 연하고 무름한 것으로 가려 사서 보내게 하십시오. 내려온 것은 살이 썩어 먹을 길이 없습니다. 겨자는 맛난 것이 있을 것이니 넉

넉히 얻어 보내십시오. (…) 가을 뒤의 좋은 것으로 사오 접이 되든 못 되든 선편에 부치고 어란(魚卵)도 거기서 먹을 만한 것을 구하여 보내 십시오.

귀양지에 앉아서 장을 보내라, 민어를 말려서 보내달라는 말이 민망하게 들리기도 한다. 그러나 그것은 정치범으로 교도소에 들어가 특식을 사먹는 것과 진배없는 일이다. 그러나 한양에서 대정까지는 머나먼 길, 다른 것도 아닌 음식을 그곳까지 배달하기란 보통 일이 아니었다.

일껏 해서 보낸 반찬은 마른 것 외는 다 상하여 먹을 길이 없습니다. 약식과 인절미가 아깝습니다. 쉬 와도 성히 오기 어려운데 일곱 달 만에도 오고 쉬어야 두어 달 만에 오는 것이 어찌 성히 올까 보오. 서울서 보낸 김치〔沈菜〕는 워낙에 소금을 지나치게 한 것이라 맛은 변했으나 그래도 김치에 주린 입이라 견디고 먹습니다.

추사가 밑반찬을 보내달라고 한 것은 섬의 음식이 입에 맞지 않는 것도 있지만 이 궁벽한 바다 끝 마을에서는 음식 재료를 살 길이 없었기 때문이다.

끊임없는 질병 호소

추사의 편지와 음식·옷 등 물품은 주로 집안 하인들이 부지런히 오가며 전달해주었다. 이런 처지에 놓인 추사에게 뜻밖에도 구인(救人)이 나타났다. 강경 뱃사람 양봉신이란 분이 추사의 귀양살이를 보필해주겠다고 자원해 나선 것이었다.

이런 것을 보면 완당은 인복(人福)이 대단했다는 생각이 든다. 스승 박제가, 연경의 옹방강과 완원, 여러 중인계급 제자를 둔 것, 죽음의 문턱에서 벗 조인영의 구원을 받은 것, 초의와 권돈인(權敦仁, 1783~1859) 같은 평생 지우(知友)를 얻은 것, 이 모두가 큰 복이 아닐 수 없다. 제주도에서도 그의 인복은 끊이지 않았다. 소치(小癡) 허련(許鍊, 1808~93), 강위(姜瑋, 1820~84), 박혜백(朴蕙百, ?~?) 같은 제자가 유배지로 찾아와 그와 벗해주었으며, 오진사라는 제주의 문사를 만났고 나중에는 제주목사 장인식에게 큰 도움을 받기도 했다. 본래 복은 덕으로 인하여 받게 된다고 하니 추사는 인덕이 높은 분이어서 그런 인복이 있었던 듯하다.

귀양살이 동안 추사는 몸이 계속 편치 않았고 잦은 질병으로 큰 고생을 했다. 낯선 풍토의 나쁜 기운, 이른바 장기(瘴氣) 때문에 고생이 더했다. 그의 말대로 '독우(毒雨)·독열(毒熱)·독풍(毒風)'이 심하여 병고의 나날을 보냈다.

게다가 추사는 눈병도 앓았다. 추사의 편지 중엔 이런 말이 단골로 등장한다. "눈이 침침하여 제대로 쓰지 못하겠다." "안질이 근자에 더하여 간신히 적는다." "안화(眼花)가 피어 앞이 어른거린다." 안화는 눈곱이 끼는 것을 이른 듯하지만 어쩌면 백내장을 앓았는지도 모를 일이다. 게다가 그곳에는 약도 의원도 없었으니 고통이 더욱 심했다.

> 이 죄인은 지금까지 목숨을 부지하고 있으나… 온갖 질병이 침범해 오므로 눈과 귀와 코와 혀가 아프지 않은 데가 없습니다. 하지만 의원도 없고 약도 없으므로, 오직 그대로 내버려둘 뿐입니다. (신관호에게 보낸 편지)

추사는 귀양살이 9년간 편지마다 이런 아픔을 호소했다. 이런 편지를 볼 때면 그의 간고했던 삶이 애처로워지면서 가슴이 저려오기도 한다.

아내의 죽음

추사의 부인 예안(禮安) 이씨에겐 자식이 없었다. 그래서 추사는 소실을 두어 37세에 서자 상우(商佑)를 낳았다. 그러나 서자로는 집안을 잇게 할 수 없는 일이었다. 추사는 유배 중에 일을 당하면 큰일이다 싶었던지 유배 온 이듬해 집안에서 13촌 되는 상무(商懋)를 양자로 들였다. 그렇게 양자를 들여 대를 잇게 하고 며느리를 맞이하면서 손자까지 보게 되어 마음의 안정을 찾았다. 그러나 그것은 잠깐이었다.

헌종 8년(1842) 11월 13일, 남달리 금슬이 좋았고, 귀양살이의 옷가지와 음식을 챙겨주던 아내가 지병을 이기지 못하고 끝내 세상을 등지고 말았다. 추사가 그 부음을 듣게 된 것은 한 달 뒤인 12월 15일이었다. 그래서 추사는 아내가 죽은 것도 모르고 11월 18일자 편지에 "우록정(麀鹿錠)을 자시어보라"며 쾌차를 비는 간절한 마음을 적기도 했다.

아내의 부음을 듣고 추사는 고향을 향해 엎드려 피눈물을 흘리며 복받치는 감정을 억제하지 못하고 오열했다. 그리고 다시 정신을 차리고 책상 앞에 단정히 앉아 눈물의 애서문(哀逝文)을 지었다.

임인년 11월 13일 부인이 예산의 집에서 일생을 마쳤으나 다음달 15일 저녁에야 비로소 부고가 해상에 전해왔다. 그래서 지아비 김정희는 위패를 설치하여 곡하고 생리(生離)와 사별(死別)을 비참히 여긴다. 영영 가서 돌이킬 수 없음을 느끼면서 두어 줄의 글을 엮어 본가에 부치니 이 글이 당도하는 날 제물을 차리고 궤연 앞에 고하게 하길 바란다. (…)

어허! 어허! 무릇 사람이 다 죽어갈망정 유독 부인만은 죽어서는 안될 처지가 아니겠소. (…) 부인이 끝내 먼저 죽고 말았으니 먼저 죽어가는 것이 무엇이 유쾌하고 만족스러워서 나로 하여금 두 눈만 뻔히 뜨고 홀로 살게 한단 말이오. 푸른 바다와 같이, 긴 하늘과 같이 나의 한은 다함이 없을 따름이외다.

초의와 제자들의 방문

아내를 잃고 더욱 외로움에 빠져 있던 헌종 9년(1843) 봄, 추사의 동갑내기로 평생지기였던 일지암(一枝庵)의 초의선사가 추사의 상처를 위로해주려고 바다를 건너왔다. 얼마나 고맙고 반가웠을까? 그러던 초의는 제주에 온 지 어느덧 6개월이 되었을 때 일지암으로 돌아가겠다고 했다. 추사는 "산중에 무슨 급한 일이 있겠느냐"며 초의를 붙잡았지만 그는 기어이 떠나고 말았다.

그렇게 육지로 돌아간 초의가 말을 타다가 살이 벗겨졌다는 소식을 듣고 추사는 위로편지를 보냈다. 추사는 초의에게 편지를 보낼 때면 꼭 장난기가 발동했다. 초의의 약을 올리는 듯한 글투였다.

얼마 전에 들으니 안마(鞍馬)를 이기지 못하여 볼깃살이 벗겨져나가는 쓰라림을 겪는다니 자못 염려가 되네. 크게 상처를 입지는 않았는가? 내 말을 듣지 않고 망행(妄行)·망동(妄動)을 하였으니 어찌 쌤통이 아니겠나.

사슴 가죽을 아주 엷게 조각을 내어 그 상처의 크기대로 오려서 쌀밥풀로 되게 이겨 붙이면 제일 좋다고 하네. 이는 중의 가죽이 사슴 가죽과 통하는 데가 있다는 걸세. 그 가죽을 붙이고서 곧장 몸을 일으켜

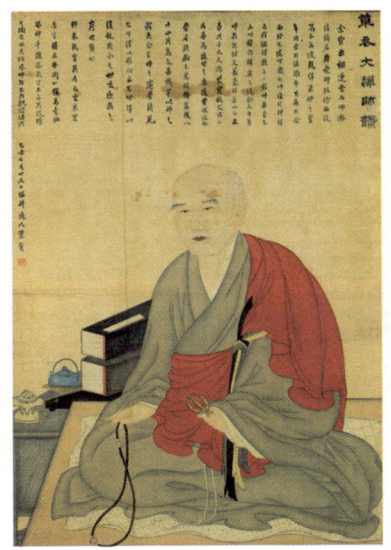

| **초의선사 초상** | 추사와 동갑으로 평생의 벗이었던 초의는 추사가 아내의 죽음을 당하자 이를 위로하기 위해 유배지로 찾아와 6개월을 함께 지냈다.

꼭 돌아와야만 하네. (초의에게 보낸 편지)

추사의 귀양살이에는 항시 누군가가 있어 말벗이 되어주었다. 인덕이 높고 인복이 많았던 추사였기에 귀양살이 중에 많은 사람이 그를 찾아와 함께 지내주었다. 추사의 충실한 제자는 역시 소치 허련이었다. 허소치는 전후 세 차례나 추사의 유배지를 찾아와 머물며 같이 보냈다.

서자인 상우는 근 1년간 아버지의 귀양살이 바라지를 했다. 그때 추사는 아들을 위하여 난초 그림 한 폭을 시범으로 그려주었다. 이것이 유명한 「시우란(示佑蘭)」이라는 작품이다. 또 붓을 잘 만드는 필장(筆匠)인 박혜백이 한동안 곁에서 추사를 위해 붓을 만들어주고 글씨를 배우며 지냈다.

그리고 헌종 12년(1846), 추사 회갑 되던 해에는 개항기 학자인 강위(姜瑋, 1820~84)가 찾아왔다. 강위는 일찍이 과거를 포기하고 당시 이단으로 몰려 있던 민노행(閔魯行) 밑에서 공부했는데, 선생이 일찍 세상을 떠나면서 "추사를 찾아가서 공부를 이어가라"라고 유언을 남겨 이곳까지 찾아온 것이다.

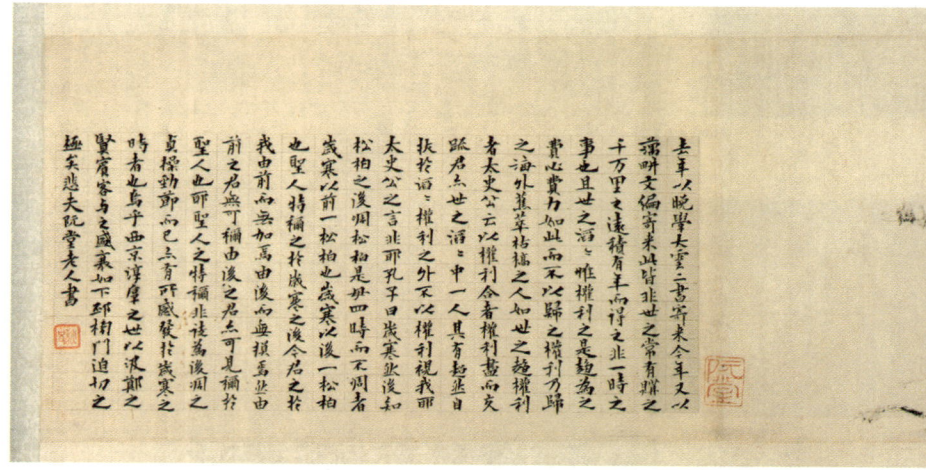

| 「세한도」 | 추사가 남긴 불후의 명작인 「세한도」는 제작 과정, 여기에 첨가된 시문들, 그리고 그 이후의 전래 과정이 모두 하나의 드라마 같은 이야기로 엮어진다.

「세한도」 제작 과정

 헌종 10년(1844년), 추사 나이 59세, 제주도에 유배 온 지 5년째 되었을 때 추사는 생애 최고의 명작으로 손꼽히는 「세한도(歲寒圖)」(국보 제180호)를 제작했다. 동그란 창이 나 있는 소담한 서재와 노송 한 그루와 곰솔 세 그루가 그려진 단아한 문인화다. 그러나 이 소산한 그림이 우리를 감격시키는 것은 아름답고 강인한 추사체의 발문과 그 내용에 있다.
 「세한도」는 추사가 그의 제자인 우선(藕船) 이상적(李尙迪, 1804~65)에게 그려준 것이다. 역관(譯官)인 이상적은 스승이 귀양살이하는 동안에 정성을 다해 해마다 연경에서 구해온 책을 보내주었다.

 세상은 흐르는 물살처럼 오로지 권세와 이익에만 수없이 찾아가서 부탁하는 것이 상례인데 그대는 많은 고생을 하여 겨우 손에 넣은 그 책들을 권세가에게 기증하지 않고 바다 바깥에 있는 초췌하고 초라한

나에게 보내주었도다. (…) 공자께서 '날이 차가워진〔歲寒〕 뒤에야 소나무 잣나무가 시들지 않는다는 것을 안다'고 했는데 (…) 그대와 나의 관계는 전이라고 더한 것도 아니고 후라고 덜한 것도 아니다. (…) 아! 쓸쓸한 이 마음이여! 완당 노인이 쓰다.(「세한도」 '발문' 중에서)

이상적은 그해 10월, 동지사를 수행하여 연경에 갈 때 이 「세한도」를 가지고 가서 청나라 학자 16명의 시와 글을 받았다. 이것이 「세한도」의 '청유십육가(淸儒十六家) 제찬'이다.

「세한도」의 소장자 이동 과정

이렇게 꾸며진 「세한도」 두루마리는 이상적 사후 그의 제자 김병선에게 넘어갔고 그뒤 휘문고등학교 설립자인 민영휘의 소유가 되었다가 그의 아들 민규식이 후지쯔까 치까시(藤塚鄰)에게 팔아넘겼다.

후지쯔까는 일본의 대표적인 중국철학 연구자로 청나라 경학(經學)이 그의 전공이었다. 청나라 금석학을 연구하면서 그는 당시 조선에도 이 학문이 전파되어 박제가, 유득공, 김정희 등 많은 조선 학자들이 중국 학자들과 실시간으로 교류했다는 사실을 알고는 자못 놀랐다. 그는 1924년 경성제국대학 교수로 부임하여 서울로 왔다.

서울로 온 후지쯔까는 인사동 고서점에서 실학자들의 관계자료를 수집하여 새로운 많은 사실을 밝혀내는 논문을 발표했다. 그리고 추사 관계 책과 글씨, 편지는 닥치는 대로 모았다. 인사동에서 추사의 글씨 값은 후지쯔까가 다 올려놓았다는 말이 있을 정도였다. 그리고 그가 토오꾜오 제국대학에 박사학위 논문으로 제출한 것은 「청조문화의 동점(東漸)과 김정희」였다. 이 책에서 후지쯔까는 단정적으로 이렇게 말했다.

　　이리하여 청나라 학문은 조선의 영특한 천재 추사 김정희를 만나 집대성되었으니 청조학 연구의 제1인자는 김정희이다.

그러던 1944년 여름, 후지쯔까는 태평양전쟁 말기 다른 일본인과 마찬가지로 살림살이를 싸들고 일본으로 귀국했다. 서예가이자 당대의 서화수집가였던 소전(素田) 손재형(孫在馨)은 이 사실을 뒤늦게 알고는 나라의 보물이 일본으로 건너가버리고 말았다고 크게 걱정하다가 마침내 비장한 각오로 부관(釜關) 연락선을 타고 일본으로 건너가 토오꾜오의 후지쯔까 집을 찾아갔다.

당시는 미군의 공습이 한창인 때였고 후지쯔까는 노환으로 누워 있었다. 소전은 후지쯔까를 만나 막무가내로 「세한도」를 넘겨달라고 졸랐다. 그러나 후지쯔까는 단호히 거절했다. 소전은 뜻을 버리지 않고 무려 두

달간 매일 찾아가 졸랐다.

그러던 12월 어느날, 후지쯔까는 소전의 열정에 굴복하여 맏아들 아끼나오를 앞에 두고 자신이 죽으면 소전에게 넘겨주겠다고 약속했다. 그러나 소전은 여기에 만족하지 않고 묵묵히 바라보기만 했다고 한다. 그러자 마침내 후지쯔까는 소전에게 「세한도」를 건네주며 어떤 보상도 받지 않겠으니 잘만 보존해달라고 했다.

소전이 「세한도」를 가지고 귀국하고 나서 석 달쯤 지난 1945년 3월 10일, 후지쯔까 가족이 공습을 피해 소개(疏開)해 있던 사이에 그의 서재는 폭격을 당했다. 「세한도」는 이렇게 운명적으로 이 세상에 살아남았다. 소전은 어수선한 해방공간에서는 「세한도」를 공개하지 않고 5년이 지나서야 세상에 알렸다. 추사 예술 연구의 제1인자 위창 오세창, 추사 학술 연구의 제1인자 위당 정인보, 그리고 당시 부통령인 성재 이시영 세 분이 발문을 써주었다. 위창은 소전을 이렇게 극찬했다.

> 소전이 전장터에 가서 나라의 보물을 구해왔도다. 목숨보다 국보를 소중히 생각한 선비의 마음이 아니고서야 있을 수 있는 일이겠는가. 소전은 영구히 잘 보존할지어다.

그러나 이 약속은 지켜지지 않았다. 훗날 소전은 국회의원에 출마하여 선거자금에 쪼들리게 되자 그의 수장품 중 겸재의 「인왕제색도」와 「금강전도」를 당시 삼성물산 이병철 사장에게 양도했고, 「세한도」는 차마 팔 수 없어서 저당을 잡히고 돈을 끌어다 썼다. 저당잡혔던 「세한도」는 미술품 수장가 손세기에게 넘어갔고 지금은 그 아들 손창근씨가 소장하고 있다.

후지쯔까의 아들 아끼나오는 아버지의 논문을 단행본으로 간행했고,

부친이 모은 나머지 추사 자료 2천 점을 2007년에 과천문화원에 기증했다. 정부에선 그에게 훈장을 수여했고 그는 한 달 뒤 세상을 떠났다.

추사의 귤중옥

한 해, 두 해, 세 해, 네 해… 추사의 귀양살이는 기약 없이 이어졌다. 사람들은 귀양살이라고 하면 으레 외롭고 쓸쓸하고 갑갑했던 모습만 상상한다. 그러나 인생은 야릇한 것이어서 감옥에서도 웃음이 있고, 지옥에서도 기쁨이 있는 법이다. 귀양살이에 익숙해지면서 추사는 점점 제주의 서정에 빠져들어갔다. 추사는 자신이 귀양 살고 있는 집의 당호를 '귤중옥(橘中屋)'이라고 했다. 귤나무 속에 있는 집이라는 뜻이다.

매화·대나무·연꽃·국화는 어디에나 있지만 귤만은 오직 내 고을의 전유물이다. 겉과 속이 다 깨끗하고 빛깔은 푸르고 누런데 우뚝한 지조와 꽃답고 향기로운 덕은 다른 것들과 비교할 바가 아니다. 이로써 내 집의 액호(額號)를 귤중옥으로 삼는다.

추사의 귤중옥 돌담 밑에는 수선화가 무리지어 피어나고 있었다. 제주의 수선화는 참으로 명물이다. 하얗고 노란 수선화는 저마다 표정이 있다. 눈이 내리는 날 검은 현무암 돌담 곁에서 겨울바람에 시달리며 향기를 품는 다소곳한 자태를 보면 누군들 가슴이 아리지 않을 수 없고, 반하지 않을 수 없다. 하얀 수선화는 청순하기 그지없고 노란 수선화는 고귀한 기품을 발한다. 하얀 꽃잎에 노란 꽃술이 봉긋이 솟아 있는 수선화는 마치 백옥으로 빚은 받침에 금으로 만든 잔이 얹혀 있는 것 같다 해서 금잔옥대(金盞玉臺)라고 한다. 이와 달리 꽃잎도 꽃술도 하얀 건 은잔옥

| **추사 유배지 안채** | 추사는 자신이 살고 있는 이 집을 '귤중옥'이라 이름지었다. 매화나 연꽃은 육지에서도 볼 수 있으나 귤만은 제주가 아니면 볼 수 없다며 허허로운 마음으로 귀양살이를 받아들였다. 담장 너머로는 하귤 한 그루가 있다.

대(銀盞玉臺)라 부른다.

추사는 본래부터 수선화를 유난히 좋아했다. 24세 때 중국에 가서 처음 이 사랑스러운 꽃을 보고 반해 귀국 후 화분에 심은 수선화를 서재 한쪽에 두고 늘 즐겼다. 다산 정약용 선생에게 수선화를 고려자기 화분에 심어 선물로 보내기도 했다. 그런데 추사가 제주에 귀양살이 와보니 그런 수선화가 지천으로 널려 있는 것이 아닌가.

그러나 제주 토착민들은 이것이 귀한 줄을 몰라서 소와 말에게 먹이거나 짓밟아버리며, 또한 그것이 보리밭에 많이 나기 때문에 시골의 장정이나 아이들이 한결같이 호미로 파내어버렸다. 그러나 파내도 다시 나곤 하기 때문에 이것을 마치 원수 보듯 하고 있으니, 하나의 사물이 제자리를 얻지 못하면 이런 곤궁한 처지에 놓인다며 은근히 자신의 처지에 비교했다. 그래서 추사는 수선화를 노래하는 시도 짓고, 그림도 지으며

| **추사 유배지의 수선화** | 추사는 일찍부터 수선화를 좋아했다. 육지에서는 귀한 이 수선화가 제주에 지천으로 널려 있어 농부들이 원수 보듯 하는 것을 보면서 사물이 장소를 잘못 만나면 당하는 것이 이러하다고 자신의 처지에 빗대어 말하곤 했다.

제주의 서정을 노래하곤 했다.

유배객이 읊은 제주의 서정

위리안치된 유배객 추사는 법적으로는 탱자나무 울타리를 벗어날 수 없는 신세였다. 그러나 항시 예외는 있는 법이어서 대정현감의 배려로 마을 이곳저곳을 산책 삼아 다닐 수 있었다. 그때마다 추사는 제주인의 삶을 엿볼 수 있었고, 이채로운 제주의 풍광을 시로 읊었다.

제주도 특유의 민속유물인 연자방아를 보면서 "사람 열이 드는 것을 말 하나로 해낸다"고 신기해하면서 「마마(馬磨)」라는 시를 읊었다. 그런가 하면 「시골집(村舍)」이라는 시를 보면 '장독대 맨드라미'를 아주 느긋한 서정으로 노래한다. 「대정 시골집(大靜村舍)」에서는 어느 집에 들어가

| 추사의 「수선화부」 탁본 | 추사의 그림과 글씨는 후대에 사모하는 이가 많아 여러 가지 탁본으로 간행되었다. 그 중 수선화를 노래한 「수선화부」 마지막에는 몽당붓으로 아무렇게나 그렸다는 수선화 두 송이 그림이 실려 있다.

보니 관에서 보낸 공문으로 도배해놓았는데 글자가 뒤집힌 것도 있었고 거꾸로 붙어 있는 것도 있다며 재미있어 했다.

우리가 귀양살이하는 추사의 모습을 상상할 수 있게 해주는 것은 제자 허소치가 소동파가 하이난(海南)섬에 귀양 살 때 모습을 그린 「동파입극도(東坡笠屐圖)」를 번안하여 그린 「완당선생해천일립상(阮堂先生海天一笠像)」이다. 갓(笠) 쓰고 나막신(屐) 신은 처연한 모습이 오히려 허허로워 보인다. 실제로 추사는 방 한쪽에 「동파입극도」를 걸어놓고 자신의 처지를 영광스럽게도, 그리고 슬프게도 소동파에 비하면서 위로받았다.

귀양살이 말년에는 추사를 진심으로 존경했던 장인식이 제주목사로 부임해 큰 도움을 받았다. 추사는 열흘이 멀다 하고 편지를 보냈다. 그 때문에 추사의 유배지 편지 중에서 가장 여유롭고 멋있는 편지는 제주목사 장인식에게 보낸 것이다.

한 번 비 내리고 한 번 바람 부는 사이에 봄이 떠나는 길을 재촉하여 하마 푸른 잎은 두터워지고 붉은 꽃은 여위어감을 깨닫게 되니 여러 모로 마음이 산란하여 걷잡지 못하겠구려. 다름 아니오라……

추사는 유생들과도 접촉하게 되어 대정향교에 '의문당(疑問堂)'이라는 현판을 써주었다. 그리고 타고난 교사이기도 한 추사는 제주의 청년들을 열성으로 가르쳤다. 동생에게 부탁하여 『통감(通鑑)』『맹자(孟子)』 등의 교재를 보내오게도 했다. 그리하여 추사는 제주의 제자로 강사공(姜師孔)·박혜백(朴蕙百)·허숙(許琡)·이시형(李時亨)·김여추(金麗錐)·이한우(李漢雨)·김구오(金九伍)·강도순(姜道淳)·강기석(姜琦奭)·김좌겸(金左謙)·홍석호(洪錫祜) 등을 둘 수 있게 되었다.

추사는 제주목사의 배려로 대정을 떠나 제주까지 다녀오기도 했다. 추사는 제주에 와서 오현단에 있는 귤림서원도 찾아갔다. 오현 중에서도 당신이 존경해 마지않는 우암 송시열 선생의 유허비 앞에서는 만감이 교차하는 쓸쓸한 마음이 일어났다. 한 촌로에게서 우암은 여든 넘은 늙은 유배객이면서도 죽던 당년까지 생강을 심었다는 얘기를 전해듣고는 감회에 젖은 시 한 수를 읊었다.

또 김만덕 할머니의 선행을 듣고는 그의 3대 손인 김종주에게 '은혜의 빛이 온 세상에 뻗어나간다'라는 뜻으로 '은광연세(恩光衍世)'라는 편액을 써주며 기렸다. 추사는 제주목에 와서는 삼별초의 유적지도 찾아보고 싶어했다. 그런데 당시에는 항파두리의 항몽유적지가 어디였는지 추사는 찾을 수 없었고, 원나라가 다루가치를 두고 통치했다고 하는데 그 흔적도 보이지 않는다고 안타까워했다. 추사는 열정적이고도 탁월한 답사가였다.

왕성한 독서열과 끊임없는 글씨 주문

그러나 추사의 진정한 벗은 역시 책이었다. 추사는 귀양살이의 나날 속에서 참으로 열심히 책을 읽고 글씨를 쓰며 학예(學藝)에 열중했다. 추사가 자필로 쓴 장서 목록을 보면 약 7천 권을 헤아린다. 추사는 이 책들을 제주도로 가져와 보았다. 집에 있는 책을 찾아 보내는 일은 주로 막내아우 상희(相喜)가 했다.

이뿐 아니라 추사는 제주도에 앉아서도 여전히 연경 학계의 새로운 동향과 신간서적을 접했다. 그 심부름은 「세한도」의 주인공인 이상적이 변함없이 해주었다.

추사가 제주도에서 보고 싶어한 것은 책만이 아니었다. 어떤 면에서는 책보다도 서첩(書帖)을 곁에 두고 보고 싶어했는지 모른다. 추사는 서첩을 보내달라고 연신 동생에게 편지를 보냈다.

청나라 유석암의 『청애당첩(淸愛堂帖)』을 인편에 부쳐 보내준다면 매우 다행스럽겠네. 예전부터 죽기 전에 보고 싶었던 것들을 점차로 가져다가 하나씩 볼 계획일세. 비록 별도의 경비가 들더라도 그렇게 해주겠는가?

추사의 지적 욕구와 학구열은 이처럼 엄청스러웠다. 한편 추사는 제주도 유배 시절에도 많은 사람에게 작품을 부탁받았다. 위로는 임금으로부터 아래로는 제주의 관리까지, 멀리는 중국 연경으로부터 가까이는 집안의 형제와 벗의 요구까지 그는 언제나 무엇인가를 써야 하는 글 빚, 글씨 빚을 지고 귀양살이를 살았다.

종이와 먹이 넉넉지 않아 맘껏 연습하기 어려울 때도 있고 몸이 아파

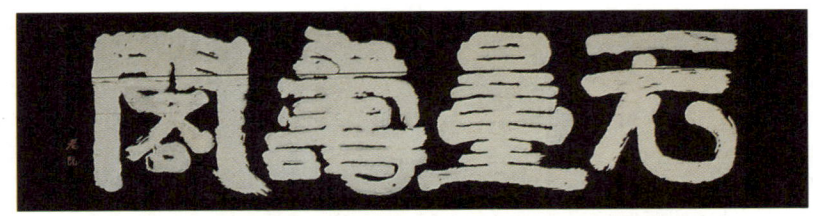

| 추사의 '**무량수각**' 현판 | 추사는 귀양살이 내려오면서 해남 대흥사에 '무량수각'(위)이라는 현판을 써주었고, 또 그후 고향 예산의 화암사를 중수하자 '무량수각'(아래)을 써주게 되었다. 이 두 글씨에서 보이는 차이는 곧 추사가 제주도 귀양살이를 하면서 추사체를 형성하게 되는 과정을 잘 말해준다. 앞의 글씨는 살이 찌고 윤기가 나는데 뒤의 글씨는 군더더기 없이 필획의 골기만 남기고 있다.

편지조차 못 쓸 때도 있는데, 부탁한 사람은 그런 사정을 모르고 재촉만 하니 답답한 것은 오히려 추사 쪽인 경우가 많았다. 헌종은 유배 중인 추사에게 글씨를 요구했다.

그때 추사는 몸이 아파 제대로 글씨를 쓸 수 없는 상태였지만 현판 글씨로 「목련리각(木連理閣)」 「홍두(紅豆)」 두 점을 올려 바쳤다고 한다. 그러나 이 작품들은 현재 전해지지 않는다.

이런 과정에서 추사는 박규수의 말대로 "남에게 구속받고 본뜨는 경향이 다시는 없게 되고, 여러 대가의 장점을 모아서 스스로 일가를 이루게 된 것"이다. 입고출신의 새로운 경지를 이렇게 제주도에서 이룩한 것이다.

방송(放送)

제주 유배생활이 어언 9년째 접어든 헌종 14년(1848) 어느 봄날이었다. 추사는 곧 풀려날 것 같은 예감이 스치고 지나갔다.

> 새해가 되고 보니 해상에 머무른 지가 꼭 9년이 되었네. 가는 것은 굽히고 오는 것은 펴지는 법이라, 굽히고 펴짐이 서로 감응하는 이치는 어긋나지 않는가 보네. (…) 나같이 험난한 곤경에 빠진 사람도 빛나는 천일(天日) 가운데서 벗어나지 않는지라, 묵묵히 기도하여 마지 않네.(막내아우 상희에게 보낸 편지)

인간에게 예감이란 참으로 무서우리만큼 신통하다. 그해 겨울 12월 6일, 추사는 마침내 귀양살이에서 풀려났다. 햇수로 9년, 만으로 8년 3개월 만의 석방이었다. 이 기쁜 석방 소식이 추사에게 전해진 것은 보름가량 뒤인 12월 19일이었다.

추사는 9년 귀양살이 살림을 정리하고 이듬해 1월 7일, 대정 유배지를 떠나 제주 화북에 도착했으나 바람이 맞지 않아 며칠이 지나도록 좀처럼 배가 뜨지 못했다.

화북에는 용왕을 모신 해신당이 있다. 추사는 바다의 용왕에게 비는 간절한 제문을 지어 바쳤다. 그 절절함에 해신도 감동했음인가. 추사는 마침내 돛단배에 몸을 싣고 바다 건너 완도로 왔다. 지금도 화북 해신당에는 장인식 목사가 세운 해신당 비가 하나 서 있다. 위패의 글씨는 장인식 목사가 추사체로 쓴 것이다.

『조선왕조실록』의 추사 김정희 졸기

나의 이 긴 추사 이야기는 내가 『완당평전』(전3권, 학고재 2002)에서 길고도 길게 얘기한 것을 줄이고 줄여 옮긴 것이다. 제주답사 때면 누구에게

나 해주는 이야기인데, 요즘은 내 현직이 제주 추사관 명예관장이어서 요청이 더 많다.

1998년 4월 3일, 4·3사건 50주년을 맞아 제주도에서는 많은 행사가 열렸다. 그중 하나가 제주답사였다. 4·3때 주민들이 피난해 있던 안덕의 큰넙궤(넓은 굴)가 공개되어 버스 세 대에 나누어 타고 거기로 가는 길에 추사 유배지도 들르게 되었다. 그때 함께했던 현기영 선생, 화가 박재동, 건축가 김홍식 등이 부추겨 제주에서 대정까지 오도록, 지금까지 이 글에 쓴 얘기보다 더 긴 얘기를 쉼없이 들려주었다. 똑같은 얘기인데도 제주에서 하면 더 잘된다.

30년 경력의 관광버스 운전기사는 매일 안내원들이 교본대로 매 지점마다 똑같은 얘기, 똑같은 유머를 말하는 것을 들어 거의 다 외우고 있었는데 갑자기 웬 젊은이—그때는 나도 정말 젊었다—가 책도 안 보고 쉼없이 얘기하는 것이 신기했던 모양이다. 대정 추사 유배지 앞에 당도하여 버스에서 내리니 운전기사가 박재동에게 뭐라고 묻는 것 같더니 재동이가 배꼽을 잡고 웃으면서 내게 와 운전기사의 말을 전해주었다.

"저 남자 안내원, 어디 가서 쎄게 교육받고 왔군요."

나의 추사 이야기는 아직도 멀었다. 그후 추사는 용산 한강변에서 살다가 3년 만에 다시 함경도 북청으로 귀양 가서 1년을 살고 과천 과지초당(瓜地草堂)으로 돌아와 어렵게 살면서도 수많은 명작을 남기고 1856년 10월 10일 71세로 세상을 떠났다. 그 이야기는 과천 과지초당 답사 때나 다시 하기로 하고 추사 김정희에 대한 공식적이고도 권위적인 역사적 평가를 내린, 『조선왕조실록』에 실린 졸기(卒記)로 이 글을 끝맺고자 한다.

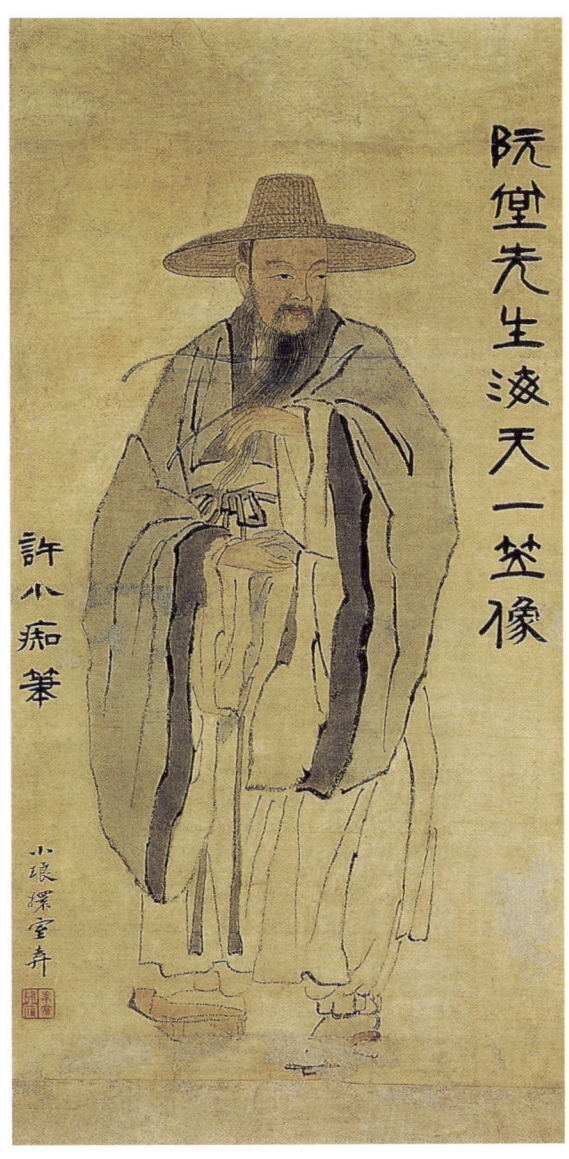

| 「완당선생해천일립상」 | 소치 허련이 그린 추사 선생 귀양살이 모습이다. 이 그림은 소동파가 하이난에 유배되었을 때 나막신 신고 도롱이 입은 모습을 그린 「동파입극도」를 번안하여 그린 것이다. 세상사람들은 추사의 삶과 학예가 소동파와 비슷했다고 말하곤 했다.

철종 7년(1856), 10월 10일. 전(前) 참판 김정희가 죽었다. 김정희는 이조판서 김노경의 아들로 총명하고 기억력이 투철하여 여러 가지 책을 널리 읽었으며, 금석문과 그림과 역사에 깊이 통달했고, 초서·해서·전서·예서에서 참다운 경지를 신기하게 깨달았다.

때로는 하지 않아도 될 일을 잘했으나 사람들은 그것을 비판할 수 없었으며, 그의 아우 김명희와 더불어 (…) 올연히 당세의 대가가 되었다. 젊어서부터 영특한 이름을 드날렸으나 중도에 가화(家禍)를 만나 남쪽으로 귀양 가고 북쪽으로 유배 가며 온갖 풍상을 다 겪으며, 혹은 세상의 쓰임을 당하고 혹은 세상의 버림을 받으며 나아가기도 하고 또는 물러나기도 했으니 세상에선 송나라의 소동파와 비슷하다고 했다.

제주의 서남쪽 4 – 모슬포

모슬포 모진 바람은 지금도 여전하고

제주 추사관 / 대정읍성 / 삼의사비 / 대정향교 / 인성리 방사탑 /
육군 제1훈련소 / 강병대 교회 / 모슬포

옛 추사 기념관 유감

　사람이 나중에 어떻게 될지 모르니 항상 말을 조심해야 한다는 경고를 무시하고 나는 미술평론을 하면서 신랄한 비판을 많이 해왔다. 평소에 내가 문화재청장을 하리라고는 1초도 생각한 일이 없었다. 그래서 '문화유산답사기'를 쓰면서 또 평론을 하면서 문화재 행정의 답답함에 대해 아무 거리낌 없이 비판을 해왔다. 마치 당장 고치지 않으면 나라가 망할 것처럼 쓴 글도 있다.

　그런데 내가 문화재청장이 되었다. 나는 그 말값을 치르느라 고생을 많이 했다. 그중 『완당평전』에서 제주 추사 유배지 앞에 있던 기념관의 망측스러움에 대해 비판한 것은 지금 생각하면 심해도 보통 심한 것이 아니었다. 그 글을 가감없이 옮기면 다음과 같다. 제목부터가 '대정 추사

적거지 유감'이다.

　제주도 남제주군에서는 1983년, 완당의 유배지 중 그가 가장 오래 거주했던 강도순의 집(대정읍 안성리 1662번지)을 복원하고 그 앞에 추사 유물전시관을 세웠다. 강도순의 집은 고증에 따라 60평 대지에 제주도 말로 안거리·밖거리·모거리·이문거리·연자마 등 초가 5채로 새로 지어졌다.
　제주도로서는 모처럼의 뜻깊은 문화 유적지 개발사업이었다. 그러나 추사 유물기념관은 대단히 잘못된 건물이다. 육중한 기념관이 귀양살이 집을 가로막고 있어 유배처 분위기가 전혀 없다. 게다가 위리안치당했던 그의 거처도 탱자나무 울타리가 아니라 튼튼한 돌담으로 둘러쳐져 말이 복원이지 복원이라고 할 수 없다.
　게다가 기념관 전시실에는 추사의 진작(眞作)은 고사하고 제대로 된 탁본조차 전시된 것이 없다. 제주 관아와 대정 향교에 써준 것으로 전하는 '송죽당(松竹堂)' '의문당(疑問堂)' 현판 같은, 제주시절 완당의 수적(手跡)이라도 보여주면 그나마 의미라도 있을 텐데 원본은 고사하고 그 사진조차 없다. 복제품을 걸어놓았지만 그나마 부실하고 반 이상은 가짜 탁본을 전시하고 있어 볼 때마다 미안하고 안쓰러운 마음을 금할 길 없다.
　문화는 하드웨어보다 소프트웨어에 충실할 때 제 빛을 발하는 법이다. 전시관을 생각했으면서 전시 내용과 운영 방법을 갖추지 못했음은 결국 겉껍질만 흉내내고 속알갱이가 없는 허망뿐이다.
　눈이 까다롭기 그지없던 완당이 이것을 보았다면 그 심정이 얼마나 비통했을까!

문화재청이 할 수 없는 일

이렇게 말해놓고 문화재청장이 되었으니 이를 고치지 않을 수 없는 일이었다. 그러나 행정상 문화재청에서는 이 기념관을 헐고 추사관을 새로 지을 수 있는 권한이 전혀 없다. 문화재청은 국보, 보물, 사적, 무형문화재(인간문화재), 천연기념물 등 국가지정문화재에 한해서만 예산을 세우고 집행은 지방자치단체에 위임한다. 제주 추사관, 유배시설 건물 모두 국가는 고사하고 지방문화재도 아니었다. 행정에는 책임소재를 명백히 한 칸막이가 아주 견고해서 이것은 법을 고치지 않는 한 허물 수가 없다.

나는 문화재청 간부회의 때 이 고민을 털어놓고 실무적으로 해결책을 모색해달라고 했다. 모두들 그건 제주도의 일이고 기념관은 문화관광부 사안이지 문화재청 예산으로 할 수 있는 것이 아니라고 콧방귀도 뀌지 않았다. 행정을 안 해본 청장이 오니까 저런 얘기를 한다는 식이었다.

맞는 말이다. 그러나 국민은 그것이 문화재청 일인지 문화부 일인지 제주도 일인지 구별해서 말하지 않으니, 문제의식을 갖고 있는 부서에서 고치든지 고치게 해야 사명을 다하는 것 아닌가. 내가 청장이 되어서 깨달은 사실 중 하나는 우리나라 공무원들은 귀신 같은 존재들이어서 되는 일도 안 되게 하지만 안 되는 일도 되게 하는 비상한 재주가 있다. 회의를 마치고 점심식사 후 자리로 돌아오니 사적 담당 과장이 찾아와 이렇게 코치해주었다.

"청장님, 제주 추사관을 새로 지으려면 추사 유배지로는 안 되고 그 앞에 있는 대정읍성을 국가 사적으로 지정하면 사적지 주변 정비사업으로 예산을 편성할 수 있습니다."

| 대정읍성 | 제주의 옛 세 고을 중 하나로 서남쪽의 중심지였던 대정현의 옛 자취를 말해주는 읍성이다. 다 허물어지고 잔편만 이렇게 남아 있는데 바로 이 안쪽에 추사 유배지가 있다.

그것 봐라! 사실 대정읍성은 국가 사적으로 지정할 만했다. 그래서 전문위원을 파견하고 문화재위원들의 검토를 거쳐 일사천리로 추진했는데 뜻밖의 걸림돌이 나타났다. 아무리 문화재라도 국가문화재로 지정되면 현상변경을 허가받아야 하는 제약이 있어, 500미터 이내의 땅주인, 건물주의 동의를 받아야 하는데, 대정 주민들이 동의해주지 않았다. 여러 번 설득하고 간곡히 빌기도 했지만 몇몇 분이 끝까지 동의해주지 않았다. 대정읍성은 지금껏 문화재로 지정되지 못하고 있다.

나는 또 한 번 간부회의 때 이 문제를 거론했다. 제발 할 수 있는 비책을 알려달라고 애처롭게 호소하는 식으로 말했다. 그러자 이번엔 유형문화재를 담당하는 과장이 찾아왔다.

"제주도에 추사 유물로 국보나 보물이 있으면 가능합니다. 누구에게 기증받아 오실 수 없나요?"

이런 답답한 일이 있나. 누가 추사 작품도 아니고 추사의 보물을 기증해주겠는가. 그러나 가만히 생각해보니 퍼뜩 떠오르는 것이 있었다.

보물 제547호 '예산 김정희종가 유물'

추사의 유물 중 보물로 지정된 것에는 1971년에 추사 집안에 마지막으로 남아 있던 추사 초상화, 붓, 벼루 등을 보물 제547호로 지정한 '예산 김정희종가 유물'이 있다.

나는 『완당평전』을 쓰기 위하여 추사 관계 유물을 20년간 조사했다. 인사동에 추사 작품이 매물로 나왔다고 하면 사진을 찍어두면서 자료를 챙기곤 했다. 간찰(簡札), 책, 탁본 등 값이 비교적 저렴한 것은 마누라 몰래 빼둔 '답사기' 인세로 사둔 것도 있다.

그런데 어느날 예산 추사 고택에 전래되던 것이 분명한 일괄 유물이 매물로 나왔다. 영조가 자신의 사위인 추사 증조할아버지 김한신(金漢藎)의 죽음을 애도한 글도 있고, 추사가 지나간 책력을 스크랩북 삼아 자신의 작품들을 끼워넣어둔 것만 17점이나 되었다. 나는 이 자료를 사진으로 찍고 싶었다. 그러나 주인은 팔면 팔았지 사진은 절대로 못 찍게 했다. 값도 내가 감당할 수 있는 액수가 아니었다.

나는 내 친구인 부국문화재단 남상규 회장을 찾아갔다. 그는 부국철강 회장으로 고향 광주에 박물관을 세우려고 작품을 하나씩 모으고 있었다. 나는 그에게 이 작품을 구입하면 나중에 유용하게 사용될 것이라고 했다. 그래서 남회장이 이를 구입했고 나는 이 자료를 『완당평전』 제3권 자료집에 모두 공개했다. 따지고보면 이 유물들은 기왕에 지정된 '보

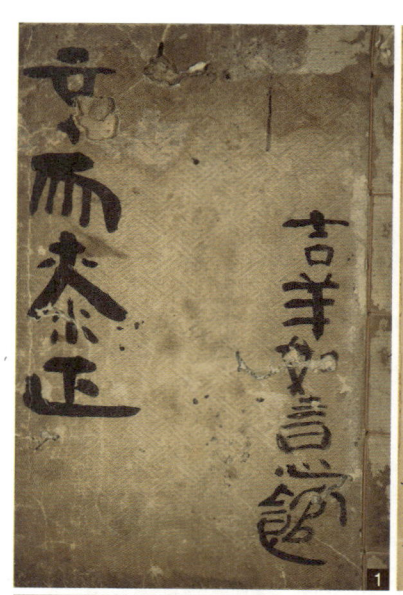
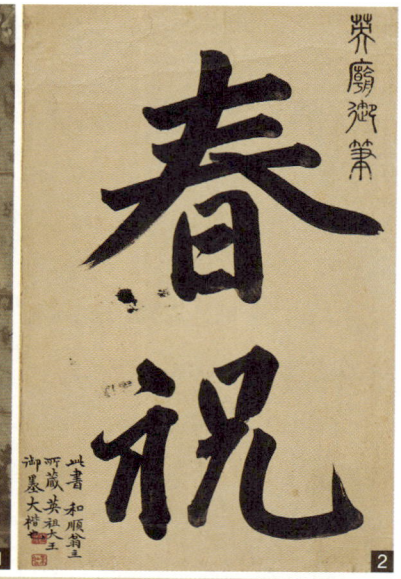

물 제547호'처럼 같은 추사 고택 전래 유물로 지정 신청하면 당연히 '보물 제547-2호'로 지정될 수 있는 것이었다.

그때 남회장은 서울시가 삼풍에서 인수받아 소유하던 여미지식물원을 공개경매에 붙이자 이를 낙찰받아 박물관보다 식물원에 더 관심과 애정을 쏟고 있는 것으로 보였다. 나는 남회장을 찾아가 제주 추사관의 사정을 말하고 그 작품들을 제주도에 기증해주면 보물로 신청해서 일을 추진할 수 있을 것 같다며 간곡히 부탁했다. 내 말을 다 들은 상규는 이렇게 말했다.

"자네가 중요한 것이고 요담에 요긴할 것이라고 해서 산 것이니 자네가 알아서 하게. 어차피 내가 돈 된다고 산 것도 아니었고 나는 여미지식물원에 전념하고 있어서 박물관은 언제 될지도 모르네. 여러 사람이 볼 수 있으면 좋은 일이지."

그리하여 이 유물들은 '보물 제547-2호'로 지정되었고 제주 추사관 건립을 착수할 수 있게 되었다.

내 친구 남상규

남상규 회장은 나와 대학동창이다. 그는 국문과 출신으로 우리 또래

| 보물 제 547-2호 예산 김정희종가 유물 | 예산 추사 고택에 전래되던 경주 김씨 월성위 집안 유물들 중 뿔뿔이 흩어졌던 것의 하나로 여미지식물원 남상규 회장이 제주 추사관에 기증한 것이다.
1. 신해년 책력 표지: 묵은 책력을 스크랩북으로 하여 추사의 작품 초고 17점이 들어 있다. '길상여의관(吉相如意館)'은 추사의 호 중 하나로 추사의 글씨이다.
2. '춘축(春祝)': 영조대왕이 추사의 증조모인 화순옹주에게 보내준 새봄맞이 글이다.
3. 전서: 신해년 책력에 들어 있는 작품으로 갑골문에 가까운 전서 글씨다.
4. 행서: 추사 중년의 글씨체를 보여준다.

에서 으뜸가는 문학청년으로 서울대 문리대 학보 『형성』의 편집장을 지냈다. 그는 문학작품을 감상하는 안목이 뛰어났다. 대학 3학년 때인 1969년 고 조태일 시인이 『시인』이라는 문학잡지를 창간했는데 거기에 신인 작품으로 김지하의 「황토」외 4편이 실렸다. 이 시는 이미지 구사가 기존의 시들과 달리 신선하고 강하기는 한데 하도 파격적이어서 이게 시로서 잘 쓴 것인지 거친 것인지 판단이 안 되었다. 내가 최재현(전 서강대 사회학과 교수, 1991년 작고)에게 보여주었더니 그는 "이건 상규에게 물어봐야 돼, 지금 학림다방에 있어"라고 했다.

나는 학림다방에 있는 상규를 찾아가 여기 신인의 시가 실렸다며 잡지를 건네자 상규는 어디 보자면서 「황토」를 펼치고 눈으로 읽어갔다. "황톳길에 선연한/핏자국 핏자국 따라/나는 간다 애비야/네가 죽었고/지금은 검고 해만 타는 곳……" 나는 상규의 평가가 어떻게 나올까 궁금하여 시를 읽어가는 그의 얼굴만 뚫어져라 보고 있는데 그 곱고 하얀 얼굴이 점점 빨개지더니 이 긴 시의 마지막 구절 "부줏머리 갯가에 숭어가 뛸 때/가마니 속에서 네가 죽은 곳"까지 읽고 끝낼 때는 홍조가 가득했다. 그러고는 잡지를 덮고 나를 쳐다보면서 "정말 잘 썼다. 이미지 구사가 굉장한 시인이네. 누구야?"라고 하는 것이었다. 지금도 빨개져가던 그의 얼굴이 눈에 선하다.

대학 졸업 후 우리는 서로 다른 길을 갔다. 상규는 사업을 하면서도 문학을 잊지 못해 뒤늦게 대학원에도 진학했다고 들었다. 나는 그가 언젠가는 사업을 덮고 문학으로 나올 줄 알았다. 그런데 어느날 광주에 있는 상규가 서울에 올라왔는데 나를 좀 보자고 했다. 내가 인사동 동산방화랑에 전시 보러 가는 길이니 거기서 만나자고 했다. 감나무를 잘 그리는 김애영이라는 화가의 전시회였는데 상규는 좋은 화가라며 나보다 오래 작품을 감상하고 정작 보자고 한 이유는 좀처럼 말하지 않는 것이었다.

화랑을 나오면서 내가 왜 보자고 했느냐고 묻자 그는 보통이 하나를 건네면서 "이거 내게는 더이상 필요하지 않을 것 같네. 자네가 갖게. 집에 가서 풀어봐" 하는 것이었다. 집에 와 조심스레 보자기를 풀어보니 번스타인(J. M. Bernstein)의 The Philosophy of the Novel을 비롯하여 그 시절 정말로 구하기 힘든 예술과 문학에 관한 원서 다섯 권이 들어 있었다. 나는 보자기를 덮고 상규가 결국 이쪽으로 오지 않는구나라며 애석해했다.

그런 상규였기에 사업이 번창하자 박물관을 먼저 생각했고, 지금은 그 골치 아픈 여미지식물원을 제대로 만들어보겠다고 얼굴이 새까매지도록 열심이다. 어느 사업가가 말하기를 돈을 버는 것은 기술이지만 그 돈을 사회와 문화를 위해 쓰는 것은 예술이라고 했으니 그는 이렇게 예술로 돌아온 것이기도 하다.

감자창고 같은 제주 추사관

유물들은 마침내 문화재위원회에서 심의하여 보물 제547-2호로 지정되었고 문화재청은 새 제주 추사관 건립을 위해 70억의 예산을 제주도에 내려줄 수 있게 되었다. 그러나 이것만으로 제주 추사관의 전시 내용을 채울 수는 없었다. 미술관이 되기 위해서는 100점 이상의 유물이 필요했다.

나는 그동안 『완당평전』을 쓰기 위해 모은 간찰과 탁본 30점을 모두 기증했다. 남의 보물을 기증받으면서 내 것이라고 갖고 있을 수가 없었다. 그리고 1986년, 추사 탄신 200주년을 맞아 결성된 친목회 '추사동호회' 회원들에게 이 전시관을 위해 작품들을 기증해달라고 부탁했다. 회장인 고 청관재 조재진, 일암관 신성수 회장, 서예가 한상봉, 조계종 불

| 제주 추사관 전경과 실내 | 건축가 승효상이 설계한 제주 추사관은 전시실을 지하에 배치하고 위층은 「세한도」에 나오는 건물처럼 아무런 치장이 없는 단아하고 정중한 건물이다. 사람들이 꼭 감자창고 같다고 말하는 소박미가 있다.

교중앙박물관장 홍선스님, 고미술 화랑으로 동산방 박주환, 공화랑 공창호, 가나화랑 이호재, 학고재 우찬규 사장 등이 시고(詩稿)·간찰·탁본·현판 등을 서너 점씩 기증했다. 그것이 지금 제주 추사관에 전시된 100여 점의 유물들이다.

　제주도는 당시 유배문화관 용역을 맡고 있던 건축가 승효상에게 제주 추사관 설계를 의뢰했다. 그것이 현재의 추사관이다. 누가 설계해도 피해갈 수 없는 「세한도」에 나오는 집의 이미지를 띤 겸손한 건물인데 동네 사람들은 꼭 감자창고 같다고 말한다. 개관식 때 건축가는 그 점에 대해 이렇게 말했다.

　"일반적 기념관에 비하면 추사관의 건축은 4백 평이 되지 않는 비교적

작은 규모지만, 추사관이 놓이는 장소와 유배 살던 집을 감안할 때 대단히 큰 볼륨일 수밖에 없다. 만약 이 규모가 지상에 그대로 노출된다면 대정읍성 성벽과 유배 살던 집은 물론이고 인근의 작은 집들을 압도하는 건축으로 대두될 것이며 이는 유배당한 이를 기리는 목적에 반하는 일이다. 따라서 대부분의 볼륨을 지하에 묻어 형태를 나타내지 않는 것이 타당하며, 그래야 은거와 유배를 기념하는 건축으로서도 더욱 설득력이 있다.

주민들은 이 건물을 감자창고로 불렀다. 아마도 뭔가 화려한 건축을 기대했던 것에 대한 실망이 섞인 비아냥으로 들렸다. 그러나 그렇다면 내 의도가 성공한 것이다. 이 건축은 그저 그런 감자창고로 보여야 했다. 그만큼 내 건축 형태에 대한 부질없는 욕망을 절제한 결과였으니 위대한 예술가 추사에 대한 외경심으로서도 그렇게 나를 죽이는 게 마땅했다. 나는 감자창고라는 별칭이 자랑스럽다."

임옥상의 추사 흉상

건축가의 의도대로 지하층의 전시를 다 보고 계단을 타고 오르면 "완벽하게 비워진 공간"이 남아 있었다. 나는 제주 추사관의 명예관장을 맡고 있어 전시장을 하나씩 보완해가는데 추사의 흉상이 하나는 있어야겠다는 생각을 했다. 요즘 설치미술에 미쳐서 조각을 열심히 하고 있는 화가 임옥상이 어느날 제주 추사관으로 나를 찾아와 추사관 건축디자인에 감탄하면서 이렇게 말했다.

"야, 승효상의 대표작이다. 공간 운영이 기막히네요. 그런데 저 지상층의 빈 공간을 그대로 둘 거예요?"
"뭔가 놓기는 놓아야겠지. 승효상은 아마 베를린에 있는 전쟁기념관처럼 케테 콜비츠의「피에타」라는 작품 하나만 덩그러니 놓고 나머지를 다 비워두는 엄숙한 공간을 생각하는 모양인데, 아직은 결정 안 했어."
"아, 그렇다면 내게 떠오른 생각이 있네요. '내 실력을 믿고' 추사 초상 조각을 내게 맡겨줄 수 없을까요?"
"실력? 네가 무슨 실력이 있어, 조각도 할 줄 알아?"
"그래서 내가 믿으라고 했잖아요. 한번 기회를 주세요, 네? 형님."

나는 뭔가 감이 잡혔다는 그의 말을 신뢰하여 작은 흉상을 의뢰했다. 지금 놓인 그 흉상을 보면 무쇠의 거칠고 녹슨 질감을 살리면서 시선을 아래쪽으로 지그시 내린 것이 이제까지 본 조각가들의 동상과는 확실히

| 베를린 전쟁기념관 피에타상 | 베를린 전쟁기념관에는 오직 케테 콜비츠의 「피에타」(그리스도의 죽음을 슬퍼하는 성모 마리아) 조각 하나만 설치하여 긴장되면서도 엄숙한 공간을 연출해냈다.
| 제주 추사관 추모의 공간 | 제주 추사관 2층은 추사 선생을 추모하는 긴장된 공간으로 설계되었다. 건축가는 여기에 작은 초상 조각을 배치해 베를린 전쟁기념관처럼 비어 있는 긴장된 공간의 경건함을 나타내려고 했는데 등신대 초상이 공간을 차지해버렸다. 건축적 공간이 조각의 전시장으로 바뀌었다.

달랐다. 추사의 이미지에 너무도 잘 맞는다.

승효상에게 흉상을 보러 같이 오라고 했다. 셋이서 지하전시실을 둘러보고 난 뒤 건축가를 앞세우고 비워진 공간의 흉상을 보러 올라갔다. 임옥상과 나는 승효상이 건축가 입장에서 뭐라고 할지가 궁금했다. 한참 침묵이 흐른 뒤 드디어 승효상이 입을 열고 임옥상에게 말했다.

"흉상이 왜 이렇게 커! 기껏 비워두었는데 여기를 다 채워버렸구먼."

| **추사 흉상** | 임옥상이 무쇠를 소재로 제작한 이 초상 조각에는 고난받는 한 시대 지성인의 분위기가 잘 살아 있다.

그리고 밖으로 나오면서 승효상은 내게 귀엣말로 말했다.

"작품 자체는 진짜 잘 만들었구먼. 그대신 난 망했어요. 이제 추사관 온 사람은 승효상은 기억 못하고 임옥상만 칭찬하게 생겼구먼."

실제로 오는 사람마다 건물은 감자창고 같고 조각은 멋있다고들 한다. 그러나 안목있는 이들은 다르다. 이건음악회의 박영주 회장은 이 집을 보고 이렇게 말했다.

"어떻게 제주도에 이런 멋진 현대식 건축이 생겼어요? 이런 건물은 서울에도 없잖아요. 외국서 손님 오면 여길 데려와야겠구먼."

대정읍성과 대정 삼의사비

추사 유배지에서 큰길로 나오면 대정읍성의 높은 성벽이 길게 펼쳐진다. 제주 추사관은 대정읍성과 맞붙어 있어 서로 시너지 효과가 일어난다. 잔편만 남았지만 옛 대정읍의 면모를 능히 상상할 수 있는 역사적 분위기가 있다. 한길과 맞닿아 있는데 가로수로 심은 먼나무 행렬이 너무도 멋있고 아름답다. 늦가을이 되면 빨간 열매가 달려 겨우내 선홍빛을 발하는데 이것이 눈발 속에서 반짝일 때는 그보다 아름다울 수가 없다. 그래서 육지사람들은 이 나무를 잘 모르다가 제주에 와서 처음 보고는 곧잘 "저것은 무슨 나무요?"라고 물어본다. "먼나무"라고 대답하면 "저 나무 말이에요"라고 해서 질문과 대답이 몇번 엇갈리곤 한다.

대정읍성은 조선 태종 16년(1416), 제주도에 대정현이 설치되고 2년 뒤에 축조됐다. 성벽의 둘레는 약 1,614미터이고, 높이는 약 5미터이다. 산과 계곡을 끼고 있는 다른 읍성과는 달리 집과 밭들 사이에 있어 전쟁을 방비했다기보다 백성들을 보호하기 위한 높은 울타리라는 느낌을 준다.

성벽 앞에는 하르방 4기가 우리를 빙긋이 쳐다본다. 최근에 만들어진 게 아니라 오리지널이다. 어딘지 유머가 느껴지는 이 하르방은 제주시에 있는 것과도 다르고 성읍 쪽의 것과도 또다른 대정 특유의 모습이다. 민중적 이미지가 훨씬 강하다고나 할까. 민화 같은 소탈함이 있다고 할까.

근래에는 성벽 한쪽에 '삼의사비(三義士碑)'라는 비석을 새로 세워놓았는데 이는 1901년에 일어난 신축교란(辛丑敎亂), 일명 이재수의 난 때 장두 역할을 하다 처형된 이재수, 오대현, 강우백 세 분의 넋을 기리기 위한 것이다. 이 비가 근래에 여기에 세워지게 되기까지의 씁쓸한 이야

| **대정읍성 돌하르방** | 대정읍성의 지킴이로 서 있던 돌하르방의 옛 사진이다. 지금은 대정 곳곳에 따로 떨어져 있고 대정읍성 북문에 4기가 서 있다.

기를 하자니 심란해진다.

 이재수의 난은 현기영의 『변방에 우짖는 새』로 소설화되었고 영화로도 만들어져서 제법 알려진 편이라고 하지만 일반인들과 마찬가지로 나도 그 내용을 잘 모른다. 이 비문에 쓰여 있는 것을 보면 한마디로 대정에서 포교활동을 하던 프랑스인 천주교 신부가 부패한 관리와 결탁하여 대정 주민들을 학대하고 수탈하자 이에 주민들이 봉기하여 천주교 신자를 관덕정 앞에서 살해하는 사건이 일어나, 결국 난리를 진압하기 위해 관군이 파견되고 프랑스 함대까지 동원되었다. 수백 명의 사망자를 냈고 민중을 이끈 장두들이 처형되고 끝난 사건이다.

 신축교란은 민중봉기였기 때문에 누구도 추모비를 세워주지 않았다. 그러다 60년 뒤 다시 신축년으로 돌아온 1961년에 주민들이 대정읍 보성리 홍살문 거리에 시멘트로 만든 1미터 정도의 조촐한 비를 세워두었

| 이재수의 난 '삼의사비' | 1901년 신축년에는 대정에서 천주교와 민중 간의 갈등이 일어났다. 속칭 이재수의 난이라 불리는 이 사건은 대정 주민을 이끌었던 세 명의 장두가 모두 처형되면서 마무리되었다. 대정청년회에서 불의에 저항한 세 명을 의사(義士)로 받들어 기념비를 세운 것이다.

다. 그러나 박정희 군사정권 때 이도 철거되어 농협 뒤쪽 드랫물이라는 구석진 곳으로 옮겨졌다. 그 비석이 그토록 초라한데다 버림받고 있어 1997년 대정읍 청년회에서 비석을 새로 만들어 여기에 세우고 시멘트비는 땅에 묻었다고 한다.

그런데 4월 20일 제막식을 앞두고 주민과 천주교도 사이에 갈등이 일어나 연기할 수밖에 없었다고 한다. 문제는 뒷면에 있는 비문을 두고 천주교 측에서 차단지를 붙이며 항의한 것이었다. 낮에 천주교 측에서 차단지를 붙이면 밤에는 마을 사람들이 찢는 식의 숨바꼭질이 4개월간 계속되었다고 한다. 결국 천주교 측이 물러섬으로써 1997년 8월 비문의 수정 없이 제막했다. 그것이 '삼의사비'이다.

천주교 측은 신축민란의 진행 과정을 부정하는 것은 아니었다고 한다. 문제는 첫 문장과 뒷부분의 문장이었다. 첫 문장은 이렇다. "여기 세우는 이 비는 무릇 종교가 본연의 역할을 저버리고 권세를 등에 업었을 때 그 폐단이 어떠한가를 보여주는 교훈적 표석이 될 것이다." 왜 사건의 설명에 앞서 이런 개념 규정부터 먼저 시작했느냐는 것이다.

그리고 뒷부분의 "대정은 본시 의기남아의 고장으로 조선 후기 이곳은 민중봉기의 진원지가 되어왔는데 1801년 황사영(黃嗣永)의 백서사건으로 그의 아내 정난주(丁蘭珠)가 유배되어온 후 딱 100년 만에 일어난 이재수란(李在守亂)은 후세에 암시하는 바가 자못 크다"라는 대목이었다.

무슨 뜻이냐 하면, 1801년 신유박해로 황사영이 11월 5일 처형되었으며 가산은 몰수당하고 가족은 노비로 처해져 그의 어머니는 거제도로, 아들은 추자도로, 아내 정난주는 제주도 대정으로 보내졌다. 정난주는 노비 신분으로 대정에 끌려왔음에도 불구하고 '서울할머니'라 불리며 이웃들의 칭송을 받으며 살다가 1838년에 사망했다고 한다. 1994년 천주교 제주교구는 100주년 기념사업으로 대정에 있는 정난주의 묘를 새롭게 단장하고 '순교자 정난주 마리아 묘'로 성역화했다.

천주교 측은 그런데 왜 관계도 없는 정난주 이야기를 비문에 들먹였느냐는 것이었다. 그래도 양보하여 그대로 세워졌다니 오늘의 천주교는 옛 신축년 같지는 않았음을 보여준다.

대정향교 가는 길

큰길로 나아가 길 건너 사계리로 가는 골목길로 접어들면 추사가 제주 마을을 노래했던 대로 길가엔 철 따라 꽃이 피어나고 제주 돌담 너머로는 집집마다 늘푸른나무로 앞마당 뒷마당을 장식하고 있다. 제주 추사 유배지 답사는 대정향교로 이어질 때 더욱 깊은 뜻을 새길 수 있고 아름다운 제주의 또다른 표정을 만끽할 수 있다. 대정향교는 추사 유배지에서 10리(4km) 떨어진 안덕면 사계리 단산(簞山) 아래에 자리잡았다.

　추사 유배지에서 대정향교에 이르는 길은 제주올레 코스에 들어 있지 않다. 그러나 한 시간 남짓 걸리는 이 길은 역사의 향기를 만끽할 수 있을 뿐만 아니라 단산의 기이한 풍광과 밭담이 장대하게 펼쳐지는 제주 들판의 아름다움이 있고 또 길목에선 제주의 또다른 돌문화인 잘생긴 방사탑을 만날 수 있는, 그야말로 아름다운 제주의 풍광과 인문정신이 만나는 환상적인 '올레길'이다.

　이것이 서운했는지 '추사 유배길'이라는 또다른 걷기 코스가 만들어져 인연의 길(오설록에서 추사 유배지), 집념의 길(대정마을과 대정향교), 사색의 길(안덕계곡)이라는 이름으로 안내판이 붙어 있어 길을 잃지 않고 찾아갈 수 있다.

　인성리 농협을 지나면 이내 우뚝 솟은 산방산과 단산의 기이한 모습이 통째로 들어온다. 단산은 표고 158미터(비고 113m)의 낮은 산이지만 각진 세 봉우리가 연이어 있는 것이 마치 거대한 박쥐가 날개를 편 모습을 연상시킨다고 하여 바구미(박쥐)오름이라고 한다. 그러나 그 명칭에 대해서는 이론도 있다. 단산의 단(簞)자는 바구니 단자로 단산을 혹은 바굼지(바구니)오름이라고도 한다는 것이다. 어느 것이 정확한지 모르지만 단산은 박쥐 같기도 하고 바구니 같기도 하다.

　단산을 마주 보고 곧장 뻗은 길은 사뭇 길고 길 양옆으로 펼쳐지는 들판은 아주 넓다. 사계리 바닷가로 향한 비탈진 들판이어서 더욱 넓고 시원스러워 보인다. 밭에선 철 맞추어 감자가 한창 자라고 겹겹이 길게 줄지어 늘어선 밭담들은 아름다운 제주의 풍광을 남김없이 보여준다. 그리고 길 중간쯤에는 이른바 방사탑 2기가 오롯이 세워져 있다.

| 대정향교 가는 길 | 제주 추사관에서 대정향교로 가기 위해 인성리 들판길로 들어서면 멀리 박쥐 같기도 하고 바구니 같기도 한 단산 아래로 긴 밭담과 방사탑이 제주 들판의 독특한 서정을 보여준다.

인성리 방사탑

　방사탑(防邪塔)은 풍수지리적으로 마을 어느 한 방위(方位)에 불길한 징조가 비친다거나 어느 지형의 허한 곳을 비보(裨補)한 탑이다. 탑은 원통형이나 사다리꼴 또는 네모뿔 형태로 좌우·음양·남북 대칭으로 쌓는 것이 보통이다.

　탑 꼭대기에는 돌하르방이나 동자석처럼 생긴 석상, 또는 까마귀나 매를 닮은 돌을 올려놓는다. 까마귀와 매는 주로 돌로 만들지만 비자나무나 참나무처럼 비바람에 좀처럼 썩지 않는 단단한 나무로 만들기도 한다. 까마귀로 하여금 궂은 것을 모조리 쪼아먹게 한다는 속뜻이 있다.

　탑 속에는 밥주걱이나 솥을 묻어두는데, 밥주걱을 묻는 이유는 솥의 밥을 긁어 담듯 재물을 마을로 담아들이라는 뜻이고, 솥을 묻는 이유는 솥이 무서운 불도 끄떡없이 이겨내듯 마을의 재난을 없애달라는 뜻을 담고 있다.

　제주지역의 이 액막이 방사탑들은 마을마다 명칭이 조금씩 다르다. 대개 '거욱대' '거왁' '극대'라고 부른다. 어떤 마을에서는 거욱대와 방사탑을 구분하기도 하지만 방사탑은 다양한 명칭으로 불리는 거욱대를 총괄하기 위해 만들어낸 학술적 용어일 뿐, 제주 사람들이 직접 사용하는 명칭은 아니다. 육지의 돌장승이 제주도에서 돌하르방이 되었듯이 육지의 솟대가 거욱대로 나타났다는 설도 있다.

| 인성리 방사탑 | 방사탑은 거욱대라고도 하는데 풍수상 지세가 약한 곳을 보완한다는 벽사(辟邪)의 의미를 갖고 있다. 방사탑 위에는 까마귀 모양의 돌이나 동자석을 올려놓는다.

　이 방사탑은 50년 전만 해도 제주 전역에서 쉽게 볼 수 있었으나 근래에는 원형을 갖추고 있는 것을 찾아보기가 힘들고 방사의 의미는 희석된 채 탑동 제주해변공연장이나 산굼부리 같은 관광지 입구에 쓸데없이 크게 세워진 조형물로 변해버렸다.

　제주도는 1995년이 되어서야 이 거욱대, 방사탑의 존재에 주목하여 17기를 시도민속자료로 지정했다. 1997년 제주대박물관의 조사에 의하면 제주도에 39기의 방사탑이 있는 것으로 밝혀졌다. 그중에서 인성리 방사탑은 원형이 가장 잘 보존되었고 또 거욱대의 성스러운 모습이 잘 살아 있다.

　인성리에서 단산으로 가는 길에 '개죽은 물'이라는 못 근처에 '알뱅디'

라고 불리는 넓은 평지가 있다. 이곳은 방위가 허하고 약하여 액이 있는 곳으로 마을에 불이 자주 나고 마소가 병들어 죽었다고 한다. 바로 이곳의 부정을 막기 위하여 4기의 방사탑을 세웠다는 것이다. 반(半) 풍수 입장에서 보아도 비탈진 들판이 휑해 보이는 바로 그 자리에 우뚝 서 있어 더욱 거룩해 보인다.

그러나 육군 제1훈련소가 이곳에 생기던 1950년대에 군대에서 막사를 짓는 데 사용하려고 허물어 가서 지금은 2기만 남아 있는데 그나마 동쪽 방사탑은 윗부분이 많이 허물어졌고 서탑만 이 외로운 들판을 지키고 있다.

대정향교

인성리 들판길이 단산 자락에 다다르면 왼쪽으로는 산 정상으로 오르는 길이 나 있고 곧장 고갯마루를 넘으면 대정향교가 나온다. 단산 남쪽 산자락에 자리잡은 대정향교는 멀리서 보나 가까이서 보나 오붓한 인상을 준다. 특이하게도 동쪽으로 나 있는 작은 대문 옆으로는 늠름한 팽나무와 잘생긴 소나무가 우리의 눈을 사로잡는다. 전하는 말로는 강사공(姜師孔)이라는 분이 순조 11년(1811)에 삼강오륜을 상징하여 소나무 세 그루와 팽나무 다섯 그루를 대성전 뜰에 심은 것인데 지금은 세 그루만 남았다고 한다. 그런데 그 소나무의 생김새가 마치 추사의 「세한도」에 나오는 것과 흡사해 사람들은 곧잘 추사가 이 소나무를 그린 것이라고 말하고 싶어한다.

조선왕조는 주자학을 건국 이데올로기로 삼으면서 개국 초부터 현마다 향교를 설치해 공자를 모신 사당 역할을 하며 지방교육을 맡게 했다. 대정향교는 태종 16년(1416)에 세워졌다. 처음에는 북성(北城) 안에 있었

| **대정향교 전경** | 대정향교는 온전히 잘 보존되어왔고 또 지금도 유림에서 잘 관리하고 있어 제주답사 중 만나기 힘든 한옥의 멋을 맛볼 수 있다. 답사객들은 향교에 있는 노송을 보면서 꼭 「세한도」에 나오는 소나무 같다고 말하곤 한다.

으나 중간에 동문 밖으로 옮겼고, 다시 서성 안으로 옮겼으나 효종 4년 (1653) 이원진 목사가 현재의 위치로 이건하여 오늘에 이르렀다.

대정향교는 전학후묘(前學後廟)라는 향교의 기본구조를 갖추었다. 앞에는 명륜당이라는 배움의 공간을, 뒤에는 대성전이라는 묘실을 배치했다. 명륜당 양옆으로는 학생들의 기숙사인 동재(東齋)와 서재(西齋)가 대칭으로 배치되어 있다. 집이 낮고 제주도의 다른 건축물처럼 지붕은 합각이며 수키와가 이어지는 곳에는 회를 사용해 거센 바람에 날아가지 않도록 단단하게 발라놓았다. 그래서 대정향교에 들어가면 반드시 허리를 수그리고 자세를 낮추어야 하는데 이는 말없이 단정한 몸가짐과 겸손한 마음자리를 추스르라고 일러주는 듯하다.

'명륜당(明倫堂)'이라는 현판은 순조 때 변경붕(邊景鵬) 현감이 주자의 필치를 본받아 쓴 것이며, 추사가 쓴 '의문당'이라는 현판도 걸려 있다. 이 현판의 원본은 제주 추사관에 전시되어 있는데 뒷면에는 "헌종 12년(1846) 11월 강사공이 유배 중인 추사 김정희에게 액자 글씨를 청해 받아 향원(鄕員) 오재복(嗚在福)이 공자 탄신 2479년인 무진년 봄에 걸었다"고 쓰여 있다. 이는 추사가 제주에 남긴 가장 확실한 현판 글씨이기도 하다.

모슬포

산방산에서 출발하여 하멜상선전시관, 사계리 사람 발자국, 송악산, 알뜨르 비행장, 백조일손지묘, 제주 추사관, 대정향교를 거치면서 제주의 서남쪽을 두루 돌아본 나의 발길은 이제 긴 여정을 끝내기 위해 모슬포로 향한다.

모슬포는 제주도 서남쪽 끝 태평양을 내다보는 바닷가 마을로 요즘은 방어 축제장으로 알려져 육지사람들도 곧잘 오는 모양이지만 여간해서는 관광객이 찾지 않는 곳이다. 그러나 모슬포는 제주의 중요한 항구 중 하나다. 가파도·마라도로 가는 유람선은 송악산 서쪽에서 출발하지만 제주인들이 드나드는 도항선은 이곳 모슬포에서 떠난다.

모슬포는 그 이름이 어딘지 낯익어 제주에 오면 한 번쯤 가보고 싶어진다. 그러나 지도상에 모슬포라는 동네는 없다. 제주의 역사를 설명할 때면 고산리 신석기 유적지 다음에는 '상모리' 청동기시대 유적지가 등장한다. 나는 오랫동안 상모리가 어딘지 모르고 그냥 외워서 기억해왔을 뿐이었다. 그러다 제주를 뻔질나게 드나들면서 학문적 내지는 직업적 본능으로 그곳을 한번 찾아가보고 싶었다. 그리하여 당도한 곳이 다름 아닌 모슬포였다. 모슬포가 아래위 동네로 나뉘면서 상모리, 하모리가 되었다는 것이다.

그때 느낀 감정은 황당함이 반이고 배신감이 반이었다. 모슬포 선사유적지라고 했으면 이미지도 떠오르고, 외우기도 쉽고, 기억에도 선명했을 것 아닌가.

제주의 땅이름에는 탐라의 서정이 듬뿍 들어 있다. 어승생·성판악·섭지코지·돈내코·빌레못·외돌개·종달리·가시리·삼달리·아라동… 뜻을 모르고 이름만 들어도 섬나라의 풍광과 서정이 절로 일어난다. 이 아름다운 탐라 토속의 이름들이 세월의 흐름 속에 하나둘씩 한자어로 바뀌어갔다. 그래도 애월리·세화리·모슬포 등에는 육지인의 가슴을 울리는 애잔한 향취가 살아 있다. 그런데 세월은 야속하게도 이 아름답고 정겨운 탐라어를 되찾아오기는커녕 아무런 의미도 없는 싱거운 지시어로 바꾸어 상모리, 구좌 등으로 변해갔다.

다행히도 제주에는 제주의 땅이름을 온전히 복원하는 작업에 평생을 바치는 분이 있어 박용후의 『제주도 옛 땅이름 연구』(제주문화 1992), 오창명의 『제주도 마을이름의 종합적 연구』 같은 책을 통해 모슬포의 유래를 실수 없이 알아볼 수 있다.

모슬포(毛瑟浦, 摹瑟浦)는 '모실개'의 한자식 표기다. 모실은 모래, 개는 갯가를 말한다. 실제로 모슬포에는 모래가 많다. 모슬포는 일찍부터 위아래 마을로 나뉘어 웃모실개ᄆᆞ을, 알모실개ᄆᆞ을로 불렸다. 이것이 상모슬리, 하모슬리라고 불리다가 급기야 아무도 알아차리기 힘든 상모리, 하모리로 둔갑해버린 것이다.

모슬포는 바람이 대단히 모질다. 모슬포의 모실이 모래라더니 모슬포 바람에는 모래가 섞여 날린다. 그래서 사람들은 모슬포는 '몹쓸 바람'에서 나왔다고 주장하기도 한다. 그런 '몹쓸포'가 한국전쟁 때는 한술 더 떠서 '못살포'로 불리던 시절이 있었다.

모슬포의 육군 제1훈련소 자취

모슬포 가는 길에는 한국전쟁 때의 군사 유적지들이 있다. 육군훈련소라면 누구든 논산에 있는 연무대를 떠올릴 것이다. 대부분의 징집 대상자와 마찬가지로 나도 논산훈련소 출신이다. 그런데 그 엄청난 규모의 연무대는 육군 제2훈련소라고 불렸고 나이든 분들은 지금도 그렇게 알고 있을 것이다. 그때 나는 거기가 왜 제2훈련소인지, 그렇다면 제1훈련소는 어디 있는지 알지 못했다. 또 이에 대해서는 누구도 말해주는 일이 없었다.

세월이 한참 흘러서 처음으로 대정 추사 유배지에 왔다가 모슬포라는 이름에 끌려 남쪽으로 발길을 옮길 때 비로소 여기에 육군 제1훈련소가 있었음을 알게 되었다. 지금도 4차선 일주도로(1132번 국도) 양쪽으로 높이 4.5미터, 가로세로 2미터의 시멘트 기둥이 생뚱맞게 서 있는데 여기가 당시 제1훈련소 정문이었다는 것이다. 훈련소 정문 두 기둥 사이가 17미터나 되니 그 규모가 얼마나 컸을까는 상상이 가고도 남음이 있었다. 두 기둥 한쪽 면에는 간판을 걸었던 구부러진 철근이 남아 있다.

세월이 무심하여 시멘트 기둥 두 개만 남아 있지만 여기에 서린 역사의 의미를 진실로 지울 수는 없다. 여기부터 모슬포 쪽, 동네 이름으로 상모리 일대가 육군 제1훈련소 자리였다. 지금 대정여고 자리도 훈련소 영역이었다.

| 육군 제1훈련소 정문 기둥 | 1·4후퇴 때 대구에 있던 제1훈련소를 이곳 모슬포로 옮겼다. 전쟁이 끝난 뒤 훈련소는 폐쇄되고 도로가 생겼는데 당시 훈련소 정문 기둥이 한길 양쪽에 남아 있다.

나는 2007년 당시 문화재청 근대문화재과의 김성범 과장에게 한국전쟁 당시 유적을 근대문화재로 등록하는 작업을 지시했다. 문화재위원과 군사전문가로 조사단을 꾸려 현재 남아 있는 군사유적을 조사한 결과 모슬포 육군 제1훈련소의 자취는 마침내 대한민국 등록문화재 제409호로 등록되었다. 이때 나는 이 슬프고도 아픈 역사의 흔적에 대해 공부할 수 있었다.

1950년 6월 25일 한국전쟁이 일어나자 육군은 8월 14일 대구에 제1훈련소를 창설했다. 1951년 1·4후퇴가 시작되자 육군은 만약의 사태에 대비하여 1월 21일 제1훈련소를 이곳 모슬포로 옮겼다. 당시 제1훈련소장은 백인엽(白仁燁) 준장이었다. 전쟁이 점점 치열해지자 11월에는 논산에 제2훈련소를 창설했다. 설립 당시 이승만 대통령이 연무대(鍊武臺)라는 휘호를 부여했다. 이후 한국전쟁 중 거제도의 제3훈련소를 비롯하여 제7훈련소까지 창설했다.

한국전쟁 후에는 제2훈련소를 제외한 모든 훈련소가 폐쇄됐다. 제1훈련소가 문을 닫은 것은 1956년 1월이었다. 이후 논산 연무대는 계속 제2훈련소라는 명칭을 사용하다가 1999년 2월에야 비로소 육군훈련소로 이름을 바꿨다. 이것이 육군 제1훈련소와 제2훈련소의 내력이다.

모슬포 육군 제1훈련소는 조용하던 이 섬마을을 10만 명을 수용하는 거대한 천막도시로 탈바꿈시켰다. 제1훈련소는 강한 병사를 키우는 터전이란 뜻으로 강병대(强兵臺)라고 이름지었다. 강병대는 1951년 창설 때부터 56년 해체되기까지 50만 명의 장병을 훈련시켜 전선에 투입했다. 훈련소 신병 양성 기간은 16주였지만 낙동강전투 당시에는 전선에 투입시키는 데 2주가량이 걸렸다고 한다.

제1훈련소는 참으로 대단한 규모의 천막도시였다. 10만 명을 수용하는 거대한 부대의 막사가 거의 천막이었다. 수많은 피난민과 훈련병 가족이 연일 몰려들어 모슬포를 중심으로 대정면에서 상주하는 인구가 무려 7만 명을 넘었다. 제1훈련소에 이어 모슬포에는 군 야전병원인 98병원이 들어서고, 육군 제29사단이 창설되었으며 임시로 대정초등학교에 공군사관학교를 이전해왔다. 때문에 대정초등학교 교정에는 공군사관학교 훈적비가 세워져 있다. 이와 함께 공군도 모슬포 알뜨르 비행장을 모슬포공항이라 부르면서 정부 고위인사는 물론 외국 귀빈과 장성급들의 이동과 급한 물자 수송을 담당했고, 이때부터 미 공군이 모슬포 비행장에 부대를 배치하여 미군까지도 모슬포에 주둔하게 됐다. 게다가 거제도 포로수용소가 포화상태가 되자 이곳 모슬포에 중공군 포로수용소가 세 군데나 들어섰다고 한다.

모슬포는 땅은 넓었지만 훈련소로는 불편함이 많았다. 우선 물이 부족했다. 제주도는 화산지대여서 빗물이 모여 흐르지 않고 모두 지하로

흡수된다. 그러니 강이 있을 수 없고, 따라서 물이 부족할 수밖에 없다. 바람과 비가 많은 것도 훈련소로 좋은 입지조건이 아니다. 훈련시설과 천막이 비에 젖고 바람에 날려 훈련에 지장이 많았다. 모슬포는 물과 먹을거리가 절대적으로 부족했다. 의약품까지 부족하여 훈련 중 사망한 장정들이 부지기수였다고 전해진다. 이때부터 모슬포가 '못살포'라는 슬픈 이름으로 불리기도 했다.

강병대 교회

모슬포는 한국전쟁 당시 육군 제1훈련소와 많은 군대가 주둔해 있었지만 지금 옛 모습대로 남아 있는 것은 겨우 몇채의 건물뿐이다. 제1훈련소 지휘소(등록문화재 제409호)도 일부가 남아 있을 뿐이다. 이 건물은 일제의 오오무라(大村) 부대 병사(兵舍)로, 제주 돌로 벽을 쌓아 별도의 기둥이 없는 납작한 돌집이다. 외관이 엄격한 대칭을 이루고 돌벽이 아주 강해 한눈에 군사시설이라는 것을 알 수 있다.

해병대 병사(등록문화재 제410호)는 해병 3기생들부터 훈련받던 숙소와 세면장이 있는 긴 건물이다. 한국전쟁 당시 인천상륙작전에 투입된 해병 4기생도 여기서 배출되었는데 이 역시 돌집이어서 오늘날까지 형체를 유지하고 있다. 이밖에는 대정여고 안에 있는 제98병원터, 대정초등학교의 공군사관학교 터, 제29사단 발상지 터가 확인돼 그곳에 기념비와 충혼탑 '뽈대'를 세운 것이니 그것을 유적지라 말할 수는 없다. 여러모로 군사기지 모슬포의 옛 모습을 상기시켜주는 유적으로는 부족할 뿐이다.

그나마 원형이 가장 잘 남아 있는 것은 1952년 5월 장도영(張都暎) 훈련소장이 세운 군인교회인 강병대 교회(등록문화재 제38호)다. 총 건평 180평 중 90평은 지금도 준공 당시 예배당의 모습이 그대로 보존되어 교회

| **강병대 교회** | 1952년 공병대가 세운 군인교회로 강병대 교회라는 이름을 갖고 있다. 한국전쟁 당시 모슬포가 군대 주둔지였다는 것을 말해주는 구체적인 건물로 근대문화유산으로 인정되어 등록문화재 제38호로 등록되었다.

로 사용하고 있다. 공병대가 건축했다는 이 교회당은 제주의 토속적 재료인 현무암을 사용해 쌓은 벽체 위에 목조 트러스를 올린 뒤 함석지붕을 얹은 건물로 특별한 장식은 없다. 그러나 단순성·견고성을 강조하는 군대건축의 강인한 힘이 여실히 느껴지면서 모슬포 육군 제1훈련소의 한 단면을 유감없이 보여주니 여기에서 우리는 역사적 상상력을 발휘하여 모슬포의 사연 많고 아픈 역사를 억지로라도 기억해볼 수 있게 된다.

비록 군사시설은 아니지만 그와 연관된 추억의 공간도 있었다. 그중 하나가 제1훈련소 장병들을 위해 1951년 가수·배우 등 연예인들로 구성된 군예대(軍藝隊)가 기거하면서 활동하던 2층 목조건물이다. 훈련병들을 위로하고 사기를 높여주기 위해 조직된 군예대에는 황해·주선태·구봉서·박시춘·유호·남인수·황금심·신카나리아 등 당대의 명배우와 유명 작사·작곡가와 가수들이 있었다. 이들은 위문공연을 하고 군가를 작곡하는 것이 주 임무였지만 짬을 이용하여 가요도 만들었다. 그중 대표적인 노래가 유호 작사, 박시춘 작곡, 황금심 노래의 「삼다도 소식」이다.

이 군예대 건물은 1910년대에 지어진 목조건물로 도로변에 있었는데 도로 확장공사로 몇해 전에 헐렸다. 당시 대정역사문화연구회 등 지역 관련단체가 보존을 건의했지만 행정상 어떤 조치도 불가능해 후에 길 안쪽에 복원하기로 했다고 한다. 그나마 자취를 남기게 된 것을 다행으로 삼아야겠다.

모슬포 바람

제주의 서남쪽 끝 모슬포는 이처럼 일제강점기와 한국전쟁을 치르면서 모진 수난을 겪었다. 그러나 이제는 반세기도 더 된 이야기여서 사람들은 그 아프고 슬픈 이야기를 다 잊어버리고 신나는 방어축제로 포구가 들썩거린다. 모슬포의 모진 바람이 그 모든 아픔을 쓸어간 것이라면 얼마나 좋으랴.

그러나 우리에겐 아직도 남아 있는 역사의 미결과제가 있어 마냥 즐거워할 수만은 없다. 언제 어느 때 가도 모질게 부는 모슬포 바람이 귓가를 아리게 스치고 지나갈 때면 지난날의 내력이 홀연히 들려온다. 특히나 제주인들 가슴 깊은 곳에 파묻힌 응어리가 침묵의 눈빛으로 드러나곤 한다. 시인 정진규의 「모슬포 바람」이라는 시에는 그런 사정이 다 녹아 있다.

지난 봄 제주 가서 보고 온 노오란 유채꽃들은 모로 누워 일어날 줄 몰랐다 노오랗게 기절해 있었다 모슬포의 유채꽃들은 그랬다 모슬포의 바람 탓이었다 모슬포의 바람은 어찌나 빠른지 정갱이도 무릎도

발바닥도 없이 달려만 가고 있었다 아랫도리가 없어진 지가 사뭇 오래된 눈치였다 염치가 없었다 다만, 이따금씩이 아니라 연이어 귓쌈만 세차게 후려쳤다 내가 무엇을 잘못했을까 알 수가 없었다 송악산 민둥산엔 네 발굽 땅 속 깊게 묻은 채 떨고 섰는 오직 비루먹은 조랑말 한 마리, 그도 무엇을 잘못했는지 연이어 귓쌈만 세차게 얻어맞고 있었다 추사 선생의 대정마을로 내려와보니 입 굳게 다문 채 제주사람들은 그 바람의 모진 내력들을 속속들이 다 알고 있는 눈치였다.

—「모슬포 바람」 전문(『도둑이 다녀가셨다』, 세계사 2000)

순종을 지키고 고향을 지키련다

천연기념물 347호 제주마 / 제주마 방목장 / 사려니 숲길 /
교래리 토종닭 / 가시리마을 / 조랑말박물관

자네, 가시리마을 가봤어?

2012년 1월 나는 제주도 답사기를 위하여 겨울 제주도로 떠나기로 했다. 특별히 계절을 가린 것은 아니었는데 이상하게도 겨울엔 제주도를 별로 다녀오지 않아서 눈 덮인 제주도 사진이 아주 드물었다. 이번엔 떠나는 길에 버스 한 대를 빌려 답사기에 실명으로 등장하는 친구들, 화가, 문인, 국학연구자 선후배들, 그리고 내 연구실 연구원, 책의 디자이너들, 창비 인문팀 식구들, 그리고 내 작은아들 등 모두 40명으로 답사단을 꾸려 원없이 즐기다 왔다. 버스 안에서는 나의 제주도 답사기 리허설을 늘어놓아 대중적 검증도 받았다. 그런데 2박 3일의 둘째 날 저녁에 화가 김정헌형이 나에게 은근슬쩍 하는 말이 있었다.

"당신 제주답사 얘기를 들어보니까 중요한 것 하나가 빠져 있어. 제주의 역사, 민속, 미술, 용암동굴, 오름, 나무 이야기, 거기에 해녀 이야기까지 썼으면서 제주 말(馬) 얘기가 빠졌다는 것은 보통 실수가 아냐. 이건 실수가 아니라 실례야."

아! 그건 미처 생각지 못했던 부분이다. 더욱이 영주십경 중에는 한라산 초원지대에서 한가로이 풀을 뜯는 조랑말떼를 일컫는 '고수목마(古藪牧馬)'가 있지 않은가. 정헌이형은 이어서 나에게 권했다.

"자네 가시리마을 가봤어?"
"아뇨."
"거기가 조선시대 제일가는 목장인 갑마장(甲馬場)이 있던 동네로 조랑말박물관을 짓고 있는데 금년 여름에 오픈하려고 건물 뼈대는 다 완성해놓았어요. 거길 가보라구. 내가 좋은 친구를 소개해줄게. 당신 문화연대에 있던 지금종이라구 알지?"
"알죠."
"그 친구가 제주도로 낙향해서 가시리에 정착해서 살고 있어. 조랑말박물관 관장을 맡게 될 거래."
"그래요? 그러면 내일 당장 일정을 바꿔 그리로 갑시다."
"내일 아침에 가자구? 하여튼, 당신은 빨라!"

그리하여 우리는 제주의 서남쪽 답사를 포기하고 이튿날 아침 일찍 가시리로 향했다. 가시리에서 나는 새로운 것을 많이 보고 느끼고 배웠다. 정말로 가시리마을 이야기를 쓰지 않고는 제주답사기를 마무리할 수 없다는 생각이 깊이 들었다.

우리 일행이 가시리에 간 날은 눈보라가 엄청나게 휘몰아쳐 밖을 전혀 볼 수 없어서 마을 입구에 있는 디자인카페에서 동네분들 얘기만 돌아가며 듣고 뼈대만 선 조랑말박물관 옥상에서 눈보라 속에 가물거리는 따라비오름만 바라보고 돌아왔다.

이후 나는 가시리를 네 번 더 다녀왔다. 그러나 누군가 이 분야 전문가에게 조언을 구하지 않고는 제주마 답사기를 쓸 수가 없었다. 비상대책을 쓰기로 했다. 나는 답사기를 쓰면서 청장 재직 이전이나 이후나 단 한 번도 관의 도움을 받아본 적이 없다. 그러나 이번에는 안 되겠다 싶어서 신세지기로 했다.

마침 제주도 문화정책과의 박용범씨가 '탐라국의 정체성에 대하여'라는 특별강연회를 부탁해왔다. 나는 그날 오후 강연에 앞서 가시리 조랑말박물관에 전문가와 함께 가준다는 조건으로 허락했다. 그리하여 2012년 7월 11일 아침 일찍 내려가 축산정책과의 말산업육성 담당인 오운용 농업연구관과 같이 가시리로 떠나게 되었다.

천연기념물 347호 제주마

제주 말은 1999년 12월 제주대에서 개최된 '제주마의 보존 및 활용' 심포지엄에서 공식 명칭을 '제주마'로 하기로 결정하고 이듬해 1월 1일부터 부르기 시작했다. 원래는 조랑물이라고도 하고 과하마(果下馬), 토마(土馬), 삼척마(三尺馬)라고도 불렀다. 목과 다리가 짧고 키가 3척밖에 안 되어 삼척마라고도 하고, 과실나무 아래로도 지나다닌다고 해서 과하마라고도 했으며, 토종말이기 때문에 토마라고도 했던 것이다. 이외에도 제주마는 최근까지 제주 재래마, 제주 조랑말, 제주도 재래종, 재래종 말 등 여러 가지로 불려왔다.

| **제주마** | 제주마는 약 150마리를 천연기념물로 지정하여 축산진흥원에서 종자를 보존하면서 우량종을 만들어가고 있다. 흰 조랑말 엉덩이에 143번이라고 찍혀 있다.

　조랑말이라는 명칭은 순우리말이라는 설과 몽골어에서 나왔다는 설이 있다. 순우리말 설은 조롱박처럼 '작다'는 의미에서 '조롱물'이라고 부르던 것이 변형된 것이라는 견해다. 몽골어 유래설은 두 가지이다. 하나는 몽골에도 '조롱물'이 있으니 여기서 유래했단 것으로, 이 말은 몽골말 중 낙타처럼 비정상적으로 걷는 말을 칭한다고 한다. 그리고 몽골의 승마기법 중에는 아래위 진동 없이 아주 매끄럽게 달리는 것을 '조로모리'라고 하는데 여기서 조랑말이 나왔다는 설이다.

　역사적 기록을 보면 제주마는 제주에 본래 있던 향마(鄕馬)인 소형마에 중형 이상의 크기를 갖는 몽골말 또는 아라비아말 계통의 혈통이 유입되어 제주도의 기후와 환경에 적응하여 번식한 가축으로 추정된다. 외국의 큰 말 종자들에 비해 몸집이 작지만 체질이 강하고 성질이 온순하며 강인한 발굽과 지구력은 세계가 알아준다고 한다. 보통 하루 32킬로미터씩 22일간 연일 행군할 정도로 강인한 체질과 인내심을 갖고 있다. 편자를 대지 않은 상태에서 산간 험로를 행군해도 발굽이 찢기거나 변형된 것을 찾아볼 수 없을 정도라고 한다.

해방 전까지만 해도 제주마는 근 2만 마리가 사육되었던 것 같다. 그러나 1960년대 들어와 자동차문화가 급속히 보급되면서 말의 수요와 경제적 가치가 하락함에 따라 사육두수가 급격히 감소하여 1960년에는 1만 2천 마리, 1980년대에 들어와서는 2천 마리대로 떨어지게 되었다. 급기야 문화재청에서는 멸종 방지를 위해 1986년 2월, 천연기념물 제347호로 지정했다. 당시 조사된 제주마 사육두수는 1,347필이었다. 이때 제주마 암말 65필, 수말 5필을 지정하여 제주도 축산진흥원에서 사육·관리할 수 있도록 조치한 것이다.

제주마라고 해서 모두가 천연기념물은 아니다. 내가 청장 시절 보고받기로는 약 150마리다. 한 마리의 수컷 종마는 대개 20~30마리 암말을 거느린다. DNA 검사와 엄격한 외모 심사 기준을 통과해야만 천연기념물로 보호받고 대접받는 것이다.

사람들은 천연기념물로 지정되어 있으면 그것이 가치있고 귀중한 것으로 생각하지만, 사실 제주마가 천연기념물로 지정되었다는 것은 쓸쓸한 이야기이다. 제주에 제주마가 많이 길러졌으면 굳이 천연기념물로 지정할 필요가 없었다. 한우가 그렇게 우수한 종자지만 천연기념물로 지정하지 않은 것은 더 우수한 종으로 발전하는 것을 인위적인 보호가 아니라 자연에 그대로 맡기기 위해서다.

순종의 보호와 종의 진화문제

나는 가시리로 가는 차 안에서 오연구관에게 물었다.

"지금은 몇마리를 종마로 보호하고 있습니까?"
"여전히 150두 정도를 기르고 있습니다."
"농가와 축산진흥원에서 기르는 제주마는 몇두나 되나요?"
"약 1,500두 됩니다."
"일반 말은요?"
"우리나라에 약 3만 두, 그중 제주도에 2만 2천 두가 사육되고 있어요."
"농가에서 기르는 제주마의 최종 목표는 무엇입니까?"
"현재로서는 경마장에 입사하여 경주용으로 활용하는 게 최종 목표라고 해도 과언이 아닙니다. 아이들 키워 좋은 대학 넣는 게 목표이듯이요."
"지금 제주 경마장에서는 제주마로만 경마를 하나요?"
"제주마와 교잡마인 제주산마 두 마종을 활용하여 경주를 하고 있습니다."

경마가 제주마 사육을 늘리는 좋은 계기가 된 것은 틀림없다. 그러나 제주마 보존을 놓고 볼 때는 경마가 꼭 옳다고 할 수 없지 않은가. 경주마는 잘 뛰는 놈이 최고 아닌가. 제주마의 순종을 보존한다는 것은 알겠지만 우량종으로 발전시키는 것은 안 된단 말인가. 나는 이 점도 물었다.

"농가에서 원하는 씨수마는 경마를 통해서 경주 능력이 검증된 말입니다. 그런 점에서 현재 종마로 활용되고 있는 씨수마가 꼭 우수마라고 할 수만은 없습니다. 말은 경주용 외에도 관광용 승마, 말고기, 말총, 비누와 화장품 재료 등으로 널리 이용되니까 여기에 맞게 보존 개량해야 합니다. 그러나 아직까지 축산진흥원의 제주마 번식체계는 제주마의 유전적 다양성을 보존하는 쪽에 맞춰져 있습니다."

"왜 그런데요?"

"경주 능력이 검증된 우수 씨수마 중심의 번식은 가계구조를 단순화할 수 있고, 이를 통해 근친교배가 이루어지면 제주마가 지닌 여러 가지 유전적인 특성이 소실될 수도 있으니까요."

"아, 그렇군요. 그러나 이러다간 말 산업은 죽을 수밖에 없는 것 아닙니까?"

"그래서 앞으로 제주마도 산업적으로 이용가치가 높은 마종으로 개량하기 위해 축산진흥원을 말개량 기관으로 지정하는 등 여러 가지 노력을 기울여야 합니다. 소, 돼지, 닭을 키우면 그걸로 돈 벌고 생계를 유지하잖아요. 말은 그렇지가 않습니다."

"그러면 어떻게 해야 하나요."

"그래서 얼마 전에 말산업 육성법이 통과되었습니다."

정말로 힘든 일이다. 순종을 보호하기 위해 제주마의 혈통구조를 체계적으로 유지하면서, 한편으로는 종의 개량을 위해 선발과 교배를 해야 하는데 이때 근친교배에 의한 순종 변질 위험도 막아야 하니, 이건 우리가 연립방정식 배웠다고 미적분문제 풀지 못하는 것과 진배없는 일이다. 그래도 이를 연구하는 축산연구원이 우리 주변에 있다는 것이 얼마나 다행이고 든든한가.

견월악의 제주마 방목장

나의 제주마 답사는 이른바 제주마 방목장이라고 불리는 축산진흥원

| **견월악의 제주마 방목장** | 축산진흥원에서 천연기념물로 지정된 제주마를 기르는 견월악의 방목장이다. 언제 가도 조랑말들이 평화롭게 풀을 뜯고 있는 것을 볼 수 있다.

　제주마 종마장을 첫 기착지로 삼았다. 5·16도로라 불리는 1131번 도로를 타고 산천단을 지나면 비탈진 오름의 능선에서 천연기념물 제주마들이 평화롭게 풀을 뜯으며 노니는 것을 볼 수 있다. 이 길은 제주도 길치고는 곧게 뻗어 있고 시야도 넓게 열려 있어 제주허씨들이 신나게 달리다가 딱지를 많이 떼이는 곳이다.

　그러다 말들이 노니는 것을 보면 길가에 마련된 주차장에 세워놓고 한참을 놀다 간다. 대개는 어린아이를 태우고 온 제주허씨들이다. 아이들은 어른들과 달라서 동물에 관심이 많다. 고성공룡박물관이 우리나라 박물관 중에서 입장객 수가 세번째로 많은 것은 어린아이는 절대로 그 앞을 그냥 지나칠 수 없기 때문이다. 사진과 화면으로만 보아온 말들이 풀밭에서 뛰노는 것을 보고 호기심과 흥분을 느끼지 않는 어린이가 있다면 그건 어린애답지 않은 노릇이고 아이를 데리고 여행을 하면서 여기를 그냥 지나치는 것은 부모의 정서 내지 육아지식에 문제가 있는 것이다.

그런데 이 종마장 방목지는 무려 30만 평(약 99헥타르)이나 되어 어떤 때는 주차장 건너편 저쪽에서 제주마들이 놀고 있을 경우가 많은데 그때는 길가에 제주허씨들이 줄지어 주차해놓고 아이들은 목장 울타리에 올라 사진을 찍는 것을 볼 수 있다. 길가에 잠시 주차할 공간을 갓길처럼 해놓아 관람객의 편의를 주고 있는 것이다.

제주마 색깔은 원래 40여 종에 달했으나 현재는 그리 다양한 상태가 아니며 일부 한정된 색깔만 존재한다고 한다. 천연기념물 제주마를 세분하면 12가지 모색(毛色)이 있는데 이것을 비슷한 것끼리 묶어 가라(흑색), 월라(얼룩이), 적다(밤색), 유마(적갈색), 총마(회색) 다섯 가지로 부르고 있다. 월라는 다시 가라월라(검정색—백색 얼룩말), 적다월라(밤색 혹은 적갈색—백색 얼룩말)로 세분된다. 제주도에서 통용되는 모색명은 고어에 일부 제주어가 가미된 것으로 보고 있다.

제주마 방목장이 있는 이곳을 견월악이라고 한다. 나는 처음 들었을 때 아마도 어깨 견(肩)에 달 월(月)자일 것이며 저 능선 어깨에 달이 걸려 있을 때 아름다워 그런 이름이 생겼으려니 하고 누구에게 묻지도 않고 찾아보지도 않았다. 그러나 글을 쓰기 위해 조사해보니 내 예측은 형편없이 빗나갔다.

한자로는 개 견(犬)자에 달 월(月)자로 흔히 '개가 달을 보고 짖는다'는 뜻으로 새기고 있으나 본래는 가오리처럼 생겼다고 해서 '개오리(가오리)오름'이라고 불렸는데 이것을 한자로 표기하면서 가오리가 '견월'로 바뀐 것이라고 한다. 한글학회에서 나온 『한국지명총람』(1992)에도 그렇게 설명되어 있다.

도로변에서는 잘 보이지 않지만 실제로는 크고 작은 세 개의 오름으

| 사려니숲으로 가는 길 | 제주마 방목지를 떠나 비자림로로 꺾어 들어서기 무섭게 길 양옆으로 키 큰 삼나무들이 줄지어 달리며 하늘을 좁고 가느다랗게 만들어 처음 온 사람이면 누구나 탄성을 지르게 한다.

로 구성되어 개오리오름, 족은개오리오름, 샛개오리오름이라고 부른다고 한다. 이런 사실을 알게 되면 제주어가 변질되었을 때의 황당함과 딱딱함, 변질되지 않았을 때의 정겨움과 순박함이 극명하게 비교되면서 그 어원을 밝혀내는 작업이란 마치 제주마의 순종을 지키려는 노력 못지않다는 생각을 하게 된다.

삼나무 숲길을 가며

제주마 방목지를 떠나 가시리로 가자면, 가던 길(5·16도로)을 타고 조금 더 가다가 왼쪽으로 갈라지는 비자림로(1112번 도로)와 만나면 여기서 꺾어들어야 한다. 이 길은 교래리, 산굼부리, 비자림으로 연결되는 한적한 길로 삼나무 가로수가 제주에서도 가장 아름답다.

　비자림로로 꺾어 들어서기 무섭게 길 양옆으로 키 큰 삼나무들이 줄지어 달리며 하늘을 좁고 가느다랗게 만들어 처음 온 사람이면 우리나라에도 이런 길이 있단 말인가 싶어 누구나 탄성을 지르게 한다.

　삼(杉)나무는 일본에 특히 많아 영어로는 '재패니즈 시더'(Japanese cedar)라고도 불리며 일본인들은 '스기(すぎ)'라고 한다.

　삼나무 목재는 향기가 나고 붉은빛이 감도는 갈색으로 목조건축, 다리, 가구 등을 만드는 데 쓰인다. 특히 일본에서는 배를 만드는 데 많이 이용했는데 이 삼나무는 가벼운 만큼 약하다는 것이 흠이다. 그래서 우리나라에서는 목조건축이나 배를 만들 때는 사용하지 않았다. 임진왜란 때 쳐들어온 일본 배가 대개 삼나무로 만든 것이었는데 이순신 장군은 이 약점을 알고 뱃머리를 단단한 느티나무로 댄 판옥선(板屋船)으로 박치기를 해서 섬멸할 수 있었다고 한다.(마치 김일 선수가 박치기로 일본 프로레슬링을 평정했듯이. ㅎㅎ)

　삼나무는 또 속성수로 어디에서나 잘 자라기 때문에 1960년대 치산녹화(治山綠化) 때 제주도에 심기 시작한 것이 오늘날에는 제주도의 한 표정이 되었다. 방풍림으로 이용되어 과수원 울타리로 둘러지기도 했고, 헐벗은 산을 푸르게 만들기 위한 재조림용(再造林用)으로 이용되어 이와 같이 장대한 숲을 이루게 된 것이다.

　삼나무숲을 가로질러 얼마만큼 가다보면 갑자기 길가에 승용차들이 길게 늘어서 있는 것이 보여 이게 무슨 일인가 싶어진다. 여기가

| 사려니숲으로 가는 길에 불법주차된 자동차들 |

| 사려니숲 | 삼나무, 편백나무, 산딸나무, 때죽나무, 제주조릿대, 큰천남성 등이 빽빽이 들어차 있는 사려니 숲길은 천연림의 그윽한 아름다움을 보여준다

근래에 사람들이 많이 찾아오는 사려니 숲길 입구다. 박용범씨가 성실한 공무원답게 한마디를 던진다.

"여기가 큰 문제예요. 길가에 저렇게 주차해놓으면 안 되는데, 여기가 제주도에서 교통사고가 가장 많이 나는 곳이 되었어요. 안쪽에 주차장이 있는데도 항시 저렇거든요."

사실 이것은 방문객들의 민도(民度)의 문제이다. 만약 주차장이 꽉 찼으면 오늘은 안 되겠네 하고 돌아가거나 다른 쪽 출입구를 찾아가야 한다. 선진국 같으면 죄다 벌금을 매기고 순식간에 다 견인해버렸을 것이다.

이름도 아련한 사려니 숲길

'사려니'는 '숲 안'을 뜻하는 제주어로, 사려니 숲길은 유네스코가 지정한 생물권보전지역이다. 제주시 봉개동 절물오름, 남쪽 비자림로에서 물찻오름을 지나 남원읍 한남리 사려니오름까지 이어지는 약 15킬로미터의 숲길이다. 해발 고도 500~600미터에 위치한 사려니 숲길은 한라산 허릿자락을 휘감아도는 완만한 평탄지형으로 주변에는 여섯 오름이 있고 천미천, 서중천 같은 계곡도 있다. 물찻오름은 백록담과 함께 몇 안 되는 담수호로 사려니 숲길은 본래 물찻오름을 가기 위해 다니던 길에 임도(林道)를 내면서 휴양림 산책길로 개방한 것이다.

전형적인 온대산지인 사려니 숲길은 천연림으로 졸참나무, 서어나무가 우세하게 차지하고 있고, 산딸나무, 때죽나무, 단풍나무 등이 자생하고 있으며 산림녹화사업으로 심은 삼나무, 편백나무가 빽빽이 들어차 있다. 서어나무가 자라고 있다는 것은 땅이 안정되었다는 의미라니 이 천연림은 오래도록 이 모습을 지닐 것 같다.

나무 아래로는 풀들이 무성하게 자라 감히 안쪽으로 들어갈 엄두도 내지 못하게 하는데 코브라처럼 생기고 독성이 강한 큰천남성의 꼬부라진 꽃들이 고개를 들고 있어 천연림 같은 분위기를 자아낸다.

사려니 숲길의 식생은 78과 254종이 분포하고 있고 환경부가 지정한 보호종인 노루, 제주족제비, 오소리 등이 서식하고 있다. 또한 천연기념물인 참매, 팔색조, 삼광조, 소쩍새, 황조롱이 등의 조류와 파충류 등이 서식하고 있다. 이런 천연림 속의 숲길이니 사람들이 좋아하지 않을 수 없는 일이다. 도종환 시인은 「사려니 숲길」이라는 시를 한 편 지었다.(『세시에서 다섯시 사이』, 창비 2011)

오래 걷고 싶은 길 하나 있으면 얼마나 좋을까

나보다 다섯배 열배나 큰 나무들이
몇시간씩 우리를 가려주는 길
(…)
용암처럼 끓어오르는 것들을 주체하기 어려운 날
마음도 건천이 된 지 오래인 날
(…)
나도 그대도 단풍드는 날 오리라는 걸
받아들이게 하는 가을 서어나무 길
(…)
문득 짐을 싸서 그곳으로 가고 싶은
길 하나 있으면 얼마나 좋을까
한라산 중산간
신역(神域)으로 뻗어 있는 사려니 숲길 같은

　사실 나도 제주도에서 가장 감동받은 것은 천연림이었다. 우리나라엔 없는 줄 알았는데 발길 닿지 않은 무서운 천연림이 있다는 것이 얼마나 고마웠는지 모른다.
　사려니 숲길을 개방하기 전에 내가 놀라운 마음으로 찾아간 곳은 절물휴양림이다. 제주시 봉개동 제주4·3평화공원에서 안쪽으로 더 들어가 거친오름, 노루생태관찰원을 지나 숲 안쪽 깊숙이 들어앉은 절물자연휴양림은 차를 타고 그 입구까지만 다녀오는 것으로 내 몸속이 자연치유되는 것만 같은 기분을 얻곤 했다. 사려니 숲길 비자림로 입구 건너편이 바로 절물휴양림으로 길 없이 숲으로 연결되어 있다.
　사려니 숲길의 전구간은 일 년에 딱 한 차례 개방한다. 몇해 전부터 5월이면 사려니 숲길위원회가 주최하는 '사려니 숲길 걷기' 행사가 열린다. 사려니 숲길을 걷다보면 곳곳엔 붉은색 작은 알갱이 화산석인 '송이'가 포장재로 깔려 있다. 화산쇄설물인 송이는 화산분화로 분출되는 고체 물질이다. 이 송이는 1990년대말 보존자원으로 분류되었고, 2010년 대법원에서도 인정한 제주도의 공공자산이 되어 제주도 밖으로의 반출은 금지되어 있다. 습기를 촉촉이 머금은 송이를 밟으면 '사각사각' 소리가 난다. 그렇게 사려니 숲길을 걷는 것은 환상적인 기쁨을 넘어 감성의 사치라는 미안함까지 들 때가 많다. 어떤 이는 아예 양말까지 벗고 맨발로 걷고 있었다.

거기까지는 안 가봤지만 사려니오름 정상에 서면 동쪽으로 성산일출봉, 남쪽으로 서귀포 바다와 문섬, 범섬, 서쪽으로는 산방산, 북쪽으로는 물찻오름, 붉은오름 등 오름의 동산이 한눈에 들어온단다. 그것은 분명 제주에서 가장 아름다운 전망을 갖고 있을 것 같다. 나는 이것을 저금해둔 셈 치고 아끼고 아끼며 가지 않고 있다.

2012년 7월 21일 나는 또 한 차례 가시리로 가는 길에 이 사려니 숲길 앞을 지나게 되었다. 주차장에 차를 세워두고 조기 앞까지만 갔다 오겠다고 삼나무 숲속 송이길을 걷고 있는데 갑자기 날이 어두워지더니 소나기가 내리기 시작해 얼른 돌아와 부지런히 차를 몰고 나왔다. 억수같이 쏟아지는 빗속을 도저히 운전하고 가기 힘들어 따라비오름을 곁에 두고 갓길로 비켜서서 한 삼십 분이 지나자 비는 여전하나 그래도 갈 만하여 가시리로 향했다. 그날 숙소로 돌아와 인터넷으로 뉴스를 보니 '제주 숲길서 등산객 40여 명 고립됐다 구조'라는 기사가 떠 있었다.

〔제주 연합뉴스〕 21일 오후 3시 20분께 사려니 숲길을 걷던 도내·외 등산객 40여 명이 계곡물이 불어나면서 고립됐다가 119구조대에 의해 1시간 25분 만인 오후 4시 45분께 구조됐다. 119구조대는 계곡

| 교래리마을 아치 | 교래리는 토종닭 유통특구이자 삼다수마을임을 자랑스럽게 생각하며 마을 입구에 환영 아치를 세워놓았다.

양쪽에 밧줄을 설치해 이들을 구조했다.

그래서 비올 때 제주에선 일기예보를 잘 들어야 하고 이럴 때는 당황하지 말고 '인간 구호천사' 119삼춘들이 올 때까지 가만히 기다리는 것이 상책이다.

교래리 토종닭마을을 지나며

사려니숲을 떠나 다시 가시리로 향하면 이내 교래 사거리가 나온다. 교래리로 들어서면 '삼다수마을 토종닭 유통특구'라 쓰여 있는 환영 아치가 우리를 맞이한다. 오운용 연구관이 묻지도 않았는데 설명해준다.

"2009년 10월에 조천읍 교래리마을을 토종닭 유통특구로 지정했습니다. 교래리는 지난 1970년대말부터 토종닭을 사육해 도민과 관광객들에게 토종닭 마을로 알려져왔습니다."
"오선생은 닭도 잘 알아요?"
"잘 모릅니다. 저는 말이 전공이지 닭은 잘 몰라요."
"그러면 내 얘기가 맞나 틀리나만 말해봐요."

반교리 우리 동네에는 닭 키우는 집도 있고 양계장도 있다. 개도 많이 키우는데 이 병아리, 강아지 자라는 것을 보면 내셔널지오그래픽의 다큐멘터리「동물의 세계」를 보는 것처럼 재미있고 신기하다.
짐승이 어미와 떨어지는 데는 기간이 있다. 강아지는 50일 만에 어미젖을 떼고 이때 분양한다. 삼호식당에서 호피 진도개 한 마리를 분양받기로 했는데 아주머니 말씀이 여름 강아지는 50일, 겨울 강아지는 60일은 되어야 한다며 두 달 뒤에 가져가라고 했다. 그전에 가져다 우유 먹이며 키울 수도 있지만 그렇게 키운 개는 어미에게 배운 것이 없어서 나중에 어미 노릇을 하지 못한단다. 닭의 생육기간은 정확지 않지만 50일 정도 되는 것 같다. 하림통닭은 양계장에서 45일 된 닭을 받아가기 때문에 닭이 작고 또 살이 연하다.
옆집 닭장에서 키우는 어미닭이 병아리를 보살피는 모양을 보면 닭은 끔찍스러운 모성애 덩어리이다. 어쩌다 지렁이나 지네를 잡으면 이걸 잘게 쪼개서 병아리에게 나누어주는데, 어릴 적 아버지 생신날 같은 때 풍로에 숭숭이 쇠판을 올려놓고 불고기를 구우면서 엄마는 안 잡수시고 우리들 육남매 밥 위에 얹어주시던 모습을 떠올리게 한다.
그러던 어미닭이 50일 정도가 되면 돌연 새끼와 정을 떼기 시작한다. 어미닭을 쫓아오는 새끼닭을 외면하면서 도망가고 밀쳐낸다. 새끼닭이 본성대로 어미닭을 쫓아가면 어미닭은 그 뾰족한 부리로 사정없이 쪼아 댄다. 그것도 눈썹 위 가장 아픈 곳을 냅다 찍어대고는 푸드덕 날아 횃대 위로 올라가 먼 데 딴 곳을 바라본다. 새끼닭은 아파서 자지러지는 소리를 내고 물러나서 횃대 위에 있는 어미닭을 쳐다보며 우리 엄마가 왜 저러나 이상해한다. 그러면서 새끼닭은 홀로 사는 법을 익혀간다.

그게 동물의 세계이다. 일단 키워놓으면 그다음은 자신이 알아서 살아가는 것이다. 사람만 다르다. 키워서 교육시켜주고 나중에 결혼식까지 봐주고 딴살림이 날 때까지 부둥켜안고 산다. 새끼가 짝짓기할 때까지 보살펴주는 동물은 사람밖에 없다. 그래서 자식은 부모에게 효도할 의무가 있는 것이다. 효도는 도덕이기도 하지만 동물 중에서 인간만이 행하는 자연의 생리이기도 한 것이다.

오운용 연구원은 여기까지의 내 얘기를 귀담아듣기만 하고 아무 말이 없었다. 맞든 틀리든 나는 닭을 그렇게 알고 있다. 이때 박용범씨가 "여기서 토종닭으로 점심하고 갈까요?" 하고 물었다. 여기서 먹으려면 후박나무 여남은 그루가 장하게 마당을 장식하고 있는 성미가든이 운치도 좋고 맛도 있다. 닭고기 샤브샤브에 녹두죽을 곁들이는 것이 일품이다. 나는 여기를 생각하고 있었는데 순간 오운용 연구원이 끼어들었다.

"조금 참았다가 말고기를 잡수시는 것이 어떨까요? 표선에 제주산마를 활용해서 제대로 말고기 맛을 내기 위해 노력하는 식당이 있어요. 기왕 제주마를 조사하러 오셨으니 거기로 가시죠. 말고기 안 드시나요?"

"안 먹어봤지만, 글 쓰려면 먹어는 봐야겠지."

| 교래 자연휴양림 | 제주의 독특한 지형인 곶자왈에서 아무렇게나 자란 나무들이 천연림을 이루고 있다. 요즘은 탐방로가 설치되어 한 차례 산책을 즐기며 나무의 생명력과 싱그러움을 배울 만하다.

교래 자연휴양림의 곶자왈

교래리 토종닭집들을 지나 다시 갈 길로 들어서니 산굼부리가 나온다. 너무도 유명한 관광지이기 때문에 나도 한번 올라가본 적이 있다. 명불허전이라고 고소영, 장동건이 주연한 영화 「연풍연가」(1999)의 촬영지인 산굼부리는 제주의 많은 굼부리 중에서 가장 크기 때문에 산굼부리라는 이름이 붙은 장쾌한 곳이다. 다랑쉬오름의 굼부리를 보면 귀엽고 사랑스러운 감정이 일어나지만 산굼부리에 오르면 화산이 터질 때 얼마나 폭발적이었을까 무서운 감정이 일어난다.

산굼부리를 지나면서 내가 무엇을 잃어버린 사람처럼 차창 밖 이쪽저쪽을 두리번거리니까 박용범씨가 불안한 듯 물어왔다.

"뭘 잃어버리셨습니까?"

"전에 교래리 자연휴양림을 다녀간 적이 있는데 이 근처가 아닌가요?"

"아닙니다. 벌써 지나왔습니다. 교래 사거리에서 돌문화공원 쪽으로 꺾어가야 나옵니다. 거기도 가보셨어요? 교수님은 맨날 그렇게 돌아다니시고 공부는 언제 하십니까?"

"에이 이 사람, 나는 보러 다니는 것이 공부야."

"그러면 글은 언제 쓰시나요? 우렁각시가 써주시나요?"

"아니, 유바타가."

교래리 자연휴양림은 사려니 숲길과는 전혀 다른 자연림이다. 사려니 숲은 삼나무 편백나무의 인공 재조림을 통해 숲이 무성해진 곳으로 인간의 간섭이 만들어낸 자연공원이라 할 수 있다. 그러나 교래리 자연휴양림은 이곳 지질의 특성인 곶자왈 지역에서 자생하는 나무들이 있고 비록 벌목에 의해 1차 원시림은 파괴되었지만 2차 자연림을 형성하면서 자연생태계가 천이하고 있는 과정을 보여준다.

교래리 자연휴양림은 전형적인 곶자왈 지역이다. 곶자왈은 제주에만 있는 특이한 지형으로 '곶'은 숲을 의미하고 '자왈'은 가시나무와 넝쿨이 헝클어진 상태로 엉켜 있는 것을 뜻한다. 왜 이런 현상이 일어났느냐 하면, 화산 폭발 때 점성이 높은 크고 작은 암괴가 쪼개지면서 분출되어 들쭉날쭉한 요철 지형을 이룬 것이다. 엄청난 양의 암괴덩어리가 쌓여 있기 때문에 지하수가 많이 함유되어 있다. 이 지역이 삼다수마을이 된 것은 그런 이유이다.

또 이 돌은 수분을 함유하고 있기 때문에 양치식물이 살기에 아주 좋은 환경이고 보온·보습효과를 일으켜 북방한계식물과 남방한계식물이 공존하는 숲을 이루어갔다.

곶자왈에서 자라는 나무들을 보면 아래쪽은 종가시나무, 위쪽은 때죽나무가 우점하고 있고 꾸지뽕나무, 초피나무가 많다. 여기에다 덩굴식물들은 곶자왈이 제 세상이라도 되는 듯 복분자, 으름덩굴, 환삼덩굴, 댕댕이덩굴이 이리저리 엉키어 사람이 접근도 못하게 한다. 교래리 자연휴양림은 이런 곶자왈의 생태를 가장 잘 보여주어서 나는 한 차례 감동적으로 답사한 적이 있었다. 카이스트 정재승 교수도 여기가 제주에서 가장 깊은 감동이 있는 곳이라 했다.

옛날엔 곶자왈이라면 농사지을 수 없는 땅이어서 황무지가 될 수밖에 없었다. 제주의 곶자왈은 서쪽의 애월과 서남쪽 한경, 안덕 지역에 형성되어 있고 동쪽은 조천·함덕·구좌·성산까지 넓게 퍼져 있다.

특히 동쪽의 곶자왈 지역은 정말로 방대한 면적이다. 이 곶자왈 평지에서 자랄 수 있는 것은 풀뿐이었다. 여기가 제주마의 종가가 될 수밖에 없었던 것은 이런 자연환경 때문이었음을 알 수 있다.

말고기 요리

우리는 먼저 표선으로 가서 말고기로 점심부터 먹기로 했다. 차를 타고 가는데 집사람이 전화로 어디에서 강연해달라고 부탁해서 안 할 거라고 했는데도 자꾸 휴대폰 번호를 가르쳐달라는데 어떻게 하느냐고 물어왔다. 가르쳐주지 말라고 대답하고 나 지금 말고기 먹으러 간다고 하니까 집사람이 대뜸 하는 소리가 먹지 말라는 것이다.

"그건 냄새나고 질기다는데 왜 먹으려고 해요."
"글 쓰려구."
"글 쓴다구 맛있어진답니까?"

곁에서 집사람 하는 얘기가 들렸는지 전화를 끊자마자 오연구관이 말을 이어간다.

"맞는 얘기입니다. 잘못 먹으면 그렇죠. 우리가 쇠고기를 맛있게 먹는 것은 처음부터 식육(食肉)을 목적으로 길렀고, 30개월령까지 단계별로 비육(肥育)을 해서 도축하기 때문에 맛있을 수밖에 없죠."
"30개월 미만일 때가 맛있다는 얘깁니까?"
"꼭 그런 것만은 아니고 한우는 보통 30개월령 이전에 근육과 골격이 다 자라고 비육을 거치면서 살코기 사이에 지방이 끼어 고소한 맛을 내게 합니다. 살코기 사이에 낀 지방을 마블링(marbling), 근내지방도라고 해서 고급육 평가기준의 가장 중요한 항목입니다. 한우를 비육하는 경우 전체 쇠고기 생산비 중 사료비가 차지하는 비율이 40퍼센트 정도 되는데 30개월령 이상 되면 먹는 사료량에 비해서 무게가 더이상 늘어나지 않게 되죠. 다시 말해 사료효율이 떨어지게 되는 겁니다."
"그럼 말고기는 어떤가요?"
"현재 유통되고 있는 말고기는 대부분 경마용과 승마용으로 쓰이다가 효용가치가 떨어진 말인데, 체계적인 비육과정을 거치지 않고 있기 때문에 맛이 없다, 질기다는 인식을 갖게 된 것입니다."

제주도엔 말고기 식당이 50여 곳 있단다. 그중 고우니가든 등 소문난 집이 몇군데 있지만 우리는 표선해수욕장 인근 청정제주마장으로 갔다. 오연구관은 말고기 이야기를 이어갔다.

"말은 다섯 살까지 성장합니다. 이 말을 살코기가 좋게 하려면 비육 과

| 따라비오름 | 교래리에서 가시리로 가다보면 따라비오름이 먼저 맞이한다. 아담한 크기에 억새가 아름다워 오름의 공주라고 해도 어울릴 것 같다.

정을 거쳐야 합니다. 영어로 '패트닝'(fattening)이라고 하지요. 콩도 주고 당근도 주고 해서 정성껏 살을 찌운 다음에 잡아야 맛있죠."

"그런데 왜 그렇게 안 해요?"

"쇠고기는 등급이 있잖아요. 소는 갈비가 18개인데 그중 7번과 8번 늑골 사이에서 육질평가를 합니다. 육질은 여러 평가항목이 있는데 대리석 무늬처럼 살코기 사이에 지방이 낀 정도, 즉 마블링 스코어가 가장 중요합니다. 이걸 가지고 5등급으로 나누고 있어요. 그런데 말고기는 아직 등급제가 시행되지 않아서 비육을 하든 안 하든 똑같은 값을 쳐주니 맛있는 말고기를 생산하고자 하는 동기부여가 안 되는 거죠."

이쯤에서 식당 주인이 우리들 대화에 끼어들었다.

"말이라는 놈이 성질이 아주 깔끔해서 한 우리에 한 마리밖에 못 키워요. 세 마리를 함께 두면 어느날 한 마리는 발길에 차여 갈비뼈가 부러져 구석에 박혀 있어요."

그래서 사육시설이 많이 필요하단다. 이건 소하고 너무 다르다. 시골에 있는 외사촌형님이 일흔 넘어서까지 형수님과 단 두 분이 소 40마리를 먹이는 것을 보고 힘들지 않느냐고 물으니 두 가지가 자동으로 해결되기 때문에 가능하단다. 분뇨는 분재원 같은 곳에서 실어가기 때문에 걱정할 것이 없고, 먹이를 먹일 때는 소들이 알아서 질서를 지킨다는 것이다. 구유에다 사료를 넣고 종을 쳐서 소를 부르면 일렬로 들어와 자기 자리 앞에 서는데 만약에 4번과 5번 소의 자리가 바뀌어 있으면 전부 다 밖으로 나갔다 다시 들어와 제자리에 선 다음에야 먹이를 먹는단다.

식당 주인은 도청에서 직원이 나왔기 때문인지 말고기 식당의 애로를 한껏 늘어놓고는 말고기 육회, 철판구이, 말 대장, 말고기 뼈에서 추출한 마골즙을 내놓으면서 영양가가 어떻게 좋다는 말을 일러주고는 요리하던 가위를 들고 일어서며 큰 소리로 말했다.

"자, 드셔보셔요. 말고기 맛이 어떤지."

진짜 맛있었다. 말고기를 먹었는지 30개월 미만 소의 부드러운 등심을 먹었는지 구별이 가지 않았고 냄새도 없었다. 지금 제주에서는 연간 2천 두의 말이 식육으로 도축된다고 한다.

| 가시리마을 디자인카페 | 가시리 마을회관 격인 디자인카페는 현대적이면서도 소탈하게 꾸며져 격조를 갖춘 주민 복합공간이라는 분위기가 있다.

가시리마을 디자인카페에서

말고기로 배를 한껏 채운 뒤 우리는 답사 목적지인 가시리에 도착했다. 말로만 듣던 가시리는 엄청난 규모의 동네였다. 마을 주민이 450가구에 1,200명이라고 한다. 면적도 표선면의 42퍼센트 되는 드넓은 지역이다. 이 동네에 있는 오름만 해도 따라비오름 등 여섯 개나 된다. 게다가 약 220만 평(727헥타르)에 이르는 옛 목장이 마을 공동소유라는 것이다.

이런 엄청난 동네가 제주도에, 대한민국에 있다는 것이 신기했다. 그런데 마을 문화회관 이름도 가시리 디자인카페라고 붙이고 내부시설도 현대적이면서도 시골스럽게 멋진 공간으로 꾸며놓았다.

이장님께 이 마을 내력을 들어보니 가시리는 600년 역사의 목축문화를 산출한 마을로, 제주 산마장 중 최대 규모를 가진 녹산장(鹿山場)이 있던 곳이자 조선시대 최고의 말을 사육했던 갑마장이 있던 곳이며, 지금 녹산장엔 대한항공의 제동목장이 들어서 있고, 갑마장은 마을 공동목장이 되어 있단다.

더욱 놀랍게도 한창 개관 준비를 하고 있는 조랑말박물관은 이 가시리마을에서 지어 운영하는 것이란다. 국립, 도립, 시립, 군립이 아니고 우리나라에서 처음 생기는 리립(里立) 박물관이다.

어떻게 이게 가능했는가를 이장님께 물었더니 그것은 2005년부터 농식품부에서 전국적으로 벌인 '농촌마을종합개발사업'을 신청하여 64억을 지원받고, 또 신문화공간조성사업으로 20억을 확보하고 행안부에서 추진하는 친환경생활공간조성사업의 지원을 받아 이룩한 것이라고 한다.

가시리 사람들은 먼저 레지던시(residency) 사업을 벌였다고 한다. 문화예술인들에게 빈집을 내주고 6개월 동안 창작활동을 하고 돌아가게 했다는 것이다. 조건은 일 주일에 하루는 주민들과 어울려 재능기부를 하는 것이었다. 그러자 영화감독, 화가, 대금 연주자, 작곡가, 요가 전문가, 디자이너, 요리사, 행위예술가, 생태건축가 등이 몰려들었고 마을에선 예술인 창작지원센터를 운영하면서 가시리 예술인회도 조직했단다.

이들이 6개월 조건으로 왔는데 한 번 와서는 아예 가시리 사람이 되어서 나가질 않는다는 것이다. 지금종씨, 김정헌형도 그중 하나였던 것이다. 현재까지 퇴촌 명령을 받은 사람은 화가 한 사람뿐이고 지금도 삼사십 명의 문화예술인들이 상주하고 있단다. 지금 전국적으로 농촌마을 개조사업이 한창인데 이런 성공사례는 다른 곳에서 찾아보기 힘들 듯하다.

조랑말박물관의 한국 마정사

조랑말박물관은 가시리에서 북쪽으로 큰길을 두고 따라비오름과 마주한 곳에 위치해 있다. 설계를 공개입찰했다는 이 박물관은 노출콘크리

| **조랑말박물관** 노출콘크리트 구조의 작은 박물관이지만 제주마의 역사를 한눈에 보여준다. 가시리 리립박물관이라는 사실이 놀랍다.

트 건물로 둥글게 돌아간 디자인이 제법 멋있고 현대적이다. 감자창고 같은 제주 추사관만큼이나 제주에서 보기 드물게 친환경적이고 검소한 기풍의 건물이다.

내가 세번째 방문했을 때는 완성된 전시 패널이 진열되어 있었고 단지 관련 유물을 수집 중인지라 관장 예정자 지금종씨는 몽골로 말 관계 자료를 구하러 갔다고 했다. 벌써 박물관 경험이 있는 학예원 두 명이 배치되어 정말로 모던하게 전시실을 꾸며가고 있었다. 건물의 형태대로 둥글게 돌아가면서 패널을 읽어보니 제주도 마정사가 한눈에 들어온다.

탐라국 시대의 말은 교역물이자 조공물로서 중요한 역할을 담당했는데 이때의 말은 과하마가 주종이었던 듯하다. 이후 북방에서 중대형의 마종이 들어오고, 제주의 말은 천혜의 환경에서 개량되어가면서 제주마가 된다. 13세기 후반, 고려가 원의 침략을 받고 결국 강화를 맺게 될 때

| 조랑말박물관 내부 | 전시실의 패널 설명과 설치들이 아주 친절하고 친숙하게 되어 있어 교육관의 기능을 충실히 해내고 있다.

제주는 원나라의 직할령이 되었다. 제주에 원나라 14대 목장의 하나를 운영하기 위한 것이었다.

조선은 말의 증산에 힘써 국마장을 설치하고 관리체계를 갖추기 시작했다. 조선초 제주의 말 사육은 주로 해안 평야지대에서 이루어져 민가의 농작물 피해가 많아, 제주 출신의 중앙관리 고득종은 '목장을 한라산 중턱으로 옮기고 경계에 돌담을 쌓을 것'을 건의하게 된다. 그의 건의가 받아들여져 해발 200미터 지경에 경작지대와 목장지대의 경계를 나타내는 돌담이 축조된다. 이후 국마장은 제주 중산간지대를 빙 둘러 열 개의 목장으로 나뉘어 십소장(十所場) 체제로 운영된다. 그중 가장 크고 좋은 말을 키우는 갑마장을 가시리에 두었다.

그러나 말과 축산물은 진상의 명목 하에 대부분 반출됐고, 말을 직접 사육하는 하위계급인 테우리들은 온갖 노역에 시달렸다. 결국 제주국영목장은 광무 4년(1899)에 폐지된다. 우수한 종자의 말을 계속 반출한 결과 열등한 종자의 말이 너무 많아지는 문제를 해결하지 못했기 때문이다.

광복 이후 1957년 최초로 국립제주목장이 개설되고, 1970년대에는 기업목장과 전업목장들이 들어서며 마을 공동목장지에 각종 축산진흥사업들이 시행됐다. 그러나 운송수단이 변화하면서 제주마의 가치가 떨어져 사육두수가 감소하고 한때 멸종 위기에 이르기도 했다. 이에 제주마를 천연기념물로 지정하면서 혈통과 종을 보전하기 위한 노력들이 전개된다.

조랑말박물관 옥상에서

전시실을 둘러보고 옥상에 오르니 사방으로 오름 능선에 감싸인 넓은 초원이 펼쳐진다. 동쪽으로 눈을 돌리니 방목된 말들이 뛰놀던 목장이 있는데 멀리로 잣성이 보인다. 잣성은 세 가지가 있단다. 하나는 말이 산으로 올라가 길을 잃지 않게 한 것으로 상잣성이라 하고, 말들이 농작물을 해치지 못하도록 아래쪽으로 내려오지 못하게 하기 위해 쌓은 것을 하잣성이라고 한다. 중잣성은 상하 잣성 사이에 쌓은 것이다. 이 잣성들은 제주도 화산암으로 백리장성을 이어간다. 그것은 집담, 밭담, 산담에 이은 또 하나의 제주 돌문화로 담이 아닌 성이다. 중간엔 마장의 경계를 이루는 간성이 있고, 산마장을 관리하던 목감막(牧監幕)도 있으며 테우리들이 고된 노역에 지친 몸을 쉬게 했던 임시 테우리막도 있단다. 휘파람 하나로 말들을 몰고 다니던 테우리들의 고단했던 삶의 자취가 그렇게 느껴진다.

서쪽으로 향하니 그리움으로 가득 찬 따라비오름의 능선이 아련히 펼쳐진다. 따라비는 '땅할아버지'라는 뜻으로 따라비오름은 한자로는 지조악(地祖岳)이라 표기한다. 이 오름이 땅할아버지가 된 것은 주변을 둘러

| **따라비오름 가을 억새밭** | 따라비오름은 가을 억새가 피어날 때 가장 아름답다고 한다.

싸고 있는 오름들이 어머니인 모지오름(母地岳), 아들인 장자오름, 그리고 새끼오름으로, 따라비오름과 함께 마치 한가족처럼 보이기 때문이었다고 한다.

따라비오름은 세 개의 굼부리가 중첩되면서 만들어진 부드러운 곡선으로 아름답기가 용눈이오름만큼이나 대단하다. 여기 사람들은 이 따라비오름이 오름의 여왕이라고 한다. 나는 일찍부터 이 따라비오름을 꼭 오르고 싶었지만 한 번은 폭설로, 한 번은 폭우로 돌아가고 말았다. 따라비오름이 마치 나에게 오지 말라고 하는 것 같다고 쓸쓸히 말하자 가시리 농촌마을종합개발사업 사무장인 이선희 삼춘이 이렇게 위로했다.

"그건 따라비오름이 가을에 오라는 뜻일 거예요. 억새꽃 흐드러질 때

| 녹산장 유채꽃 | 제주도에서 유채꽃이 가장 많이 심어진 곳으로 봄이면 유채꽃 축제가 열린다.

면 그렇게 환상적일 수가 없어요. 두 시간이면 돌아나올 수 있으니 가을에 꼭 옵서예."

그러자 곁에 있던 이장님이 한마디 더 거든다.

"녹산장 봄 유채꽃은 어쩌고! 갑마장과 녹산장을 관통하는 녹산로는 제주에서 가장 아름다운 유채꽃길로 '한국의 아름다운 길 100선'에 이미 꼽혔어요. 또 가시리 10경에서 제1경이 녹산유채(鹿山油菜)인걸요."

나는 그 모든 것을 나의 제주답사 미완의 여로로 남겨두고 금년 가을에 다시 올 날을 기약하며 가시리를 떠났다.

잊어서는 안 될 그분들을 기리며

헌마공신 김만일 / 재일동포 공덕비 / 위미 동백나무 울타리 /
감귤박물관 / 이중섭 미술관 / 이즈미 세이이찌 / 돈내코 /
석주명 흉상

'헌마공신' 김만일

내가 2012년 7월 21일, 네번째로 가시리를 찾아간 것은 산마장(山馬場), 그 넓은 땅이 가시리마을 공동소유가 되었는가에 대해 좀더 알아보기 위한 것도 있었지만 더 큰 이유는 제주도 답사기를 마무리하면서 이분들을 이야기하지 않고는 크게 후회할 것이고 또 끝낼 수도 없다는 나 자신의 강렬한 요구 때문이었다. 그 첫번째 인물은 헌마공신 김만일의 이야기이다. 김만일을 모르고는 산마장도, 가시리 공동목장도 그 내력을 알 수 없다.

헌마공신(獻馬功臣) 김만일(金萬鎰, 1550~1632)은 경주 김씨로 선조 때 남원읍 의귀리 중산간지대에서 1만 마리의 말을 키우던 제주의 부호였다. 임진왜란이 일어나 육지부 목장들이 황폐해지자 김만일은 자신이 기르던 말 500두를 국가에 기증했다. 조정에선 그 말을 표선에 있는 제10 마장에서 기르도록 하고 김만일을 종2품 오위도총부(五衛都摠府) 부총관(副摠管)으로 임명했다.

이때부터 김만일은 선조 27년, 선조 33년, 광해군 12년, 인조 5년에 걸쳐 모두 1,300여 마리가 넘는 말을 헌마했다. 이에 인조 6년(1628)에는 종1품(지금의 부총리급) 숭정대부에 제수되었다. 이리하여 김만일의 이름 앞에는 헌마공신이라는 칭호가 따라붙게 되었다. 그리고 그의 아들 김대길과 손자 또한 국가가 필요로 할 때마다 헌마했다고 한다.

이후 효종 9년(1658) 나라에선 제10마장 내에 있던 동서별목장(東西別牧場)을 산마장으로 개편하면서 김만일의 아들 김대길을 초대 산장 감목관으로 임명하고 그의 개인 목장도 산마장에 흡수시킨 뒤 자손 대대로 산마감목관(山馬監牧官)을 맡도록 했다. 이리하여 김만일의 경주 김씨 후손들은 고종 32년(1895) 공마제가 폐지될 때까지 무려 238년 동안 산마장의 말 사육을 책임지게 되고 제주마 육성에 크게 이바지했다. 그들은 나라에 재산을 바쳤고 나라는 후손들에게 경영을 맡긴다는 약속을 200년 넘게 지켰다.

이후 산마장은 숙종 때 침장, 상장, 녹산장으로 개편되는데 그중 녹산장이 가장 커서 동서 75리, 남북 30리였다고 한다. 녹산장은 큰사슴이오름, 작은사슴이오름, 따라비오름, 여문영아리오름, 붉은오름 등을 연결하는 거대한 목장으로 녹산장이라는 이름도 큰사슴이오름에서 나온 것이라고 한다. 그리고 정조 때 말에 등급을 매겨 갑마장을 지정할 때 북쪽의 녹산장, 동쪽의 제10소장, 남쪽의 남원 신흥리까지가 900여 헥타르라는 방대한 규모였다. 해마다 4월이면 열리는 가시리 유채꽃큰잔치는 바로 따라비오름에서 큰사슴이오름 사이의 20만 평 대초지에서 열렸다.

조선시대 국영목장인 10소장의 공마제가 폐지된 뒤 일제강점기에 조

| **제주마의 고향 기념비** | 헌마공신 김만일을 기리기 위해 남원읍 마을회관 앞마당에 세운 기념비이다. 비석에는 '제주마의 본향(本鄕) 의귀(衣貴)'라고 쓰여 있다.

선총독부는 목야지의 황폐화를 막기 위하여 마을별로 목장조합을 구성하게 하여 1933년 갑마장을 중심으로 마을 공동목장을 설치하게 되었다. 후로 가시리가 지금껏 마을 조합원 공동명의로 이 목장을 운영하게 된 것이었다.

지금 남원 의귀리에는 김만일의 묘소가 있다. 제주도는 그가 조선시대 제주 목마장의 최대 지주로 헌마공신이라는 역사적 사실과 17세기 제주분묘의 가치를 인정하여 제주도기념물로 지정했고, 의귀리 사람들은 2008년 4월 25일 의귀리가 '제주마의 본향(本鄕)'이라는 것을 알리고 김만일의 헌마정신을 기리는 비를 마을회관 앞에 세웠다. 비문을 읽어보니 김만일은 조선시대 제주인으로서 가장 높은 벼슬에 오른 분이기도 했다.

제주인들의 기부정신

김만일의 헌마와 가시리 공동목장은 우리에게 시사하는 바가 매우 크다. 김만일의 헌마는 김만덕 여사의 구휼 못지않은 노블레스 오블리주이다. 자신의 부는 나누어 써야 한다는 제주사람들의 각별한 생각이 어디에서 비롯되었는지는 인류학적으로 규명해볼 만한 일이다.

지금도 제주의 묵은 동네를 다니다보면 수많은 공덕비들을 볼 수 있는데 그중에는 이 동네 출신인 재일동포 아무개가 헌금한 것에 감사하는 공덕비들이 거의 반드시 하나 이상 있어 한편으로 놀라고 신기하다는 생각을 한 적이 있다.

남원에서 본 것만 하더라도 남원 2리의 '향리 출신 재일동포 송덕비'(1978), 태흥리의 '태흥 출신 재일동포 공덕비'(1964), 위미리의 '위미 전기기금 재일교포 희사금 송덕비'(1967), 하례리의 '재일교포 전화개발 후원회 공적비', 하례리에 재일교포가 기금을 낸 '문화관 건축 기념비', 신흥리의 '재일교포 독지 기념비'(1966). 하도 신기하여 남원 읍사무소에 들러 이런 비가 또 어디 있는가를 물었더니 읍사무소에 이미 비치된 '재일동포 기부자에 대한 공덕비(송덕비) 현황'이라는 리스트를 복사해주는 것이었다. 무려 24곳이다. 놀라지 않을 수 없었다.

이런 일은 육지 어느 곳에서도 볼 수 없는 일이다. 도대체 무엇이 이들에게 이런 아름다운 공동체의식을 심어주었을까. 지금 내가 생각할 수 있는 것은 본향당 신앙이다. 영혼의 주민센터인 이 본향당은 제주인들의 마음의 고향이다. 지금 오오사까(大阪)에 있는 재일동포 대다수가 제주도 출신이다. 일본 토오꾜오대학 인류학과의 이즈미 세이이찌(泉靖一)가「토오꾜오에 있어서의 제주도인」이라는 논문을 발표한 것은 1950년인데 그가 토오꾜오 X지구 한 곳을 면접조사할 때 이 지역에만도 제

| 재일동포 공덕비 | 제주의 각 마을에는 재일교포 출향인사가 고향을 위해 기부해준 것에 감사하는 공덕비가 즐비하다. 전기가설공사, 장학사업, 문화회관 건립 등 기부 내용도 여러 가지인데 제주인들에겐 이런 기부 문화가 몸에 배어 있음을 명확히 알려준다.

주인이 500세대 2,000명이 살고 있었다고 한다. 이들은 일제강점기인 1920년대와 1948년 4·3 때 그야말로 혈혈단신 거친 바다를 건너 일본에 가서 새 삶을 꾸려간 분들이다. 이들이 어쩌다 고향에 찾아오면 먼저 찾는 곳이 본향당이라고 한다.

본향당에서 할망에게 신고할 때 없는 사람은 소지에 촛불 하나만 가져오는 것이 허용되지만 있는 사람이 그렇게 하면 할망이 보답을 해줄 리가 없다는 믿음이 지금도 있다. 그들에게 오색천을 가져오라 색동옷을 해오라는 것은 할망이 그것을 입고 싶어서가 아니었다. 그렇게 부자는 부자답게 행동하라는 노블레스 오블리주의 지침이 아니었을까. 그렇게 생활의 인이 박인 사람들은 자연스럽게 기부의 정신을 익혔던 것이 아닐까. 나는 그렇게 생각된다.

아랍처럼 빈부의 격차가 심한 곳도 없다. 그러나 그들은 부자를 증오하지 않는다. 부자는 부자답게 알라(Allah)의 이름으로 사회에 기부한다고 생각하기 때문이다. 1퍼센트와 99퍼센트의 갈등이 심화되고 있는 작금의 세태를 보면서 나는 제주인들의 기부정신과 본향당 신앙의 영험을 다시금 생각해보게 된다.

위미리의 동백나무 울타리

남원에 온 이상 제주도기념물 제39호로 지정된 위미리의 동백나무군락을 보러 가지 않을 수 없다. 동백꽃 만발할 때 가겠노라고 마음속으로만 품고 있었지만 이제 제주도 답사기를 마무리하기 위해서는 한여름 강한 빗줄기 속이라도 더이상 미뤄둘 수는 없었기 때문이다.

제주허씨를 몰고 내비게이션을 치니 위미리를 지나는 우회도로 남쪽 약 500미터 되는 바닷가로 안내하면서 내비가 종료되었다. 나는 처음엔

| 위미 동백나무 울타리 | 백 년 전 현맹춘 할머니가 척박한 땅을 가꾸기 위해 한라산 동백나무 씨를 심어 방풍림으로 조성한 것이 오늘날에는 장관을 이루는 숲으로 성장했다. 안쪽에는 야자수가 재배되고 있다.

이 동백나무군락이 동산을 이루고 있는 줄 알았는데 와서 보니 거대한 과수밭 울타리였다.

이 동백나무숲은 열일곱 살 나이에 위미리마을에 시집온 현맹춘(1858~1933)이라는 할머니가 해초 캐기와 품팔이를 하는 등 어려운 생활환경에서도 아껴가며 돈을 모아 만들기 시작한 것이다. 처음에 35냥으로 '버둑'이라는 돌멩이와 암반투성이의 황무지를 사들여 개간하면서 바닷바람을 막기 위해 한라산에서 동백 씨앗을 따다가 이곳에 뿌려 방풍림을 만들었다. 그뒤로는 농사가 잘되었다. 사람들은 이 숲을 '버둑할망돔박숲(버둑할머니동백숲)'이라고 부른다.

그 끈질긴 집념과 피땀 어린 정성으로 오늘날의 기름진 땅과 울창한 동백나무군락을 일군 것이다. 울타리 방풍림으로 아주 배게 심어서 현재 이 나무들은 자람경쟁을 심하게 하는 바람에 줄기는 가늘어 가슴둘레가

30센티미터 정도인 것이 대부분이지만 키는 한결같이 10미터에서 12미터에 달한다. 그중 굵은 동백은 가슴둘레가 족히 1.5미터인 것도 있어 수령 백년의 연륜을 느끼게 해준다.

지금 동백 울타리 안에는 야자수가 잘 자라고 있는데 그 평수가 얼마인지는 모르겠고 차로 한바퀴 돌아보니 족히 2, 3천 평은 되어 보였다. 동백나무들은 울타리 바깥쪽으로 쏠려 있고, 마침 동백 열매들이 쏟아져 내리기에 떨어진 열매를 보니 큰 것은 자두만 한 것도 있었다. 역시 동백은 남쪽나라의 나무라는 생각이 들었다.

독림가에 보내는 경의

현맹춘 삼춘이 우리에게 들려주는 교훈은 나무를 심는 분들의 위대함이다. 현맹춘 삼춘은 당신이 심은 이 동백나무가 이렇게 장하게 자라고 나 같은 후대인이 찾아와 이를 예찬하리라고는 상상도 기대도 하지 않았을 것이다. 현맹춘 삼춘을 꼭 독림가(篤林家)라고 할 수는 없지만 나는 육림가들이야말로 말없는 애국자라고 생각하고 있다.

내가 문화재청장이 되고 얼마 안 있어 청와대에서 갑자기 연락이 왔다. 대통령께서 주말에 조연환(曺連煥) 산림청장과 함께 부부동반으로 청와대에 들어와 북악산을 등반하고 점심을 같이하자는 것이다. 그래서 일요일에 우리는 북악산 정상까지 등반하고 점심을 하면서 이런저런 이야기를 하게 되었다.

그때 내가 먼저 세상에는 좋은 일 하면서 좋은 소리 못 듣는 분들이 있는데 그중 하나가 미술품 컬렉터라고 했다. 미술품 컬렉터가 있어서 우리 미술문화가 발전할 수 있고 또 고미술품 컬렉터들의 마지막 모습을 보면 자신이 미술관을 세우거나 수집품을 박물관에 기증하는 것으로 끝난다는 사실을 간송미술관, 호암미술관, 호림박물관, 박병래, 이홍근, 이병창, 김지태, 서재식, 남궁련, 이양선, 김용두 등의 사례를 들어 이야기했다. 그럼에도 사람들은 미술품 컬렉터들을 마치 돈이 넘쳐서 골동취미에 빠진 사람이거나 투기하는 사람으로 생각하는 경향이 있는데 이런 분위기를 국민들에게 올바로 인식시키는 것이 문화재청장으로서 가장 어려운 부분이라고 했다.

노무현 대통령은 내 얘기를 듣고 나서 자신도 미술품 컬렉터를 그런 관점에서는 생각하지 못했는데 이제 그분들의 문화에 대한 공헌이 있음을 알게 해주어 고맙다고 하셨다.

그러자 이어서 산림청장은 산림청에도 그런 사항이 있다며 세상엔 나무를 좋아하여 나무를 많이 심는 독림가가 많은데 이분들을 몇십만 평, 몇백만 평 땅을 갖고 있는 부동산 투기꾼으로 보는 경향이 있다면서 사실 독림가들은 자신이 심은 나무의 최종 형태는 보지도 못할 것을 잘 알면서도 나무를 심는 사람들이라고 강조하고 대통령께서 언제 기회 있을 때 이런 독림가의 현장을 찾아가 격려해주시면 큰 힘이 되겠다고 청을 올렸다. 역대 어느 대통령도 이런 일을 못해봤다고 강조했다. 이야기를 다 들은 노대통령은 꼭 그렇게 하겠노라고 그 자리에서 언약을 했다.

그러고 난 뒤 나는 산림청장을 만나면 어느 수목원에 모시고 갔다왔느냐고 물었는데 그때마다 아무 연락이 없다고 했다. 대통령이 그 많은 일을 하면서 점심 먹다가 한 이런 얘기가 뭐 머릿속에 남아 있겠느냐며 다 잊어버렸을 것이고 그때 열심히 들어주신 것만으로 고마울 뿐이라고 했다. 나는 그렇지 않을 것이라고 했다. 꼭 연락이 올 것이라고 장담했다.

그리고 몇달 뒤 노대통령은 정말로 독림가를 만나러 가자고 했고, 산림청장은 당시 독림가협회 김태원 회장의 청양군 정산면의 밤나무 농장을 둘러보았고 이후 300명의 독림가들을 청와대로 초청하여 만찬을 베

| **남원 해안도로 풍경** | 남원 해안도로를 따라가다보면 그냥 지나치기 너무도 아까운 아름다운 해안 풍경이 나타난다. 유적지도 관광지도 아닌 이 평범한 풍광에서 오히려 제주의 숨결과 속살을 만나는 것만 같다.

풀면서 "당신들이야말로 진정한 애국자이심을 알았습니다. 세상을 위해 이렇게 묵묵히 일해오심에 경의를 표합니다"라는 격려 아닌 감사의 말을 전했다고 한다(조연환 『산이 있었기에』, 시사출판사 2011).

지금 제주에 근 30곳의 골프장이 있으나 내가 '골'자도 꺼내지 않으면서 식물원, 수목원, 휴양림, 천연림에 대해서는 지나는 길마다 언급하고 있는 것은 이런 이유 때문이다.

감귤의 고장

남원에서 서귀포로 가는 해안도로는 정말로 아름답다. 한쪽으로는 바다가 크게 열려 있고 한쪽으로는 한라산이 아랫자락까지 한눈에 들어온다. 똑같은 한라산이지만 북쪽에서 보는 한라산은 간혹 독수리 같은 위

| **하례초등학교와 한라산** | 하례초등학교는 한라산 긴 자락을 배산으로 하고 있어 참으로 복받은 학교라는 생각을 하며 이 학교가 오래 유지되기를 축수하듯 기원했다.

용이 느껴지는데 남쪽에서 보는 한라산은 길고 결이 곱고 평화롭게 느껴진다. 하례초등학교를 지날 때는 학교 건물 뒤로 한라산이 치마폭을 드리운 듯 넓고 길게 퍼져 있어 기어이 학교 안으로 들어가 이 학교 학생들을 마냥 부럽게 생각하면서 사진 한 장 찍고 말았다.

바닷가로 달리다보면 방파제 아래로 아무렇게나 널려 있는 시커먼 바닷돌이 밀려오는 파도에 이리저리 뒹굴린다. 그래서 남원 쪽 갯돌들은 모난 것이 없이 동글동글하다. 이 검고 동그란 갯돌들이 바다 저 밑까지 퍼져들어가 바다는 검고 묵직한 색을 발하며, 파도가 해안가에 이르러 부서질 때는 희디흰 포말이 더욱 희게 보인다. 갯돌도 바다빛도 온통 검은빛인지라 포말은 더욱 하얗게 빛나고 열 갈래 스무 갈래로 부서지는 포말의 끝자락이 허공에 흩어질 때까지 남김없이 보여준다. 나는 이 길을 가면서 단 한 번도 그냥 지나간 적이 없고, 또 이 길을 가게 되면 얼만

| **귤밭 너머 한라산** | 제주에서도 귤은 남원 지방이 유명하다. 귤밭 너머 구름 뒤로 보이는 한라산은 제주의 전형을 말해주는 또 하나의 표정이다.

큼 가다 빨간 등대가 나타나면 사진을 찍고 가려는 기대를 갖고 떠난다. 그날도 어김없이 뚝방에 앉아 한참을 두고 먼바다를 보며 쉬어갔다. 그날 따라 파도소리는 왜 그렇게 처얼썩 하고 크고 빠르게 덤벼드는지.

 해안도로에서 일주도로 큰길로 빠져나오니 길가에는 한 집 걸러 한 집이 감귤 가게다. 같은 제주도 감귤이라도 산남(한라산 남쪽) 귤을 알아준다더니 천지 빛깔이 귤이다. 청정제주에서 노랗게 영근 감귤, 달콤한 맛과 그윽한 향기의 감귤, 그것은 제주도의 또 하나의 얼굴이다. 제주 동물의 상징이 조랑말이라면 과일은 단연코 감귤이다.

서귀포 감귤박물관

서귀포시 월라봉 기슭 저 멀리 한라산이 굽어보고 있는 언덕에 서귀포 감귤박물관이 자리잡고 있다. 2005년에 개관한 이 박물관은 감귤의 역사와 종류, 재배 방법, 감귤의 발생을 전시해놓았고, 세계 감귤의 모습을 패널, 사진, 동영상으로 자세히 설명해주고 있다.

그리고 유리온실인 세계감귤전시관에는 한국, 일본, 유럽, 아시아, 아메리카 등 여러 나라에서 자라는 감귤 140여 품종이 식재되어 언제 가도 상큼한 귤내음을 맡을 수 있고, 감귤 꽃과 열매가 달려 있는 생생한 현장을 만나볼 수 있다. 2012년 7월 내가 다시 이곳을 찾아갔을 때는 거짓말 보태 어린애 머리만 한 큼직한 하귤이 탐스럽게 달려 있고 나무 아래로는 여남은 개의 하귤이 떨어져 뒹굴고 있었다.

전시장을 둘러보니 엄청나게 자세히 감귤을 설명해놓아 너무 어려웠다. 답사기를 쓰려니 참을성을 갖고 읽어야만 했는데 눈길을 끄는 것이 있었다.

우리나라는 세계의 감귤류 재배지 중에서 가장 북부에 있으므로 재배 품종은 제한적일 수밖에 없는데 1911년 일본에서 도입된, 추위에 잘 견디는 귤나무가 주종을 이루고 있다고 한다. 1960년대초까지만 해도 서귀포를 중심으로 한 제주도 산남에서만 감귤류가 생산되었으나 그동안 많은 시험 재배 결과 최근에는 해발고도 200미터 이하의 제주도 일원과 육지의 남부지방 통영·고흥·완도·거제·남해 등지에서도 감귤류가 재배되고 있다고 한다.

감귤류의 종류를 보니 제주도 감귤은 낮은 온도에 가장 잘 견디는 종자이고 씨트론(citron), 레몬(lemon), 그레이프프루트(grape fruit, 자몽), 사워 오렌지(sour orange), 당귤, 유자(柚子), 귤, 탱자, 금감(金柑, 낑깡) 등이 모두 여기 해당한단다.

| 감귤박물관 | 제주를 대표하는 과일인 감귤의 특성과 세계 귤의 종류 등을 전시한 박물관으로 2005년에 개관했다.

힘들게 패널을 읽어가다가 나는 그레이프프루트에서 옛날 생각이 떠올라 혼자 웃었다. 중학교 때 나는 선생님에게 곤란한 질문을 많이 해서 미움도 샀고 귀여움도 받았다. 역사선생님이 한니발 장군의 로마 정벌을 얘기하면서 한니발이 코끼리를 타고 알프스를 넘어 로마로 진군할 때 갈증을 느끼는 병사들에게 저 산 너머에 '신포도'가 있다고 하니 병사들이 침을 꼴깍 삼키면서 산을 넘었다는 얘기였다. 이때 내가 선생님께 질문했다. "포도가 달지 왜 시어요? 신포도라는 종자가 따로 있나요?" 그러자 선생님은 저 녀석이 또 쓸데없는 질문을 한다고 꿀밤을 때리고 지나갔다.

나는 이것이 억울했다. 차라리 한니발과 거의 비슷한 시기에 『삼국지』에서 조조가 병사들이 목말라하는 것을 보고 저 너머 석류가 있다고 해서 병사들이 침을 꼴깍 삼키게 했다는 얘기와 곁들여주었으면 더 재미있었을 것이라고 생각했다. 나중에 한니발 장군의 이 이야기를 읽어보니 그때 한니발이 말한 것은 신포도가 아니라 그레이프프루트, 즉 자몽이었다. 그런데 당시 번역하는 사람이 자몽이라는 것을 먹어본 적도, 본 적도, 들은 적도 없으니까 '그레이프'를 포도라고 하고, 문맥상 시어야 하니까 신포도라고 한 것이었다. 오역이라기보다 의역이었던 것이다. 그러나 그 역사선생님은 나의 호기심을 좋게 보아서 이담에 대학 갈 때 역사학과 가라고 하셨던 좋은 분이었다.

임백호의 귤유보(橘柚譜)

서귀포 감귤박물관을 비롯하여 우리나라 공공 전시관들을 보면 안타까울 때가 많다. 이 전시장에는 최소한 백호 임제의「귤유보(橘柚譜)」를 소개했어야 한다. 조선시대 학자들이 우리의 자연과 자연적 자산에 얼마나 섬세했는가는 흑산도로 유배간 정약전 선생이 유배 중에 편찬한『자산어보(玆山魚譜)』라는 물고기 도감이 잘 말해준다. 귤에 관해서 그 종류를 본 대로 조사하여 귤과 유자의 족보를 처음 말한 것은 임백호의「귤유보」이다.

유자(柚) 호남·영남의 연해에도 역시 많다. 잎은 두껍고 작으며 그 열매는 가을에 노랗게 익는데 껍질이 두껍다.
당유자(唐柚) 나무는 유자와 같은데 꽃이 희고 그 열매는 형상이 참외와 같으면서 조금 작으며 껍질은 울퉁불퉁하다. 여자귤(荔子橘)같이 생긴 것이 있는데 화과보(花菓譜)를 살펴보면 여자귤(荔子橘)이 나오니 곧 이것이 아닌가 한다.
감귤(柑) 그 열매는 껍질이 얇고 매끄러우며 유자보다 작다. 빛은 노랗고 맛은 달면서 시다.

| 감귤 | 1. 유자 2. 감귤 3. 문단 4. 향문감 5. 그레이프프루트 6. 한라봉

유감(乳柑) 감귤과 흡사한데 약간 작고 껍질이 두껍지만 맛은 더 달고 물이 많으며 빛은 다 청황색인데 한겨울이면 아주 푸르다.

대금귤(大金橘) 껍질은 감귤과 같고 빛깔은 황금 같다. 크기는 유감과 같으면서 맛은 유감이 나은 편이다.

소금귤(小金橘) 빛깔과 맛은 금귤과 같은데 그 열매가 금귤보다 훨씬 작다.

동정귤(洞庭橘) 금귤과 같은데 빛깔과 맛은 그만 못하다. 소금귤보다 약간 크다.

청귤(靑橘) 껍질은 당유(唐柚)와 같고 작기는 동정귤과 같으며 빛깔은 푸르고 맛은 대단히 신데, 겨울을 지나고 여름으로 들면 맛이 달고 물이 많다.

산귤(山橘) 청귤과 꼭 같은데 빛깔이 노랗고 씨가 많으며 맛이 시다.

| **이중섭 미술관** | 서귀포에는 이중섭이 한국전쟁 중 1년간 피난살이를 했던 집을 복원하고 그의 예술을 기리는 미술관이 있다.

임백호가 제주에 머문 기간은 아주 짧았다. 그 틈에 이런 조사를 했으니 그를 더이상 낭만의 시인이라고만 하면 안 될 것이다. 이 귤보에 해당하는 귤의 실물이나 사진을 함께 전시했다면 그것은 제주의 아이덴티티를 찾아가는 제주학으로서 식물학의 한 성과였을 것이다.

임백호 이후 정운경(鄭運經, 1699~1753)의 『귤보』(1732), 조정철(趙貞喆, 1751~1831)의 「귤유품제(橘柚品題)」가 있으니 이를 곁들이면 금상첨화가 아니었을까.

서귀포의 이중섭 미술관

이제 나는 서귀포로 들어가 나의 긴 여정을 마칠 때가 되었다. 서귀포를 얘기하자면 그것 또한 한 차례 답삿길이 된다. 천지연폭포, 정방폭포,

엉또폭포, 쇠소깍, 외돌개, 주상절리, 여미지 식물원…… 그러나 이 모두는 굳이 내 답사기가 아니라도 익히 잘 알려져 있고 내가 남보다 더 잘 설명할 수 있는 곳들이 아니다.

다만 이중섭 미술관에 대해서만 간략한 소개와 내 소견을 말해두고자 한다. 대향(大鄕) 이중섭(李仲燮, 1916~56)은 우리나라 근대미술에서 「황소」 「달과 까마귀」 「부부」 등 주옥같은 몇점의 명화를 남기고 41세에 세상을 떠난 비운의 화가이다.

사람들은 그를 전설적인 화가, 천재화가라고도 칭송하지만 내가 보기엔 예술적 재능, 대상의 특질을 귀신같이 포착하여 거기에 자신의 감정을 실어넣는 것은 뛰어났지만 성격상으로는 대단한 에고이스트였고 사회성에 문제가 많았던, 그래서 비극적으로 인생을 마감한 아까운 화가였다.

그는 평양 윗고을인 평원군에서 태어나 오산고등학교를 졸업하고 20세 때 토오꾜오의 제국미술대학에 유학하면서 화가로 활동했고 여러 전시회에 출품했다. 25세 때 일본여성 마사꼬(한국명 이남덕)와 연애를 시작했으나 여자 집안의 반대로 결혼을 미루다가 28세인 1943년에 원산으로 귀국했다. 1945년 30세 때 한국으로 찾아온 이남덕과 결혼하여 태성, 태현 두 아들을 낳았다. 이때부터 한국전쟁이 일어나는 1950년까지 5년간은 이중섭이 가장 행복했던 시절이었다.

35세 때인 1950년 한국전쟁이 일어나자 원산을 떠나 부산으로 피난하고 이듬해인 1951년 1월부터 12월까지 서귀포에 안착하여 네 가족이 피난의 고통 속에서도 단란한 한때를 보냈다. 지금 이중섭 미술관 아랫쪽에 있는 초가집엔 그가 살았다는 아주 작은 방이 있다. 이 좁은 방에서 네 식구가 살았다는 게 믿기지 않지만 그는 아주 행복해했다.

그러나 1951년 12월 부산으로 이사하고 1952년 7월에 부인과 두 아들이 일본으로 간 후에는 가족에 대한 그리움으로 몸부림치게 된다. 종군 화가로 근무하기도 했지만 부산 르네상스 다방에 앉아 은지화를 그리며 그리움을 달랬다. 1953년 이중섭은 시인 구상(具常)의 도움으로 여권을 구해 일본의 처갓집을 방문하여 아내와 두 아들을 만나보고 열흘 만에 돌아왔다.

귀국 후에도 가족에 대한 그리움으로 괴로워하면서 무절제한 생활을 하고 통영, 진주 등지에서 출품하곤 했다. 그리고 1955년 1월, 40세 때 서울 미도파화랑에서 생애 처음이자 마지막이 된 개인전을 열었다. 그러나 6월 정신분열증 증세를 보여 성누가병원에 입원했고 1956년 9월 적십자병원에서 생을 마감했다. 병명은 영양실조와 간염이었다. 사망한 지 사흘 만에 친구들이 수소문해서 찾아오니 시신과 밀린 병원비 청구서만 있었다고 한다. 친구들은 화장한 뒤 그의 유해를 망우리공동묘지에 안장했다.

그의 일생을 보면 우리가 동정은 할지언정 특별히 존경할 면은 보이지 않는다. 그러나 그의 작품을 보면 인간이 가질 수 있는 그리움의 감정이 넘쳐흐른다. 이중섭은 화풍이나 시대사조엔 관심이 없었다. 그는 어떤 대상을 그리든 자신의 감정을 실어 대상을 변형시키고 화면을 재구성하면서 감동의 폭을 극대화했다. 그리고 그 주제는 언제나 그리움이었다.

그리움의 예술가로는 시인 김소월(金素月) 같은 분이 없다. 그러나 소월의 그리움은 가져보지 못한 것에 대한 그리움이다. 그의 「초혼」 같은 시를 보면 "불러도 주인 없는 이름이여!/부르다가 내가 죽을 이름이여!"라며 그리움을 극대화했다. 그러나 이중섭의 그리움은 가졌던 행복을 잃은 데에서 비롯된 그리움이기 때문에 더욱 절박해 보인다. 황혼에 울부짖는 「황소」의 눈망울에는 깊은 고독의 그림자가 서려 있고, 두 마리 닭이 입맞춤하는 「부부」에서는 끝모를 그리움의 감정이 표출된다. 우리 근

| 이중섭 「**서귀포의 환상, 낙원**」 | 이중섭의 작품 중 아주 예외적이라 할 만큼 평화롭고 행복에 가득 찬 분위기가 있다. 실제로 이중섭은 서귀포 피난시절을 더없이 행복하게 생각했다.

대미술에서 이처럼 절실하게 자신의 감정을 대상에 실어보낸 화가는 없었다.

우리 근대미술에서 박수근(朴壽根)이 대상을 철저히 객관화하여 고단했던 우리네 삶을 담아냈다면 이중섭은 주관적 감성의 표출로서 예술을 구현했으니 두 분의 대가가 있어 우리 미술은 외롭지 않게 되었다.

그런 이중섭이 1년간 피난생활을 한 서귀포는 한국 근대미술의 한 현장이 되고도 남아 그렇게 기념관을 갖게 된 것이다. 그런 딱한 삶을 산 이중섭이었지만 서귀포 시절만큼은, 궁핍했을지언정 마음은 행복하고 안정되었기에 그 시절 그의 그림 「섶섬이 보이는 풍경」「서귀포의 환상, 낙원」 등은 대상이 긍정적으로 포착되어 아주 따뜻하고 편안하고 행복해 보인다. 이중섭으로서는 대단히 예외적인 작품이라고 할 것인데, 정신분열을 일으키는 고통 속에서 그린 것은 명화라 하고 행복했던 시절

| **이중섭「황소」**| 이중섭 예술의 가장 큰 매력은 그리움의 감정을 극대화시킨 것이라고 할 때 이 황혼어 울부짖는 황소 그림이 가장 이중섭답다고 할 만하다.

에 그린 것은 예외적이라 말하고 있으니, 인생이 묘한 것인가 평론이 잔인한 것인가. 그러나 고독하고 불우할 때 명화가 나온 것은 이중섭뿐만이 아니니 그것을 예술의 생리(生理)로 돌려야 할 것이다.

제주학의 선구자들

내가 서귀포의 천하절경들을 뒤로하고 마지막 답사지를 돈내코로 향하는 이유는 '제주학의 선구자' 석주명을 만나는 것으로 이 책을 마무리하기 위해서다. 육지사람들에겐 잘 전해지지 않은 소식이지만 작년(2011) 한 해는 '제주학에 대한 논의가 그 어느 해보다 뜨거웠다.'(『제민일보』 2011. 11. 3)

제주발전연구원 제주학연구센터는 개소 기념으로 '제주학의 발전방

안 모색을 위한 세미나'를 개최했고, 1997년에 출범한 제주학회는 제36차 전국학술대회 주제로 '제주학 연구의 성과와 과제'를 내걸었으며, 제주문화재단은 '제주학의 선구자: 제주를 빛내다'를 주제로 하여 연속강좌를 열었다. 오랫동안 논의되어온 제주학이 그 뿌리를 찾고, 학문적 틀을 만들어가는 구체적인 성과이고 노력이어서 여간 반가운 것이 아니었다. 여기에 참여한 학자들은 제주인에 국한하지 않았고 전국의 각 분야 학자들이 동원되어 그 의의를 더욱 깊게 한다.

또 제주학의 선구자로 지목한 분들 역시 제주인에 국한하지 않고 국내는 물론 외국학자들의 노력을 가치있게 받아들이는 연구자세에 경의를 표하게 된다. 이들이 제주학의 선구자로 주목하는 여섯 분은 다음과 같다.

1. 일찍이 제주학을 부르짖은 나비박사 석주명(石宙明, 1908~50)
2. 왕벚나무 표본을 채집해 세계에 알린 프랑스 신부 타케(E. J. Taquet, 1873~1952)
3. 제주 특산식물의 하나인 구상나무를 명명한 영국인 윌슨(E. H. Wilson, 1876~1930)
4. 1930년대 제주도민의 생활상을 기록한 『제주도(濟州島)』의 저자 이즈미 세이이찌(泉靖一, 1915~70)
5. 제주인이 쓴 첫 제주통사로 평가되고 있는 『탐라기년(耽羅紀年)』의 심재(心齋) 김석익(金錫翼, 1885~1956)
6. 제주사의 토대를 닦은 향토사학자 김태능(金泰能, 1906~72)

이 중 이즈미 세이이찌의 저서 『제주도』(1966)는 인류학적 입장에서 본 제주학 개론의 사실상 첫번째 저서이다.

이즈미 세이이찌의 『제주도』

일본 메이지대학 인류학과 교수 이즈미 세이이찌의 평생 연구는 『제주도』 한 권으로 압축된다. 마치 동양철학자 후지쯔까 치까시(藤塚隣)의 연구가 「추사 김정희」로 요약되듯이.

경성제국대학 국문학과 학생으로 산악부 대장을 맡고 있던 이즈미는 1935년 12월 30일 한라산 등반에 나서 관음사 코스로 올라 개미목 산장까지 무사히 도착했다. 이튿날 마침내 백록담 정상에 올랐으나 순간 풍속 40미터의 강풍과 눈보라 속에서 동료 마에가와 토모하루(前川智春)가 조난당했다. 그는 한라산 조난사 내지 한국산악사의 첫 희생자였다. 이즈미는 7일간 수색했지만 아무런 흔적도 찾지 못했다. 제주사람들은 심방(무녀)에게 물어보았는데 죽지 않았다고 했다. 이때 이즈미는 제주 심방을 처음 접했고 그렇게 믿고 싶어했다.

이즈미는 서울로 돌아가 아베 선생에게 조난 사실을 보고했다. 이에 아베 선생은 "해군 항공대에서는 비행기 날개의 작은 파편만 찾아도 조난 원인을 알 수 있다고 들었는데 이같이 동화 같은 보고밖에 못하느냐"고 질책했다. 그래서 1월말 다시 제주도를 찾아갔으나 역시 시신을 발견하지 못했고 5월 초순 사체가 발견되었다는 전보를 서울에서 받았다.

이후 이즈미는 전공을 인류학으로 바꾸고 제주도를 연구하기 시작했다. 제주도는 처음부터 그에게 강렬하고도 이질적인 세계였으며, 제주 심방의 신탁을 들은 뒤 그네들의 사고와 삶의 방식에 깊은 관심이 일어났다고 했다. 1938년 졸업논문으로 제출한 것이 「제주도: 그 사회인류학적 연구」였다. 이후 그는 일본으로 돌아가 메이지대학 인류학과 교수가 되었다. 그는 제주도 연구를 계속하고 싶어했다. 그러나 1945년 해방이 되면서 한일 국교가 단절되어 제주에 올 수 없었다. 대신 그는 「토오꾜

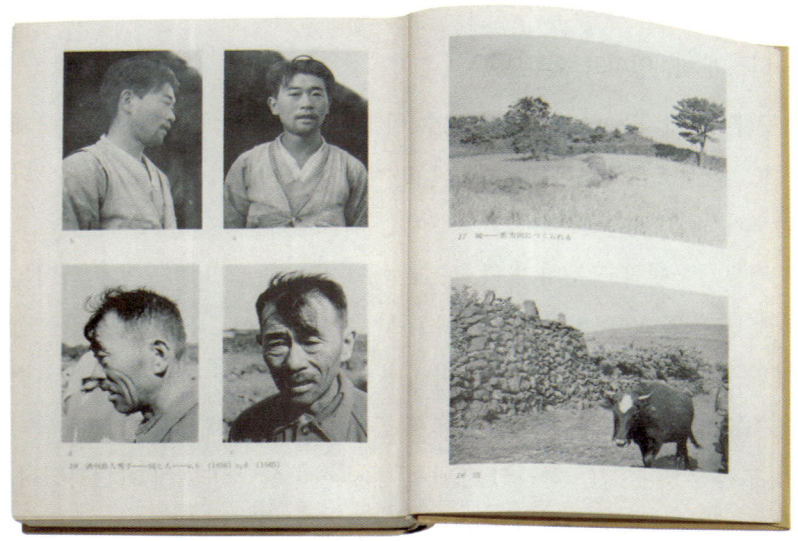

| 이즈미 세이이찌 『제주도』 | 30년에 걸쳐 쓴 세 편의 제주도 논문을 묶어 펴낸 그의 저서 『제주도』에는 처음 교래리에서 만난 청년을 30년 뒤 다시 찾아 인류학적 보고 형식으로 찍은 정면, 측면 사진이 실려 있다.

오에 있어서의 제주도인」을 인류학적으로 연구하여 1950년에 논문으로 발표했다.

 그리고 그가 다시 제주도를 찾게 된 것은 1965년 한일국교정상화가 된 뒤 1966년 관광비자로 입국했을 때였다. 30년 만에 제주도에 다시 와 옛 학우였던 김택규, 이두현, 장주근 등 국내 인류학·민속학자와 제주대 현평효, 현용준 교수와 당시 학생이었던 고복실, 송상조의 협력을 받고 당시만 해도 쉬쉬하던 4·3사건 관계 자료를 김민주씨에게 얻어 제주도의 지난 30년의 변화를 조사했다.

 이때 이즈미는 30년 전에 조사했던 교래리로 갔다. 당시 그가 논문에서 제주인의 얼굴로 제시했던 사람의 정면, 측면 사진을 갖고 가서 그분을 찾았다. 4·3 이후 마을이 불타 30년 전과는 전혀 다른 이 마을에서 수

소문 끝에 그분을 만났다. 그 30년 사이 그분은 너무도 변해 알아볼 수 없을 정도였다. 그 얼굴엔 지난 30년간의 제주도가 다 서려 있는 듯했다. 그분을 만나자마자 이즈미는 한없이 눈물을 펑펑 쏟았다고 한다.

귀국 후 이즈미는 학부논문과 이후 연구를 '제주도민속지' '토오꾜오의 제주인' '제주도에 있어서 30년' 등 3부로 묶어 1966년 『제주도』(東京大學出版會)라는 단행본 연구서를 출간했다. 이 책은 제주도에 관한 연구서를 넘어서 인류학적 조사 방법과 분석, 서술의 한 전범을 제시한 명저로 평가되고 있다. 그리고 1970년 고혈압이 있던 55세의 이즈미는 엎드려 구두끈을 매다가 쓰러져 사망하고 말았다. 일본인이 쓴 제주도 기행문으로는 '일본의 국사(國師)'로 불렸던 시바 료오따로오(司馬遼)의 『탐라기행』(우리말 번역본은 학고재에서 출간)이 있지만 이즈미의 『제주도』야말로 진실로 제주도를 사랑하는 마음으로 쓴 저서이다.

그는 인류학자이자 산악인이었다. 그는 『알프』라는 산악잡지에 1967년부터 4년째 등반기를 연재 중이었다. 동료는 이 글을 묶어 유고집 『머나먼 산』(新潮社 1971)으로 출간했다. 이 책을 보니 그는 한라산뿐만 아니라 금강산, 백두산, 지리산 등 조선의 명산을 두루 섭렵했고 뉴기니, 중앙아시아도 탐험했다. 그중 제주도 한라산을 길게 언급하면서 인류학으로 전향하게 된 동기에 대해 이렇게 말했다.

"마에가와 군이 살아 있다는 제주 심방의 신탁은 맞지 않았지만, 그들은 그들의 논리나 사고의 체계가 있었다. (…) 나는 마에가와 군이 잠들어 있는 제주도를 제주인의 입장에서 진지하게 그려내고 싶다는 생각을 하게 되었다."

| **석주명을 기리는 작은 공간** | 서귀포 토평사거리의 그가 한때 근무했던 경성제대 생약연구소(현 제주대 아열대농업생명과학연구소) 한쪽에 그를 기리는 흉상이 세워져 있다.

석주명 선생의 흉상 앞에서

2011년 10월, 제주대학교 탐라문화연구소에서는 '학문 융복합의 선구자 석주명을 조명하다'라는 대규모 심포지엄이 이틀간 열렸다. 석주명 선생은 정녕 그런 분이었다. 나비박사, 에스페란토 초기 운동가, 산악인, 그리고 제주학의 선구자.

내가 석주명 선생을 알게 된 것은 조선 말기의 화가인 남계우(南啓宇, 1811~88)의 나비 그림에 대한 그의 평 때문이었다. 나비를 잘 그려 '남나비'라는 별명을 얻었던 남계우는 수백 수천 마리의 나비를 잡아 책갈피에 끼워놓고 실물을 창에 대고 그렸다는데, 과연 나비박사는 이를 어떻게 보았을까 궁금해서였다. 놀랍게도 석주명은 남나비의 그림이 워낙 정확해서 무려 37종의 나비를 암수까지 구분해낼 수 있었다고 한다. 그리고 남계우의 나비 그림이야말로 일본의 국보로 지정된 마루야마 오오꾜

| 석주명 흉상 | 우리는 그를 나비박사라고 부르지만 그는 또한 제주학을 부르짖은 선구자이기도 했다.

(圓山應擧, 1733~95)의『곤충도보(昆蟲圖譜)』보다 훨씬 훌륭하다고 극찬했다. 그의 생물학엔 이미 인문학적 사고가 깊이 들어 있었다.

석주명은 1908년 평양에서 부유한 집안의 아들로 태어났다. 개성 송도고등학교를 졸업한 뒤 카고시마(鹿兒島) 농림전문학교 박물과(생물과)에 다니면서 은사의 권유대로 조선의 나비에 대해서 연구했다. "한 분야에 10년간 집중하면 그 분야의 전문가가 된다"는 지도교수의 충고를 받아들인 것이었다. 1929년 졸업 후 대학에 진학하지 않고 함흥 영생고보와 모교인 송도고보에서 박물교사가 되었다. 그는 전국 산하를 돌아다니며 무려 75만 마리 표본을 만들었다. 그리고 이를 계통분류하여 같은 종이면서 다른 이름을 갖고 있는 844개를 퇴출시키고 한국의 나비를 248종으로 정리했다. 한반도 지도에 그가 나비를 채집한 곳을 빨간 점으로 표시해놓은 것을 보면 빈 곳이 없을 정도로 새빨갛다. 놀라운 탐사의 여정이었다.

초급대학밖에 나오지 않은 식민지의 이십대 교사가 제국대학 교수들의 연구를 뒤집어놓으면서 세계적 주목을 받게 되어 토오꾜오제국대학에서 초청발표를 하고 영국 왕립아시아학회 조선지부의 지원을 받아『조선산 나비 총목록』(*A Synonymic List of Butterflies of Korea* 1940)을 펴냈다.

1942년 경성제국대학 생약연구소의 촉탁으로 송도고등학교를 떠날

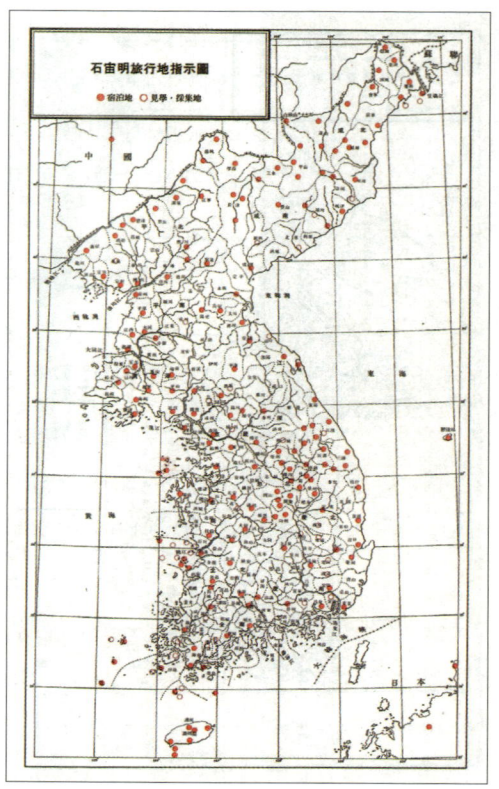

| 석주명 선생이 나비를 채집한 곳 | 석주명 선생이 나비를 채집하면서 그린 지도에는 자신이 채집한 곳을 빨간 동그라미로 표시했는데 전국 어느 한 구석 빠진 곳이 없다.

때 석주명은 중요한 표본만을 챙긴 채 70만 마리의 나비 표본을 모두 불태워버렸다. 그가 떠난 뒤 관리자가 없으면 병충해의 원인이 될 것을 우려했기 때문이라고 한다. 석주명은 1943년 4월 생약연구소의 제주도시험장에 자원하여 제주도로 왔다. 이때부터 2년여 동안 그는 제주도 나비뿐만 아니라 '제주학(濟州學)'을 부르짖으며 '제주도 총서' 여섯 권을 펴냈다.

제1권 『제주도 방언집』(1947)
제2권 『제주도 생명조사서: 제주도 인구론』(1949)
제3권 『제주도 관계 문헌집』(1949)
제4권 『제주도 수필: 제주도의 자연과 인문』(1949, 이하 유고)
제5권 『제주도 곤충상』(1970)
제6권 『제주도 자료집』(1971)

해방 후 1945년에는 수원 농사시험장의 병리곤충학부장, 1946년에는 국립과학박물관 동물학부장을 지내면서 나비연구, 에스페란토어 보급, 제주도 연구, 한국산악회 활동, 국토구명사업에 열과 성을 다했다. 1950년 한국전쟁 중 석주명은 서울에 남아 있었다. 그러나 국립과학관이 불타면서 그의 나비 표본 15만 점이 모두 불타버렸다.

그리고 그해 10월 6일 빈대떡집에서 술취한 청년들과 시비가 붙었다. 석주명은 "나는 나비밖에 모르는 사람이다"라고 했으나 그들은 인민군 소좌라며 총을 쏘고 사라졌다. 향년 42세였다.

석주명에게는 한국복식사로 유명한 단국대 박물관 석주선기념관의 석주선(石宙善)이라는 여동생이 있었다. 석주선은 일찍이 옛 복식자료를 수집하여 60여 벌을 갖고 있었다. 그런데 1·4후퇴로 인천에서 부산으로 피난가는 배를 타는데 자신의 이 복식자료와 오빠 석주명의 미간행 원고뭉치 중 하나밖에 가져갈 수가 없었다. 석주선은 고민 끝에 자신의 복식자료를 포기하고 오빠의 원고를 짊어지고 피난갔다. 이것이 훗날 간행된 『한국산 접류 분포도』라는 지도 500장, 『한국산 접류의 연구』, '제주도 총서' 제4, 5, 6권이다.

그런 석주명이었는데 세상은 나비박사 석주명을 잊어가고 있었다. 다행히 전기작가 이병철의 집요한 추적 끝에 1989년 『석주명 평전』이라는 명저가 나오면서 그는 세상에 다시 알려지기 시작했고, 마침내 2009년 3월에 '과학기술인 명예의 전당'에 헌정되었다.

그 짧은 기간에 수많은 연구업적을 남기면서 '제주도 총서' 여섯 권을 펴냈다는 것도 놀라운데 언어, 사회, 문학, 자연, 그리고 자료집까지 집대성했으니 그는 가히 제주학의 선구였다. 이는 제주도를 사랑하지 않고는 할 수 없는 일이었다. 실제로 그는 스스로 반(半)제주인이라고 했다.

나는 제주학의 선구자, 우리가 잊어서는 안 되는 석주명 선생의 흉상이 있는 돈내코 토평사거리를 나의 제주답사기의 마지막 종점으로 삼으려 한다.

돈내코로 가는 길

토평사거리는 제주사람들이 돈내코라고 부르는 곳에 있다. 토평은 한자로 '吐平' 또는 '土坪'이라고 표기하는데 옛 문헌에는 '돗드르ᄆ을'로 되어 있다. '드르'는 들판을 가리키는 제주어이고, '돗'은 돼지를 가리키는 것이라고도 하나 그것이 왜 토(土, 吐)가 되었는지는 유래가 명확지 않다고 한다. 그런데 돈내코의 돈은 돼지, 내는 하천, 코는 입구를 뜻하는 것으로 '멧돼지들이 물을 먹었던 하천 입구'를 말하는 것으로 해석되고 있다.

돈내코로 가는 길은 제2산록도로(1115번)가 제격이다. 특히 탐라대학교에서 돈내코로 가는 길은 2차선 도로가 파도처럼 일렁이며 곧게 쭉 뻗어 있어 신나게 달릴 수 있다. 돈내코는 한라산 등반 코스의 초입 중 하나로 1994년부터 자연휴식년제로 인해 등산로가 폐쇄되었다가 2009년부터 15년 만에 개방된 한라산 비경의 하나이다. 그리고 돈내코에는 천연

| 돈내코로 가는 길 | 한라산 남쪽 산자락을 가로지르는 제2산록도로는 곧은 길이 마치 파도처럼 굴곡을 이루며 길게 뻗어 있다.

기념물 제191호로 지정된 제주 한란의 자생지(천연기념물 제432호)가 있다.

이곳에서 자생하는 제주 한란은 특히 잎의 선이 빼어나고 꽃의 형태가 학이 날개를 펴고 있는 것처럼 날렵하고 모양과 색상이 다양하여 '난초의 여왕'이라 불린다. 추울 때 꽃이 핀다 하여 '한란(寒蘭)'이라 부르며, 9월에 꽃대가 올라와서 10월 중순부터 피기 시작하며 11월 중순까지 개화한다. 제주 한란은 한 줄기의 꽃대에 많은 꽃을 피우며 잎의 모양과 향기가 좋아 줄기 하나에 여러 개의 꽃을 피울 때면 더욱 아름답다.

2002년 이전에는 자생 한란이 50여 촉에 지나지 않아 2004년 멸종위기 야생식물 1급으로 지정하고 지속적인 생태계 복원사업을 벌여, 현재 개체수가 3,500여 촉에 이르고 있어 지금은 생태공원에서 일반에 공개하고 있다.

| 서귀포 귤빛여성합창단 | 2005년에 창단한 단원 35명의 여성합창단이다. 나는 여기서 제주인의 아름다운 삶의 모습을 본다.

　아름다운 풍광과 한란의 향기를 간직하고 있는 토평동 네거리 한쪽에는 몇해 전에 석주명 선생의 흉상이 세워졌다. 석주명 선생이 한때 근무했던 경성제대 생약연구소 제주도시험장, 오늘날 제주대학교 아열대농업생명과학연구소가 있는 한 모서리다. 노랑나비 빛깔의 입간판은 눈에 띄게 아름다운데 저 안쪽에 석주명 선생이 해맑은 모습으로 나를 맞아준다. 유감스럽게도 흉상을 너무 작게 만들어 왜소해 보였다. 아마도 등신대를 염두에 둔 것 같은데, 본래 등신대 조각이란 본래 크기보다 20~30퍼센트는 크게 해야 실물대로 보인다는 사실을 간과한 모양이다.

　그러나 지금 여기에 그분의 조각을 보러 온 것은 아니다. 나는 삼가 고인의 명복을 빌고 꽃 한송이를 바치며, 당신이 제창한 제주학이 반석에 오를 것이라고 속으로 아뢰면서 나도 그런 날을 기대하며 이 책을 썼다고 말씀드렸다.

　그리고 선생의 영전에 노래 한 곡을 바치고 싶어졌다. 선생께 들려드리고 싶은 노래는 '서귀포 귤빛여성합창단'이 제주어로 노래한 「도대지기(등대지기)」다. (제주어 가사는 제주도 삼춘들이 알려준 대로 옮긴 것이다. 귤빛여성합창단의 가사는 이와 약간 다르다.)

얼어붙은 둘 그르메   얼어붙은 달 그림자
물절 우티 ᄀᆞ득ᄒᆞ고   물결 위에 차고
ᄒᆞᆫ저슬에 사나운 절   한겨울에 거센 파도
모둡는 족은 섬   모으는 작은 섬

생각ᄒᆞ서 저 도대를   생각하라 저 등대를
직허는 사ᄅᆞᆷ의   지키는 사람의
훌륭지고 곱들락헌   거룩하고 아름다운
ᄉᆞ랑의 ᄆᆞ심을   사랑의 마음을

지명 찾아보기

ㄱ

가막소 → 갈마수
가시리(가시리마을) 389, 397~99, 401, 406, 411, 412, 419, 421~24, 426, 427, 429~32
ᄀ눈세미ᄆᆞ을 44
굴막개 15
갈마수 252, 253
감귤박물관 429, 441~43
강병대 교회 365, 393, 394
강정마을 8
개낭개 52
개미목 산장 451
개발머리 52
개오리(가오리)오름 → 견월악
개우셋굴 127
거문오름 6, 82, 111, 115, 117, 122, 127~29, 132~35, 137
건영목장 104
건입동 250
검은흘 15
견월악 405
고망난돌(고망난돌 쉼터) 163, 164
고산리 4, 289, 302, 388
고성리 94, 236
곽지리 289
관덕정 62, 64, 67, 206~9, 212, 225, 240~48, 253, 255~58, 355, 380
관음사 168, 451

관탈섬 176
교래(교래리) 15, 82, 96, 397, 406, 412, 413, 415~17, 419, 452
구럼비바위 8
구억(구억리) 288, 289, 296
구좌(구좌읍) 6, 13~16, 80, 83, 89, 94, 107, 122, 126, 129, 137, 144, 145, 154, 164, 199, 203, 218, 389, 417
국립민속박물관 207
국립제주박물관 4, 95, 132, 268, 272, 278, 302
귤림서원 255, 259~64, 266~68
금악리 296
김녕(김녕리) 15, 62, 122, 125, 159, 218, 270
김녕사굴 15, 122, 124, 125, 127, 133
김만덕 기념탑 255, 279
김만덕의 묘(김만덕 묘소) 279
김영갑 갤러리 두모악(두모악) 102~4

ㄴ

남원(남원읍) 14, 25, 26, 40, 286, 305, 409, 429~32, 434, 438~40
납읍(납읍리) 6, 288, 289, 340
너븐숭이(너븐숭이 4·3기념관) 49, 62, 64
노꼬메오름 108
녹산장 421, 422, 427, 430
누운오름 192

ㄷ

다랑쉬굴 94, 99
다랑쉬마을 94
다랑쉬오름 4, 15, 16, 18, 43, 62, 75, 77~80,

지명 찾아보기 **463**

82~87, 89~95, 97~99, 104, 106~8, 128, 415
단산 327, 336, 383~86
닻그내을 252
당오름 83, 105
당처물동굴 111, 122, 125~27, 130
대독포리 252
대섬 52
대정(대정읍, 대정현) 14, 26, 30, 53, 206~10, 257, 262, 270, 271, 286, 300, 302, 330, 333, 335, 336, 340~43, 345, 356, 358, 361, 362, 365, 366, 368, 379~82, 390, 392, 396
대정읍성 207, 209, 210, 335, 336, 342, 365, 367, 368, 379, 380
대정향교 335, 336, 358, 365, 382~84, 386~88
덕인당 60, 61
도래세미므을→회천동
도깨비도로→신비의 도로
돈내코 26, 62, 168, 286, 389, 429, 449, 458, 459
돌문화공원 96, 208, 416
동거문오름 83
동자복미륵 250, 251
동한두기 251~53, 255
드르세미므을→야생동
디자인카페 399, 421
따라비오름 399, 411, 419, 421, 422, 425, 426, 430

ㅁ
마라도 5, 176, 179, 318, 323, 326, 388
만덕관 279

만세동산 59, 69, 168
만수사 251
만장굴 15, 122~24, 127, 133
만쟁이거멀 124
망경대(망경루) 53, 54, 240, 270
매화원 289
먹돌새기 252
명월국민학교 294, 295
명월(명월대, 명월리, 명월성, 명월포) 6, 236, 270, 285, 289, 290, 292~96
명월리 팽나무 군락 290, 293, 294
모슬포 62, 65, 179, 289, 318, 320, 322, 329, 336, 365, 388~96
모지오름 426
모충사 279
모흥혈 200, 216
목관아지 240, 241, 290
목석원 96, 208
무근성 253, 255~57
문섬 5, 25, 411
물장오리 178, 217
물찻오름 409, 411

ㅂ
바굼지(바구니)오름→단산
방림원 289
백록담 22, 26, 27, 87, 102, 109, 117, 167~69, 175, 178, 191, 193~96, 272, 274, 296, 409, 451
백조일손지묘 67, 311, 330~33, 388
버렁개을 252
범섬 239, 411
법환포구 239
벵뒤굴 122, 127

별도봉 258, 273
별도연대 56
별방진 158, 159
봉개동 45, 63, 409, 410
부악 191
북촌(북촌리) 62, 63, 67, 72, 74, 256
불탑사(불탑사 오층석탑) 4, 55, 225, 228, 230, 231
붉은오름 192, 411, 430
비석거리 15, 59
비양도 290, 291
비자림 5, 8, 15, 80, 89, 406
비자림로 25, 80, 406, 407, 409, 410
빌레못(빌레못동굴) 134, 289, 389

ㅅ

사계리 67, 311, 316, 318~23, 331, 382, 383, 388
사라봉 69, 155, 272~74, 276, 278
사라오름 134
사려니숲(사려니 숲길) 25, 26, 397, 406~12, 416
산굼부리 80, 82, 134, 385, 406, 415
산방굴(산방굴사) 274, 298~300
산방산 134, 274, 285, 289, 296~300, 316, 321, 326, 327, 383, 388, 411
산방연대 57, 298
산지포구 274
산천단 5, 13, 16, 18, 26~29, 31, 32, 49, 80, 263, 265, 286, 404
살맞은돌 215, 216
삼내 217, 218
삼달리 389
삼달초등학교 103

삼사석 199, 214~17, 220, 221, 224, 265
삼성혈 199~204, 206~9, 212, 214, 215, 217, 220, 221, 224, 248, 265
삼양동 청동기시대 유적지(선사유적지) 55, 57, 199, 219~21
삼양해수욕장 223
삼의사비 365, 379, 381
상가리 218
상도리 144
상모리 388~90
새끼오름 101, 192, 426
새정드르 252
샘이오름 83
샛오름 → 누운오름
생게남 돈지당(생게남 돈지할망당) → 종달리 돈지할망당
서광(서광리) 288, 289, 296
서광다원 61
서귀포(서귀포시) 14, 25, 26, 179, 196, 218, 239, 286, 300, 307~9, 335, 336, 411, 438, 441, 443, 445, 446, 448, 449, 454, 460
서복전시관 285, 307, 309
서자복미륵 250~52
서중천 409
선덕대 255, 257
선작지왓 109, 168, 169, 191, 192
선흘리 15
선흘수직동굴 127~29
섭지코지 57, 299, 389
섯동네 15
섯알오름 329~31
성산(성산읍) 14, 90, 94, 118, 119, 144, 214, 274, 417
성산일출봉 15, 90, 111, 115, 117~21, 158,

163, 297, 299, 317, 324, 411
성읍 206~10, 335, 379
성판악 26, 168, 389
섶섬 25, 448
세미 하로산당 31, 44, 45
세미마을(세미동, 세미무을) 44~48
세화(세화리) 15, 69, 80, 83, 90, 145, 154~56, 158, 159, 389
세화리 갯것할망당 15, 137, 154~58
소산봉(소산오름) 26
소천굴 134
솔라개 15
송당(송당리, 송당마을) 15, 36, 45, 80, 83, 97, 104, 105
송당목장 15, 82
송당 본향당 14, 31, 34
송악산(절울이오름) 134, 311, 318, 319, 321, 323~27, 388, 396
쇠소깍 446
수산 본향당 31
수월봉 302, 317
시사석→삼사석
신도(신도리) 302, 303
신비의 도로 286
신산공원 42
신양리 118, 119
신촌(신촌리) 59~61
신촌초등학교 60
신흥(신흥리) 430
쌀손장오리오름 217
쌍용굴 134

ㅇ

아끈다랑쉬오름 85, 86

아널드식물원 189, 190
아라동 25, 26, 389
아부오름(아부악) 75, 80, 82, 104~7
안덕계곡 342, 383
안덕(안덕면) 14, 203, 289, 362, 383, 417
안성(안성리) 208, 366
알뜨르(알뜨르 비행장) 311, 318, 324, 326~31, 336, 388, 392
알뱅디 385
알오름 101, 324
애월(애월리, 애월읍) 14, 154, 218, 235, 270, 389, 417
애월연대 56
야생동 44
어리목 168, 169, 191, 286
어승생(어승생악) 134, 389
어영을 252
엉또폭포 446
여문영아리오름 430
여미지 식물원 289, 371, 373, 446
연북정 14, 16, 18, 49~55, 57, 59, 60
영곡(靈谷) 170
영실 62, 167~73, 177, 179~82, 187, 189~92, 274
영혜사 31, 262, 263
오백장군봉(오백나한봉) 167, 170, 173, 176, 177, 179, 180, 182
오설록(오설록 녹차박물관) 61, 289, 383
오조리 145
오현고등학교 215, 257, 258
오현단 255, 257~60, 262, 264~67, 358
옹포리 294
와흘 본향당 5, 13, 16, 18, 31, 34, 35, 37, 38, 41~45, 49
와흘리 15, 32, 35, 36, 38, 44, 49

외도동(외도리) 77, 218
외돌개 239, 389, 446
용눈이오름 15, 16, 18, 75, 80, 82, 86, 89,
　　　90, 98, 99, 101~4, 107, 128, 426
용담동(용담마을) 252~54
용두암 253, 254
용머리해안 299~301, 311, 316~18
용연 253
용장사 235
용장산성 235
용천동굴 15, 111, 122, 125, 130~33
용화사 250, 251
우도(우도면) 119, 144, 145, 158, 159, 176, 218
원당사(원당사터 오층석탑) 228, 230, 231
월대 77, 255, 257
월라봉 441
월랑봉 84
월령리 289
월정리 126
월평 다라쿳당 31
위미(위미리) 429, 432, 434, 435
윗세오름 109, 167~70, 191, 192
육군 제1훈련소 336, 365, 386, 390~94
의귀(의귀리) 429, 431
이내 217, 218
이도(이도동) 199, 203, 217, 218
이어도 103
이중섭 미술관 429, 445, 446
인성리 208, 365, 383, 385, 386
일내 217, 218
일도(일도동) 199, 202, 217, 218

ㅈ

즈근돈지 49, 58

작은사슴이오름 430
장수당 260, 266
장수물 237
장자오름 426
저지(저지리) 288, 289, 296
절물오름 409
절울이오름 → 송악산
정뜨르 73
정방폭포 274, 307, 309, 445
정순이빌레 156
정의(정의현) 30, 94, 207, 209, 210, 270,
　　　271, 355
제주 추사관 5, 26, 336, 362, 365, 367, 371,
　　　373, 374, 376~79, 384, 388, 423
제주4·3평화공원 63, 71, 410
제주국제공항 21
제주목 207, 209, 210, 241, 335, 358
제주목 관아 53, 208, 225, 238~42, 246,
　　　255, 256, 270, 290, 335
제주민속자연사박물관 154, 268
제주북초등학교 256
제주성 209, 217, 248, 249, 255, 267, 268
제주시 14, 22, 26, 42, 45, 49, 55, 57, 63, 77,
　　　80, 91, 96, 162, 176, 203, 218, 219, 223,
　　　231, 238, 245, 246, 249, 250, 266, 267,
　　　273, 286, 303, 379, 409, 410
제주항(제주 신항) 52, 267
제주해녀항일운동기념공원 137, 144
조랑말박물관 397~99, 422~25
조천리 원담 58
조천연대 49, 55, 56, 60
조천(조천읍, 조천진, 조천항) 13~16,
　　　49~53, 55~60, 62, 67, 69, 74, 199, 270,
　　　286, 291, 413, 417
족은오름→새끼오름 192

종달(종달리) 6, 15, 25, 26, 90, 145, 163, 164, 389
종달리 돈지할망당(종달리 돈지당) 15, 18, 137, 163~66
주상절리 116, 446
중골 15
중문 286, 288, 289, 336
중산간지대 6, 15, 32, 66, 82, 287, 289, 424, 429

ㅊ

차귀도 177, 302, 303
천미천 409
천제연(천제연폭포) 314, 316
천지연(천지연폭포) 25, 313~16, 445
천지천 313, 315, 316
추사 김정희 유배지(추사 유배지) 4, 290, 336, 342, 343, 355, 356, 362, 365, 367, 368, 379, 382, 383, 390
추자면 218
충암묘 260

ㅋ ㅌ ㅍ

카멜리아 힐 289
큰물성창 52
큰사슴이오름 430
큰오름 → 붉은오름
탐라국 26, 199~201, 203, 219, 220, 224~27, 238, 255~57, 268, 399, 423
탐라군 139, 226
탐진강 313
탑동 253, 385
터진목 118

토끼섬 15
토평(토평리) 228, 458, 460
통항동 156
평대리 15, 156
포신묘 28
표선(표선면) 286, 414, 417, 421, 430

ㅎ

하귀(하귀리) 218, 288
하도리(하도리 해녀 불턱) 15, 16, 90, 137, 144, 145, 148, 154, 157~60, 163
하례리 432
하례초등학교 439
하멜상선전시관 285, 300, 301, 316, 317, 388
하모리 389
한경(한경면) 14, 218, 289, 417
한내밧을 252
한독이을 252
한독잇개을 252
한두기마을 252, 253
한라산(한라산국립공원) 15, 16, 19, 21~23, 26, 27, 29, 31, 32, 45, 49, 62, 63, 67, 77, 81, 87, 102, 107, 109, 112, 115~17, 122, 167~69, 171, 173~82, 187~97, 218, 273, 286, 287, 296, 297, 299, 326, 328, 333, 398, 409, 410, 424, 435, 438~41, 451, 453, 458, 459
한라산신묘 27
한라수목원 25, 255, 274, 281, 282
한림(한림읍) 14, 218, 288~91, 294, 330
한림공원 113, 134, 289
한림항 236, 291
함덕리 417

항파두리(항파두리성)　225, 231, 233,
　　235~8, 358
해녀박물관　16, 137, 144, 146, 154~56, 161
해륜사　251
해신당　32, 156, 164, 361
향현사　255, 262, 263, 266
협자연대　57
협재　113, 134, 289
형제섬　318, 319, 321, 325
혼인지　214
홀개을　252
화북(화북동)　49, 214, 215, 258, 291, 341,
　　361
화천사　45~47
회천(회천동)　44, 45, 47

본문 사진
저자가 촬영한 것 이외의 사진 출처는 다음과 같다.

가시리 신문화공간 추진위원회	421면, 426면, 427면
감귤박물관	442면, 444면
강병수	314면
강태길	408면
고문석	273면
국립제주박물관	97면, 236면, 248면, 307면, 380면
김만덕기념사업회	278면
김성철	92면, 249면, 308면
김순이	156면
김영갑 갤러리 두모악	98면, 99면, 103면
김지선	377면, 378면
김필규	40면
김혜정	171면
김홍인	122면, 141면
문태경	245면
문화재청	112면, 135면, 315면
박성찬	69면, 415면
박효정	51면, 58면, 257면
삼성미술관 리움	448면
서귀포 귤빛여성합창단	460면

서재철	146면
오희삼	22면, 107면, 323면
이로재	368면, 374면, 375면
이와세 요시유끼(岩瀨禎之)	141면
이중섭 미술관	445면
정이근	203면
제주대학교박물관	147면
제주대학교 탐라문화연구소	456면
제주시 문화유적지관리사무소	237면
제주특별자치도	16면, 17면, 52면, 56면, 117면, 119면, 123면, 125면, 126면, 128면, 131면, 132면, 172면, 180면, 194면, 201면, 202면, 241면, 243면, 270면, 271면, 275면, 299면
조랑말박물관	424면
한라수목원	24면
현용준	161면
홍순만(유족 제공)	138면
황시권	160면, 216면, 264면, 281면, 317면

유물 소장처

국립제주박물관 97면, 150면, 153면 / 아모레퍼시픽 미술관 349면 / 제주 추사관 370면 / 개인 소장(「완당선생해천일립상」) 363면 / 개인 소장(「수선화부」) 357면 / 개인 소장 344면 / 개인 소장(「김정희 초상」) 337면 / 개인 소장(「세한도」) 350면, 351면

나의 문화유산답사기 7
돌하르방 어디 감수광

초판 1쇄 발행 2012년 9월 15일
초판 35쇄 발행 2025년 4월 7일

지은이 / 유홍준
펴낸이 / 염종선
책임편집 / 황혜숙
디자인 / 디자인 비따 김지선 성지현
펴낸곳 / (주)창비
등록 / 1986년 8월 5일 제85호
주소 / 10881 경기도 파주시 회동길 184
전화 / 031-955-3333
팩시밀리 / 영업 031-955-3399 편집 031-955-3400
홈페이지 / www.changbi.com
전자우편 / human@changbi.com

ⓒ 유홍준 2012
ISBN 978-89-364-7218-4 03810

* 이 책 내용의 전부 또는 일부를 재사용하려면
  반드시 지은이와 창비 양측의 동의를 받아야 합니다.
* 이 책에 수록된 사진은 대부분 저작권자의 사용 허가를 받았으나,
  일부 저작권자를 찾지 못한 경우는 확인되는 대로 허가 절차를 밟겠습니다.
* 책값은 뒤표지에 표시되어 있습니다.

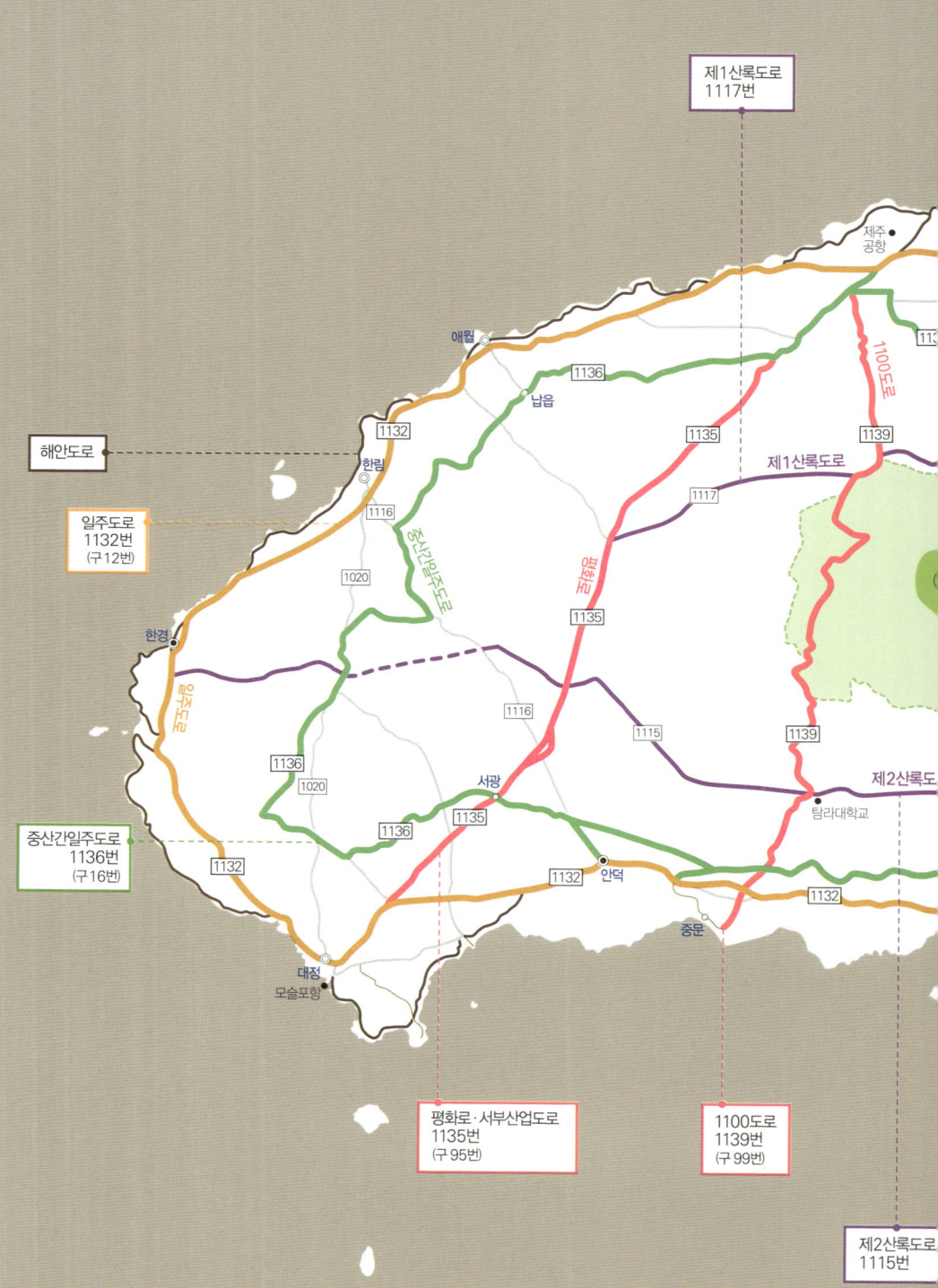

비자림로
1132
일주도로
조천
세화
구좌
1112
1136
97
1118
비자림로
중산간일주도로
1136
97
번영로
성산
성산일출봉
16도로
교래
1112
남조로
1119
일주도로
97
해안도로
성읍
1118
1136
97
1132
일주도로
1132번
(구12번)
표선
1131
1118
일주도로
남원
1136
1132
5·16도로
1131번
(구11번)
남조로
1118번
번영로 · 동부산업도로
97번